旅游城市
每个城市都包括城市解读、旅游片区、旅游资讯三大板块。

旅游片区
每个城市划分为若干旅游片区，全面介绍。同时突出重要旅游点。

旅游景点
每个旅游景点包括介绍、攻略、链接等板块。力求景点收录全面。

旅游资讯
每个城市的旅游资讯板块，包括交通、住宿、美食、购物、娱乐等内容。

湖州
PP.134~161

嘉兴
PP.162~189

舟山
PP.264~297

杭州
PP.60~133

金华
PP.402~437

台州
PP.298~331

丽水
PP.376~401

温州
PP.332~375

景点索引（PP.462~466）

如何使用本书

分色标签 每个城市都有一个特定的检索色,便于翻阅。

1 多角度解读
全书从地理、历史、文化等多个角度呈现浙江之美,发现不一样的浙江。

2 专题知识
对于认识浙江具有重要意义的关键词条,书中特设专题,图文并茂,让读者迅速读懂词条。

3 精华景点
三维立体图更深度地引导读者鉴赏那些特别重要的必游景点。

4 攻略
大部分景点配有位置、交通、门票、链接等丰富的实用攻略。

5 资讯
每个城市都包括交通、美食、住宿、购物、娱乐等资讯。

发现者旅行指南

浙江（第3版）

北京·旅游教育出版社

目录 CONTENTS

最美浙江	4
印象浙江	16
自驾浙江	24
解读浙江	28
地理/历史/文化	
行走浙江	52
带什么/何时去/吃什么/住哪儿/怎么走/有用信息	

■■ 杭州 60
概览	62
区域解读	64
西湖环湖景区	70
西湖外围景区	82
杭州城区景点	96
杭州郊区景点	104
临安旅游区	110
富春江—新安江风景区	119
攻略资讯	127

■■ 湖州 134
概览	136
区域解读	138
南浔古镇	142
湖州城区景点	145
安吉旅游区	148
长兴—德清旅游区	155
攻略资讯	159

■■ 嘉兴 162
概览	164
区域解读	166
西塘古镇	170
乌镇	174
嘉兴城区景点	177
嘉兴周边景点	182
攻略资讯	187

■■ 绍兴 190
概览	192
区域解读	194
浣江—五泄风景区	198
绍兴市区景点	201
绍兴近郊景点	205
绍兴南部旅游区	212
攻略资讯	216

■■ 宁波 220
概览	222
区域解读	224
溪口—滕头旅游景区	229
宁波城区景点	235
宁波近郊景点	242
宁波北部旅游区	249
宁波南部旅游区	255
攻略资讯	259

■■ 舟山 264
概览	266
区域解读	268
普陀山风景区	272
朱家尖风景区	283
舟山本岛旅游区	288
舟山其他诸岛景点	290
攻略资讯	294

■■ 台州 298
概览	300
区域解读	302
天台山风景区	306
仙居风景区	310
台州城区景点	312
台州北部旅游区	317
台州南部旅游区	322
攻略资讯	327

■■ 温州 332
概览	334
区域解读	336
雁荡山风景区	340
楠溪江风景区	351
温州近郊景点	354
泰顺廊桥	359
温州南部旅游区	362
攻略资讯	373

■■ 丽水 376
概览	378
区域解读	380

仙都风景区	384
丽水城区景点	386
遂昌旅游区	389
丽水南部旅游区	394
攻略资讯	399

■■ 金华 …………… 402

概览	404
区域解读	406
金华城区景点	410
横店影视城	414
大红岩风景区	420
兰溪旅游区	423
金华北部旅游区	427
金华南部旅游区	431
攻略资讯	435

■■ 衢州 …………… 438

概览	440
区域解读	442
衢州城区景点	446
龙游旅游区	451
衢州西部旅游区	453
攻略资讯	460

■■ 景点索引 ……… 462

地图目录

小河直街	97
超山	106
天目山	112
浙西大峡谷	116
龙门古镇	120
富春江	121
南浔古镇	143
中国大竹海	150
莫干山	158
西塘古镇	171
乌镇	175
五泄风景区	199
鉴湖・柯岩	207
溪口・雪窦山	230
慈城古镇	243
五龙潭	244
普陀山	273
天台山	307
神仙居	311
八仙岩	323
长屿硐天	324
楠溪江	353
泽雅风景区	357
泰顺廊桥	360
洞头列岛	367
铜铃山	371
仙都	385
千佛山	393
双龙风景区	412
横店影视城	415
诸葛八卦村	424
方岩	433
天脊龙门	449
江郎山	457

专题目录

钱塘大潮	30
京杭大运河	32
刘基	37
丝绸	45
乌篷船	46
廊桥	48
文澜阁	73
三潭印月	76
六和塔和钱塘江大桥	92
小莲庄	144
烟雨楼	178
盐官观潮胜地公园	183
兰亭	210
江北天主教堂	237
天一阁	238
杭州湾跨海大桥	253
南海观音像	274
宝陀讲寺	281
楠溪江水亭祠	352
延庆寺塔	396
诸葛村大公堂	425
南宗孔庙大成殿	447
廿八都文昌阁	455

最美
浙江

 **最美西湖在杭州** 尚未看到西子湖容貌的旅行者，一定忘不了断桥相逢，还有温婉相宜的诗中倩影。若是来到了西湖，站在曲院观荷风，望玉带桥若彩虹，再加上南屏山传来的阵阵晚钟声，雷峰塔的夕阳剪影……这一切仿佛都会让此刻的时光静止下来。

最美
浙 江

钟灵毓秀
江郎山

江郎山素来有"雄奇冠天下,秀丽甲东南"之誉,聚岩、洞、云、瀑于一山,雄伟奇特,蔚为壮观。其烟雾弥漫,霞光陆离,无怪唐代诗人白居易赞曰:"安得此身生羽翼,与君来往共烟霞。"

最美
浙江

江南古镇润如玉

江南水乡带给我们的想象多是一幅古镇、雨巷、油纸伞的画面。而江南的古镇正如油纸伞下的小家碧玉,像极了清秀隽永的诗文,虽历经千年,细细读品起来,依旧温润如玉。又总能将躁动的心境一一抚慰,化作若水江南,缓缓流淌。

最美
浙 江

楠溪江水风光美

楠溪江被誉为"中国山水画摇篮",以"水秀、岩奇、瀑多、村古、滩林美"的独有特色而闻名遐迩,江水沿岸,山水文化与古村文化高度结合,人类生活与自然环境无限默契,丽质天成,至真至美……

最美
浙 江

海岛佛国 普陀山

普陀山雄峙于烟波浩渺的海畔，形似苍龙卧海，与著名渔港沈家门隔海相望，是中国佛教四大名山之一，观音菩萨的道场，岛内秀丽的自然景观与悠久的佛教文化融会在一起，被誉为"海天佛国""南海圣境"。

横店影视城的美丽故事

横店影视城是中国最大的影视拍摄基地，这里每日热火朝天地演绎着不同的故事。无论是大家耳熟能详的大明星，还是默默无闻的群众演员，他们都在用自己的努力在那里努力地创作着一部部脍炙人口的佳片。

印象浙江

文化符号

越剧

越剧是中国第二大剧种,长于抒情,以唱为主,声音优美动听,表演真切动人,极具江南灵秀之气。

水乡

浙江是富足的鱼米之乡,江河湖泊星罗棋布,具有不同于北方的"江南水乡"风韵。

文化符号 17

钱塘大潮

钱塘大潮是中国三大涌潮之一，潮水来时，声如雷鸣，排山倒海，犹如万马奔腾，蔚为壮观。

西湖

西湖是杭州的灵魂，美不光表现在山水，更多的是浓缩的历史和文化韵味。

丝绸

江浙一带是中国丝绸的发祥地，杭州则有"丝绸之府"的美称。

温州商人

温州商人是可以和犹太商人比肩的群体，也是世界上财富积累速度最快的群体。

印象
浙 江

[浙江美味]

浙江美味 19

五芳斋粽子

五芳斋粽子号称"江南粽子大王",以糯而不烂、肥而不腻、肉嫩味香、咸甜适中而著称。

西湖醋鱼

西湖醋鱼是杭州的传统风味菜,以西湖草鱼做原料,鱼肉嫩美,带有蟹味,鲜嫩酸甜。

东坡肉

东坡肉以薄皮嫩肉的猪肉为主要食材,色泽红亮,味醇汁浓,酥烂而形不碎,香糯而不腻口。

杭州小笼包

杭州小笼包以猪瘦肉、肉皮冻等做馅,食之皮面洁白薄软,馅心丰满滑嫩,咸甜鲜美多汁。

黄酒

绍兴黄酒是中国黄酒的代表,有善酿、加饭、花雕、香雪、状元红等品种。

西湖龙井

西湖龙井拥有上千年历史的中国名茶,素来以"色绿、香郁、味甘、形美"四绝称著。

印象浙江

佛家圣地

普陀山

普陀山中国四大佛教名山之一，四面环海，风光旖旎，幽幻独特，佛音袅袅。

灵隐寺

灵隐寺是始建于东晋的千年古寺，坐落在西湖之畔的两峰之间，为杭州最早的名刹。

佛家圣地 21

阿育王寺

阿育王寺是佛教禅宗名寺，也是中国现存唯一以印度阿育王命名的千年古寺。

天童寺

天童寺坐落在层峦叠嶂的太白山下，群峰抱一寺，是佛教禅宗五大名刹之一。

国清寺

国清寺是殿宇雄伟、佛像庄严的古建筑群，为佛教汉化后最具代表性的寺院。

径山寺

径山寺创建于唐天宝年间的古寺，径山茶宴是我国禅茶文化的杰出代表。

印象浙江

浙江海岛

南麂列岛

南麂列岛由南麂岛等52个岛屿组成，有海蚀崖、柱、穴、平台等景观，人称"碧海仙山"。

东极岛

东极岛四周是清澈的海水，岛上有淳朴的渔家，是电影《后会无期》的重要拍摄地，被称为海上的丽江。

浙江海岛 23

桃花岛
桃花岛素来有"海上仙山"的美称，这里沙美、水美、山美、港美，岛屿风光迷人而多情。

朱家尖
以沙石自然景观著称，集沙景、石景、海景、佛景于一身，被称为"东方夏威夷"。

枸杞岛
因岛上遍生中药材枸杞而得名，是嵊泗列岛中仅次于泗礁的第二大岛。

大鹿岛
大鹿岛由大鹿、小鹿两岛组成，海上森林、奇礁异石和岩雕艺术是大鹿岛之三绝。

自驾浙江

线路 1

浙北
江南古镇游

柯桥古镇

海宁 钱塘观潮

嘉兴 乌镇

嘉兴 西塘

湖州 南浔

湖州 扬子鳄风景区

这条线路涵盖湖州、嘉兴等地，以江南古镇景观为主，景色同中有异，异中带同，行程大致三日。

第一天 前往海宁观潮。每年的农历八月十八前后是观潮的最佳时节。游客要安排好时间，这期间秋阳高照，清风宜人，钱塘江口的海塘上，游客群集，兴致盎然，争睹奇景。当然，观潮时一定要把自身安全放在第一位。

第二天 既可选择将乌镇西塘一同游玩，也可分开游玩，因为两地相距不远。西塘以廊棚和古弄独树一帜，还有烧香港、种福堂、薛宅等景点；乌镇有桥里桥、茅盾故居、江南百床馆、西栅老街、灵水居等众多景点可供参考。

第三天 上午前往湖州游玩南浔古镇、湖笔博物馆、铁佛寺等景点，下午向西可到长兴县，有金钉子远古世界、扬子鳄风景区等。

线路 2

浙西
山河古迹游

狮林寺

桐庐 富春江小三峡

淳安 千岛湖

金华 双龙洞

金华 太平天国侍王府

江山 江郎山

江山 廿八都古镇

这条线路景点众多,是碧水晴天、古村人文景观浓郁的一条线路,行程大约需要四五天。

第一天 前往桐庐。桐庐是富春江景观最优美的地方,不但山水妖娆多姿,民俗人文气息也十分浓郁,景点包括著名的富春江小三峡、白云源、三都渔村、严子陵钓台等。

第二天 前往千岛湖。千岛湖景区是这条线上比较大的一个景区,以千岛、秀水、金腰带为特色,用一整天在各个岛中游玩,感觉会很不错。晚上可以在湖畔品鱼,极富地方特色的美食定能让游客大饱口福。

第三天 前往金华。金华最有名的要数双龙洞风景区,整个洞体可容纳一千多人,是观看奇景、避暑纳凉的绝佳地。金华另一个有名的景点侍王府是我国现存规模最大的太平天国建筑群,这里曾是太平军首领李世贤的府邸。

第四天 前往江郎山。江郎山是著名的丹霞名山,有"秀丽冠东南"的美誉,以雄奇的"三爿石"著称于世。

第五天 前往廿八都古镇。古镇在江郎山南面,是历史文化名镇,学者称其为"一个遗落在大山里的梦"。

自驾浙江

线路 3
浙南
名山秀水游

杭州奥体中心

浙东有着中国最典型的水乡地貌，还有海上仙岛普陀山，地跨杭州、宁波、绍兴、舟山四市，总行程大约需要五天。

杭州 六和塔

第一天 来到杭州市区。杭州市区景点众多，其中又以西湖为最佳。游览西湖最少需要半天，建议事先对其有所了解，计划好行程，有重点地进行游览；除了西湖，杭州近郊还有六和塔、灵隐寺等景点。傍晚时可在江南茶楼里品茶，感受六朝古都的悠久文化。

绍兴 鲁迅故里

第二天 前往绍兴。绍兴是文学大师鲁迅的故乡。鲁迅故里由鲁迅故居、百草园、三味书屋及鲁迅生平事迹陈列厅组成。鲁迅笔下的咸亨酒店、塔子桥、土谷祠、长庆寺、恒济当铺等也呈现在世人面前。绍兴市区还有东湖、兰亭等景点，如想游览，需另外花一天。

奉化 雪窦山

第三天 来到奉化。溪口雪窦山景区在奉化区的西部，溪口镇有著名的蒋氏故居景区，雪窦山景区有雪窦寺、千丈岩、徐凫岩瀑布等景点。

宁波 天一阁

第四天 前往宁波。上午可去溪口滕头生态旅游区游览，下午的行程以宁波市区为主，有天一阁博物馆、梁祝文化公园等景点。

舟山 普陀山

第五天 前往普陀山。普陀山是我国四大佛教名山之一，是观音菩萨的道场，有独特的海岛风光，以其神奇、神圣、神秘，成为驰名中外的旅游胜地。

线路 4

浙东
水乡名城游

西湖雷峰塔

诸暨 — 西施故里

诸暨 — 五泄风景区

天台 — 天台山

乐清 — 雁荡山

温州 — 江心屿

永嘉 — 楠溪江

浙南地跨台州、温州、丽水等市，山水景色可谓蔚为大观，尤以雁荡山最为出名。这条线路大约需要五日。

第一天 ▌前往诸暨。从杭州出发到诸暨市，上午游览西施故里景区，下午前往五泄风景区游览。五泄以形态各异的五级瀑布为主要景点，瀑布是景区的灵魂所在。

第二天 ▌前往天台山。天台山山间不论自然景观还是人文景观都值得细细品味，有国清寺、石梁飞瀑、赤城山等众多景点，比较耗时耗力，大约需要游玩一整日。

第三天 ▌前往雁荡山。雁荡山景区很大，以北雁荡山为主，景点包括灵峰、灵岩、大龙湫、三折瀑布等，一天很难全部游览完，可选择较有特色的景点游览。在雁荡山周边可品尝一下雁荡山农家菜，农家菜味道鲜美，价格也不是很贵。

第四天 ▌前往温州城区。温州城区景点不多，但都比较大，主要有江心屿公园、五马街等景点。

第五天 ▌前往楠溪江景区。楠溪江是一个大型的开放型景区，是中国山水画的长廊，在沿江几十千米的范围内，古村落与田园景色、青山秀水融为一体秀丽绝伦。

解读浙江

地理

天台山

➕ 面积和区划

浙江省简称浙,地处中国东南沿海长江三角洲南翼,东临东海,南接福建省,西与江西省、安徽省相连,北与上海市、江苏省接壤。浙江临海,沿海主海岸线长达2253.7千米,全省面积约10.55万平方千米。

全省现辖杭州、宁波、温州、绍兴、湖州、嘉兴、金华、衢州、舟山、台州、丽水11个地级市,并拥有杭州、绍兴、宁波、衢州、临海、金华、嘉兴、湖州、温州、龙泉10个国家历史文化名城。

浙江全省现辖37个市辖区、20个县级市、33个县(其中1个自治县),省会为杭州。

➕ 人口和民族

截至2023年末,浙江全省常住人口为6627万人,是中国人口密度较大的省份之一。但2000年以来,总人口持续低速增长,人口密度增加速度放缓。

浙江省属少数民族散杂居省份,少数民族成分较多,但人口总量不多。人口数在万人以上的少数民族有畲族、土家族、苗族、布依族、回族、壮族、侗族。世居浙江省的少数民族有畲

千岛湖

族、回族和满族等。

其中畲族是目前浙江人口最多的少数民族，占省内少数民族人口的43%。丽水市景宁畲族自治县是中国唯一的畲族自治县，也是华东地区唯一的少数民族自治县，县内的畲族主要居住于县城鹤溪镇周围的低山区。

浙江全省人口绝大部分使用江浙一带方言，其中吴语人口占全省总人口的98%以上，部分使用徽州话（又称徽语）方言。除此以外还有闽南话、蛮话、蛮讲、畲话、官话等语言人口分布在省内个别县市。

➕ 地形

浙江省地理特征丰富，山河湖海兼备。地势自西南向东北呈阶梯状倾斜，全省大致可以分为浙北平原、浙西丘陵、浙东沿海丘陵、中部金衢盆地、浙南山地、东南沿海平原及滨海岛屿7个地形区。

浙江全省地形起伏较大，西南多为千米以上的群山盘结，其中位于龙泉市境内的黄茅尖海拔1929米，为全省最高峰。境内山地占74.6%，水面占5.1%，平坦地占20.3%，故有"七山一水两分田"之说。

浙江海岸线总长6400多千米，占全国海岸线总长的20.3%，居全国首位。海域面积26万平方千米，面积大于500平方米的海岛有2878个，大于10平方千米的海岛有26个，是全国岛屿最多的省份。港口、渔业、旅游、油气、滩涂五大主要资源组合优势显著，海

舟山海边

钱塘大潮

钱塘江大潮也称海宁潮,是浙江杭州湾钱塘江口的涌潮,是世界著名涌潮之一。观赏钱塘秋潮,早在汉、魏、六朝时就已蔚然成风,至唐、宋时,观潮风气更盛。每年农历八月十五左右,钱塘江涌潮最大,潮头可达数米。海潮来时,声如雷鸣,排山倒海,犹如万马奔腾,蔚为壮观。海宁市境内的盐官镇历来是观看钱塘江大潮的最佳地点,每年中秋节前后,这里都会聚集成千上万前来观潮的游人。

大潮成因

天文因素:农历八月十六至十八,太阳、月球、地球几乎运动到了一条直线上,因此这几天海水受到的引潮力最大,活动性强。

地理因素:大潮所在的钱塘江口状似喇叭,外宽内窄,潮水易进难退,江口东段河床又突然上升,滩高水浅,当大量潮水从钱塘江口涌进来时,由于江面迅速缩小,潮水来不及均匀上升,只能后浪推前浪,层层相叠,形成大潮。

风力因素:浙江沿海一带秋季常会吹起强烈的东南风,与潮水前进方向基本一致,这在一定程度上助长了潮势。

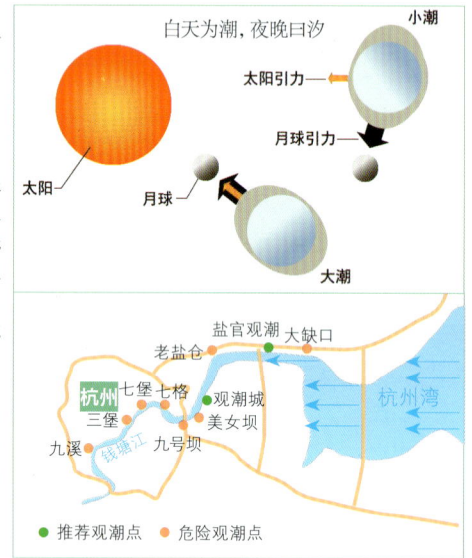

潮水类型

十字潮 十字潮又名交叉潮,海宁市丁桥镇大缺口是最佳观看点,江中沙洲将潮波分成东潮和南潮两股,两股潮头在绕过沙洲后开始交叉相抱,形成变化多端,异常壮观的十字潮。

一线潮 一线潮以盐官镇为最佳观赏点,江面首先出现一条白线迅速西移,随着潮水不断接近,白线变成了一堵逐渐增高的水墙,潮头通常高1~2米,有时可达3米以上,气势磅礴,潮景壮观。

冲天潮 冲天潮产生于萧山南阳的赭山湾,这里的美女坝使得潮水如同被网兜兜住一样,在堤坝相交转弯处,潮水碰撞后发生巨响,潮头直冲云天。

回头潮 回头潮的最佳观赏点在盐官镇往西的老盐仓,老盐仓的河道上建有一条长达660米的拦河大坝,咆哮而来的潮水遇到障碍后被反射折回,落到西进的急流上向东回奔,声如狮吼,惊天动地。

洋经济发达。

太湖是浙江省和江苏省的界湖,湖州市吴兴区和长兴县位于太湖南岸。除太湖外,境内有西湖、东钱湖等容积100万立方米以上的湖泊30余个。最大的天然湖泊是东钱湖,其他有名的湖泊有杭州的西湖、嘉兴的南湖、绍兴的东湖等。最大的人工湖是千岛湖(新安江水库),湖区面积573平方千米。

➕ 气候

浙江的气候属亚热带季风气候类型。主要特点是季风显著,四季分明,年气温适中,光照较多,雨量丰沛,空气湿润,雨热同期。

每年初夏,浙江各地逐步进入"梅雨"季节,忽阴忽阳的,将持续半个月左右。出梅后,就正式进入三伏天了。浙江民间有出梅后"晒霉"的习俗,家家户户该晒的东西都拿出来晒太阳,驱散霉味。

浙江沿海一带最主要的气候灾害是台风天气,这也是中国东南沿海一带夏季遭遇较多的气候灾害之一,台风登陆后,会造成很大的破坏性影响。

➕ 钱塘江

钱塘江是浙江省最长和流域面积最广的河流,浙江省名正是源自钱塘江。钱塘江发源于安徽省休宁县境内,全长410千米,流域面积4.2万平方千米。钱塘江在浙江省境内长216.5千米,境内流域面积约3.56万平方千米,其主要支流有金华江(婺港)、新安江、桐溪、浦阳江等河流。

自桐庐至萧山闻堰段称之为富春江,江水两岸岩石陡立,层峦叠嶂,山水相映,景色秀丽。富春江—新安江—千岛湖风景区就位于上起淳安,下至富阳的一段区域内,是浙江省的一个重要风景区。钱江潮为著名水文景观,驰名天下的钱塘潮每年吸引了大量国内外游客。

钱塘江大桥

链接

钱塘江大桥

钱塘江大桥位于钱塘江下游杭州市西湖区六和塔附近,它是我国自行设计、建造的第一座双层铁路、公路两用桥,为连接沪杭甬、浙赣铁路的交通要道。该桥为上下双层钢结构桁梁桥,全长1453米,宽9.1米,高71米,由我国著名桥梁专家茅以升主持设计施工,于1935年4月动工,1937年9月26日建成通车。钱塘江大桥不仅是我国桥梁史上的巨大成就,也是中国铁路桥梁史上一个辉煌的里程碑,它与六和塔一起组成杭州城市的地标性景点之一。

➕ 京杭运河浙江段

京杭运河浙江段全长100千米,通过改造修建,除杭州市区段17千米为五级标准外,全部达到四级标准,现全线实施标准化美化工程,成为全国文明样板航道。

京杭运河与长湖申线、杭申线、六平线及杭湖锡线、钱塘江等航道互相连通,共同构成浙北航道网,承担了浙江省、上海市大宗货物的运输任务,对长三角地区经济腾飞起到重要作用。杭甬运河开通后,500级吨的船舶可从杭州一路畅行到沿海城市宁波,通航能力提升10多倍,并把京杭运河航线向

京杭大运河

京杭大运河是世界上里程最长、工程最浩大的古代运河,也是最古老的运河之一,从开凿到现在已有2500多年的历史。大运河南起杭州,北到北京,途经今浙江、江苏、山东、河北四省及天津、北京两市,贯通海河、黄河、淮河、长江、钱塘江五大水系,全长约1794千米。大运河开凿时曾给老百姓造成沉重的苦难,但从长远来看,大运河对中国南北地区之间的经济、文化发展与交流,特别是对沿线地区工农业经济的发展发挥了巨大作用,江浙一带就是古代运河开凿的直接受益者。

大运河夕照

东延伸了近240千米。

　　历史上,大运河的开凿,对浙江可谓意义非凡。这使得浙江能以一条运河与国家的都城相连,也使得浙江的地位更加重要。京杭大运河在浙江境内的里程并不长,仅仅途经杭州、余杭、桐乡、嘉兴四地,却最直接地促进了浙江特别是浙北的经济发展。而作为起始点的杭州更是空前繁荣,并迅速发展成为"珍异所聚""商贾云集"的东南名郡,杭州的繁华离不开大运河。

太湖帆影

杭州城市风光

历 史

河姆渡彩陶

✚ 古老多姿的河姆渡原始文明

在距宁波市区约20千米的余姚市河姆渡镇，有一处面积约4万平方米的新石器时期文化遗址。1973年被发掘后，这里成为我国目前已发现的最早的新石器时期文化遗址之一。

大约在7000年前，早期浙江人跋涉到了现在余姚河姆渡一带。这里地处宁绍平原，靠近杭州湾，既可以农耕，又可以渔猎，于是他们就选择在这里定居下来，也由此开启了中国南方新石器河姆渡文化的新篇章。

河姆渡遗址堆积厚度4米左右，上下叠压着四个文化层。据1973—1974年及1977—1978年两次对河姆渡遗址的发掘，发现了大量"干栏"式建筑的遗迹。这就是河姆渡人住处的"原型"。将它们还原后，就是一个个古朴结实的小房子。住的地方有了，那他们吃什么呢？考古发现，在食物方面，最令人惊讶的是人工栽培稻谷的出现。这一发现不但改变了中国的水稻栽培是从印度引进的传说，而且河姆渡还极有可能是中国乃至世界稻作文化的最早发祥地。此外，植物残存还有葫芦、橡子、菱角、枣子等。动物方面有羊、鹿、猴子、虎、熊等野生动物，以及猪、狗、水牛等家养的牲畜。另外，河姆渡文化的骨器制作比较进步，有耜、鱼漂、镞、哨、匕、锥、锯形器等器物，均为精心磨制而成，一些有柄骨匕、骨笄上雕刻花纹或双头连体鸟纹图案，就像是精美绝伦的实用工艺品。

河姆渡遗址的发现，证明了早在六七千年前，长江下游已经有了比较进步的原始文化。这为研究我国远古时代的农业、建筑、制陶、纺织、艺术和东方文明的起源及古地理、古气候、古水文的演变提供了极其珍贵的实物资料。

链 接

河姆渡遗址博物馆

博物馆占地面积4万平方米，由文物陈列馆和遗址现场展示区两大部分组成。博物馆内设3个基本陈列厅和1个临时展厅，共展出文物400余件。

✚ 历史大事记

远古时期

在距今约5万年前的旧石器时期，"晚期智人"在浙江建德附近出现。距今约8000年前，新石器时期，浙江境内先后出现上山文化、小黄山文化、跨湖桥文化、河姆渡文化、马家浜文化、良渚文化及马桥文化等新石器文明。其中河姆渡文化表明了中华民族的祖先早在7000年前就已经创造出了令人惊叹的史前文明，证明了长江流域和黄河流域同是中华民族的发祥地。

第一展厅为序厅，展出有两个完整的人头骨和复原的头像及7000年前河姆渡生态环境的模型。第二展厅为"稻作经济"，展出的实物有7000年前人工栽培的稻谷和照片。此外展出的还有骨耜、木杵和石磨盘、石球等稻作经济的全套工具及骨哨、骨箭头、弹丸等渔猎工具。第三展厅反映的是河姆渡人的定居生活和原始艺术两个内容。陈列着带有榫卯的"干栏"式建筑木构件和加工工具，以及种类繁多的纺织工具。

越王勾践像(中)

✚ 卧薪尝胆，吴越争战

越国的建立可以追溯到夏朝。这个在会稽建立的小国主要任务便是守先祖大禹陵墓。历经20余世，到了春秋时期，越国在浙江一带兴起。此时，位于北边的吴国也迅速发展，并且比越国更强盛。吴国在消灭了江北的邗国（今江苏扬州）、淮夷等国后，与两浙的冲突激增。到允常时，越国与吴国发生了矛盾，并相互攻伐。吴王阖闾时，以越国不协助吴国攻打楚国为由而入侵越国，越王勾践用敢死之士在阵前自杀的战术，于槜李打败吴王阖闾，阖闾被射伤，不久死亡。阖闾死后，继任吴王夫差同越王勾践进行了20多年的战争，周敬王二十五年（公元前495年），吴王夫差于夫椒打败越王勾践，并把他围困在会稽山上，勾践深受会稽之耻。勾践能屈能伸，3年为奴，后被吴王赦免回国，一方面，勾践每年给夫差送去珍宝美女，越国美女西施也被范蠡举荐送给了夫差；另一方面，勾践卧薪尝胆，亲自耕作，委曲求全，礼贤下士，与百姓同甘共苦。终于，在周元王三年（公元前473年），勾践东山再起，光复两浙，进而吞并吴国，北上争雄，并迁都山东琅琊。

后来由于受到楚国持续打击，勾践的子孙越王朱勾被迫把国都迁回到吴国灭亡的首都——苏州，此后四代越王都以苏州为都，直到楚国占领苏州。

到越王无强时，越国发兵向北攻打齐国，向西攻打楚国，与中原各国争胜。齐威王派说客成功说服越国不打齐国转攻楚国，遭到楚威王军队的反击，越国大败，继而由盛转衰。周赧王九年（公元前306年），楚国占领越国国都苏州，在浙西设立江东郡，越国退往钱塘江以东固守。同时，浙江南部的东瓯国是越国的一个封国。

在越国和吴国长期的交往中，由于越国最终吞灭吴国，并维持统治167年之久，越和吴的文化逐渐融为一体。

吴越两国历史的精华部分便是勾践和夫差的战斗之史。今天我们津津乐道的也是这一时期的历史。尤其是越王勾践，他一生大起大落，卧薪尝胆，至情至性，逐渐成为一种民族精神的符号而流传至今。抗日战争时期，卧薪尝胆的话剧时常在各大校园激情上演，影响了一批批年轻人投入民族解放的洪

▶ **春秋时期**

历史上对浙江的记载，始于《竹书纪年》中的"周成王二十四年，於越来宾"。距今已有3000年之久。

春秋时期，越国在浙江一带兴起。此时，北邻越国的吴国也迅速发展，两国冲突不断。吴王阖闾、夫差同越王勾践进行了20余年的战争，最后越王勾践于公元前473年吞并吴国，并统治吴国167年之久，越和吴的文化逐渐融为一体。

▶ **秦汉时期**

秦汉时期，浙江属于秦帝国和汉帝国的边陲地区，尤其在秦始皇和汉武帝时期，宁绍地区与岭南等地是罪犯流放之地。

流之中。20世纪60年代初，我国遭受天灾人祸，1962年，著名戏剧家曹禺先生适时地将"卧薪尝胆"搬上戏剧舞台，起到了鼓舞全民共渡难关的作用。

✚ 晋室东渡，会稽山阴

两晋之间，全国局势动荡，匈奴、羯、氐、羌、鲜卑五个少数民族取代了汉族在中原的统治。从政治方面来说，这是个相当混乱的时代，但从地理学与思想史方面来说，这是一个光荣的时代，它直接影响了江南地区经济文化的发展。

永嘉之乱，晋室东渡，大批汉人迁到江南。截至南朝刘宋王朝，南渡人口约90万，人口迁移规模很大。南渡人口之中，有很多官僚士大夫。这些从北方南迁的世家大族文化素养普遍较高，而且拥有大量钱财。他们来到江南，对江南的影响也是最为直接的。

东晋虽建都今江苏南京，但仍有大量移民包括许多名门望族纷纷涌向土地肥美、风景秀丽的会稽山阴（今浙江绍兴）。随着这一批著名的文人学士在山阴的定居，山阴成为江南的文化中心。当然，这中间最著名的事件便是永和九年（353年）的兰亭修禊。这年上巳日（农历三月三日），包括王羲之、谢安、谢万、孙绰等41位有影响的学者聚会于山阴兰亭，赋诗多首，由王羲之作序，孙绰作后序。于是，著名的《兰亭序》便诞生了，全文共324字，由王羲之当场书写，成为我国书法艺术的绝品。原书早已失传，今有唐人临摹本广为流传，历来被书家都视为珍宝。王氏一家均擅长书法。他们在今浙江省境内宦游旅居，对当时省境内的文化发展和书法流传意义深远。

会稽山

在文化发展的同时，这个地区的经济也有了很大的发展。这也是北人大批南迁的必然结果。兴修水利，人口剧增，农田水利建设和农业都有了很大的发展，经济逐渐繁荣。从此以后，以山阴为中心的今浙江省境不仅在文化上异军突起，在经济和政治上也有很大进步，为南朝时期的继续发展奠定了基础。晋室东渡后不过10余年，三吴在政治上已经达到与首都建康抗衡的地位。

✚ 宋室南迁，偏居江南

"靖康之变"后，北宋灭亡。建炎元年（1127年）五月，康王赵构在南京（今河南商丘）称帝，史称南宋。

后来由于金军南下，赵构推行秦桧等人主张的投降路线，南宋节节败退。后来，赵

▶ **秦汉时期**

东汉末年，群雄争霸，吴大帝黄武元年（222年），富阳人孙权建立吴国，与曹魏、刘蜀三国鼎立。
三国时期，浙江属吴国，浙江境内经济稳定发展，临海郡永宁县（今浙江温州）和横屿船屯（今浙江平阳）是当时几个主要造船中心之一。

▶ **隋唐时期**

隋大业六年（610年），为疏通江南运河，京杭运河修至余杭（今杭州），使大运河南北全线贯通。

- - - ▶

开平元年（907年）临安人钱镠建立吴越国，定都杭州，是"五代十国"之一。吴越国历经五帝，后归附北宋。统治期间，浙江境内稳定繁荣，经济快速发展。

刘基

刘基是元末明初军事谋略家、政治家及诗人，通经史、晓天文、精兵法，以神机妙算、运筹帷幄著称于世。他辅佐朱元璋完成帝业、开创明朝并尽力保持国家的安定，与诸葛亮齐名，为"明初诗文三大家"之一。

人物档案

姓　　名：刘基，字伯温
出生地：文成县南田镇
出生日：1311年7月1日
逝世日：1375年5月16日
职　　业：军事家，政治家，道家，文学家等
代表作：《诚意伯文集》

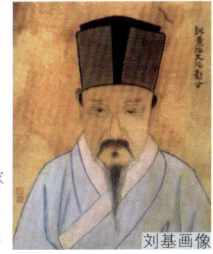

刘基画像

大事年表

- **1333年**
23岁的刘基赴元大都参加会试，中进士。
- **1360年**
朱元璋邀请刘基出山，刘基向朱元璋进献"十八策"，论天下安危。
- **1363年**
刘基协助朱元璋在鄱阳湖之战中大败陈友谅。
- **1367年**
刘基参与制定朱元璋的灭元方略。
- **1368年**
朱元璋即皇帝位，明王朝正式建立，刘基被授予御史中丞兼太史令。
- **1370年**
刘基被任命为弘文馆学士。
- **1371年**
刘基告老还乡，退出政治舞台，时年61岁。
- **1513年**
朝廷追赠刘基为太师，谥号文成。

众说纷纭论刘基

朱元璋："(刘基)学贯天人，资兼文武；其气刚正，其才宏博。议论之顷，驰骋乎千古；扰攘之际，控御乎一方，慷慨见予，首陈远略；经邦纲目，用兵后先。卿能言之，朕能审而用之，式克至于今日，凡所建明，悉有成效。"

沈德潜·《明诗别裁》："元代诗都尚辞华，文成独标高格，时欲追韩杜，故超然独胜，允为一代之冠。"

《明史》："所为文章，气昌而奇，与宋濂并为一代之宗。"

《明史》："基、濂学术醇深，文章古茂，同为一代宗工。而基则运筹帷幄，濂则从容辅导，于开国之初，敷陈王道，忠诚恪慎，卓哉佐命臣也。至溢之宣力封疆，琛之致命遂志，宏才大节，建竖伟然，洵不负弓旌之德意矣。"

蔡元培："时势造英雄，帷幄奇谋，功冠有明一代。"

民间谚语："三分天下诸葛亮，一统江山刘伯温；前节军事诸葛亮，后世军事刘伯温。"

刘基故里

▶ 宋元时期 ◀

建炎元年（1127年），康王赵构依仗半壁江山，定都南京应天府（今河南省商丘市睢阳区），后迁都临安（今杭州），是为南宋。南宋景炎元年（1276年），蒙古军破临安城，南宋灭亡。10世纪以后，江浙在全国的经济地位与日俱增，并凭借粮食、茶叶和丝绸等成为中国最重要的赋税重地。该地区商业性集镇纷纷兴起，海外贸易不断扩大，现在的宁波、温州是当时中国东南部进行对外贸易的重要商埠。元终结了南宋的统治，但是却没有影响到杭州的繁华，元至元二十九年（1292年），意大利旅行家马可·波罗在其游记中详细记录了当时杭州等城市的繁荣景象。

构逃往扬州，不久又渡江南逃。南宋统治集团渡江之后，抵抗派李纲等人力主以金陵为都，高宗赵构被迫于建炎三年（1129年）决心在南京（时称"江宁府"）定都，并把"江宁府"改为"建康府"。

宋高宗即位后，大臣楼炤分析了当时形势，上书高宗说："今日之计，当思古人量力之言，察兵家知己之计，力可以保淮南，则以淮南为屏蔽，权都建康，渐图恢复，力未可保淮南，则因长江为险阻，权都吴会，以养国力。"加之赵构本来就嫌南京紧靠长江，金兵可随时过江，终于在绍兴八年（1138年）迁都临安（今杭州），结束了南京作为南宋首都的10年历史。从此以后，长达141年（1138—1279年），南宋八代君王在强敌的威胁下均安闲自得地在西子湖畔过着被时人讥讽为"山外青山楼外楼，西湖歌舞几时休？暖风熏得游人醉，直把杭州作汴州"的腐朽生活，直至灭亡。

南宋建都临安后，对江南有什么影响呢？首先是从黄河流域流入大量人口，发展了生产力，促进江南经济文化更快地发展。杭州原来已有吴越建都的基础，加上西湖美景，从此飞速发展，到南宋后期，已经成为一个人口逾百万的国际性大都市。它不仅是冠盖云集的南宋政治中心，而且国际交往频繁，经济繁荣，市场兴旺。"上有天堂，下有苏杭"，可见当时江南最繁华的地方莫过于苏州和杭州了。

南宋灭亡后，马可·波罗来到杭州，对杭州的繁荣与美丽感到惊讶，称这里是世界上最美丽华贵的天城。由于两浙多年未受战火侵袭，它的经济地位与日俱增，并凭借粮食、茶叶和丝绸等成为中国最重要的赋税重地。1276年（景炎元年），蒙古军队攻占杭州，结束了杭州作为首都的历史。元朝将原来的两浙路与南京等地合并，设立江浙行中书省，首府仍在杭州。

赵构画像

✚ 浙江历史名人

在漫漫历史长河中，浙江人文荟萃，名人辈出，在哲学、政治、军事、科技、文化等各个领域都出现了不少杰出的人物。

骆宾王（约638—684）：字观光，婺州义乌（今浙江义乌）人，唐初诗人，与王勃、杨炯、卢照邻合称"初唐四杰"。7岁那年写下

▶ 明清时期　- - - →　近现代

明朝时，浙江是全国的赋税重地之一，嘉兴、湖州一带成为主要的生丝产地，浙江沿海对外贸易活跃。
明洪武年间，朱元璋实施闭关锁国的海禁政策，使商业文明和重商倾向较明显的浙江备受压制。沿海一带军民冲突不断，至嘉靖年间，倭寇横行。

清朝初期，由于浙江曾积极抵抗清兵，清政府对江南文人采取高压政策，野蛮的文字狱、明史案即发生于浙江，浙江发生之骇人听闻的吕留良于棺戮尸、捕杀曾静等事件。

1840年（道光二十年）7月5日，英军炮轰定海城，鸦片战争正式爆发。根据战后签订的中英《南京条约》，宁波成为最早的五口通商口岸之一。
1861年（咸丰十一年），太平军从江西进入浙江，除最南的温州地区外全省各地都受到严重影响。战争冲突不断，人口损失惨重。

了著名的《咏鹅》诗。武则天光宅元年（684年），徐敬业起兵讨伐武则天，他作为秘书，起草了著名的《讨武曌檄》。留有诗集《骆宾王文集》。

沈括（1031—1095）：字存中，号梦溪丈人，杭州钱塘（今浙江杭州）人，北宋科学家、改革家。晚年以平生见闻，在江苏镇江梦溪园撰写了笔记体巨著《梦溪笔谈》。他精通天文、数学、物理学、化学、地质学、气象学、地理学、农学和医学，是我国历史上卓越的科学家之一，此外他还是卓越的工程师、出色的外交家，可谓是全才。

陆游（1125—1210）：字务观，号放翁，越州山阴（今浙江绍兴）人，南宋著名爱国诗人。少年时即受家庭中爱国思想的熏陶，高宗时应礼部试，为秦桧所黜。中年入蜀，投身军旅生活。晚年退居家乡，仍抱收复中原之信念。他一生创作诗歌极多，今存9000多首。著有《剑南诗稿》《渭南文集》《南唐书》《老学庵笔记》等。

赵孟頫（1254—1322）：字子昂，号松雪道人，吴兴（今浙江湖州）人，元代著名画家，楷书四大家（欧阳询、颜真卿、柳公权、赵孟頫）之一。赵孟頫博学多才，能诗善文，特别是书法和绘画成就最高，开创元代新画风，被称为"元人冠冕"。另外，他也善篆、隶、真、行、草书，尤以楷、行书著称于世。

于谦（1398—1457）：字廷益，号节庵，

沈括画像

官至少保，世称于少保，明代名臣。土木之变，英宗被俘，郕王朱祁钰监国。于谦力排南迁之议，决策守京师，与诸大臣请郕王即位。瓦剌兵逼京师，于谦亲自督战，击退瓦剌军并遣使议和，使太上皇回归。后于谦以"谋逆"罪被冤杀。于谦与岳飞、张煌言并称"西湖三杰"。

王守仁（1472—1529）：字伯安，别号阳明，浙江余姚人，因被贬贵州时曾于阳明洞（今贵阳修文县）学习，世称阳明先生、王阳明，我国明代著名的文学家、哲学家、思想家、政治家和教育家，是二程、朱、陆后的另一位大儒，"心学"流派的重要代表人物。其世界观与人生观均载于《大学问》一文中。

徐渭（1521—1593）：初字文清，后改字文长，号天池山人，山阴（今浙江绍兴）人。明代著名文学家、书画家、军事家。有青藤老人、青藤道人、青藤居士、天池渔隐、山

▶ 近现代 ----→

清末民初时期，浙江因为资本主义萌芽和开埠较早，较早受西方近代思想的影响并且投身到推翻清朝统治的斗争中。1904年（光绪三十年）冬，浙江人章太炎、徐锡麟、秋瑾、陶成章等人在上海成立光复会，影响波及长江下游和东南沿海。孙中山后期的革命经费大多都是浙江湖州的丝绸商人筹集和捐赠的，蒋介石就是依靠江浙财阀的势力上台的。浙江人还较早地参与了当时上海的开发。

抗日战争期间，浙江是主战场之一。浙江北部的嘉兴、吴兴、长兴等地是前期淞沪会战的主要战场之一。浙江也是日本细菌战的主要受害地区之一。目前，在义乌和衢州分别建有细菌战纪念展览馆，反映侵华日军细菌战的犯罪史实。

改革开放后，在政策支持下，浙江南部经济迅速崛起，并涌现出全国私营经济繁荣的温州，全国航运业巨头云集的宁波，全球轻纺市场中心绍兴以及以小商品城著称的义乌等典型，加上传统意义上的浙北富裕地区，浙江省成为中国较富裕的省份之一。浙江模式也成为一种发展典型。

岳飞像

阴布衣、鹅鼻山侬等众多别号。民间有许多关于年轻聪明的他如何捉弄官宦等的故事传说。

龚自珍（1792—1841）：字尔玉，又字璱人，号定盦，后更名易简，号定庵，仁和（今浙江杭州）人，清代思想家、文学家及改良主义的先驱者。他主张革除弊政，抵制外国侵略，曾全力支持林则徐禁除鸦片。他的诗文主张"更法""改图"，揭露清统治者的腐朽，洋溢着爱国热情，被柳亚子誉为"三百年来第一流"。著有《定盦文集》，今人辑为《龚自珍全集》。

黄宾虹（1865—1955）：原名懋质，名质，字朴存，号宾虹，别署虹叟。祖籍安徽歙县，出生于浙江金华，现代杰出的国画大师。自幼喜爱绘画，6岁时临摹家藏的沈庭瑞（樗崖）山水册，1887年赴扬州，从郑珊学山水，从陈崇光（若木）学花鸟。有"再举新安画派大旗，终成一代宗师"之誉。

蔡元培（1868—1940）：字鹤卿，号子民，乳名阿培，并曾化名蔡振、周子余，浙江绍兴（今柯桥区）人，原籍浙江诸暨。民主革命家、教育家、政治家。南京临时政府首任教育总长，1917年任北京大学校长，革新北大，开"学术"与"自由"之风，1919年五四运动爆发后被迫停职。1927年任国民政府大学院院长，后改任中央研究院院长。

王国维（1877—1927）：字伯隅、静安，号观堂、永观，浙江海宁盐官镇人，清末秀才。王国维是近现代在文学、美学、史学、哲学、古文字、考古学等各方面成就卓著的学术巨子，国学大师。1927年6月，国民革命军北伐逼近北京之时，王国维留下"经此世变，义无再辱"的遗书，投颐和园昆明湖自尽。

鲁迅（1881—1936）：原名周樟寿，后改名周树人，字豫山、豫亭，后改为豫才，浙江绍兴人。著名文学家、思想家、革命家，是中国文化革命的主将，逝世后被称为"民族魂"，留有众多极具代表性的文学作品，对中国思想界影响巨大。

竺可桢（1890—1974）：又名绍荣，字藕舫，浙江绍兴人。卓越的科学史家和教育家，当代著名的地理学家和气象学家，中国近代地理学的奠基人。他先后创建了中国大学中的第一个地学系和中央研究院气象研究所，担任浙江大学校长13年，被尊为中国高校四大校长之一，被浙大学子尊称"浙大保姆"。

茅盾（1896—1981）：原名沈德鸿，字雁冰，浙江桐乡人。现代著名作家、文学评论家、文化活动家、社会活动家，五四新文化运动的先驱者之一，我国革命文艺奠基人之一。1981年由中国作家协会主办的"茅盾文学奖"是中国第一次设立的以个人名字命名的文学奖，也是我国具有极高荣誉的文学奖项之一。

徐志摩（1897—1931）：现代诗人、散文家，新月派代表诗人，浙江海宁人。1921年赴英国留学，入剑桥大学当特别生，研究政治经济学。在剑桥两年深受西方教育的熏陶及欧美浪漫主义和唯美派诗人的影响。他的诗字句清新，韵律谐和，想象丰富，意境优美。《再别康桥》是其最著名的代表作。1931年11月19日不幸遭遇空难，英年早逝。

丰子恺（1898—1975）：原名丰润，又名仁，号子恺，今浙江桐乡人，现代画家、散文家、美术教育家、音乐教育家、漫画家和翻译家，是一位卓有成就的文艺大师。他的文章风格雍容恬静，漫画多以儿童作为主人公，幽默风趣，反映社会现实，作品内涵深刻，耐人寻味。

钱学森(1911—2009)：浙江杭州人。杰出的科学家，为中美两国的导弹和航天计划都作出过重大贡献。20世纪50年代经过几番波折回国后，钱学森在中国的火箭和导弹技术、航空航天等领域做出了重大贡献，中国科协将国际编号为3763号的小行星命名为"钱学森星"。钱学森的人格魅力与爱国主义精神影响了一代航天人。

鲁迅像

西湖雷峰塔

古台州府城墙

文 化

万松书院

➕ 西子湖畔的浪漫传奇

杭州有座西湖,西湖的美景让人沉醉,而西子湖畔美丽的爱情传奇更是令人向往不已。

我国有四大民间传奇故事,与杭州有关的就占了其中两席。西湖有三大爱情桥:断桥、长桥与西泠桥。断桥能够享誉天下,得益于《白蛇传》中几段重要的故事情节都发生在这里。白娘子与许仙相识于此,并借伞定情,最后白娘子被法海镇于雷峰塔下,从此相爱的二人,塔内塔外,咫尺天涯。而西湖南面的长桥则因《梁祝》而出名。据说,今天的杭州万松书院便是当年梁山伯和祝英台共同读书的地方。祝英台被父亲召唤回家,梁祝二人难舍难分,于是戏剧里就有一段经典的"十八里相送"。梁山伯送祝英台一直送到现在的长桥,走走停停,依依惜别。可谓是"长桥不长情意长"。

再看西泠桥。在与三座情人桥相关的故事中,只有西泠桥承载的是真实发生的事情。南齐时期,钱塘才女苏小小与当朝宰相之子阮郁相识相爱。苏小小年轻貌美,才华横溢,倾国倾城。后来阮郁被父亲软禁,阮府送递给苏小小休书一封。但苏小小对阮郁的爱却是刻骨铭心,终生不渝,最终她在伤心和绝望中辞世,年仅19岁。受她资助的穷书生鲍仁衣锦还乡,准备报答苏小小之际却是苏小小下棺之时。鲍仁扶棺痛哭,并一身丧服,亲送苏小小灵柩,按照她的临终遗言,葬于西泠桥畔的孤山。

西湖的爱情故事实在太多,清初戏曲家洪昇在杭州昭庆寺写出了浪漫的昆曲传奇《长生殿》;古书《今古奇观》中收录了西湖爱情故事《文世高断桥生死缘》;1985年,浙江文艺出版社出版的西湖白话小说收集了24篇西湖故事,有《张舜美灯宵得丽女》《乐小舍拼生觅偶》和《裴秀娘夜游西湖》等,基本都是爱情故事。在花港公园西里湖南岸还有一座采用透空剪影设计的纪念碑,以此纪念从西湖走出的旷世才女、近

浙江卷轴

《朝花夕拾》鲁迅:作者唯一一部回忆性的散文集,童年的家乡及各种趣事皆能在书中寻得落脚的章节。这不只是他一个人的回忆,更是我们每个人的回忆。

《己亥杂诗》龚自珍:为作者不满时局,辞官归故乡杭州时所作,从"落红不是无情物,化作春泥更护花"这样熟知的诗句中,可看出这部诗集的文学艺术价值。

《丰子恺漫画集》丰子恺:他是中国现代漫画创作的"第一人",他的漫画作品风格独特,影响深远,深受人们的喜爱。

《哥伦比亚的倒影》木心:这本散文集并未出现"浙江"二字,但仅凭作者是木心,这个被遗忘的大师,就足以让您拿来读赏。

梁祝戏曲

代著名建筑学家、作家——林徽因。美丽多才的林徽因算得上是那个时代最美的天使,她与建筑大师梁思成、浪漫诗人徐志摩、学术泰斗金岳霖之间的感情故事至今仍被人们津津乐道。

许仙和白娘子、梁山伯与祝英台、苏小小和阮郁,这些动人的爱情故事的流传,不仅使杭州成了人们想象中的恋爱天堂,也成了美丽爱情的代名词。如今,"爱情之都、天堂城市"已成为杭州城的城市宣言。来到西湖,总能看到湖岸边,垂柳下,对对情侣,卿卿我我。一对对情侣骑着双人自行车,环游西湖,或者踏歌而行。

在对的时间,对的地点,谈一场对的恋爱,譬如西湖。

➕ 闻名世界的蚕桑文化

在古代,对于西方世界来说,中国是一个古老而又神秘的王国。它的古老是因为其悠久的历史,它的神秘源于其博大而精深的文化,其中蚕桑文化极具特色,尤以浙北为代表。

浙江蚕桑文化是中国蚕桑文化的代表。杭嘉湖平原以其独特的地理条件和气候资源,成为中国最大的蚕桑基地。在距今约4700年前的浙江吴兴钱山漾遗址中,发现了黄褐色的绢片和仍有一定韧性的丝带、丝线,可见浙江的蚕桑文化实在久远。

长江下游的蚕桑业迅速发展起来是在魏晋南北朝时期;唐安史之乱后,我国经济中心南移,蚕桑业的重心也转移到江南,浙北蚕桑业逐渐繁荣。北宋时,嘉兴、湖州一带的蚕桑业达到全盛。宋末元初,棉花取代了丝麻的地位,蚕桑业在许多地方趋于枯萎,但杭嘉湖地区,蚕桑生产继续保持繁荣。明清时期,杭嘉湖地区从事蚕丝买卖的丝行相当兴盛,形成了专门从事桑叶交易的叶行。本是农副业的蚕桑生产逐渐卷入了商业大潮中。

在浙北一带,蚕区农民的衣食住行、生老病死,无不渗透着蚕桑生产的影响,形成独特的民俗。"中国蚕桑丝织"的组成内容如蚕桑民俗、丝绸文化与丝织技艺及历史文物等整体的原生态保存性好,活态传承脉络清晰,是一项可以保护和传承的非物质文化遗产。

浙江影像

《似水年华》(2003年):由黄磊执导,讲述了一对三十多岁的男女在乌镇和台北之间隔山隔水的爱情故事。剧中乌镇的一水一桥皆如童话一般,值得品味。

《人间四月天》(1999年):浪漫唯美的诗人徐志摩与张幼仪、林徽因、陆小曼的爱情故事在剧中被完美呈现,观众们不知被惹得动了多少情。

《新白娘子传奇》(1992年):是一部风靡全国、轰动华人世界的经典大型音乐剧。剧中主人公西湖断桥相会的场景,让多少观众久久不能忘怀。

《浙江文化地理》(2009年):由浙江卫视耗时三年精心制作的一部大型人文历史纪录片。全片讲述10个浙江的文化承载物,共"四问六寻",值得了解探究。

《搜索》(2012年):由陈凯歌执导的电影,以一个极小的社会事件为切入点,折射出了大变革时代的价值观。片中大量出现宁波的场景,如著名的宁波博物馆。

丝绸

中国是世界上最早发明家蚕养殖和丝织技艺的国家。早在公元前3000年,中国人就已经成功驯化了野生桑蚕,并利用蚕丝织造丝绸织物。丝绸自古以来就是中国皇帝赠予邻国和属国的主要外交礼物,并且早在中国人开辟丝绸之路前就已经是外国人最为欣赏的奢侈品之一。浙江是我国著名的丝绸之乡,是全国蚕桑文化的发祥地之一。

蚕吃桑叶 → 成茧 → 煮茧

蚕丝原料(半成品蚕丝) ← 手工抽丝 ← 剥茧

手工拉丝 → 制被 → 成品

丝绸制作流程

丝绸以蚕丝为原材料,其生产的最初工序就是养蚕,后期制作主要包括缫丝、织造、染整三道工序。

采桑:桑叶是蚕的日常食物,采桑是古代妇女的一项重要工作,历史上很多文学和绘画作品中都有对采桑的描绘。

育蚕:温度需要保持在18℃~25℃,每隔30分钟就要喂食一次,正常情况下,蚕从幼虫期到吐丝作茧,需要20~28天,吐丝结茧约需要3天。

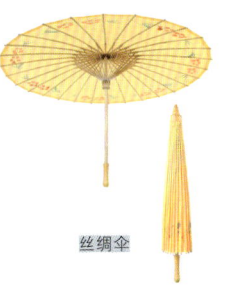

缫丝:是将蚕茧抽成蚕丝的工艺,一颗蚕茧可抽出800~1000米的蚕丝,一根蚕丝由两根单丝组成,若干根蚕丝合并成为生丝。

织造:是将生丝经加工分成经线和纬线,并按一定的组织规律相互交织形成丝织物的工艺。在古代,织造是妇女在家中靠纺车来完成的。

染色和印花:染色是使染料和蚕丝或坯绸发生化学反应,使其染上各种色彩的工艺;印花技术也可使丝绸变得五彩缤纷。

丝绸伞

约公元前5000年	约公元前2500年	西周	西汉	现在
江浙一带先民开始养蚕	湖州出土绢片、丝线和丝带	《诗经》中以蚕、桑、丝为题材的诗大量出现	丝绸之路开辟,丝绸贸易繁荣	浙江是丝绸生产的重要基地

浙江天籁

《梁祝》:作为一首小提琴协奏曲,《梁祝》的曲调婉转,优雅动人,将发生在浙江上虞的传说演绎得哀婉动人。后来更有众多乐器独奏的版本,也各具特色。

《送别》:提到浙江杭州,就不能不说李叔同——弘一法师,他的这首《送别》不涉教化,意蕴悠长,音乐与文学的结合堪称完美,它成为中国骊歌中的不二经典。

《采茶舞曲》:浙江的传统民歌,是采茶之人在采茶时节常诵唱的歌曲。节奏轻快明朗,十分动听,尤其是邓丽君演唱的版本,广受喜爱。

《千年等一回》:1992年中国经典音乐电视剧《新白娘子传奇》的主题曲,由台湾歌手高胜美演唱,唱词经典、回味悠长,是白蛇传故事和浪漫爱情的代表旋律。

乌篷船

江南地区河流纵横，到处都是河街水巷。乌篷船是江南水乡的独特交通工具，因篾篷漆成黑色而得名，以水乡绍兴的乌篷船最具有代表性。乌篷船大多在江中行驶，体轻速快，或独或群，它船身窄，船篷低，船体轻盈，可以在一些狭小的水道里航行，不仅是江南的重要交通工具，也是水乡里的一道独特风景。

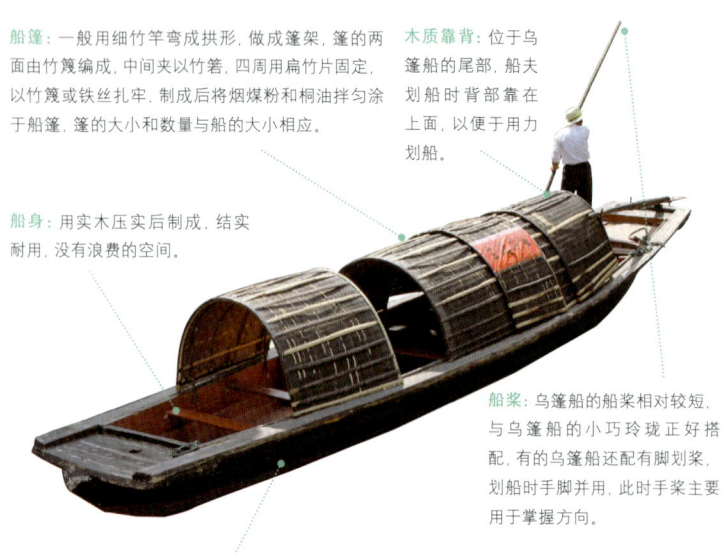

船篷：一般用细竹竿弯成拱形，做成篷架，篷的两面由竹篾编成，中间夹以竹箬，四周用扁竹片固定，以竹篾或铁丝扎牢，制成后将烟煤粉和桐油拌匀涂于船篷。篷的大小和数量与船的大小相应。

木质靠背：位于乌篷船的尾部，船夫划船时背部靠在上面，以便于用力划船。

船身：用实木压实后制成，结实耐用，没有浪费的空间。

船桨：乌篷船的船桨相对较短，与乌篷船的小巧玲珑正好搭配，有的乌篷船还配有脚划桨，划船时手脚并用，此时手桨主要用于掌握方向。

乌篷船的动力：乌篷船是靠脚划桨。划船的人坐在后梢，一手扶着夹在腋下的划桨，两脚踏在桨柄末端，两腿一伸一缩，桨就上一下地击水推进，时速可达10多千米。船的航向是用手桨来控制的，船行进时，船工脚手并用。有时船工也把手桨夹在腋下，把双手空出，在轻舟快捷的行驶中捧一碗酒品尝。

水乡古镇中乌篷船

近代著名作家周作人曾写过一篇著名的散文——《乌篷船》，形象地描绘出了乌篷船所独有的江南韵味。

篷是半圆形的，用竹片编成，中央竹箬，上涂黑油；在两扇"定篷"之间放着一扇遮阳，也是半圆的，木作格子，嵌着一片片的小鱼鳞，径约一寸，颇有点透明，略似玻璃而坚韧耐用，这就称为明瓦。三明瓦者，谓其中舱有两道，后舱有一道明瓦也。船尾用橹，大抵两支，船首有竹篙，用以定船。船头着眉目，状如老虎，但似在微笑，颇滑稽而不可怕，唯白篷船则无之。三道船篷之高大约可以使你直立，舱宽可放下一顶方桌，四个人坐着打马将——这个恐怕你也已学会了吧？

浙江茶园

➕ 一杯清茶，几分淡雅

千百年来，茶道、茶文化体现了一种永恒的生命力。特别是在中国，茶乃"国饮"。在中国的茶文化版图上，位于东南沿海的浙江省有着特殊的位置。

茶叶在浙江栽植最早是在三国时期。唐朝陆羽在湖州写下了名闻天下的《茶经》，被尊为"茶圣"。据《茶经》记载，当时浙江茶区分为浙东浙西，浙西有湖州的长兴、安吉、武康，杭州的临安、於潜、钱塘、桐庐。浙东有越州的余姚、明州（宁波）、婺州（金华）的东阳、台州的始丰（天台）等。除了以上几个地区，另外有文献记载，温州的永嘉、睦州的淳安也盛产茶叶。可见唐宋时期浙江的茶区已经遍及全省了。

浙江多山，且不乏一些名山大川。在唐宋时期，浙江的名茶都是产在一些名山之中。风景如画的西子湖畔的浙江龙井茶，普陀山上的佛茶，天台山上的华顶云雾茶，雁荡山"白云茶"等都是与名山大川相伴的。喝茶成风也促进了浙江茶文化的发展。杭州径山寺茶文化在宋代传到了日本，发展成享誉世界的日本茶道。南宋都城临安（今杭州），茶肆极多。作为南宋都城的临安城里除了茶肆外，还有走街串巷出售茶汤的小贩，可见当时茶市的繁荣。

随着茶的深入民间，它在人们的生活里开始扮演着重要的角色，这主要体现在男女婚姻当中，即婚俗当中茶礼的出现。从宋代开始，茶成为婚礼宴客的必需品。

去浙江，特别是省城杭州，大大小小的茶馆比比皆是。找一西湖边的茶馆，泡上一杯上等的龙井，抿上一口，清香跟着甘甜在唇齿间流畅。眼前的西湖晴也好，雨也罢，伴着清香，它依然是那么淡雅。

➕ 东南佛国，佛道并修

浙江是我国重要的佛教文化发祥地之一，自古佛教兴盛，名寺众多。如天台山国清寺、宁波天童寺、绍兴嘉祥寺、杭州径山寺等寺庙均是佛教教宗的祖庭。南宋时期著名的"五山十刹"有许多坐落于浙江，普陀山从明代起就被列为佛教四大名山之一，早有"海天佛国"之美誉，是闻名天下的南海观音菩萨的道场所在地。

杭州的灵隐寺、净慈寺；宁波的天童寺、阿育王寺、七塔寺；普陀山的普济寺、慧济寺、法雨寺；天台的国清寺、高明寺、方广寺；新昌的大佛寺，以及温州的江心寺等，先后被列为国家级重点寺院。这些遍布全省的名寺古刹，拥有佛塔、经幢、舍利等精品，巧夺天工的建筑工艺、精美的雕刻艺术、绝伦的冶金铸造，美不胜收的人文景观，每年都吸引着世界各地的信徒、游客纷至沓来，香火终年旺盛。

千百年来，浙江名僧如云，高僧辈出，出现了如道济、布袋、弘一等一大批具有传奇色彩的大德高僧。以省城杭州为例，高僧们在杭州修行说法，著书立说，绘成了"东南佛国"的兴盛图景。如净慈寺的开山之祖道潜禅师及禅净两宗祖师、文化巨匠永明延寿大师、僧伽制度的革新代表太虚大师、虎跑

灵隐寺

廊桥

廊桥亦称虹桥、蜈蚣桥等，是一种有顶的桥，可保护桥梁，同时亦可遮阳避雨，供人休憩、交流和聚会，主要分布在我国南方地区。廊桥主要有木拱廊桥、石拱廊桥、风雨桥、亭桥等。其中木拱廊桥分布于闽浙边界山区。浙江泰顺一带保存有大量的古廊桥，被称为"中国廊桥之乡"，目前尚存200余座。泰顺廊桥以其巧妙优美的结构造型，再现了《清明上河图》的虹桥形象。

廊桥的廊棚部分：以直立和横向的木柱作支撑，木柱互相别压穿插，不用钉铆，互相之间的摩擦力使得横梁不能滑动，结构简单而奇妙。

屋檐：一般设两层，翼角飞挑，颇有吞云吐雾之势，屋脊平缓有序，转折处弯曲有度，有的桥屋中间建有歇山屋顶，使屋檐变化有了主次之分，具有强烈的韵律感和明快的节奏美。

廊屋
桥体
桥墩

廊桥的脚下部分：以木头编成的排架搭建而成，排架两头固定于桥两端的土石当中，这种排架能够支撑整个廊桥数百年乃至千年之久。

红漆：廊桥大多在风雨板上刷红漆，不仅起到保护木材的作用，也增添了廊桥的美感。

开窗：人行走在廊屋中，窗外的山光水色尽入眼中，使窗外的风景产生了像图画一样的效果。

① 三节苗　　⑤ 五节苗下牛头
② 五节苗　　⑥ 剪刀架
③ 三节苗牛头　⑦ 将军柱
④ 五节苗上牛头　⑧ 地梁

中国四大古桥：
- 石家庄赵州桥（石拱桥）
- 泉州万安桥（石梁桥）
- 潮州广济桥（浮桥）
- 开封虹桥（木拱桥）→失传→新物证→**泰顺廊桥**
- 北京卢沟桥（联拱石桥）

15座廊桥被列为全国重点文物保护单位：
北涧桥、溪东桥、三条桥、
仙居桥、文兴桥、薛宅桥、
文重桥、南阳桥、霞光桥、
池源桥、普宾桥、城水桥、
刘宅桥、永庆桥、毓文桥

寺的律宗典范弘一大师、韬光寺的诗僧韬光大师、云栖寺的净土宗八祖莲池大师、径山寺被唐代宗赐号"国一禅师"的道钦，还有世人耳熟能详的济公活佛等，这些名僧给杭州遗留了大量的物质与非物质文化遗产。

浙江省自然景观和人文景观结合的最佳典范便是名闻天下的西湖。东晋咸和元年（326年），印度高僧慧理在西湖北高峰与飞来峰之间创建了灵隐寺，成为翻阅西湖佛教景观史第一页的开山之祖。西湖孤山、玉泉等地出现了更多的寺庙。到隋朝，灵隐附近新辟了天竺寺和中天竺寺。到了唐朝，西湖的佛寺更加兴盛。建寺造塔，凿岩造像，客观上美化了西湖，也为杭州带来了中世纪的佛教文明。

除佛寺盛景外，杭州还曾有过为数可观的道教宫观和民间俗神祠庙。在南宋前期，道教宫观之盛一度超过佛寺，而民间俗神祠庙自南宋以后一直在杭州城区特别是西湖山水之间占有一席之地，并在明清时期达到鼎盛，尤以吴山一带最为集中。南宋时期，杭州作为国都，出现了来自海外各国为数可观的大批使节和商人，其中有许多是信奉伊斯兰教的阿拉伯商人。位于现杭州中山路上的凤凰寺，就是南宋时期得到大规模重建并且一直保存到今天的。如今它不仅是杭州穆斯林的主要礼拜、活动场所，更为杭州这座历史文化名城增添了具有独特风貌和韵味的伊斯兰文化风情。

✚ 如玉青瓷，瓷国明珠

中国被世界公认为"瓷器故乡"。然而中国瓷器的诞生地却是个众说纷纭的谜。据最新的考古研究发现：中国瓷器的"根"在浙江北部地区。

考古学家在浙江德清发掘出大规模原始瓷窑，认定以德清为中心的浙江北部地区是中国瓷器的源头。目前已发现商周时期的窑址30多座，规模大、年代久，为国内罕见。其最早的商代黄梅山等窑址，是目前发现的早期瓷窑之一。德清出土的瓷器品种，几乎囊括了近年来考古人员在中国南方地区的春秋战国时期大型越国贵族墓中发现的各类原始青瓷礼器与乐器，可谓历史久远。可以说，早在1000多年前，浙江的瓷器生产已有"来样加工""贴牌生产"等专业化手段，而这种加工方式在浙江影响很大，并传承至今。

在今浙江省上虞、余姚、慈溪、宁波等地出产的越窑，生产年代自东汉至宋，是唐、五代时期最著名的青瓷窑场。越窑的青瓷明澈如冰，晶莹温润如玉，色泽青中带绿，与茶青色相近。坐落在余姚的浙东越窑青瓷博物馆是我国第一家专业越窑青瓷博物馆。馆内藏品综括西周、春秋战国、东汉、三国、两晋、南北朝、隋唐、五代和北宋，有6000多件，价值人民币数亿元。往浙西南走，还有青瓷的另一集中产地——龙泉。地处瓯江上游的龙泉，瓷土蕴藏丰富，水路畅达，重峦叠嶂，植被茂盛，气候宜人，优越的自然环境奠定了龙泉窑蓬勃发展的基础。龙泉青瓷始于南朝，兴于北宋，盛于南宋，历史悠久，驰名中外。龙泉的青瓷以瓷质细腻，线条明快流畅、造型端庄浑朴、色泽纯洁而斑斓著称于

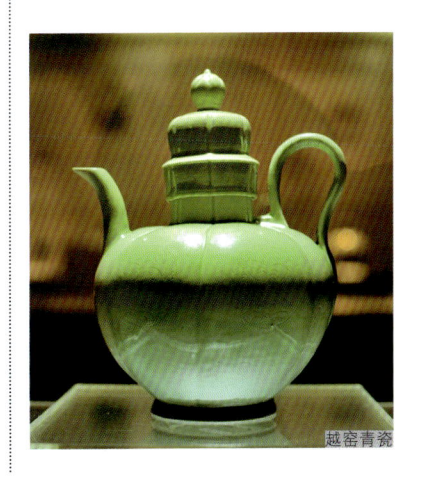

越窑青瓷

世。"青如玉，明如镜，声如磬"说的便是龙泉青瓷。

浙江的瓷器在中国瓷器发展史上占有极为重要的位置，至今仍散发着动人的魅力。为更好地传承和发展青瓷，2009年，龙泉青瓷传统烧制技艺入选《人类非物质文化遗产代表名录》。

丽水大木山茶园

文 化 51

蚕茧加工

行走
浙江

带什么

背包客

来地处江南水乡的浙江旅游，时间安排可以相对宽松，要妥善准备旅途中所需的物品。好在浙江风景宜人的时节气温相对温暖，无须携带厚重的冬季衣物。

➕ 常规必带

服装、背包、鞋袜

浙江位于中国东部沿海，气候温暖舒适，一般按季节携带衣物即可。但又因其地处江南，春夏梅雨时节较为阴湿，前往丘陵山区可携带稍厚些的春秋外套或是冲锋衣。

在够用的前提下，旅行携带的行李包应越少越好。一般45升以下的背包就足以应付，如果要参与一些野外徒步野营活动，那么一大一小两个背包也就足够了。

既然是旅行，首选运动鞋和中低帮登山鞋。在浙江绝大多数地区游览，有一双舒适结实的运动鞋即可。袜子方面，选择弹性较好、排汗良好的运动袜即可。

药品、食品

准备一些感冒药品、胃肠类药品和一些去热止痛的药品就可以了，如感冒片剂、感冒冲剂、泻痢停、复方阿司匹林、扑尔敏、抗生素。

钱江大桥

浙江经济发达，交通便利，美食也很多，路上简单携带一些喜欢的食品即可，纯净水、功能饮料视消耗情况，随时补充储量。

洗漱用品

毛巾、牙膏、牙刷、香皂、护肤霜、洗发水、梳子、剃须刀、手纸、湿纸巾等。

防晒霜、太阳镜、帽子、雨伞

夏季带上防晒霜可以削弱紫外线的影响，避免被晒得"变色"；一副好的太阳镜和一顶带檐的帽子也起着相同的作用，江南的天气往往雨水较多，带上一把折叠伞也是十分必要的。

行李

何时去

浙江四季分明、雨量充沛、夏凉冬暖。一年四季中的大部分时候都适合出游,其中4、5月和9、10月为最佳游季。

4月开始气候回暖,到5月上旬梅雨期前为止,春季的江南桃红柳绿,草长莺飞,一派迷人风光,可以到新昌大佛寺赏樱花。夏季平原温度高,此时可以到浙西、浙南的高山间避暑,或是观赏溪涧瀑布。

9月酷热退去,10月秋高气爽,正值桂花盛开,且羊肉、大闸蟹、海鲜等季节美食纷纷上市,中秋后是观钱塘江大潮的最佳时节,也是旅游的好时节。冬季还可以泡温泉,浙江境内的著名温泉有金华武义温泉和宁海南溪温泉。

▼ 浙江旅游月历

月份	节日	
1月	腊八节施粥	
2月	余杭超山梅花节 渔村灯会	
3月	花朝节 拦街福 浙江油菜花节	
4月	相约龙井·春茶会 宁海长街蛏子节	西湖杜鹃节 景宁畲乡风情旅游节
5月	象山海鲜节 畲族牛歇节 天台山云锦杜鹃节	
6月	西溪国际龙舟文化节 慈溪杨梅节 江郎山庙会 中国杨梅节	
7月	舟山海鲜美食文化节	
8月	诸暨西施故里荷花会	
9月	钱塘国际观潮节 舟山国际沙雕节 方岩庙会 青田石雕文化旅游节	杭州金秋国际旅游节 中国开渔节 衢州孔子文化节 三门青蟹节
10月	西湖国际烟花大会 杭州西湖国际博览会 宁波国际服装节 义乌国际小商品博览会 仙都旅游文化节	
11月	普陀山南海观音文化节 金华国际黄大仙旅游节 丽水国际摄影文化节 中国江南长城节	
12月	泰顺廊桥文化旅游节	

杭州太子湾公园

吃什么

浙江的传统美食是浙江菜，浙江菜是中国八大菜系之一，旅游者到此，自然要将地道的浙江美味好好品尝一番。

西湖醋鱼

以西湖草鱼做原料，火候十分严格，烧好后，鱼肉鲜美，带有蟹味，味道鲜嫩酸甜，糖醋汁也别具特色。

东坡肉

薄皮嫩肉，色泽红亮，味醇汁浓，酥烂而形不碎，香糯而不腻口，味美异常，是最为知名的浙菜之一，深受人们喜爱。

荷叶粉蒸肉

夏令时节，特用"曲院风荷"的鲜荷叶，将炒熟的香米粉和调过味的肉一同包裹蒸制而成。肉质酥糯，清香不腻，实为夏季佐酒下饭的美肴。

龙井虾仁

江南水乡的虾仁洁白鲜嫩，清明节前后的龙井新茶碧绿清香。食后清口开胃，在杭州菜中堪称一绝。

拔丝金腿

拔丝金腿是一道著名的甜菜，以正宗金华火腿为原料制成，吃时缕缕透明的糖丝连绵不断，火腿的醇香扑鼻而来，可谓别具一格。

三头一掌

以兔头、鸭头、鱼头和鸭掌为原料，用衢橘皮、大蒜和众多香料、药料烧制而成，美味经济，是衢州的特色风味食品。

冰糖甲鱼

宁波十大名菜之首，吃起来鲜美肥腴，入口香甜，味道酸咸，风味独特，亦十分滋补。

五芳斋粽子

嘉兴著名的中华老字号，号称"江南粽子大王"，五芳斋的粽子糯而不烂，肉嫩味香，咸甜适中。

西湖醋鱼

东坡肉

住哪儿

客栈

浙江的旅游业十分发达，住宿选择相对来说也十分多样，像杭州这样的大城市，无论是青年旅舍，还是宾馆、酒店都随处可见；若是前往乌镇、西塘等江南古镇，也有不少宾馆方便入住；假如是山林寻趣，则可选择露营的方式。

星级酒店

杭州、宁波、温州等地的星级酒店不仅数量众多，服务也十分优质，由于入住客人的需求较高，这些地区的星级酒店在交通、娱乐等方面考虑得十分周到，可放心入住。

快捷连锁酒店

如家、7天、汉庭等酒店在浙江绝大多数的地级市区均有分布，位于部分景区中的酒店可能需要提前预订。

普通宾馆及青年旅舍

浙江各个城市的宾馆和青年旅舍相对全国其他地方要更多，而且四季整体的价格较为合理，但住宿条件各有不同。除杭州外，像西塘、乌镇、朱家尖等地也有青年旅舍分布，风格各具特色，服务也十分周到，可选择入住。

野外露营

若是酷爱户外旅行，浙江更加不可错过，这里既有西南部的丘陵山区，也有东北部的海滩岛屿，绝妙的自然风光定会让人流连忘返。一般情况下，只需携带适合春秋季的野外露营帐篷、睡袋和衣物即可。

乌镇客栈

怎么走

前往浙江的交通方式有很多种。在浙江省内旅行时，不同的交通方式可以让人感受不同的浙江风貌，带来的体验也大不相同。

乘坐火车旅行是最为经济安全的选择，浙江境内不仅普通铁路较为普及，而且高速铁路的发展也十分迅速，铁路交通相当便利。

浙江各主要城市均有机场分布，游客可更为便捷地进出旅游目的地，主要客流集中在杭州的萧山国际机场、宁波的栎社国际机场和温州的龙游国际机场。

浙江位于中国东部，公路交通发达，乘坐汽车或自驾进浙也十分便利，游客可根据实际情况做选择。

飞机

杭州萧山国际机场

有用信息

旅游通信

❋ 吴语三家

浙江方言较为复杂,主要为吴语。主要包括杭州话、宁波话和温州话。杭州话受官话影响较大,稍易懂;宁波话在历史上对上海话产生了很大影响,故有不少话和上海相似;温州话十分复杂,一直被认为是全中国最难学习的方言。

杭州话	普通话
撒西?	什么?
结棍	厉害,牛
结个套?	怎么办?
什个套!	这么办!
就阶(jiè)套!	就这样!
里好,你勤哪果?	你好,你找谁?

宁波话	普通话
阿拉	我们
嗵佛起	对不起
冒霞	不用谢
(拿欧)好	你好
呀呀,再唯	谢谢,再见
饭缺够伐?	吃过饭了吗?
宗赛东路咋起起啊?	中山东路怎么走?
走个起怀有多少鲁?	走过去还有多远?
作(拿欧)一凡丰人!	祝您一帆风顺!

温州话	普通话
尼和	你好
带副次	对不起
子欻外	再见
子欻子欻	谢谢
尼发刺或罢没?	你吃饭了吗?
与就要里阿尼些刺?	温州有哪些小吃?
曾饭,末恩木嘎几那早?	请问,到五马街怎么走?

❋ 银行

浙江的众多城市中商业银行设施齐备,一般持具有银联标志的银行卡即可畅通无阻。像杭州、宁波这样的大城市,还会有一定规模的外资银行机构。在小城镇,多是农业银行、邮政储蓄及农村合作银行等机构,若是持有农行银联卡或是邮政绿卡前往,则较为便利。

❋ 节约技巧

1.选择入住品牌连锁酒店时,除了订房网站外,不妨去团购网站和酒店官网看看，往往有更多惊喜；在杭州等地，数量众多的青年旅舍往往是比较实惠的选择。

2.要善于利用各种团购App，不仅能吃到美味，还能得到众多优惠。

3.合理安排行程，既可节省时间，又能减少交通费用，可参考同程等网站的行程攻略。

4.尽量选择公共交通。在杭州、宁波的市区游玩时，可使用公共自行车。城市之间的往返可乘坐火车，既经济又方便。

5.淡季出行是省钱妙招。淡季食宿价格较低，既可以避开众多的游人，也可以欣赏到别样的风光。如冬天的乌镇，江南水墨画般的寂静之景美不胜收。

6.在浙江购买旅行纪念品，大可不必非去商业街区的各种店铺。在当地人开的店铺或是从村民手中也能买到理想的纪念品。

➕ 风俗禁忌

1.景宁是我国唯一的畲族自治县。畲族人有客人来访都要先敬茶，一般要喝两道。当地有"一碗苦，两碗补，三碗洗洗嘴"的说法，还有"喝一碗茶是无情茶"的说法，客人只要接过主人的茶，就至少要喝两碗。

2.畲族婚礼别具情趣，新郎去岳家迎亲，岳家款以饭菜。但就餐时，餐桌上什么都没有，新郎必须以唱歌的方式索要，如要筷子则唱《筷歌》，要酒则唱《酒歌》，司厨也要以歌相和，其物应声而出，席毕新郎还需把餐桌上的东西一件件唱回去。

3.无论是在普陀山还是在杭州，都会看到众多的寺庙、禅院、殿庵。进佛殿时，跨过门槛进殿，若靠门左侧行，则先以左脚入，右侧行则以右脚先入。但无论是哪个寺、哪个庵，游客都不宜从正门进入，那是供在寺院出家修行之人行走的。

4.在佛殿里拜佛，正中间的拜垫是专供方丈和尚或主法师父在佛事上拈香礼佛时用的，一般的信众不宜在这个位置拜佛。拜佛时先拜中间的主佛，然后沿顺时针方向，依次去拜其余诸佛菩萨。

➕ 突发状况

旅途中总是会出现一些意外状况，但只要做到"事前认真准备，事后冷静处理"，一切都会迎刃而解的。

汽车抛锚：开车出行前应当掌握一些简单基本的维修技术，若是途中出现汽车抛锚，先依据经验，判断是否可以自己解决。不能解决或无法判断，则要打电话给保险公司寻求帮助，也可咨询浙江省交通厅或拨打114查询最近的修理厂。

钱物丢失：在旅途中丢失钱物是一件令人十分扫兴的事，无论损失大小，总会给美好的旅行蒙上一层阴影。为避免财物损失，应以预防为主。最好做到少携带现金，把现金放到贴身衣物的口袋中，只把零钱放在包里；银行卡不要与身份证放在一起。若是钱物丢失，马上联系可以联系的朋友获取帮助，并且马上报警。

水土不服、食物中毒或生病：因为水土不服、食物不洁或者天气因素，生病也是可能会遇到的状况。因此，旅途中应带足相关药品（如感冒类、胃肠类药品等），出行时要保护自己，不随便吃东西、避免在太阳下暴晒、少在雨里蹚行等。不幸生病的话，要及时吃药或就诊，若是严重的话要联系朋友及家人。

➕ 请守护江南水乡

浙江位于长江以南，境内地形以丘陵为主，河网密集，气候温润，是中国人喜爱的江南水乡。在浙江获得旅行带来的快乐的同时，也有义务守护它的美丽。每个人都应做到不随便破坏当地的生态环境，旅途中尽量减少垃圾的产生，更不能乱丢垃圾，尤其是在偏远地区，应将垃圾带回城市垃圾站。如梦似幻的江南水乡需要人们共同守护。

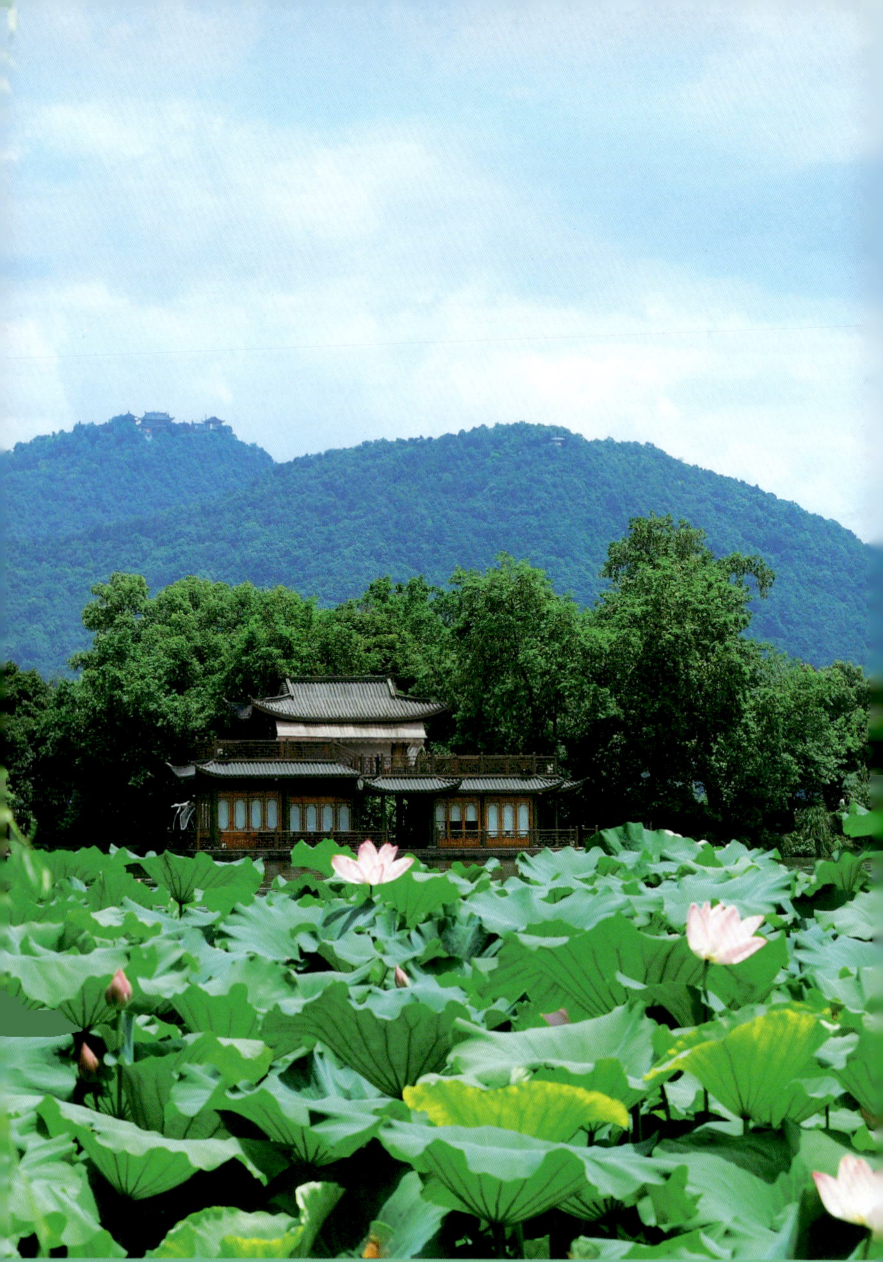

杭 州

发现者旅行指南

概览

亮点

■ **西湖**

"天下西湖三十六,就中最美是杭州",包括著名的西湖十景、西湖新十景和三评西湖十景。

■ **千岛湖**

千岛湖以千岛、秀水、金腰带为特色景观,是世界上岛屿最多的湖,有梅峰览胜、五龙岛、温馨岛、孔雀园、桂花岛等景观。

■ **龙门古镇**

龙门古镇是三国东吴帝孙权后裔的聚居地。"此处山清水秀,胜似吕梁龙门",东汉严子陵畅游龙门山时赞叹不已,古镇也因此得名。

■ **天目山**

天目山是江南宗教名山,史称"三十四洞天"。景区峰峦叠翠,古木葱茏,有奇岩怪石之险,有流泉飞瀑之胜,有"江南奇山""大树王国""清凉世界"之称。

■ **清河坊**

清河坊全长460米,至今已有300多年历史,有老店胡庆余堂、太和茶楼、万隆火腿庄和"五杭三绝"等。是杭州怀旧的必去之地。

■ **必逛街道**

延安路和解放路:杭州最繁华的商业街,武林广场则是市中心,有龙翔服饰城、元华商城等特色购物好去处。

线路

■ **杭州经典三日游**

第一天,早餐后去湖滨晴雨风光带,在此眺望西湖,随后去白堤—孤山岛。中午可在孤山岛上品西湖美食。午后来曲院风荷,登迎薰阁远眺。继续前行可到苏堤—花港观鱼。黄昏时分,去雷峰塔公园看雷峰夕照。夜宿杭州市区。

第二天,早上去灵隐寺。随后乘着摇橹船在西溪湿地前行。傍晚去清溪坊街。晚上住在附近的特色客栈。

第三天,上午进入杭州西湖龙井虎跑景区,品味龙井问茶、九溪十八涧、六和塔和虎跑梦泉,品纯正的龙井,了解龙井文化。

■ **临安二日游**

第一天早上去钱王陵公园。随后去玲珑山,观摩崖石刻。下午去西径山,观千年古刹。夜宿景区内。

第二天上午去八百里风情岛,在这里,可以荡舟水上森林,品尝铁皮石斛老鸭煲、天麻童子鸡等滋补药膳及各式各样的风味小吃。午后去青山湖,访古迹或者垂钓。

为何去

杭州有着江、河、湖、山交融的自然环境。世界上最长的人工运河——京杭大运河和以大涌潮闻名的钱塘江穿城而过。钱塘江在这里掀起惊天海潮，大运河在这里开始浪漫之旅。如果说在此建都的皇帝为杭州种植了历史的灵魂的话，那么西湖则是杭州最妩媚的脸庞。杭州的西湖、美女、丝绸，总是令人魂牵梦萦。

运河俯瞰

何时去

一年四季任何时候到杭州旅游都有不同的景色。春天到杭州，最适合漫步苏堤踏青赏花。夏天到杭州，五云山中竹海生风，是避暑的绝佳胜地。中秋前后，出游杭州，白天可以观钱塘江大潮，晚上可以游湖赏月。冬季可到林和靖隐居的孤山，这里至今仍是踏雪寻梅的胜地。

苏堤

西湖风光

区域解读

区号：0571
面积：16 850km²
人口：1252.2万人

地理 GEOGRAPHY

区划

杭州是浙江的省会，下辖10个区（上城区、临平区、钱塘区、西湖区、拱墅区、滨江区、萧山区、余杭区、富阳区、临安区）、1个县级市（建德市）、2个县（桐庐县、淳安县）。

地形

杭州地处长江三角洲南沿和钱塘江流域，地形复杂多样。杭州市西部属浙西丘陵区，主干山脉有天目山等。东部属浙北平原，地势低平，河网密布，具有典型的"江南水乡"特征。省内以大涌潮闻名的最大河流钱塘江由西南向东北，流经全市大部分地区。京杭大运河主要流经杭州市区，杭州拱宸桥是大运河终点的标志。

气候

杭州气候属亚热带季风性气候。这种气候特点带给杭州这座城市的影响是杭州四季分明，夏季气候炎热湿润，俗有"小火炉"之称，相反，冬季则寒冷干燥。春秋两季气候宜人，是观光旅游的黄金季节。另外，在烟雨蒙蒙的季节去西湖，会有不一样的感受。

历史 HISTORY

历史大事记

● **先秦时期至唐代**

早在4700多年前，就有人类在杭州繁衍生息，并产生了被称为"文明曙光"的良渚文化。

春秋时，吴越两国争霸，杭州先属吴，越灭吴后，属越。战国时，楚灭越国，杭州又归入楚国的版图。

隋开皇九年（589年），隋文帝杨坚平陈，改钱唐郡为杭州，初治余杭。591年，将杭州钱唐县治由灵隐山下移至柳浦西（今杭州江干一带），并依凤凰山始建杭州城，是最早的杭州城。

隋大业六年（610年），隋炀帝杨广凿通京口（今镇江）至杭州的运河，史称江南运河，它与江北运河相接，促进了杭州经济、文化的迅速发展。

唐长庆二年（822年），白居易出任杭州刺史。任职期间，他治理西湖，筑堤建闸，放水灌田，并重修六井。后人为纪念他，将西湖白沙堤改名"白堤"。

● **宋代**

北宋开宝年间（968—976年），保俶塔、六和塔、开化寺、雷峰塔等西湖胜景相继

西湖全景

建成。

北宋熙宁二年（1069年）及元祐四年（1089年），苏东坡两次赴任杭州，在西湖挖淤泥、筑长堤、架六桥、建三塔，开浚茅山、盐桥二河，重修六井、南井。

南宋绍兴八年（1138年），南宋定都临安（今杭州），并于绍兴二十八年（1158年）筑凤凰山禁城，后毁于大火。南宋时期，都城临安是世界上人口最多的城市之一。

南宋绍兴十一年（1141年），高宗赵构以十二道金牌召回岳飞。12月29日，秦桧以"莫须有"的罪名杀害岳飞于大理寺风波亭（现浙江医科大学内）。其子岳云、部将张宪同时遇害。

● 元至现代

元至正十九年（1359年），张士诚割据浙西五郡，举反元义旗。废九曲城，重建杭州城。

清康熙年间（1662—1722年），康熙皇帝五次南巡杭州。其间在西湖孤山筑行宫，疏通市内河道涌金河（浣纱河）以通龙舟，并题"西湖十景""钱塘十八景"。

清光绪三十三年（1907年），沪杭铁路设车站于杭州清泰门内，铁路贯城而入，拆城墙数十丈，此为杭州拆城墙之始。

1949年5月3日，杭州解放，揭开杭州发展的历史新篇章。

2001年，杭州获得"联合国人居中心"颁发的世界人居环境改善方面的最高奖项——"联合国人居奖"。

2007年，杭州获"国际旅游联合会"颁发的"国际旅游金星奖"，成为获此殊荣的第一个也是唯一一个中国城市。

两大诗人割不断的杭州情结

在历史长河中，在杭州任地方官的人何其之多，但真正能够让杭州百姓怀念至今的并不多，大诗人白居易和苏东坡就是被百姓铭记在心的典型代表。杭州百姓为了纪念他们，将两条美丽的西湖长堤分别命名为白堤和苏堤。

白堤

822年（唐长庆二年），年过半百、官场失意的大诗人白居易来到美丽的西湖为官，出任杭州刺史。也许是柔美的西湖水令白居易的心情大好，到杭州的当天，他便写下了《杭州刺史谢上表》。他在杭州待了不到3年，却为杭州做了多件大事。首先他力排众议，筑堤保湖，兴修水利，引湖水灌溉农田。这里要说明的是，白居易当年筑的白堤并不是今天我们通常所说的"白堤"。他还有一个重要的举措，便是开创湖山新貌，确立"西湖"之名。从此，杭州城内的这个湖泊便有了一个美丽的名字——西湖。当然，大诗人不可能没有留下诗句。《忆江南》便是其赞誉西湖的最美代表作，不仅开创风景抒情诗的先河，而且为后世文人诵唱西湖、描绘杭州开了好头。而历朝文人墨客钟情于西湖，造就了西湖深厚而宝贵的文化积淀。这是西湖一大特色，也是今日西湖闻名于世的一个重要因素。

时光过去了200多年，杭州再次迎来了一位大诗人苏东坡。苏东坡曾两度到杭州做官，在杭州留居了五六年。苏东坡第一次到杭州任职的时间是1069年（北宋熙宁二年），那一年苏东坡32岁，担任的官职是通判。苏东坡到任以后，致力于西湖水利和杭州城市发展的调查研究，并认识到西湖的疏浚取决于六井的畅通。苏东坡决定首先对杭州的六井进行大规模的通畅修复。1070年，修复六井工程刚刚开工，苏东坡就被调离杭州。16年后，他再一次来到杭州任知州。

后人怀念苏东坡，把西湖长堤称为苏堤。另外，杭州至今还保留着以"东坡"命名的传统名菜"东坡肉"，市区还有"东坡路""学士路""学士桥"，有歌颂苏东坡"为官一处、惠民一方"的"惠民巷"，有纪念苏东坡创设医坊、治病救人的"安乐坊"。

> **链接**
>
> **白居易和苏东坡留给杭州的名诗**
>
> 白居易《忆江南》：忆江南，最忆是杭州。山寺月中寻桂子，郡亭枕上看潮头。何日更重游？
>
> 苏东坡《饮湖上初晴后雨》（其二）：水光潋滟晴方好，山色空蒙雨亦奇。欲把西湖比西子，淡妆浓抹总相宜。

蜗居在江南的南宋朝廷

"山外青山楼外楼，西湖歌舞几时休？暖风熏得游人醉，直把杭州作汴州。"出自宋人林升之手的这首政治讽刺诗《题临安邸》当时题写在临安城一家旅店的墙壁上。我们也是通过这首诗隐约感受到了南宋统治集团在杭州那段歌舞升平的岁月。

到南宋时，杭州已经是一个拥有100万人口的大都市了。宋室南渡是中国历史上的又一次大规模北人南移。皇室贵族、官僚地主一齐前往南方，美丽的杭州是他们的首选之地。另外，各种职业的人云集杭州，给这座城市带来了更加多样的文化。在南渡的人群中，最多的还是小手工业者、小商贾和农民。他们在杭州辛勤地劳动，使这座城市变成了中国最富裕的地方。

丝绸业、印刷业的繁荣，瓷器的热销，数不胜数的茶楼酒肆，使杭州成为最大的消费城市。那时"西湖十景"已经出现，赶考的学子、四方的商贾、香客，海外的使臣，在这个大都市来来往往，川流不息。

但在杭州歌舞升平的帷幕背后已是危机四伏。到了南宋末年，政治日益腐败，经济开始凋敝，随着蒙古大军的逼近，优越惯了的杭州城也开始变得惶恐起来，并渐渐变得

西湖

黯淡。

南宋灭亡后，元代的统治者把西湖当成了"红颜祸水"，直接将其抛弃了。杭州一下子遭到了前所未有的冷遇，在政治上的地位也逐步下降，到了明朝，杭州已从东南第一州直接退回一个省会城市。繁华与沉静、绚烂与平淡，很快就转换了过来。

名单 杭州历史名人

吴国开国皇帝孙权

吴越国君主钱镠

北宋科学家沈括

清代散文家袁枚

清代思想家龚自珍

清末民初思想家章太炎

著名散文家郁达夫

新文化运动先驱夏衍

"雨巷诗人"戴望舒

著名理论批评家梁实秋

中国导弹之父钱学森

文化 CULTURE

西湖，杭州的会客厅

"上有天堂，下有苏杭。"杭州这座城市之所以被称为人间天堂，很大原因是杭州拥有西湖。

中国古代文学典籍里的四大爱情故事有两个发生在杭州西子湖畔。美丽灵动的西湖至今还在传唱着许仙与白娘子、苏小小痴情候情郎的故事。西湖上断桥不断，但是许仙与白娘子在此的一段悲喜情缘令人肠断；长堤不长但情意长，忧伤的故事至今仍然感染着来自世界各地的游人。如今，这些地方已成为情侣的天堂，阳春三月，桃花嫣红，杭州新人总喜欢在此留下喜结良缘的纪念，美丽的婚纱在春日里飞扬。

中国的名湖不计其数，但唯独西湖可以

西湖游船

称得上是自然美和人工美结合的最好典范。西湖之所以享有如此盛名，另一个原因正是因为它拥有太多深厚的人文积淀。自唐代以后，大概也只有杭州的西湖被历史上所有文艺大师在自己的诗文书画中反复提及。唐代诗人白居易、北宋文豪苏轼、南宋爱国诗人陆游、明末清初文学家张岱、清初文学家袁枚、思想家章太炎，以及近代大儒马一浮、鲁迅、郁达夫、茅以升、夏衍等一批文人墨客在西湖留下了珍贵的文化遗产，直接提高了杭州这座城市的品位。近代大画家吴昌硕，现代大画家黄宾虹、潘天寿等，都描绘过西湖的仙姿丽质。西湖正是由于有古今诗人、画家的题咏和描绘而更负盛名。除他们之外，中国历史上的民族英雄岳飞、于谦、张苍水、秋瑾等都埋骨子子湖畔，他们的英名和浩然正气长留于西湖的青山绿水之间，给西湖增添了一份英雄豪气。

西湖的名字还和灿烂的历史文化联系在一起。这里的许多古代石窟造像、碑刻和建筑都是我国的艺术瑰宝、珍贵遗产。如飞来峰上的200多尊摩崖石刻、慈云岭的后晋造像和烟霞洞的五代造像，它们都具有很高的艺术价值。西泠印社珍藏的东汉"三老讳字忌日碑"，杭州碑林的南宋石经，都是古代著名碑刻。六和塔、白塔、保俶塔、灵隐寺和梵天寺经幢等建筑和雕塑艺术，是我国古代劳动人民智慧的结晶。孤山南麓的文澜阁，是我国珍藏《四库全书》的七大书阁之一。

1999年，中国人民银行发行第五套人民币，西湖的标志性景观——"三潭印月"成为一元钱纸币的背景图案，西湖也成为我国人民向往的人间天堂，即使到现在依然如此。自2002年开始，杭州市适时地实行"还湖于民"政策，西湖环湖公园景点全部免费开放，这在全国可是个先例。虽然表面上每年少了千万元的门票收入，但却吸引了更多的游客，延长了他们的逗留时间，使餐饮、旅馆、零售等行业获得了新的发展空间，最终也给杭州带来了上亿元的综合收益。杭州人把西湖看作这座城市的客厅，是杭州人会客的地方。现在，每天有50多万世界各地的游人在这片湖光山色中流连忘返，并深深地留恋着这座城市。

一叶龙井，香飘中国

浙江盛产名茶，其中最著名的莫过于西湖龙井。不知道是龙井成全了这里的茶，还是这里的茶成全了龙井，凡到杭州的人，都不忘来龙井一游。

五代后期，龙井这个地方有个龙井寺，但不知何时早已毁掉。如今旧址上只留下一处遗迹，改为龙井茶室，供游客饮茶歇脚。龙井寺原址井壁上有苏东坡的手迹"老龙井"，龙井村有乾隆帝亲手采摘过的"十八棵御茶"。

饮茶成风始于唐代的寺院，宋时日本禅师将极负盛名的径山寺"径山茶宴"带到日本，演变成了我们今天看到的日本茶道。也是在宋代的时候，开始有了关于龙井茶的文字记载。不过到了元朝之后龙井茶才开始闻名遐迩。"龙"字号龙井茶指的是龙井、翁家山、杨梅岭、满觉垅、理安寺、赤山埠一带产的茶叶。此外还有云林、云栖、五云山、天竺、梅家坞等地产茶，这些地方出产的茶叶香味略差，但做工讲究，形状优美，尤其是梅家坞的茶叶，扁平挺秀，色泽翠绿，味鲜爽口。

狮子山、龙井村一带的茶园都是丘陵坡地，日照时间长，又易于排水。西北有高山挡风，东南则有开阔的九溪谷地，暖风由这里吹进，使茶地保持着充分的湿度和温度。加上这个地方林木茂盛，溪流纵横，且土质为酸性，很利于茶树的生长。

经清明前的几场春雨催出来的一芯两叶的芽尖，用纯手工炒制，外形扁平挺秀，表层附细细的茸毛，是龙井中的佳品。取一长形透明水晶玻璃杯，越简单的越好，用开水沏出，只见茶叶芽芽直立，嫩匀成朵，水色是极轻的淡绿，喝一口下去，齿尖留香。

另外，好茶要有好水泡，虎跑泉就是"好水"，这在陆羽的《茶经》中均有相关记载。用虎跑山的岩石间的涓涓涌流沏茶自能使汤色清碧、香馥如兰、味甘无比。

行在杭州，不论是山郊野岭、静谧小径还是热闹大街或是美丽的西湖边，总会见到或大或小、或中式或欧式，各种不同类型的茶馆。在这里，喝茶是一种态度。找个茶馆坐下来静静地品茶吧。

龙井茶园

杭州丝绸，东方艺术之花

杭州自古有"丝绸之府"之称。距今

4700多年的良渚出土丝织物就已显示了杭州丝绸的历史悠久,唐代大诗人白居易"红袖织绫夸柿蒂,青旗沽酒趁梨花"的诗句又道出了当时杭州丝绸的水准之高,旧时清河坊鳞次栉比的绸庄更是见证了丝绸经济的繁荣。

丝绸织成了杭州乃至浙省的一部分历史。春秋时期,越王勾践以"奖励农桑"为富国之策;五代吴国时期,"闭关而修蚕织";明代,杭嘉湖等地更是有"丝绸之府"的美誉;清代的杭州"机杼之声,比户相闻"。杭州丝绸质地轻软,色彩绮丽,早在汉代,已通过举世闻名的"丝绸之路"远销国外。

杭州丝绸首推都锦生。都锦生丝绸厂创立于1922年,曾是我国最大的丝绸工艺品的出口企业,主要生产风景画、台毯、靠垫、窗帘及织锦衣料,产品富丽堂皇,雍容华贵。都锦生产品的最独特之处是将西湖景色织上了锦缎,色彩瑰丽、织工精细。此锦曾获1926年美国费城国际博览会金奖,被国际友人誉为"东方艺术之花"。

如今杭州常年生产绸、缎、棉、纺、绉、绫、罗等14个大类、200多个品种、2000余种花色丝绸产品,图案新颖,富丽华贵,花卉层次分明,人物栩栩如生,并远销世界上100多个国家和地区。在杭州城的很多地方都能找寻到各种类型的正宗丝绸。

国之瑰宝,昌化鸡血石

石头可分为很多种,但你见过鸡血石吗?鸡血石是中国特有的宝玉石,系辰砂与地开石、高岭石等矿物天然集合体,具有鲜活艳丽如同鸡血的色彩和亮丽剔透似美玉般的光泽。

浙江临安昌化浙西大峡谷源头的玉岩深山中有大量矿石分布,这里出产的各种矿石也被称为昌化石。昌化石的品种中,以鸡血石最为珍贵。据文字记载,鸡血石的开

丝绸伞

采利用已有近千年的历史,明清时期颇为兴旺。昌化鸡血石与田黄石、芙蓉石并称"中国印石三宝"。在清代,康熙、乾隆、咸丰、同治、宣统皇帝均以鸡血石为国玺。由于鸡血石软硬适中,适宜镌刻,特别是鲜红的"血色",不仅艳丽,而且象征着吉祥,因此迅速传扬开来,得到宫廷和工艺美术界的喜爱,被列为中国图章石之珍贵品种。清乾隆四十九年(1784年)乾隆皇帝游江南时,临安天目山住持禅师献8厘米见方鸡血石一方,乾隆大喜,当即刻"乾隆之宝"四字,并注明"昌化鸡血石",此宝至今仍珍藏于北京故宫博物院珍宝馆内。

鸡血石中最名贵者为"大红袍方章",这种印石六面红或四面红,红色鲜艳、纯净,光泽亮度高,纤密坚韧,少杂质。还有一种"刘、关、张"鸡血石,红、白、黑三色相间,极富特色。除此之外,还有豆青地鸡血红、荸荠糕地鸡血红、牛角地鸡血红、藕粉地鸡血红、肉膏地鸡血红等各种不同类型的鸡血石。但总的来说,红色似鸡血滴入石中的鸡血石是最好的品种。

景点推荐 西湖环湖景区 AAAAA

西湖景区是世界文化遗产,国家AAAAA级旅游景区,中国十大名胜古迹、中国主要的观赏性淡水湖泊之一,在中国的历史文化和风景名胜中占有重要地位。

环湖景区是西湖风景名胜区的核心景区,是九大景区的精华,包括1山(孤山)、3岛(小瀛洲、阮公墩、湖心亭)、3堤(苏堤、白堤、杨公堤)、5湖、湖滨系列公园等景点。环湖景区,三面环山,不仅有旖旎多姿的自然风光,还有光辉璀璨的人文景观。

历朝历代咏诵西湖美景的文人雅士不可胜数。宋代大文豪苏轼于景区留下"欲把西湖比西子,淡妆浓抹总相宜"的千古绝唱,许仙与白娘子的传奇故事更给西湖增添了无限的神秘色彩。从南宋至今,西湖就一直是杭州旅游的必去之地,而闻名遐迩的西湖十景则更是让人流连忘返。

玩家 行程

自行车游览线路:断桥残雪—白堤—苏堤—雷峰塔—柳浪闻莺—断桥残雪。西湖只有苏堤和白堤是让自行车进入的,其余的点不让自行车进入。

电瓶车观光线路:涌金门—柳浪闻莺公园—罗马广场—唐云艺术馆—长桥公园—雷峰塔—苏堤—跨虹桥(岳庙)—武松墓—西泠桥—平湖秋月—(断桥)少年宫—新湖滨景区—涌金门。电瓶车采取单向顺时针绕湖行进,环湖时间约70分钟(根据实际路况有所增减)。游船线路:中山公园码头—杨公堤景区—曲院风荷。华侨酒店和断桥残雪之间是游船最多的地方。游船有两种:

电动船和手摇船。电动船只能去往小瀛洲看三潭印月,手摇船则可以定点定航,一船4人,费用还可以讲价。

玩家 攻略

市内有多条公交线路直通西湖的各个景点,每一个大的景区也都有公交车前往,上车之前,最好看清站牌,选择你最想去的景点。

在西湖周边的酒店入住或就餐均可以拿到免费的西湖旅游地图。

在三台山的三台阁上有一个角度可以真正看到西湖的全貌"一湖双塔三岛三堤"。这里的游客也不多,是个独自赏湖的好地方。

玩家 解说

据著名科学家竺可桢先生的考证,西湖从形成至今大约有2000年的历史。西湖是由潟湖演变而来的。据《西湖志》记载,西湖最早称武林水,又有明圣湖,金牛湖,钱塘湖等别名。唐代因湖在杭州城之西,故名。北宋以后,正式称为西湖。

西湖原本为海湾,因江潮挟带泥沙长期堆积,日积月累,使海湾与大海隔绝,形成潟湖,又经历代不断疏浚建设,最终成为半封闭之浅水风景湖泊。

链接

西湖十景

西湖十景(形成于南宋时期):

双峰插云、柳浪闻莺、三潭印月、断桥残雪、南屏晚钟、花港观鱼、曲院风荷、雷峰夕照、平湖秋月、苏堤春晓。

西湖新十景(1984年评):

云栖竹径、宝石流霞、玉皇飞云、龙井问茶、吴山天风、虎跑梦泉、满陇桂雨、九溪烟树、阮墩环碧、

西湖

花港观鱼

黄龙吐翠。

三评西湖十景（2007年评）：

灵隐禅踪、湖滨晴雨、北街梦寻、三台云水、钱祠表忠、万松书院、杨堤景行、梅坞春早、六和听涛、岳墓栖霞。

玩家 攻略

1.在西湖游览有多种方式。可以慢悠悠地徒步欣赏西湖的浪漫景致，也可以坐上小车，速览环湖全貌。

步行。西湖绝对算得上是个浪漫悠闲之地。漫步在西湖周边，美景赏心悦目。苏堤的早晨树荫掩映，漫步其中既可乘凉，又可远望西湖美景。白堤的夜晚静谧祥和，空气清新，少了许多白日的喧闹。

自行车。西湖环湖设有多个公共自行车租车点。骑着自行车在西湖游览，既不会太快太匆忙，也不会太累，还能感受骑车的情趣。租车办法：提供身份证，每辆自行车押金300元。租车费用以小时计算，具体以当地实时费用为准。所租车辆可在任意租车点还车。

电瓶车：环西湖游最快，最方便，最省力的方法是乘环湖观光电瓶车。电瓶车行驶平稳，行程多沿湖岸，与西湖水景紧密接触。车上配有导乘或司机兼导游。电瓶车采用"招手即停，上车售票"的方式，无固定售票点。游览车随上随停，中途下车，车票随到作废。环湖票价：40元/人；区间票价：10元/人；包车费用390元/小时（一小时起包，超过一小时按130元/半小时收费）。

游船：游西湖，最美的莫过于走进西湖的心脏。乘坐游船游览西湖可欣赏到西湖秀丽的水天湖色。环湖周边有10多处码头，可提供大型游船、休闲船、画舫、自划船等各式游船，可游览湖中岛屿，如此多种类的船中，推荐不上岛的观景船，可游览的景点很多，行程约1小时。票价30元/人。其他船票价以当地实时票价为准，可参照杭

州西湖旅游网。

观光巴士：乘巴士观赏西湖也是不错的选择，沿途可看到西湖的不少景点。Y9路是环西湖高层观光巴士，沿西湖周边，可饱览西湖及周边的湖光山色。以杭州旅游集散（黄龙）中心为起点、终点站，途经岳庙，湖滨公园，钱王寺，净寺，苏堤、郭庄、杭州花圃等风景名胜点。全程一票制，可使用公交卡乘车。

2.环湖景区的大部分景点已经免费开放，在这里游览不用担心景点太多而承担不了门票费用。

3.环湖周围有许多不错的美食餐馆，在各个景点均有分布。比较推荐孤山岛的楼外楼餐馆，明鉴楼和抱青会馆。杨公堤有著名的老字号店知味观，其小吃非常经典，口味正宗。另外，在西湖边上品茶、品咖啡也能尽享西湖旅游的恣意与悠闲。

孤山·平湖秋月
西湖景区的精华所在

- 杭州市西湖旅游度假区东南部
- 乘坐西湖外环线、WE1314路到白堤，步行前往
- 免费，部分子景点独立售票

孤山海拔38米，是西湖群山中最低的山，然而却是湖中最大的岛屿，经西泠桥（桥畔有慕才亭）和白堤与湖岸相连。岛上有秋瑾墓、西泠印社、楼外楼、中山公园、文澜阁、放鹤亭等景点，周围有岳墓栖霞、白堤、苏堤等景点。

□ 中山公园

公园沿孤山山麓展开，它由低而高，再由高到低，在环湖的公园中别具特色。朱红色的大门是为纪念孙中山先生于1927年修建，颇具皇家园林风格。公园内有一处小巧玲珑的园林被誉为"西湖天下景"。这里四周壁岩环抱，其间凿池架桥，配置以假山叠石，疏密相间，相得益彰。公园最高处为孤山山顶，旁边建有四照亭和团结亭等景点。中山纪念林也是不可错过的一处景点，主要有枫香、麻栎、三角枫、乌桕等，林内建有中山纪念亭。

西泠印社

我国专门研究金石篆刻和书画艺术的著名学术团体。创立于清光绪三十年(1904年),由浙派篆刻家丁仁、王禔、吴隐、叶铭等发起创建,有"天下第一名社"之盛誉。社址总面积为5757.865平方米,居山而建,由上、中、下三部分组成,各具特色,与周围环境融为一体,人文景观与自然景色互相映衬,构思布局极为精巧。主要建筑有华严经塔、柏堂、竹阁、中国印学博物馆等,现为全国重点保护文物。

西泠桥

西湖三大情人桥之一,也是西湖最美的一座桥。它位于栖霞岭麓到孤山之间,是一座古色古香的环洞石拱桥。西泠桥畔是南朝名伎苏小小的埋香之地。西泠桥畔还有武松墓。

浙江省博物馆孤山馆区

此博物馆始建于1929年,是浙江省内最大的集收藏、陈列、研究于一身的综合性人文科学博物馆,建筑以富有江南特色的单体建筑和连廊组合而成,形成了"园中馆,馆中园"的独特格局。

文澜阁位于博物馆西侧,初建于清乾隆四十七年(1782年),是清代为珍藏《四库全书》而建的七大藏书阁之一,也是江南三阁中唯一幸存的阁。文澜阁是一处典型的江南庭院建筑,布局紧凑雅致,颇具特色。

平湖秋月

为西湖十景之一。景观位于白堤西端,是一片狭长的沿湖园林,宜赏月,宜品茗,宜休闲。唐代建有望湖亭,明代又增龙王祠,清康熙年间定名为平湖秋月。每当清秋时节,湖面平静如镜,皎洁的秋月当空,月光与湖

文澜阁

主阁为六边形三层檐亭式木结构,上檐内部为攒尖式,角梁及顶部由雷公柱支撑。

屋顶全部为筒板瓦,层叠密布,十分具有古朴的意蕴。

厅室为五开间,单檐卷棚顶,原为书斋,现辟为阅览室。

御碑亭。

门厅面阔三间,两山连接左右配房,形成一座整体呈"凹"字形的建筑。

屋顶各角砌脊施兽,经典古朴。

高高伫立的两柱式门坊,底下是门洞,上面是坊面,最上方有简单短小的两坡檐。

水交相辉映，颇有"一色湖光万顷秋"之感，故在湖畔立碑，题名"平湖秋月"。每年农历八月十四至十六日，平湖秋月都举办"月是西湖明"中秋赏月晚会。

玩家 攻略

步行从西泠桥进入，可游览全部景点。走马观花，约需两小时。接下来，可选择乘西湖游船去赏三潭印月、阮墩环碧或者继续东行游览平湖秋月。

白堤·断桥残雪
西湖三堤之一

白堤是将杭州市区与西湖风景区相连的纽带，东起断桥，经锦带桥向西，止于"平湖秋月"，长约1000米，是西湖最悠久的古堤。白堤以风光旖旎而著称，两侧花繁树茂，有绚丽多彩的碧桃，有婀娜多姿的垂柳等。

现在的断桥是1921年重建的拱形独孔环洞石桥，桥东有康熙御题"景碑亭"，亭侧建有水榭，题额"云水光中"，青瓦朱栏，飞檐翘角。桥的东北有碑亭，内立"断桥残雪"碑。

断桥残雪为著名的西湖十景之一，是西湖冬季的一处独特景观。每当瑞雪初晴，站在宝石山上眺望，因桥的阳面已冰消雪化，所以向阳面望去"雪残桥断"，而桥的阴面却还是白雪皑皑，故从阴面望去"断桥不断"。

西湖之冬

玩家 解说

白蛇娘子和许仙：断桥是西湖三大情人桥之一。传说白蛇娘子和许仙的爱情故事就是从断桥相会、借伞定情开始的。

苏堤·苏堤春晓
西湖三堤之一

苏堤俗称"苏公堤"，是北宋大诗人苏东坡任杭州知州疏浚西湖时，利用挖出的淤泥构筑而成。苏堤全长3千米，是一条贯穿西湖南北风景区的林荫大堤，堤上建有6座单孔石拱桥，分别为映波、锁澜、望山、压堤、东浦、跨虹，简洁大方，古朴美观。桥上看景，各有不同。周围有苏堤春晓碑亭、苏东坡纪念馆等景点。

苏堤春晓：西湖十景之首。"苏堤春晓"是指寒冬一过，苏堤便犹如一位报春使者，此时杨柳夹岸，艳桃灼灼，更有湖波如镜，映照倩影。最美丽的是晨曦初露，月沉西山之时，轻风徐徐吹来，柳丝舒卷飘忽，置身堤上，如梦如幻。

苏东坡纪念馆：纪念馆主建筑为一幢翘角飞檐的二层仿清楼阁式建筑，由主楼展厅、碑廊、百坡亭、酹月轩等组成。

杨公堤·杨堤景行
西湖三堤之一

杨公堤位于西湖以西，全长3.4千米，串联起曲院风荷、金沙港、杭州花圃、茅家埠、乌龟潭、浴鹄湾和花港观鱼等著名景点。堤上有六桥，自北向南名为环璧、流金、卧龙、隐秀、景行、浚源。与西面的苏堤六桥前后呼应，合称"西湖十二桥"。石拱桥端庄秀丽，其中隐秀桥、景行桥可供游船通行。

杭州花圃：始建于1956年，是久负盛名的花卉盆景观赏胜地，被誉为"西子湖畔的一颗明珠"。以生产、收集和保存各类园林花卉及盆景而著称，分盆景、月季、兰花、菊花、香花、露地草花、牡丹芍药等9个区。景区的时花广场以"花"和"水"为主题，采用中国传统的比兴手法，全面体现以花文化为主题营造的丰满灵动并具人文内涵的园林艺术空间。主要有花溪、锦鲤池、下沉广场、水花台、莲池等景区。

郭庄：是杭州著名的园林之一，建于清光绪三十三年（1907年）。建筑雅洁有致，构思精巧，可与苏州网师园媲美。庄园总体平面呈长方形，分"静必居"和"一镜天开"两部分，是典型的前宅后园格局。

刘庄：位于杭州西湖西南西里湖畔，现辟为西湖国宾馆。它包括"水竹居""康庄""蕉石鸣琴"和丁家山。水竹居是刘庄最初的雅号，原为晚清广东香山县富豪刘学询所建的别墅，故称"刘庄"。内有迎宾馆、梦香阁、望山楼、湖山春晓等楼台水榭，独具东方园林特色，被誉为"西湖第一名园"。当年毛泽东在杭州时，曾在此批阅文件和写作。北起灵隐路，南至虎跑路。

玩家 解说

　　杨公堤是与白堤、苏堤齐名的"西湖三堤"之一。因杨公堤自北而南第五座桥附近有三贤祠，所以桥名题作"景行"，这也是杨公堤上至今唯一尚存桥拱圈旧构的古桥。

三台山·三台云水
西湖西线风景的精华

　　三台云水景区位于三台山附近，"云水"一词借用宋代范仲淹《严先生祠堂记》中的名句："云山苍苍，江水泱泱，先生之风，山高水长。"景区集浙江山地和江南水乡风貌于一身，以浴鹄湾景区为核心，东靠杨公堤，西临三台山路，在山环水绕之间，有很多人文景观，包括纪念明代忠臣于谦的于谦祠。

浴鹄湾：湖面聚散开合，岸线曲折有致，经浚源桥及花港公园内水港与小南湖贯通。此湾古时即有，黄公望、张雨等文人画家均在此留下了踪迹。现有黄篾楼水轩、子久草堂、武状元坊、霁虹桥、三台梦迹、玉岑诗社等古迹，人文内涵丰富。

于谦祠：为传统型的祠堂建筑，共有三进，为前殿、正殿和后殿。前殿为序厅，殿门两侧楹联是林则徐所撰。两侧墙上陈列有于谦年表和世系表。正殿是于谦祠的主体部分，大殿正中是一座于谦全身立像，像高3.2米，基座1.3米，为海水浪花图案，威严肃立，双目炯炯，正气凛然。立像后有由徐向前元帅书写的《石灰吟》壁面，立像上方悬挂乾隆御题匾额"丹心抗节"，黑底金字。

先贤堂：是祭祀杭州历代前贤的地方，最初建于宋代，为一处介绍和展示杭州名人文化和纪念缅怀先贤的场所。

子久草堂：位于三台山路旁，是元代画坛著名的"元四家"之首黄公望的故居。《富春山居图》是他的传世之作。故居周围风景宜人，倚门眺望还可看到雷峰塔之景貌。现于旧居原址附近设黄公望故居陈列室，以纪念这位中国绘画史上杰出的画家。

玩家 攻略

　　茅家埠有最可口的农家菜，最新鲜的空气，喝一杯最好的坞梅龙井，打打牌，看看满山茶园的新绿，度过悠闲安逸的一天。

杨公堤

湖中三岛
西湖水体风景的精华

■ 小瀛洲·三潭印月

西湖十景之一,又名"小瀛洲",是西湖三岛中面积最大的一个。南北有曲桥相通,东西以土堤相连,桥堤呈"十"字形交叉,具有湖中有岛,岛中有湖,园中有园,曲回多变,步移景新的江南水上庭园的艺术特色。

■ 湖心亭

面积在"三岛"位居第二。在湖心亭极目四眺,湖光皆收眼底,群山如列翠屏。清帝乾隆在亭上题过匾额"静观万类",以及楹联"波涌湖光远,山催水色深"。在湖心亭岛的南端有块太湖石上题刻"虫二"二字,据说也是乾隆御笔,这是将"风月"二字的外边部分去掉,取"风月无边"的意思。

■ 阮公墩·阮墩环碧

新西湖十景之一,阮墩是西湖三岛中面积最小的一个岛。它是清代浙江巡抚阮元发动民工疏浚西湖,用湖中的淤泥堆积而成的。后人为纪念他的疏浚之功,称为阮公墩。岛上营建的青竹结构的亭、轩、堂、阁,造型朴素而典雅,岛外碧波粼粼,岛上草木葱葱,远远望去如碧玉环绕,故称为"阮墩环碧"。

玩家 攻略

阮墩岛上最大的特色是每年夏秋季节举办

三潭印月

我心相印亭,亭前有石栏,凭栏眺望,广阔的湖面与远近景色尽收眼底。

开网亭是一座造型别致的三角亭,亭名取自佛教开网放生之意。

御碑亭位于曲桥中间,朱柱黛瓦的四方形碑亭,亭内立有当年康熙所题"三潭印月"的石碑。

湖面波光荡漾,碧水依依。

竹径通幽,透过漏窗,墙外千竿翠竹,自有画意。

闲放台。

先贤祠,南面门上悬挂着中国书协主席张海先生的隶书匾额:湖毓高行。

九曲桥有九转三十个弯,为全岛的中轴曲线。

三座石塔鼎足而立,高2米,球形塔身中空,有五个小圆孔。

的仿古夜游。活动重现古代庄园的庄主和家人接待客人的热闹场景。节目每年更新,以往推出的节目有《乾隆下江南》等。待宾客都在茅亭竹屋坐定后,一边饮茶,一边听曲,炎夏的暑气和白天的劳累顿然消散。

西湖北线景区
以岳王庙为核心的旅游线

❑ 岳王庙·岳墓栖霞

岳王庙面对西湖,背靠青山,是西湖秀丽风光的另外一道风景线。它是历代纪念岳飞的场所,始建于南宋嘉定十四年(1221年),屡毁屡建。目前的岳王庙规模宏大、气势宏伟,由门楼、忠烈祠、岳飞墓等景点构成。

岳飞墓: 坐西朝东,用条石砌砖圈,墓前有石栏围护,墓碑上书"宋岳鄂王墓"五字。墓前为一条甬道,南北两廊共陈列了碑石125方。北廊是岳飞手书的墨迹刻石、奏折、表章等,南廊为历代名人凭吊岳飞的诗词和岳庙历次重修的历史文献。墓道两旁陈列着三对明代石刻翁仲和两组牺牲(马、羊、虎)。面对岳墓、反剪双手跪着的便是秦桧、王氏、万俟卨、张俊四个奸臣的铸铁像,人称"四跪像"。岳飞墓现为全国重点保护文物。

链接

岳墓栖霞

岳墓栖霞为三评西湖十景之一。景名中的"栖霞"既借用了岳墓所在地栖霞岭的地名,同时又借喻岳飞的碧血丹心,精忠报国,并还原了《满江红》中所描述的"八千里路云和月"的意境。离离墓草映栖霞,这一景名为西湖增添了历史沧桑感。

❑ 岳湖·曲院风荷

曲院风荷位于西湖西北角,素以湖景、荷culture著称。景区现已建成占地28公顷有余,以荷文化、酒文化为主题的大型园林。园内亭、台、楼、榭布局典雅,荷花池面约占2.53公顷,种有红莲、白莲、重台莲、洒金莲、并蒂莲等珍稀名贵品种,是我国的赏荷佳地。

沿苏堤向北,走过压堤桥,远远就可看见大小荷花池中栽培了上百种荷花,其中最迷人的要数风荷景区。这里分布着红莲、白莲、重台莲、洒金莲、并蒂莲等。水面上架设了造型各异的小桥,人从桥上过,如在荷中行。

玩家 攻略

1.迎薰阁是为游人凭高赏景而建造的好去处,在这里登阁远眺,可见"接天莲叶无穷碧,映日荷花别样红"的美好风景,是观赏荷花的最佳之地。

2.曲院风荷滨湖密林景区有帐篷、吊床、竹木小屋等服务设施,在此可以野炊、垂钓、娱乐、聚会。另外,园北侧靠近岳坟商业区的位置开设有风荷酒苑,建有仿古酿酒作坊和几座别具一格的民族风情酒楼。

西湖东北线景区
以休闲公园为核心的旅游线

西湖东北线湖滨长达三里,自南向北分别为第一至第六公园,统称湖滨公园。园内种植的垂柳、松柏、香樟组成了绿树浓荫,精致的花坛配置的各式花卉,色彩缤纷,香气四溢,恰似一条绚丽多彩的七色缎带。

湖滨是城区走向西湖的大门,清代称"旗下营"。景区总面积12万平方米,主要分为圣塘景区和湖滨景区两个部分。其中圣塘景区的主要景观有白居易雕像、唐李泌引水纪念装置、马可·波罗与杭州纪念雕塑、圣塘闸等。

❑ 西湖音乐喷泉

位于湖滨三公园附近湖面上,喷泉区长约126米,夜晚极为壮观。整个音乐喷泉主要有6大喷嘴类别,喷嘴可以360度旋转,喷出多种形状的水柱、水雾、水球。LED灯可变换七种不同的颜色。音乐主要是西湖特色歌曲、中国古典音乐及流行音乐、外国古典音乐及流行音乐等。

▫ 湖滨晴雨

湖滨晴雨为西湖新十景之一，得名于杭州名谚："晴湖不如雨湖，雨湖不如月湖，月湖不如雪湖"，意为西湖景致的四时皆宜。景碑立于二公园。

玩家 攻略

1. 湖滨路一带也是杭州繁华的商业中心，周围云集了许多酒店，其中君悦酒店（湖滨路28号）、华侨饭店（湖滨路39号）等都是档次较高的酒店，内部设施、服务都不错。

2. 湖滨路周围有许多购物的地方，名牌云集，在这里购物一定会满载而归，不过也要盯紧自己的钱包，不要挥霍过度。

西湖东南线景区
以柳浪闻莺为核心的旅游线

▫ 杭州西湖天地

西湖天地是富有历史文化韵味的休闲旅游景区，它以杭州独特的园林、历史建筑为基础；以自然与时尚的融合、历史与现代的对话为表现形式，被改造成具有国际水平的集餐饮、零售、文化、娱乐于一身的综合性时尚地标。附近的涌金门为古代杭州西城门之一，门外有涌金池，池上有涌金桥。

▫ 钱王祠·钱祠表忠

钱王祠始建于北宋熙宁十年（1077年），旧名表忠观，与岳王庙隔西湖相望，是后人为纪念吴越国钱王功绩而建造的，分为钱王塑像、献殿、五王殿等几个部分。

钱王祠前面为气势宏伟的五座牌坊，穿过牌坊就可看到钱王塑像。钱王塑像气宇轩昂，一身正气，身披盔甲，怒视前方，使人不得不敬畏三分。钱王塑像不远处是正对山门的两个荷塘，波光粼粼，绿意盎然。

钱祠表忠为三评西湖十景之一。祠内有苏轼撰书的《表忠观碑记》，是中国书法史上的名碑。"碑记"叙述了吴越国三代钱王在天下大乱、民不聊生的五代时期，奉行中原正朔，不失臣节，消弭兵戈，安居人民，最终纳土归宋的事迹，褒扬了历代钱王的功绩，认为"有德于斯民甚厚""有功于朝廷甚大"。景名"钱祠表忠"，既写出了杭州百姓对于钱王功德的永世不忘，更体现出西湖深厚的历史文化底蕴。

▫ 西湖博物馆

博物馆占地面积为20 144平方米，是集陈列展示中心、西湖文献资料中心、西湖学研究中心和游客服务中心于一身的国内第一座湖泊类专题博物馆。主体建筑面积为7920平方米，其中地上部分建筑仅为1980平方米，3/4隐于地下，大面积采用钢架玻璃结构，整座建筑现代、简洁、富有动势。博物馆展厅由序厅和四个主展区组成，分别介绍西湖的山水、人文、政治，以及西湖的人文历史影响等，充分利用物质手段（实物、图片）以

柳浪闻莺

钱王祠

及多媒体手段(触摸屏、影院)向游客全方位地介绍西湖。

◻ 柳浪闻莺

柳浪闻莺是南山风景线上离市区最近的一个公园,也是西湖十景之一。柳树是公园的主景。这里地处西湖南岸,种植有春柳500株。这些垂柳以景寓意,有"醉柳""浣沙柳"等。公园分友谊、闻莺、聚景、南园四个景区。每到夏天,公园开辟的"夜花园"成为游人消暑纳凉的好去处,人们就在这个露天舞台上即兴表演节目。

◻ 杭州海底世界

占地面积4000平方米,是一座集休闲、观光、科普于一身的大型海洋生物博览馆。内设淡水鱼区、海底隧道、珊瑚礁馆等多个场馆,是融海洋生物展示、科普教育为一体的国内最早的水族馆之一。馆内有全国最长的珊瑚海景隧道,可以欣赏到惊险刺激的人鲨共舞表演,邂逅250多种千奇百怪的海洋生物。坐在水上舞台可以观看3米长的大鲨鱼,百岁高龄的大海龟与潜水员共同在蜿蜒悠长的海底隧道中漫步。

◻ 长桥公园

是西湖三大情人桥之一,据说是当年梁山伯与祝英台十八里相送时路过的小桥,从这里可以看到对面的雷峰塔,是欣赏"雷峰夕照"的最佳位置之一。

西湖南线景区
以雷峰塔为核心的旅游线

◻ 南湖·花港观鱼

花港观鱼为西湖南边的一个公园,始建于南宋时期,全园分为牡丹园、大草坪、红鱼池、花港、密林地5个景区。

牡丹园:位于整个公园的中心。园中央建有一座古朴重檐的八角亭——牡丹亭,匾额为著名文学家茅盾所题。在牡丹亭的四周，种有各种名贵牡丹400多株，多数是安徽省宁国市的"玉楼春"品种，花呈粉红色。

红鱼池：位于园中部偏南处，是全园游赏的中心区域。池岸曲折自然，池中堆土成岛，池上架设曲桥，倚桥栏俯瞰，数千尾金鳞红鱼结队往来，十分壮观。

密林地：从牡丹园下来，山回路转就是密林地和花港，密林地种植着常绿阔叶丛林，修建有林间小道，环境幽静，宜于休息。

雷峰塔·雷峰夕照

雷峰塔景区主要包括雷峰新塔、夕照亭、妙音台、汇文轩、放大光明阁等景点。雷峰夕照为西湖十景之一。雷峰塔曾是西湖的标志性景点，与北山的保俶塔，一南一北，隔湖相对，有"雷峰如老衲，保俶如美人"之誉，每当夕阳西下，塔影横空，别有一番韵味，故被称为"雷峰夕照"。

雷峰新塔：总高度为71.679米，新塔台基以下两层（含地下一层）呈平面八角形，外饰汉白玉石栏杆。塔身即台基以上五层（不含暗层）是平面八角形仿唐宋的楼阁式塔，各层盖铜瓦，转角处设铜斗拱，飞檐翘角下挂铜风铃，风姿优美，古色古韵。同时还有外挑平座可供观景。塔内副阶内底层下是雷峰塔遗址，底层设遗址玻璃防护罩，站在底层可直接观看遗址。另外，雷峰塔地宫内还藏有大批珍贵文物，如金棺、丝织品和古钱币等。

汪庄：位于西湖雷峰北麓，三面临湖，庄内亭阁高耸，楼台飞檐，假山重叠，石笋林立，绿树成荫，花团锦簇。深秋时分的菊展，颇负盛名。庄内设有汪裕泰茶庄门市部，供应西湖龙井名茶，并辟有试茗室，陈列各种古色古香的名贵茶具。

玩家 攻略

1.现在的塔是建在旧址上的，可以在塔内看到坍塌的雷峰塔现在已经是一堆砖头了。建议不要向里面扔东西，很多人为了祈福向内扔硬币，其实是对旧址的一种破坏。

2.塔内有电梯上下，最高层为瞭望台，景色绝佳，旁边有关于释迦牟尼的展厅，比较庄严。

雷峰塔秋色

雷峰塔

玩家 解说

雷峰塔又叫作黄妃塔、西关砖塔。雷峰为南屏山向北伸展的余脉,濒临西湖,勃然隆起,林木葱郁。此塔始建于北宋时期,南宋因战乱重修,最初是吴越国王钱镠为黄妃得子而建,故名"黄妃塔"。但民间因塔在雷峰之上,都称其为雷峰塔。原塔共7层,重檐飞栋,窗户洞达,十分壮观。

▢ 南屏山·南屏晚钟

南屏晚钟为西湖十景之一。南屏山位于西湖南岸,主峰高百米,林木繁茂,石壁如屏,山脚下是净慈寺,傍晚钟声清越悠扬,故得名。

南屏山体延伸长达千余米,山上怪石耸立。满山岚翠在蓝天白云的衬托下秀色可餐,山巅主峰慧日峰海拔131米,由二叠系石灰岩构成。山体多峭壁和空穴,石景颇多。至今山上还有多处古代摩崖题刻和佛教古迹留存。

净慈寺:杭州四大古刹之一,是吴越国钱俶为高僧永明禅师而建。现在的建筑由山门、钟楼、大雄宝殿、后殿和济公殿构成,其中大雄宝殿为单层重檐,黄色琉璃瓦脊,殿内有一口重达100多公斤的新铸铜钟,铸有赵朴初等人书写的《妙法莲花经》,计8万字。每日黄昏,悠扬的钟声在暮色苍茫的西湖上回荡,激起人们的无限遐思。

太子湾公园:位于南屏山荔枝峰下,融田园风韵和山情野趣为一体。公园在中国传统山水园林的基础上,吸取了西方造园开朗飘逸的处理手法,富有潇洒、自然的艺术趣味。

景点推荐

西湖外围区

大西湖风景区以西湖为中心,是世界一流风景区,总面积59.04平方千米,分为九大景区:环湖景区、北山景区、吴山景区、植物园景区、灵竺景区、凤凰山景区、钱江景区、五云山景区、虎跑龙井景区。景区内有122处景点,包括著名的西湖十景、西湖新十景和三评西湖十景。

杭州市西湖区　免费,部分子景点独立售票

北山景区
翠绿欲滴的西湖山色

杭州市西湖北岸

北山景区以山色为主,地形既有起伏峰峦、幽深林壑,又有山谷盆地、开阔原野。景区的道路及自然生态景观亦堪称湖上典范。这里早在唐代就已建造的具有现代生态意识的植被景观密布,游赏其间,即使在炎炎夏日也不觉酷热。

景区包括宝石山、宝云山、葛岭等西湖北岸小山坡,多洞岳。有金鼓洞(人工开凿,有种恬淡独特的风韵)、紫云洞(洞外有牛皋墓)、卧云洞(常有雾气弥漫)、蝙蝠洞(因洞内多蝙蝠而得名)、黄宾虹纪念馆等景。

▢ 宝石山・宝石流霞

宝石山高48米,山中到处都是茂密的树林,郁郁葱葱。登上山顶,南有平湖水波荡漾；北临平畴，楼宇鳞次栉比；东为街衢商埠，充满活力；西部青嶂千叠，连接晴空，是游览西湖美景的好去处。

保俶塔：始建于北宋年间，后屡毁屡建，现塔为六面七级实心砖塔，高45.3米，为1933年按明末以后的原式样重建。素来有"雷峰似老衲，保俶如美人"之说。保俶塔是西湖的标志。塔旁有一个红色小亭，就像凤凰的冠毛，名为"来凤亭"，曾经被列为"西湖十八景"之一。

宝石流霞：主要由宝石山和保俶塔构成。宝石山体属火成岩中的凝灰岩和流纹岩，阳光映照，其色泽似翡翠和玛瑙，尤其是在朝霞初露的早晨或落日时分，保俶塔和紫褐色山岩呈现出五彩缤纷的迷人色彩，"宝石流霞"的景观由此得名。

初阳台：宝石山的最高处，相传是看日出的地方。初阳台建在山顶的石屋之上，旁边有凉亭，便于观日出。站在凉亭上远眺，视线豁然开朗，能望见远处的山林和寂静的西湖。亭中有诸乐三题写的"初阳台"石碑。

北山街·北街梦寻

沙孟海旧居：旧居占地面积870平方米，总建筑面积601平方米，环境幽雅，保留了沙孟海先生居住时原貌。旧居北面设有160平方米的沙孟海先生生平事迹陈列，并增设了与旧居相协调的花园、假山等景观。

蒋经国旧居：别墅落成于1931年，为两层西式别墅，依山傍水，环境清幽，里面设施简朴。院内的桂花、棕榈、天竺、枫树等都是蒋经国当年亲手种植。站在楼上即可

饱览断桥残雪等湖光山色。

西博会博物馆：展馆靠山面湖，与白堤遥遥相对，呈长方形，中间是一个宽敞的"口"字形天井。博物馆不仅保留了历史建筑的外观，在内部结构上也保持了原建筑"人"字形木质桁架为特色的基本面貌。口字形的天井上方加盖了玻璃顶棚，以拓展博物馆的功用。馆中的展览内容主要分为三部分。分别是"世界博览会与中国社会""1929年西湖博览会"和"2000年以后历届西博会辉煌成就"。参观者可以看到展现首届西博会全貌的历史长卷《湖山嘉会》，还有老式电影机、电话机、煤油灯和台式电扇等。

玛瑙寺：最早建于五代后晋，现在的建

保俶塔

筑建于清同治年间，主要有山门、厢房及园林等。重修的玛瑙寺不仅保持了清朝时期的格局，而且增添了江南古典园林的韵味。寺内庭院深深、古树遮阴，登上最高处，还能一睹西湖胜景。园中仆夫泉不远处有蜡梅数棵，其中一棵树形盘曲、姿态丰富的蜡梅树号称"西湖蜡梅王"，已达百岁之上。

抱朴道院： 始建于唐朝，相传为葛洪设炉炼丹修炼之所，与黄龙、玉皇合称西湖"三大道院"。道院背依青山，面向西湖，黄色围墙，瓦盖如鳞，犹如一条黄色游龙翘首山间。殿内正中供奉着葛洪祖师像。另外，还有许多道教色彩浓重的题刻和与葛洪事迹相关的古迹。

抱青别墅： 建于20世纪20年代，是西湖边一座非常典型的西洋建筑。方形立柱、弧形门窗，立面凹凸、装饰丰富，富有动感，体现了西洋古典巴洛克建筑的典型特征。同时

砖木结构、朱红色彩、老式黑瓦及内部陈设仍然留有中国传统建筑的痕迹。

▢ 黄龙洞·黄龙吐翠

黄龙吐翠是新西湖十景之一，得名于景区贴泉池巉崖间大龙头雕塑喷水和珠帘倒挂的特有情景。黄龙洞在宋、元、明、清时期皆为佛教圣地，是西湖五大祀龙点之一。民国初期改为道观。前为庭园，后有洞壑，融真山假山、自然景色与人工建设为一体，景象万千。

主景区为一池碧水，假山和亭台环绕周边。越过池水，对面苔痕常绿的危岩上露出一只鼓目、掀鼻、张口、翘须的黄色大龙头雕塑。龙嘴吐出清泉，下注水池，水声叮咚如琴瑟奏鸣。清泉入池处，一块峥嵘巨石兀立水中，两面分别镌刻唐代刘禹锡《陋室铭》中的名句"水不在深，有龙则灵"，点出了此景观的主题。

▢ 栖霞岭

栖霞岭在葛岭西面、岳王庙的后面，又名履泰山或赤岸。相传岭上旧时多桃花，到了春日桃花盛开，犹如满岭彩霞，故称栖霞岭。

栖霞岭上树木葱郁，岭道北至黄龙洞、曙光路，南达岳王庙、曲院风荷所在的北山路，东可去初阳台、葛岭，西可上乌石峰观西湖全貌。

栖霞岭上人文景观众多，岭上有牛皋墓，岭边有依山而建的鲍庄，上山大道上有黄宾虹纪念馆、双灵亭、白沙泉，以及杭州的老民居建筑群紫云里等。

黄龙洞

吴山景区
杭州民俗文化的汇集地

✉ 杭州市上城区吴山3号
🚍 乘4、7W等路公交可达
💰 吴山天风（登城隍阁）30元

西湖外围区

吴山景区西起万松岭，东到鼓楼，山体蜿蜒起伏，绵亘数里，由延绵的宝月、峨眉、浅山、七宝等小山组成。吴山面积约67公顷，虽以风景秀丽著称，但历代以来，山上酒肆遍布、庙宇林立，各种摊点比比皆是，是杭州民俗文化的一个汇集地。

吴山自古有五多：古树清泉多，奇岩怪石多，祠庙寺观多，民俗风情多，名人遗迹多。登山可尽览杭州江、山、湖、城之胜，是杭州民俗文化的汇集场所。有吴山广场、城隍阁、紫阳山、云居山等景。另外，吴山天风为新西湖十景之一。

玩家 解说

1.吴山自古已有庙会，每年正月初一到正月十八当地人便上山赶庙会。人们先是上山祈福烧香，之后便在山脚下的清河坊购买些货品往回带，于是，在清河坊一带便兴起了大量的商铺，包括著名的胡庆余堂、孔凤春、多益处、状元楼、张允升、方裕和等店铺。

2.吴山古观众多。虽然不少古庙宇被损毁，但仍有一些有价值的历史文物和古树遗存。紫阳山原宝成寺附近有"感花岩"，上镌刻有苏东坡的咏牡丹诗和明吴东升书写的"岁寒松柏"四字，字迹尚可辨认，再稍下的一块山崖上刻有"第一山"三个大字，笔力遒劲，是宋代著名书法家米芾的手迹。紫阳山西坡，原三茅观旧址附近有一块岩石，上刻"吴山第一峰"五个大字，这里是历史上观看钱江潮的胜地。

3.吴山的奇石是山上的一大特色。在紫阳山顶北面有一组怪石平地而起，俗称"巫山十二峰"。人们依岩石的形状，将之命名为笔架峰、香炉峰、棋盘峰、象鼻峰、玉笋峰、龟息峰、盘龙峰、舞鹤峰、鸣凤峰、伏虎峰、剑泉峰、牛眠石等。因这些岩石酷似十二生肖中的动物，故亦称"十二生肖石"。旁边还有一石状如倒覆的大瓢羹，便取名"瓢羹石"。

城隍阁·吴山天风

吴山位于西湖东南面，高94米，景秀、石奇、泉清、洞美。山上有城隍阁，秀出云表，巍然壮观。

城隍阁为7层仿古楼阁式建筑，高41.6米，富丽堂皇，融合元、明殿宇建筑风格，大处着眼，细处勾勒，兼揽杭州江、山、湖、城之胜。

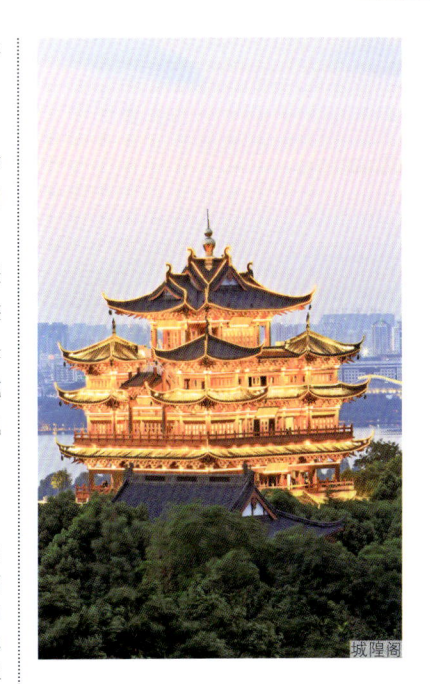

城隍阁主顶顶端为葫芦状宝瓶造型；四个副顶顶端设凤凰造型，整座楼阁仿佛一群展翅翱翔的凤凰，又如仙山琼阁倚天耸立，令人神往。

城隍阁

玩家 攻略

城隍阁不定期会举办各种文艺会演，有古典舞蹈、音乐、诗歌朗诵等。演出形式新颖，深刻反映了西湖的文化意境。

吴山广场

吴山广场占地8万平方米，南缘与吴山山趾相间。吴山广场按观瞻、功能划分为几个区块：主广场区块、绿茵区块、下沉区块、公益区块。广场上常举办大型市集、演出，地下辟有大型停车库。

中国财税博物馆：博物馆建筑面积12万平方米，按照夏商、春秋战国、秦汉、三国魏晋南北朝、隋唐五代、宋元、明清、民国的顺序，系统详尽地介绍了各时期中国财税制度的历史状况，展品十分丰富，其中包括一株数十米高、造型精妙的摇钱树。

玩家 攻略

吴山广场在河坊街头，河坊街有夜市，像丝绸、古玩、小装饰、小首饰等都可以在夜市买到，还有皮影戏、武大郎烧饼，以及"许仙"的保安堂。街道两旁有许多仿古建筑，可以拍照留念。往里面走有小吃街，小吃街上有各色小吃和不同档次的餐厅，逛累了到这里大吃一顿也不错。

▢ 杭州历史博物馆

杭州历史博物馆是反映杭州城市历史的综合性博物馆。馆内展厅共分三层，主要由一楼的原始社会—南北朝时期展厅、隋唐五代时期展厅、运河厅，二楼的两宋时期展厅、元明清时期展厅、百年老店、临时展厅，三楼的邮票展厅、书画厅组成。

陈列品以历年杭州出土的珍贵、精品文物为主，全面又重点地反映了杭州的历史面貌，并运用先进的声、光、电技术丰富展示效能，营造出感性直观的游览认知氛围。

▢ 伍公庙

吴山伍公庙始建于汉代，是吴人为纪念伍子胥而建立的祠庙，也是杭州有记载的最早的祠庙之一。伍子胥自宋时起更被视作潮神。

历史上伍公庙屡毁屡建，最后一次是清咸丰年间毁于兵火。原庙正殿奉伍子胥神位，后殿供伍父伍母，延真殿奉伍公神像，两庑为潮神殿，奉潮神18尊。现在的伍公庙为2006年重修，由拱北亭、神马门（山门）、御香殿、正殿（伍公殿）、后殿（潮神殿）等部分组成。正殿立有伍子胥像。

植物园景区
杭州的植物天堂

✉ 杭州市西湖区桃源岭1号
🚍 乘15、28、82路公交可达
💰 门票10元
📞 0571-87992110

植物园景区面积250公顷，分观赏植物园、植物分类园、桂花紫薇园等10多个植物专类园和4个实验区。灵峰景区和玉泉景区也在园内。

园内的大路旁种有二乔木兰树和枫香树，两边的小山坡有大片的草坪和巨大的樟树，还有一小片开满睡莲的池塘。

玩家 攻略

著名的山外山饭店也坐落在植物园内。若想在这里用餐，可以先打电话预订，这样可以免去公园门票。

▢ 玉泉·玉泉鱼跃

玉泉是西湖的三大名泉之一，位于植物园北侧，因泉水晶莹明净、犹如美玉而得名。水中之鱼为一大景观，这里在南宋的时候就是观鱼胜地，其中有明代书画家董其昌

植物园

书写的"鱼乐园"牌匾。玉泉的鱼大而慵懒,池中有500多条五色大鲤鱼和大青鱼,如一艘艘巡弋的潜艇,令人叹为观止。这些鱼是50多年前放养的,最长的有1.5米,最重的有50千克左右。

□ 灵峰·灵峰探梅

灵峰是杭州三大赏梅胜地之一,有罕见的夏蜡梅。灵峰离城区较近,梅树规模大,因此"灵峰探梅"成为杭州人每年春节前后的一大盛事。

另外,灵峰寺遗址上还有拢月楼、洗钵池等景观。

灵隐景区
空灵圣洁的佛教寻踪

- 杭州市西湖区灵隐路法云弄1号
- 市区乘坐7、324等路公交可到
- 飞来峰45元,灵隐寺30元,法云古村免费

灵隐景区多山,山中又多寺庙,禅意十足,其中以灵隐寺最为有名。另外还有历来被誉为"天竺佛国"的天竺三寺等寺院。

玩家 攻略

1.在飞来峰最大的石刻——大肚弥勒佛前可以拍照。去灵隐寺不用带水,里面供应烧开的山泉水。

2.灵隐寺和飞来峰共用一个大门,进门的门票只能参观飞来峰,灵隐寺需另买门票。

□ 灵隐寺·灵隐禅宗

灵隐景区包括灵隐寺和飞来峰。灵隐寺始建于东晋咸和三年(328年),至今已有近1700年的历史,是杭州最负盛名的佛教寺庙。灵隐寺最鼎盛的时期要数五代吴越时,有僧徒3000人,香火极盛。清顺治年间,大兴土木,古风重振,其规模之宏伟跃居"东南之冠"。

寺庙背靠北高峰,面朝飞来峰,共占地6.67公顷,殿宇恢宏,建构有序,气象宏伟。中路有天王殿、大雄宝殿、药师殿、直指堂(法堂)、华严殿五进大殿。两侧有五百罗汉堂、济公殿、大悲楼、方丈楼等建筑。

冷泉亭: 从灵隐东大门下车,经过刻有"咫尺西天"的照壁之后,有一座建在溪流之上的亭子,那便是冷泉亭,因白居易的《冷泉记》而闻名。亭双层方形,黛瓦丹柱,由16根圆柱撑起瓦顶。

大雄宝殿: 是座单层重檐三叠的歇山顶建筑,高33.6米,规模宏大。大殿上方悬挂的"妙庄严域"是近代著名书法家张宗祥所写,"大雄宝殿"是已故书法家、西泠印社社长沙孟海于1987年第二次重书的。大殿正中供奉着佛祖释迦牟尼像。殿内两厢站立着佛教的护法神二十诸天。殿后跌坐的是"十二圆觉",大雄宝殿有十二圆觉这样的布局,在全国来说也是罕见的。殿后壁是以"童子拜

灵隐寺

观音"为主体的"五十三参"海岛立体彩色群塑。

五百罗汉堂：罗汉堂平面呈"卍"字形，是目前国内规模最大的罗汉堂。堂内供奉有500尊青铜罗汉像，形象各异，千姿百态，栩栩如生。每尊罗汉高1.7米，底座宽1.3米，重1吨。堂中央是一座佛教四大名山铜殿，分别供奉五台山文殊菩萨、峨眉山普贤菩萨、普陀山观音菩萨、九华山地藏菩萨。

道济禅师殿：殿内供奉有一尊右手拿破扇、左手持念珠、右脚搁在酒缸上的济公像，济公像的左右两侧是十八罗汉。

华严殿：是灵隐寺最后一重殿，供奉着"华严三圣"，中间手持毗卢印的是毗卢遮那佛，左边手持莲花的是大智文殊师利菩萨，右边手持如意的是大行普贤菩萨。三尊佛像共用一根珍贵巨大的楠木雕刻而成，楠木高达13米，雕工精致，线条优美，为了和楠木本色相协调，只用金箔勾画了一些细细的花边，给人以庄严肃穆之感。

飞来峰：位于灵隐寺前，峰高209米，山体由石灰岩构成，风貌奇特。飞来峰的崖壁上刻有五代、宋、元石刻造像470多尊，数量之多，规模之大，为国内之最，也是汉族地区规模最大的喇嘛密宗造像群。最为生动的是龙泓洞洞口宋代的"唐僧取经"和"白马驮经"

灵隐寺大雄宝殿

两组浮雕，浮雕十分传神生动。飞来峰造像已被列为全国重点保护文物。

灵隐禅踪：三评西湖十景之一。由于灵隐周边有上天竺、莲花峰等名山，佛音庄严，禅意隐现，所以禅踪乃是灵隐山水的境界所在，故取名为"灵隐禅踪"。

玩家 解说

灵隐寺大雄宝殿的释迦牟尼佛像是1953年重修灵隐寺时由中央美术学院华东分院邓白教授以唐代禅宗著名雕塑为蓝本构思设计，周恩来总理亲自审定。华东分院雕塑系教师和东阳木雕厂民间艺人用24块香樟木雕成的。佛像上悬宝盖，彩花垂旒，通高24.8米，佛身净高9.1米，佛耳便有1.3米长，且全身贴金。它是我国最大的香樟木雕坐像。

链接

飞来峰的传说

相传飞来峰下原有一村庄，有一日济公算出四川峨眉山有一座小峰将要飞来，可能会压着该村，便急忙去劝说村民搬家，可是济公疯疯癫癫的模样怎会有人相信？这时，远处来了一支送亲队伍，济公心生一计，冲进人群背起新娘就朝村外跑，这下村民轰动了，一边喊着"和尚抢新娘了"，一边追出村外。此时，只听轰的一声，一座黑压压的山峰正好压在村子上。这座山峰便被人们唤作"飞来峰"。山峰飞来了，村民又恐山峰再次飞走，于是在山上刻了数百尊佛像来镇住此山。从此，飞来峰就再也飞不走了。

☐ 永福寺

位于飞来峰西侧，是一座千年古刹，始建于东晋咸和元年。全寺依山而建，由三道山门和四个院落"普圆净院""迦陵讲院""古香禅院""资严慧院"巧妙地构成七星如意状，散落在丛林雾霭之中。大雄宝殿隐藏在一个普通的月门后面，色调十分简朴，不似灵隐寺那般金碧辉煌。佛像也相对玲珑小巧。

☐ 法云古村

被人们称为"天外茶村"，村里一共有50幢老房子，建筑风格颇具特色。黄土作

西湖外围区

墙,石头堆砌房基,木壁木窗木门黑瓦;三五成群,依山傍水,坐北朝南。古村背靠山坡,种得最多的就是茶树,随处可见绿色的茶园。此外,古村头的中国石窟艺术展示馆也可以欣赏。

天竺三寺

天竺山有著名的三寺,时称"天竺三寺"(通称上天竺寺、中天竺寺、下天竺寺),均为杭州古代名刹。天竺三寺创建至今已有千年,其中以下天竺寺创建最早,距今已有近1700年。清高宗乾隆命名上、中、下三竺为"法喜寺""法净寺""法镜寺",并亲题寺额。天竺三寺在历史上被誉为"天竺佛国"。

双峰插云

西湖十景之一。双峰即南高峰、北高峰,分别位于西湖之西南、西北。两峰遥相对峙,绵延相距10余里。南高峰临近湖,峰高257米。北高峰海拔314米,是灵隐寺的坐山。这一景色本是湖中遥望之景。当群山云雾弥漫时,两峰时露双尖,宛如峰插云霄,峰势高峻磅礴,晴雨晨昏不同,尤在雨后或阴翳多云天气,彩云、白云或浓或淡,忽缠忽遮,是云是山,一片朦胧。如一幅壮观的水墨淋漓而浓淡有致的山水画卷展现在面前。

天下第一财神庙: 又叫灵顺寺,位于杭州北高峰山巅。该寺始创于326年(东晋咸和年间),已有1600多年的历史,是杭州最早的名刹。北宋初年,因寺内供奉"五显财神",故民间始称"财神庙"。江南才子徐文长登山游寺留下"天下第一财神庙"墨宝,至今刻匾存于寺内。现存大殿为明末清初所建,规模宏伟,堪称华夏财神庙之最。

韬光寺: 位于北高峰,为儒、释、道三圣宝地,自古以朝佛、观日、观海三绝而著称。寺庙始建于唐穆宗长庆年间,为巴蜀高僧韬光来杭所建。寺内有大雄宝殿、摩尼殿、法按堂等建筑。寺内还有登高观海的最佳处韬光观海楼,有白居易和韬光法师品茶论道的金莲池,以及八仙中吕洞宾修行的莲宝洞等。

永福寺雪景

凤凰山景区
寻遗访古的胜地

🚇 杭州市上城区西湖南部,万松书院在万松岭路81号
🚌 乘102路公交到凤山门站下,然后步行上山;也可按玉皇山游览路线到达慈云岭后东行
💰 万松书院10元,玉皇飞云10元

凤凰山景区包括凤凰山和玉皇山两座山。凤凰山原是南宋禁苑所在地,现在却显得清静而充满野趣。山顶有凤凰亭,山下有西方三圣、中山纪念林等景致。山上有福星道院及南宋白玉蟾井、天一池、七星缸等古迹,山腰有紫来洞,这里可以看到山下的八卦田。

凤凰山景区以"访梁祝遗迹,寻皇城旧

貌"为主，这里曾是杭州城的中心，因而有大量的古迹散落在山中。其中圣果寺是凤凰山古迹最集中的地方。

南宋皇城遗址

凤凰山在杭州市的东南面。主峰海拔178米，北近西湖，南接江滨，形若飞凤，故名。隋唐在此肇建州治，五代吴越设为国都。南宋宋高宗赵构定都杭州后，在北宋州治旧址修建宫城禁苑。以凤凰山为皇城，方圆4.5千米。大内有城门3座。皇城内，有金銮殿、垂拱殿等殿、堂、楼阁130余座。此外还有华美的御苑直至凤凰山巅。

南宋灭亡后，宫殿被改作寺院。现还有报国寺、胜果寺、凤凰池及郭公泉等残迹。梵天寺遗址前的两个经幢现为国家级文物。山顶的凤凰亭雄伟壮观。

中国丝绸博物馆

第一座全国性的丝绸专业博物馆，也是世界上最大的丝绸博物馆，分丝绸文物厅、蚕桑厅、丝织厅等，展出有距今4700年的丝织品。

南宋官窑博物馆

中国第一座陶瓷专题博物馆。采用宋代风格的短屋脊、斜坡顶的仿古木构架形制，造型庄重、风格独具。它以南宋官窑遗址为基础，包含官窑遗址和3个展厅。

万松书院

始建于唐贞元年间（785—805年），名报恩寺。明弘治十一年（1498年）改辟为万松书院。明代理学家王阳明曾在此讲学。现遗址尚存有写有"万世师表"四字的牌坊一座和依稀可见"至圣先师孔子像"字样的石碑等物。清代时万松书院为浙江最高学府，传说也是梁祝故事的发生地。

玉皇山·玉皇飞云

雄峻巍峨，山巅有福星观旧构，还有白玉蟾井、天一池、紫来洞、登云阁等古迹，是登高览胜好去处。

八卦田

南宋年间开辟的"籍田"。田丘呈太极图形，8块田地上分别栽培着不同植物，四季色彩不断变化。爬上玉皇山半山腰的紫来洞，从山上往下望去，就可以看见山下的八卦田。

慈云岭造像

五代后晋天福七年（942年），吴越王钱弘创建资贤寺时所雕凿。岩壁造像保存完好，有大小两龛。主龛坐东朝西，龛内造像7尊，弥陀居中，左侧是观世音菩萨，右侧为大势至菩萨，合称"弥陀三尊"。两侧还有菩萨和天王各两尊。小龛坐北朝南，正中雕地藏王菩萨坐像，两侧侍立供养人，龛楣浮雕"六道轮回"。

白塔公园·白塔

白塔位于钱塘江畔白塔岭上，与六和塔遥相对峙。白塔建于五代。用白石雕砌而成，8面9层，每层有腰檐和平座（回廊），顶置铁

中国丝绸博物馆

塔刹,轮廓挺秀。塔身四周遍刻经文,门两侧浮雕佛像、菩萨像,线条纤柔,形象逼真。塔边原有白塔寺、白塔桥。白塔现为全国重点文物保护单位。

钱江景区
九溪贯穿的山水之地
◎ 杭州市西湖区西湖西南群山中

钱江景区有九溪贯穿,濒临钱塘江。此处有著名的六和塔和九溪十八涧,另外还有杨梅溪(龙井茶核心产地)、钱塘江大桥(茅以升设计)、龚佳育墓(保存较完整的清代士大夫墓葬)等景致。其中,钱塘江大桥是全国重点保护文物。

▢ 六和塔·六和听涛

六和塔位于西湖之南,钱塘江畔月轮山上。六和塔始建于北宋时期,是僧人智元禅师为镇江潮而创建,取佛教"六和敬"之义。它与保俶塔和雷峰塔并称为"杭州三大名塔",现为全国重点保护文物。现在景区包括六和塔片区、开化寺片区、六和碑亭片区、六和塔苑片区四部分。

六和塔:六和塔原建塔身九级,顶上装灯,为江船导航。北宋宣和五年(1123年),塔被烧毁。南宋绍兴年间重建。明正统二年(1437年),修顶层和塔刹,清光绪二十五年(1899年),重建塔外木结构。乾隆皇帝游此地时为每层依次题字立匾,此况实属罕见。现存的六和塔呈平面八角形,高59.88米,外观八面十三层,内分七级,其中六层封闭,七层与塔身相通,成"七明六暗"的独特构造。塔身自下而上塔檐逐级缩小,塔檐翘角上挂了104只铁铃,风吹铃动,声音悠远。登塔可俯瞰钱塘风光。

六和听涛:六和塔位于钱塘江北岸,在秋高气爽的季节,登塔可听钱塘江汹涌豪迈的涛声。每当大潮横秋之日,人在高楼之时,

六和塔

明月当空,涛声便如千军万马之势,别有一番波澜壮阔的情怀荡漾在心间。

开化寺遗址:开化寺始建于971年,当时的吴越国王钱俶听从两位高僧延寿、赞宁的建议,在月轮山上建造了六和塔以压江潮,并在塔侧修建了塔院取名寿宁院。北宋宣和年间,寿宁院被烧毁,南宋时在原址上重建了一座规模更大的开化寺。该寺的建筑反映了中国早期寺庙建筑的风格,即先有塔,后有寺。如今开化寺残余的建筑被辟为六和塔文化展厅。

中国古塔陈列馆:陈列馆汇集了具有地方、时代、艺术代表性的古塔图片、古代仿制实物和模型等资料130余件。详细介绍了上至东汉,下迄明清各种塔的起源和发展历程。

中华古塔博物苑:占地百余亩,苑内仿

六和塔和钱塘江大桥

- 塔身自下而上塔檐逐级缩小，塔檐翘角上挂了104只铁铃。
- 六和塔是著名的观潮胜地。
- 塔内第三级须弥座上雕刻花卉飞禽、走兽等各式图案，刻画精细。
- 大桥如江上飞虹，雄伟壮观，该桥的设计寿命为50年，已经超期服役20多年。
- 六和塔塔高近60米，外观上看有13层，塔内只有7层。
- 塔的外形雍容大度，气宇不凡，塔内由螺旋阶梯相连。
- 钱塘江大桥全长1453米，正桥长1072米，南、北公路引桥各长93米和288米。

建中华名塔上百座，外观形制一般按原塔十分之一的尺寸制作，造塔原料大多采用与原塔材料相同材质的砖、石、木等构建，力求逼真。塔苑选建的各种名塔几乎囊括了中国古塔的各种不同形式。

九溪河·九溪烟树

九溪位于西湖西边鸡冠垅下，因其细流众多，又俗称"九溪十八涧"。山溪呈"丫"字形，长约5500米。其发源于翁家山杨梅岭下，途汇清湾、宏法、唐家、小康、佛石、百丈、云栖、清头和方家九溪，曲折婉转，流入钱江。

玩家 攻略

1.游九溪一定要在丰水期（4—10月）前往。否则看不到瀑布，九溪十八涧的溪流也很小。

2.建议将钱塘江大桥作为整个杭州城市观光的南起点。站在并不宽阔的桥面上可一览六和塔全景，欣赏杭城依山傍水的美景。

3.摄影：从六和塔身后北侧往上走，过塔苑，蓦然回首，六和塔和钱塘江大桥的雄姿尽现眼前，这是令人最满意的拍摄点。

4.吃：溪中溪酒家位于九溪与十八涧汇流处，以供应西湖传统名菜和杭州风味菜肴为宗旨。溪中有溪，味中有味。

五云山景区
因山间的五色云而著称

- 杭州市西湖区西湖西南边缘
- 云栖竹径8元

五云山是西湖群山中的第三座大山，古称龙口山、庆云山，在桐庐分水镇南隅，距县城37千米。五云山不高，古木成林，风景秀丽。相传唐元和年间山顶五色云起，时人以为吉兆，改山名为"五云"。

五色云的形成实际上是因为山的位置处在钱塘江和西湖两水相夹之间，水汽充沛，山上山下温差明显，形成山地云，经强烈的阳光照射，便呈斑斓的色彩。

▫ 云栖坞·云栖竹径

云栖坞位于五云山南麓，相传五云山顶飘来的五色云彩，常常飞集坞中，经久不散，坞因而得名。云栖坞以竹为主题，以"绿、清、凉、静"四胜而著称，堪称西湖竹景之冠。长1千米的云栖竹径，两旁翠竹成荫，环境幽、静、清。另有云栖竹径碑亭和洗心亭等景点。

玩家 攻略

1.蝉鸣声声的炎夏，是景区一年中最佳的游赏季节，每年四五月映山红花开，采茶人纷纷上山，此时可自采一把野胡葱回家炒菜吃，也别有一番风味。

2.骑自行车游云栖才能完全感受这里的静谧与安详。从南边出发，经虎跑、六和塔、九溪、宋城，返程经过梅岭隧道，经天竺、灵隐、玉泉从北边返回，或乘Y4路公交到梅家坞下车，在马路东侧有座写有"十里琅珰"的石牌坊，沿着牌坊而上，可从梅家坞走到云栖，一路景色如画。

▫ 郎当岭·十里琅珰

南山和北山的交会处，也是五云山与天竺山之间的山路。这条山路长5千米，视野开阔，澄静明秀。

▫ 五云山·真际寺遗址

五云山是西湖群山中的第三座大山，海拔335米，这里竹木滋润，常有霭霭云彩。山顶尚存真际寺遗址。寺内有五口井（今只剩下三口），从水井中看天上云彩的倒影，形状各不相同，"五云山"即来源于此。

梅家坞茶园

虎跑龙井景区
天下绝配的龙井茶与虎跑泉水

- 杭州市西湖区西湖西南部
- 乘27、87等路公交可到
- 虎跑梦泉15元，茶叶博物馆免费，杭州动物园20元，满陇桂雨15元，石屋洞免费
- 0571-87981257（杭州动物园）

杭州的茶文化久负盛名，虎跑龙井景区的虎跑泉和龙井便是个中之最。景区还有中国茶叶博物馆、杭州动物园（虎跑路40号）、烟霞三洞（石屋洞、水乐洞、烟霞洞，各相距数百米）、南高峰（与北高峰遥相对峙）等景。

▫ 梅家坞·梅坞春早

西湖龙井一级保护区和主产地之一，也是杭州城郊最富茶乡特色的农家自然村落和茶文化休闲观光旅游区，有大片茶园和周恩来总理纪念室。

玩家 解说

1.梅家坞盛产的茶叶是西湖龙井中的珍品，每年分四次采茶。清明之前的头茶称"明前茶"，也叫"莲心"；谷雨之前是"雨前茶"；立夏之际为"三春茶"，也称"雀舌"；一月后最晚采摘的称"四春茶"，也名"梗片"。所以，"春"在梅坞便是茶香之意，春茶四摘，又以最早的"明前茶"最为名贵。

2.龙井八景：位于龙井寺东北部的山谷中，乾

隆曾先后4次巡幸龙井,历次皆题咏八景,八景因此而闻名于世。所谓八景,是指风篁岭、过溪亭、涤心沼、一片云、方圆庵、龙泓涧、神运石和翠峰阁。

■ 大慈山·虎跑梦泉

以虎跑泉为主景。虎跑泉与龙井泉、玉泉并称西湖三大名泉,是一种适于饮用的优质天然矿泉水。景区内还有济公塔院、罗汉堂、滴翠轩、济公塔等景点。

■ 龙井寺·龙井问茶

因龙井寺而盛,寺址有龙井泉,泉西的龙井村周围种满浓密的茶林,四海闻名的龙井茶即产于此。春季来这里访茶尝新,堪称春游第一快事。

玩家 攻略

1.每年3月30日—4月15日,"春茶会"满陇茶事旅游节也在这里举行,主要活动有家庭采茶炒茶"一条龙"比赛,茶具名品展示会等。

2.游:建议将龙井问茶、九溪十八涧、六和塔和虎跑梦泉安排在同一条线路游玩,越过凤凰岭经龙井村,可去九溪十八涧,从27路龙井终点站到九溪南端之江路上的公共汽车站,全长6千米,步行游览约需2小时。

3.吃:在金粟世界里,用桂花制作的桂花粟米羹和糖桂花等佳点香甜可口,备受青睐。公园门口出售的特制桂花酒味道也不错,另外,梅花坞的茶膳以清淡、滑爽、微咸、微甜为特色,十分适合旅途中食用,如龙井虾仁、碧螺虾斗、龙井鱼片等一直是菜单上的特色茶菜，还有清水茶鲫鱼、茶汁脆皮鸡、茶香老鸭煲等迎合大众口味的菜肴。

◻ 满觉陇·满陇桂雨

满觉陇沿途山道边是杭州最著名的赏桂佳处。公园内有满园春、二泉映月湖、广寒宫等20余个景点和9000多株桂树，每年秋季（9月15日至10月15日）举办西湖金秋桂花节。

◻ 杭州动物园

成立于1958年，1975年10月新建，是集野生动物保护、科研、科普、教育和游览休闲于一体的综合性山林式动物公园。园中饲养有大熊猫、长颈鹿、大象、非洲鸵鸟、蟒蛇等200余种国内外珍稀动物，而且有丰富多彩的大象、老虎、狮子、猴子、狗熊和海狮等动物表演。

杭州十大经典登山线路

西湖的美不仅在于湖，也在于山。环绕西湖，西南有龙井山、理安山、南高峰、烟霞岭、大慈山、临石山、南屏山、凤凰山、吴山等，统称南山。北面有灵隐山、北高峰、仙姑山、栖霞岭、宝石山等，统称北山。它们像众星捧月一样，捧出西湖这颗明珠。山的高度都不超过400米，但峰奇石秀，林泉幽美。南北高峰遥相对峙，直插云霄。

●路线一
断桥—宝石山—葛岭—紫云洞—挂牌山—乌石峰—曲院风荷。

●路线二
浙大玉泉校区—老和山—将军山—灵峰山—锅子顶—北高峰—灵隐大门口。

●路线三
老东岳村—流香桥—美人峰—龙门山—石人岭—云雾台—天竺山—棋盘山—天马山—吉庆山—茶叶博物馆。

●路线四
万松书院—老虎洞—凤凰山—凤凰亭—月岩—栖云寺—梵天寺—皇城山脚。

●路线五
灵隐—上天竺—九曲亭—竹竿山—严家山—丁家山—大青谷。

●路线六
龙井—棋盘山—天马山—吉庆山—茶叶博物馆。

●路线七
九溪林海亭—小康坞—马鞍山—虎跑后山贵人阁—白鹤峰—杨梅岭—翁家山—龙井。

●路线八
动物园—得意亭—七星缸—紫来洞—玉皇顶—老玉皇宫—玉皇山脚。

●路线九
浙大玉泉校区—老和山—将军山—美女山—灵峰山—瑞云山—状元峰—北高峰—美人峰—龙门山—石人亭—白云峰—狮子笼—天门山—郎当岭—五云山（真迹寺）—九溪林海亭—大华山—虎跑后山（贵人阁）—虎跑正门—过虎跑路—玉皇山—老玉皇宫—凤凰山—万松岭—云居山—紫阳山—城隍山—吴山广场。

●路线十
林海亭—唐家坞—五云山—郎当岭—寿星头—下溪涧—龙井。

景点推荐 杭州城区景点

清河坊 AAAA
杭州怀旧必去之地

- 杭州市上城区大井巷
- 可乘坐地铁7号线到达

清河坊已有300多年历史，老店胡庆余堂、回春堂等药店，太和茶楼、太极茶楼等茶楼均集中在这里，更有方裕和、万隆火腿庄、西乐洋羊汤饭店和"五杭三绝"等老店。这里的茶文化、药文化、食文化及众多的百年老字号商铺的文化，加上各种民间艺人及市井民俗的小摊，充分体现了市井民俗风情特色，是杭州怀旧的必去之地。

玩家 攻略

从这里步行去西湖只需要10分钟，建议多在胡庆余堂和周围的古巷转转。大井巷胡庆余堂中药博物馆（国家级中药专业博物馆）、元宝街胡雪岩故居、于谦故居等均值得好好观看。

胡庆余堂

胡庆余堂是一座金碧辉煌、气宇轩宏的古建筑群，属于全国重点保护文物。胡庆余堂国药号被誉为"江南药王"，是清末著名红顶商人胡雪岩召集能工巧匠，仿照江南庭院风格，耗白银30万两于同治十三年（1874年）创立的。当年的胡庆余堂承南宋太平惠民和剂局药方，广纳名医传统良方，精心调制庆余丸、散、膏、丹，济世救人。

堂内现保存有当年胡雪岩为保证急救药"柴雪丹"质量特制的金铲银锅。另有高3米、宽0.9米的《戒欺》篇，寓托了医者的职业道德和他们对质量的执着追求。

胡雪岩故居

胡雪岩故居建于清同治十一年（1872年），时值胡雪岩事业的巅峰时期，是一座富有中国传统建筑特色又颇具西方建筑风格的美轮美奂的宅第。

故居内的花园——芝园怪石嶙峋，巧夺天工，其中的假山为国内现存最大的人工溶洞。进入故居，那回旋的明廊暗弄、亭台楼阁、庭院天井、峭壁假山、小桥流水、朱扉紫牖、精雕门楼，使人仿佛进入一个大大的迷宫。

小河直街历史文化街区
土香土色的杭州风情

📍 杭州市拱墅区小河街道

小河直街历史文化街区向游客展示传统杭州的味道。街区位于杭州运河、小河、余杭塘河三水交汇处，街道长千米，现存的街区建筑多建于清代至民国时期。至今在小河直街仍能看到作坊、会所、茶楼、店铺、商行、河坎、船埠等遗迹。沿着大运河还有LOFT文化公园、桑庐、富义仓遗址公园、广济桥等景致。

龚自珍纪念馆
雕梁画栋的古雅建筑

📍 杭州城东马坡巷16号
🚇 可乘坐地铁1号线至城站站，步行700米到达

龚自珍纪念馆属中式宅院，为清代桐乡人汪维所建"小米山房"，俗称"小米园"。纪念馆主体是座清代风格的两层楼房，上下五开间，兼有耳房，雕梁画栋，古朴典雅。馆内正厅安放着龚自珍半身古铜色塑像，四周悬挂着沙孟海、赵朴初等名家题写的匾额、楹联。4个展室陈列着龚自珍生平图文简介、大事年表、史料、龚氏年谱、诗选和后人研究文集等。庭院内小桥流水、假山亭榭，在花木衬托下，富有古典园林的特色。

链接

龚自珍

龚自珍，一名巩祚，字瑟人，清代思想家、文学家，浙江仁和（今杭州）人，出生于马坡（婆）巷。他和林则徐等人共同开启了抨击时弊、抗御外侮、通经致用的进步思想，被柳亚子誉为"三百年来第一流"。

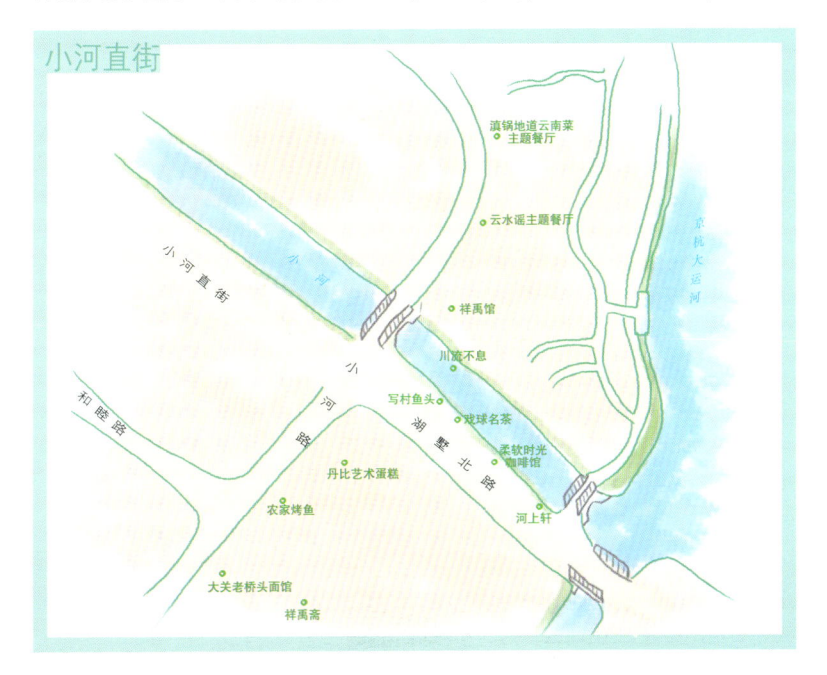

东方文化园

龚自珍于道光九年（1829年）考入进士，官至内阁中书、礼部主事等。他博学多才，所作诗文极力提倡"更法""改图""以朝章国政世情民隐为质干"诵史鉴，考掌故，慷慨论天下事"，著有《定盦文集》，今人辑有《龚自珍全集》。龚自珍虽自11岁随父亲去京，久居在外，归杭次数不多，但对家乡眷恋之情在诗中时有流露，"从此与谁谈古处，马婆巷外立斜阳"。

东方文化园 AAAA
世界宗教学术研究基地

 杭州市萧山区义桥杨岐山南麓 乘178、775等路公交直达景区 70元

东方文化园是一个融园林文化、宗教文化、养生文化为一体的惊世之作，是世界宗教学术研究基地。园区分为步行街、佛教区（有杨岐禅寺）、道家区、儒家区和度假区。园内的2728米彩绘艺术长廊贯穿全园。

百年坊步行街

百年坊步行街全长800米，由"天下无双"大牌坊和以明、清建筑风格为基调的古建筑群组成；以弘扬中国传统的桑蚕文化、农耕文化为主题。步行街内以溪流、古桥、古树装点，古朴典雅、古色古香，是融旅游、商业、小吃、工艺品、三江特色的民俗风情表演为一体的精品街市。

太极坛

太极坛是道家的标志性建筑，坛面的大型八卦图，以道教的基本教义、阴阳五行说诠释社会生活的刚柔、动静、生死、往来、盛衰等诸多方面的存在和变化。当两人分别站在八卦黑白图案的"鱼眼上"对话时，会有神奇的传音效果。

观音显圣

观音显圣景观由观音圣像、观音山群雕、梵乐喷泉组成。观音山中分布着18尊佛雕像，观音圣像为顶部建筑，置于山体腹内，高达6米，乳白色。当梵乐喷泉启动时，观音圣像缓缓上升至山顶，亦真亦幻，犹如观音菩萨踏着祥云现身人间，为世人恩赐圣水、普度众生。梵乐结束，圣像便隐身于山体中，景观效果极佳。

杭州乐园 AAAA
华东地区最大的旅游休闲度假区

 杭州市萧山区风情大道2555号
 乘769路公交可到
 190元

杭州乐园是华东地区最大的旅游休闲度假区。乐园主要分狂欢嘉年华区、水公园和特色主题商业街区，除了丰富的游乐项目

外，这里还有精彩的演出，其中以大型情景剧《海盗大战》最为壮观。

玩家 攻略

1. 杭州乐园一年四季活动不断，旨在打造"主题突出，晴雨皆宜，老少同乐"的多重体验，成为新一代主题乐园的标杆。

2. 杭州乐园内多家别致的店铺中精致的礼品也会带给您惊喜。"世界风"里的云贵礼品、"虫虫之家"里流光溢彩的琥珀，花街上的印度礼品店里有印度、肯尼亚风格的精致的包包，以及印度香、首饰盒等。

湘湖 AAAA
与西湖并称为"姐妹湖"

- 杭州市萧山区湘湖旅游度假区
- 乘坐地铁1号线至湘湖站换乘湘湖环湖观光专线

湘湖开凿于北宋，分上下两湖，中狭处架通两岸，自古以来与西湖并称为"姐妹湖"。湘湖景区分为越堤、湘堤、鱼浦景区、越楼景区、跨湖桥景区、城山景区、湖上景区等十六大景点。

湘湖景区历史积淀深厚，人文景观丰富。这里有与河姆渡文化、良渚文化并驾齐驱的浙江治内年份最久远的考古文化，有被列为中国十大考古发现的距今8000年历史的独木舟——中华第一舟。越王勾践"卧薪尝胆"的故事也发生在这里。

西兴古镇
依托运河源头发展起来的古镇

- 杭州市滨江区西兴街道

西兴是依托运河源头发展起来的一个士民络绎的商贸古镇。西兴自古繁华，还是"浙东唐诗之路"的起点，大诗人李白、杜甫、白居易等都曾旅驻于此，将固陵涌潮、江风、驿站、关楼、茶亭、塔林等西兴景象永久地留在了脍炙人口的诗篇中。现在西兴老街上的建筑仍然比较完整地保存着清代和民国的旧模样，有乌镇、西塘的味道，是杭州十大历史保护街区之一。

历史记载，地处浙江杭州滨江区的西兴古镇就是古运河的尽头。至今，古镇还存留着古碑和石狮，见证着那段历史。沿着古镇走来，古桥、古埠头、古院落、古石板路……包括人们古朴的生活形态，昔时的记忆仍依稀可见。

玩家 解说

西兴老街自板桥至铁岭关，今称西兴街，长约1500米，宽1.6米至2.5米。西兴老街与浙东运河平行，老街后宅临河，河上有建于清代的屋子桥、仓桥、古资福桥等。

之江大桥

之江国家旅游度假区 AAAA
华丽庞大的国家级旅游度假区

🏠 杭州市西湖区之江路148号　🚍 乘坐4、39、121等路公交车在宋城站下　🎫《宋城千古情》演出门票观众席320元，贵宾席350元（含宋城门票）

之江国家旅游度假区北邻西湖风景区，南临钱塘江，是三江两湖黄金旅游路线的必经之路。度假区拥有宋城、西湖国际高尔夫俱乐部、白龙潭等多个景区。各个景区犹如珍珠一样将度假区打扮得妖娆动人。在这里可以欣赏美丽的自然景观，观看精彩的演出，品尝正宗的西湖龙井，挥舞高尔夫球杆。

▢ 宋城

宋城是杭州第一个反映两宋文化内涵的主题公园，景区依据宋代画家张择端的《清明上河图》画卷，再现了宋代都市的繁华景象。城内斗拱飞檐，街区纵横七十二行老作坊，宋代瓦子勾栏百戏遍布其间，真实还原大宋京都民俗风情画卷。

景区还将旅游和文化相结合，大型歌舞《宋城千古情》演出每晚倾情上演，气势恢宏，融世界歌舞、杂技艺术为一体，运用高科技手段，营造如梦如幻的意境，真实再现淳朴的南宋京都民俗风情。每年不同时段还会有"宋城新春大庙会""宋城火把节""宋城泼水节""南宋民俗节"和"中秋拜月大典"等各种民俗旅游项目。

玩家 攻略

1. 景区每年农历正月初一至十五举行宋城新春大庙会，庙会包括赶春和闹春。可以观看"南宋船拳""燕青打擂"等反映宋代文化的大戏和"宋词文化长廊"等节目。闹春则包括抛高福、招财进宝、财神撒宝、八仙赠福、县官骑毛驴、飞天高跷等十几种活动和民俗大戏。

2.《宋城千古情》演出开始时间为14:00、19:00，每场演出时间为1小时。具体情况以景区公告为准。若想看演出，必须购景区联票。

▢ 大清谷

大清谷被誉为"天堂里的世外桃源"。这里鸟语虫鸣，曲径通幽，松竹林立，是融生态旅游、农业观光、野外探险、野营垂钓、极限运动为一体的新型生态休闲度假区。另外，这里还提供精彩的野外拓展训练，如野外宿营、野外生存、越野自行车、森林定向、蹦极、滑草、攀岩、射箭等，是各类企业员工的最佳活动场地。

白龙潭

白龙潭保留了原生态面貌，风光奇特幽美，飞瀑流泉，山林茂盛，是杭州近郊天然的大氧吧。景区内有杭州近郊最高的瀑布景观——白龙飞瀑，落差50余米，从山崖倾泻而下，宛如一条白龙游弋空中，如烟如雾，成为著名的"龙门八景"之最。还有白青龙潭、小龙湫、观音洞、白龙禅寺（白龙庵遗址）、千丈岩、云中栈道等众多景点。

美国城

美国城是中国第一个以呈现美国人文和自然景观为主题的公园。它经过巧妙构思布局，融合了美国最具特色的建筑、文化、自然景观和娱乐设施。在这里可以看到风趣幽默的卓别林、天真可爱的卡通人物、骑马挎枪的西部牛仔、坐着驯鹿拉着雪橇派送礼物的圣诞老人和激动人心的化装舞会等，极具美国风情。

这里可以领略美国人的生活方式，以及美国人的文化、艺术，体味具有西方特色的别样风情。

未来世界公园

未来世界公园堪称亚洲最具规模室内外组合型游乐公园。全园由6个区块组成：欢乐天地、浪漫竞技、辉煌庆典、花影大道、缤纷广场和梦幻中心。其中"梦幻中心"是一个建筑面积达1.6万平方米的巨大的室内游乐场，为整个未来世界的精华所在。另外，公园还精心打造夜游项目"世界休闲不夜城"，其中以大型科幻歌舞剧"梦幻未来"和大型戏水狂欢活动"哗哗世界"最为突出。

西溪湿地 AAAAA
堪称中国湿地第一园

- 杭州市西湖区
- 乘277、526、1406路公交可到
- 西溪湿地门票为80元，每个园区分别有独立船票

西溪国家湿地公园堪称中国湿地第一园，是罕见的城中次生湿地，是目前国内第

西溪湿地

一个也是唯一一个集城市湿地、农耕湿地、文化湿地于一体的国家湿地公园。

西溪园区约70%的面积为河港、池塘、湖漾、沼泽，园区六条河流纵横交汇，其间分布着众多的港汊和鱼鳞状鱼塘，形成了西溪独特的湿地景致。湿地内设置了费家塘、虾龙滩、朝天暮漾三大生态保护区和生态恢复区。西溪更是鸟的天堂，园区设有多处观鸟亭。除此之外，景区内有秋雪庵、泊庵、梅竹山庄、西溪草堂、古戏台等景点。西溪民俗人文气息浓厚。每年端午节在深潭口举行的龙舟盛会，历史悠久，形式独特，被誉为"花样龙舟"。烟水渔庄附近的"西溪人家""桑·蚕·丝·绸故事"重现西溪原居民的农家生活劳动场景，让更多的人认识和了解水乡典型的民俗。

玩家 攻略

1.自驾车不得停在西溪湿地公园停车场及天目山路两侧。去西溪湿地游览可以从黄龙旅游集散中心乘观光巴士5号线直达西溪湿地公园。

2.园区在洪园游客服务中心、龙舌嘴游客服务中心和浜口桥码头3个位置设置售票点，请游览前到售票点领取免费导览图，参考游览线路，选择购票服务。

3.由于景区面积较大，建议16:00以后除乘坐电瓶车、船外，不要进入各文化布展景点参观，以免参观时间不够。

4.西溪湿地是《非诚勿扰》杭州拍摄的主要外景地，电影选择了园区的三处景点拍摄，分别是秋雪庵附近的芦苇荡、深潭口和文化创意园的别墅。园区内会有电影拍摄场地的指示标牌，游客可以沿路游览。

中国大运河杭州段 AAAA
世界上工程最大的古代运河

京杭大运河是世界上里程最长、工程最浩大的古代运河，也是最古老的运河之一，与长城、坎儿井并称为中国古代的三项伟大工程，并且使用至今，是中国古代劳动人民辛勤创造的一项伟大工程。大运河南起余杭（今杭州），北到涿郡（今北京），途经今浙江、江苏、山东、河北四省及天津、北京两市，贯通海河、黄河、淮河、长江、钱塘江五大水系，全长约1794千米。运河对中国南北地区的经济发展与文化交流，特别是对沿线地区工农业经济的发展起到了巨大作用。

▢ 长安闸

长安闸为江南大运河的枢纽。始建于唐贞观年间（627—649年），宋熙宁元年（1068年）长安堰改建成长安三闸，形成复式船闸，此时的长安复式船闸还处于初创阶段。南宋绍兴八年（1138年）得以完善，累木被易以石埭。此后，船闸与拨船坝并存，大船或载货船经船闸出入，小船或空船则过坝上下塘河。

▢ 凤山水城门遗址

这是杭州古代五水门中唯一保存至今的，是在尘封的历史中亮出的一扇明窗，它保

西溪湿地

留了元明时期的原貌,十分珍贵。

◻ 富义仓

富义仓是杭州现存的唯一的一个古粮仓,现大部分仓库保存原有格局,是研究古代仓储制度的重要实物例证。它是杭城湖墅地区米市、仓储和码头装卸业等经济业态曾经繁荣昌盛的实物见证,是杭州运河文化系统的有机组成部分。

◻ 长虹桥

长虹桥是大运河上罕见的巨型三孔实腹石拱大桥,气势宏伟,形似长虹。桥拱三孔,桥体采用赵州桥的原理,具有民族特色。

◻ 拱宸桥

京杭大运河最南端的拱宸桥是一座三孔的拱桥,初建于明崇祯四年(1631年),至今已有近400年的历史。现存桥体为清康熙时重建,全长138米,宽6.6米。石砌桥墩逐层收分,桥面两侧作石质霸王靠,气势雄伟,下面各有两个防撞墩,防止运输船只撞到桥墩。该桥位于杭州市运河文化广场,它坐落在杭州市拱墅区桥弄街,横跨于古运河之上,是杭州古运河终点的标志。

◻ 广济桥

广济桥是古运河上仅存的一座七孔石拱桥,也是大运河上保存至今规模最大的薄墩联拱石桥。始建于唐,明弘治二年(1489年)重建,清康熙间修缮。

◻ 桥西历史街区

桥西历史街区是清朝、民国以来的沿运河古镇民居建筑保存最为完整的地带,也是京杭大运河杭州段历史遗存较为集中的区域。

杭州古运河

景点推荐

杭州郊区景点

萧山美女坝
观潮胜地
- 杭州市萧山区阳城路1号
- 乘753、761、771路公交到赭山路口后步行可达
- 免费

萧山美女坝地处杭州市萧山区美女山北部之钱塘江畔,地势较高,视野辽阔,游客在此能淋漓尽致地观赏钱塘江大潮之壮美景观。美女坝之回头潮,素有"美女二回头"之美誉,每逢一年一度的观潮时节,江水如同一巨大白练,自远方奔腾而至,及至美女坝处,骤然回转,形成一股磅礴潮涌,场面蔚为壮观。

茅湾里窑址
春秋战国时期陶瓷文化的遗迹
- 杭州市萧山区进化镇大汤坞村

茅湾里窑址是春秋战国时期烧制印纹硬陶和原始青瓷的窑址。这里是古越先民的重要文化遗存,也是中华民族上承夏商周、下接秦汉的陶文化的重要组成部分,它为证明浙江是陶瓷的故乡提供了有力的实物资料。

玩家 解说

印纹硬陶以含铁量较高的黏土为原料，采用泥条盘筑法成形，器形有罐、坛两种。颜色有褐色、深灰、深黄等，器表装饰有米格纹、席纹、雷纹等。这种粗犷的纹饰与坛、罐等宽大器形相协调，给人以美感。烧成温度在1100℃左右，质地坚硬，叩之作金石之声。

原始瓷器与印纹硬陶同为窑烧制。器物内外施釉，色青黄。从内部底心开始有一圈圈细密螺旋纹，外底有一道道切割线痕，质地坚硬密实，器底壁厚，器身单薄，是介乎陶与瓷之间而又接近瓷器的一种过渡产品。

宋城 AAAA
反映两宋文化内涵的主题公园

- 杭州市西湖区之江路148号
- 景区门票+《宋城千古情》演出320元
- 0571-87313101

宋城坐落于杭州之江旅游度假区内。这里的建筑风格独特，人文气息浓厚，是杭州市第一个大型人造主题公园。它以其独特的经营理念，成为我国旅游业的一颗璀璨明珠。

宋城的建设始于1996年5月18日，旨在还原宋代都市风貌，展现两宋文化内涵。公园内的主体建筑，都是以北宋画家张择端的长卷《清明上河图》为蓝本，严格按照宋书《营造法式》建造而成。这些建筑不仅具有深厚的历史底蕴，更展现了我国古代建筑艺术的魅力。大型歌舞《宋城千古情》是宋城的灵魂，与拉斯维加斯的O秀、巴黎红磨坊并称"世界三大名秀"。

宋城不仅是建筑主题公园，更是文化的载体。在这里，游客可以感受到浓郁的宋代风情，仿佛穿越到了那个繁华的时代。每年的游客数量超过1000万，他们来自世界各地，都是为了感受宋城的独特魅力。

午潮山
西湖群山的最高峰

- 杭州市西湖区留下石马村
- 免费

午潮山主峰海拔高度为497米，是杭州西湖群山之最高峰。主峰下有一口井，称为午潮井，相传只在子午时分泉涌如潮、声如轻雷，当地居民按时汲泉，过了子午时辰就取不到泉水，午潮山由此得名。午潮山因其雄伟的山势，云蒸雾绕的幽谷，清澈湍急的山溪和漫山的茶竹而受到历代游人的喜爱。山中有着名的天然飞瀑白龙潭，这也是杭州市郊唯一的天然瀑布。

灵山洞
高大壮丽的溶洞奇观

- 杭州市西湖区灵山线
- 乘540路公交车可到
- 57元

灵山洞又称"灵山幻境"，有众多唐宋文人在此留有遗迹。崖壁上保存着宋熙宁二年（1069年）杭州太守祖无择的"云泉灵洞"篆书题刻。

灵山洞，为竖井式石灰岩分层溶洞，以"高大、雄伟、开阔、壮观"著称。洞内高大深邃，空阔显奇，回环交叠。令人瞩目的天柱峰高24.5米，直径6米，占地面积12平方米，12人难以围抱，为亚洲第一、世界第二的溶洞石笋。近50米长的天梯石栈构成洞中登山的情趣，在国内众多溶洞景观中实属罕见。

良渚博物院 AAAA
独具审美价值的良渚文化圣地

- 杭州市余杭区美丽洲路1号
- 地铁2号线至良渚站换乘430、389M或372路公交至良渚博物院

良渚文化博物馆是一座综合反映良渚文

化考古研究成果的专题性博物馆,由博物馆主体建筑和周边的主题园林组成。博物馆主体建筑由世界著名建筑大师设计,本身就具有独特的审美价值,成为"良渚圣地"不可或缺的藏品。

博物馆共分为3个厅。从序厅右转便进入第一展厅,这里复原了当时的快轮制陶和先民纺织的生动场面。第二展厅用6组展柜展示着良渚文化部分精品器物,有雕琢精美的玉器、磨制精细的石器及制作规整的陶器。第三展厅复原展示了一座良渚文化时期的"玉殓葬"大墓,具有很强的视觉震撼。

超山 AAAA
江南三大探梅胜地之一

- 杭州市临平区塘栖镇
- 杭州艮山流水苑乘532路至绿荫街文苑路口站换乘2692路公交到达
- 60元

超山因有"超然于皋亭、黄山之处"的优美风光而得名,更以"十里梅海,香飘十里"的梅花而闻名于世,成为江南三大探梅胜地之一,由印石园、四季花海、大明园组成。超山之梅以"古、广、多"而著称。超山现存两株古梅树,树龄都超过千年。每当梅花盛开,景色蔚为壮观。

玩家 攻略

1. 我国晋、隋、唐、宋、元五大古梅,超山就占有其二——唐梅和宋梅,现在尚有数万株,品种也有骨里红、粉蝶、红梅、绿梅等10多个。景区每年根据花期举办超山梅花节。

2. 塘栖镇盛产枇杷,以果大肉厚,汁多味甜,营养丰富而闻名,在唐代被列为贡品,位居我国四大枇杷名产区之首,在国内外享有盛誉。每年5~6月举办塘栖枇杷节。

3. 住:杭州缶庐山庄坐落在超山风景区核心景区,以梅文化和金石文化为特色,依山取势,有家庭套房。

塘栖古镇 AAAA
大运河边的古镇

- 杭州临平区
- 乘2610H路至何思敬纪念馆站下车可达
- 进入古镇免费

塘栖应运河而兴，历朝历代均为杭州市的水上门户，其在明清时富甲一方，颇负盛名。镇区内河道纵横、水网密布，是典型的江南水乡。

如今的塘栖古镇已成为旅游胜地，水北风情特色街、水南沿河美食街吸引着许多游客前往。

▢ 廊檐街洋

廊檐街洋是塘栖最出名的街市，洋溢着浓郁的水乡风情，称奇江南。有一首描写塘栖廊檐的诗写道："摩肩杂沓互追踪，曲直长廊路路通。绝好出门无碍雨，不须笠屐学坡翁。"意思是塘栖那曲曲直直的长廊将全镇连成一片，出门连下雨都用不着戴笠穿屐了。在靠河的一边还有一长溜独特的木制长椅——"美人靠"与廊檐街相配套，颇具特色。

▢ 栖溪二十四景

塘栖名胜古迹遍布，依景称"栖溪二十四景"。如今尚存郭璞古井、乾隆御碑、水南娘娘庙等，还有横亘古运河的七孔长桥——广济桥。十里梅海之超山，是著名的省级旅游风景区。这些独特的古迹遗址赋予了塘栖这座江南古镇无限的魅力。

▢ 百年汇昌

原名"汇昌"南北货栈，创始于清朝嘉庆五年（1800年）。批零兼营，拥有蜡烛、蜜饯、茶食、藕粉四个作坊，除经销蜡烛外，还经营蜜饯、茶食、炒货、南北果品、海产品等二百多种商品。

▢ 姚致和堂

位于北小河街的致和堂弄内，创办于明末清初，五开间门。致和堂之匾，由明代著名书法家董其昌书写。柜台悬挂着"修合无人见，诚信有无知。丹丸无人识，出门不退换"的店规。近代以后，致和堂到上海市开设分号，并在广告纸上刊明："自造真正塘栖痧药。"民国年间名绅劳少麟从北平返回故里时，为了表彰其母姚氏（致和堂之女），北洋政府大总统徐世昌书写了"诵芬传世"一匾，后被悬挂在致和堂药店的大堂之内。

▢ 劳鼎昌

劳鼎昌全称是"鼎昌绸缎呢绒冬夏布匹抄庄"，创办于1914年正月。坐落于市东街葡萄游斜对面。坐东朝西，二楼二底，砖墙结构，西式门面，水泥地坪，为当时塘栖镇上唯一的新式店铺。鼎昌绸布庄专营棉麻布匹、绸缎、呢绒，批零兼营，货源充沛。

塘栖古镇

塘栖古镇

径山
著名的佛教圣地

- 杭州市余杭区径山镇
- 乘坐2496或2592路公交至桐桥，换乘景区摆渡车到达景区   径山寺30元

径山在佛教界享有盛名。创建于唐代的"径山寺"，寺内僧众1700余人，禅房360间。它与杭州的灵隐寺、净慈寺，宁波的天童寺、阿育王寺，并称为"禅院五山"。径山旅游度假区山间满是竹海与飞瀑流涧，景色秀美壮观，是著名的避暑胜地。区内有誉为"江南五山十刹之首"的径山寺、东坡亭、御碑亭、九龙瀑、六瀑大峡谷等景点。

▢ 径山寺

径山寺始建于天宝元年（742年），属佛教"临济宗"寺庙。径山寺庙建筑包括钟楼、鼓楼、天王殿、大雄宝殿、藏经楼、斋堂、禅堂、法堂、祖堂等。现保存有孝宗御碑亭、龙井泉、径山寺大钟、铁佛、铁香炉、石塔等文物与景致。

▢ 九龙壁

九龙壁建于20世纪90年代，镂空雕刻9条色彩斑斓、形态各异的龙，九龙壁长14.7米，高6米。另有古树名木，包括柳杉、雪松、银杏。

▢ 大麓寺

大麓寺为一佛教寺园遗址。原是杭州灵隐寺和尚到此地传播佛教，仿灵隐寺建筑结构建此寺。寺庙现在已经基本被毁，仅存古钟一口。据说为明代所铸的大铁钟，钟身已锈迹斑斑，只有八卦图可辨识。

▢ 绿景塘村风景区

绿景塘村风景区区内有三大区域和十大景点。休闲度假娱乐区有农家土味馆、棋牌室、度假小木屋、垂钓中心、户外健身场及烧烤野营基地；农业观光区设有特色蔬菜园地、四季果园、葡萄沟、农家土鸡、山羊养殖场；古文化体验区有西晋时期的裴公古屋、长达2千米的古战壕、吴越国时期的铁岭雄关及古代农业器具展览馆。

双溪竹海漂流景区 AAAA
被誉为"江南第一漂"

- 杭州市余杭区径山镇双溪竹海路7号
- 竹筏110元起，皮筏135元起

杭州双溪竹海漂流被誉为"江南第一漂"。它凭借"水清、竹多、落差大"这些自然优势和"茶文化、竹文化、水文化、宗教文化、农耕文化"的有机融合，不断开拓创新，推出雨漂、夜漂、冬漂、皮筏漂等漂流套餐。

此外，整个景区内还有双溪叠月、陆羽泉（被誉为天下第三泉）、径山寺（茶道发祥地）、苎翁垂钓、山歌对唱、夹堰险漂、双龙戏水等10余个景点。

玩家 攻略

1.双溪漂流除了可以玩漂流，还有很多精彩的娱乐项目：可以在漂流终点的露天嬉水区游泳，在千步滩休闲区休息，在沙滩排球场打排球；还可以在娱乐区踩水车、荡秋千、听山歌对

漂流

唱、跳竹竿舞、吃烧烤、品尝农家菜、竹筒饭、住竹海山庄、参加篝火晚会等。

2. 双溪漂流可乘竹筏或皮艇，两岸风景极美，漂流程度比较温和，适合漂流经验不多者、年龄较大者和体质较弱者，漂流结束后有大篷车送返停车场。

3. 景区内有陆羽山庄，毗邻径山寺，处于漫山遍野的翠竹怀抱中，引溪水入院，有独立别墅，也有客房可供住宿。

山沟沟风景区 AAAA
杭州的第一高峰

- 杭州市余杭区鸬鸟镇山沟沟村
- 乘313路到瓶窑，乘坐497B至山沟沟
- 90元

山沟沟风景区是国家级的生物圈保护区，由汤坑、茅塘和花果山三大景区组成，分别为峡谷型生态旅游区、高山平台型休闲观光度假区和农业观光园区。风景区还拥有杭城第一峰——海拔1095米的窑头山和次高峰海拔1025米的红桃山。

章太炎故居
著名朴学大师故居

- 杭州市余杭区仓前塘路59号

章太炎故居属中式宅院，现辟为章太炎纪念馆。故居坐北朝南，面水临街，是一个前后四进加一过道的大宅院。前三进为太平天国之前章太炎曾祖父所建，最后一进楼房建于民国初年。院内由前厅、正厅、卧室、书房、厨房及天井等组成。

链接

章太炎

章太炎，名炳麟，字枚叔，号太炎。早年又号"膏兰室主人""刘子骏私淑弟子"等。浙江余杭人，清末民初民主革命家、思想家、中国近代著名朴学大师。他是我国近代著名学者，研究范围涉及历史、哲学、政治等，著述甚丰。

革命著作主要有《驳康有为论革命书》，哲学思想方面的著作主要有《訄书》，文学、历史学、语言学等方面的著作主要有《新方言》《文始》《小学答问》《儒术新论》《订孔》等。

景点推荐

临安旅游区

钱王陵
浙江省唯一保存完好的帝王陵墓

- 临安区太庙山南麓
- 可乘坐815路公交至区政府站
- 30元

钱王陵是杭州城的缔造者吴越国王钱镠的墓地,也是浙江省唯一保存完好的帝王陵墓。陵区内筑有牌坊、钱王祠、州祠、凌烟安国楼等景点,坟墓左右有龙虎两山合抱。景区到处是苍松翠柏与凄迷的芳草。登上安国楼,可将秀丽的美景尽收眼底。

玩家 解说

钱镠(852—932),字具美,浙江临安人。唐末创立吴越国,吴越国北起苏州、浙江全境,南至福州,史称"一剑霜寒十四州"。

在五代十国混战割据的局势下,吴越富庶甲于东南,钱王是有一定历史功绩的。特别是他修筑捍海石塘、治理太湖、开凿灌溉渠道、疏浚西湖、整理鉴湖、建设苏州、杭州城,开拓了"上有天堂,下有苏杭"的美景。

白水涧
有"北天目"之称

- 临安区横畈镇泉坑村
- 乘823路公交直达景区
- 95元

白水涧依山傍水,有龙潭双叠、竹林迷宫、鉴真古道等景致。华东地区唯一的一座大气本底监测站也设在生态区内。

临安旅游区 111

◻ 飞瀑双叠

这里飞瀑深潭,星罗棋布;十里竹海,风姿绰约。两条大小瀑布飞流直下,形成壮观的姐妹双瀑,旁边观瀑亭上的对联"一龙舞双瀑;两潭涧中浮"道出了双瀑的特色。

◻ 竹林迷宫

目前世界上最大的竹林迷宫,里面处处设有机关,需靠智慧、胆魄才能闯出来。内设12个生肖亭,亭内设名人属相牌、有奖竹简谜语等,如果猜出谜语可获得一份小小的奖品。

◻ 鉴真古道

十里竹海中的这条千年古道处在佛教圣地径山和天目山之间,是当时人们往返两地的唯一通道,鉴真东渡日本前,为研习佛理,曾在该古道留下攀登的足迹,鉴真古道因而得名。古道之所以光滑可鉴,相传是佛的信徒跪拜而成。

玩家 攻略

从临安到白水涧可包出租车,30分钟可达,返回时可让司机来接,景区晚上不关门,此方案非常适合下午出游。

青山湖
被誉为"临安第一景"

◉ 临安区东郊5千米处的青山镇,是黄山、千岛湖及浙西旅游黄金线的必经之路
◉ 乘836路公交可到

临安青山湖被誉为"临安第一景",青山湖为大型人造湖,四面环山,生态环境良好。湖区水域面积10平方千米,生活着240多种野生动物,有白颈长尾雉、白鹳、黑鹳、野鸭等。湖之北有国内罕见的水上森林。

青山湖中部有一座相思岛,因山上长有相思树(红豆树)而得名。小岛外形呈馒头状,故又名"馒头山"。

玩家 攻略

1. 游:湖区拥有高速快艇、中型观光游船、大型画舫等综合服务设施,并设有草滩烧烤、反恐基地和游船码头(圣鹤码头和琴山码头)。码头设在青山湖景色最为旖旎的泥山湾,交通便利。

2. 住:青山湖四周有圣鹤山庄、青山湖休闲村、天屹宾馆、锦湖度假村等众多的宾馆和休闲度假村。

青山湖

西天目山 AAAA
有"大树王国""清凉世界"之称

📍 临安区西天目乡 💰 140元

天目山雄踞黄山与东海之间，素来有"大树华盖闻九州"之美誉。西天目山植被丰富，山间树木葱茏，遮天蔽日，素来有"天目千重秀，林木十里深"之说。

西天目山又是江南宗教名山，史称三十四洞天。景区峰峦叠翠，古木葱茏，有奇岩怪石之险，有流泉飞瀑之胜，有"江南奇山""大树王国""清凉世界"之称。

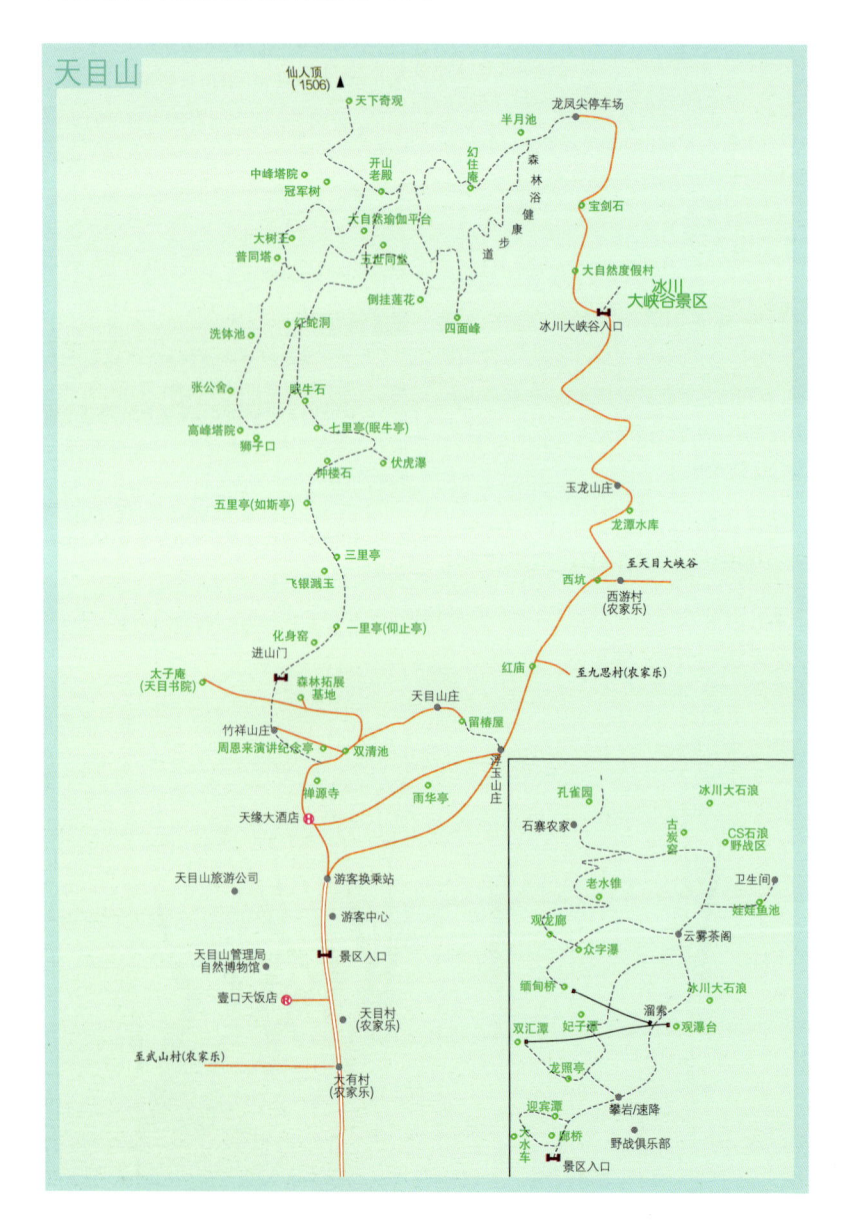

临安旅游区 113

玩家 行程

从杭州西站乘到临安的大巴，到了临安直接进新汽车站坐车到於潜，於潜至西天目的车比较多。杭州西站到天目山的车是在新站台买票，而到临安的车是在老站台买票。

自驾：上海—沪杭高速—杭徽高速—藻溪出口（路边有一高大的天目山广告牌）右（北）转一藻天公路（14千米）—天目山景区，约需3小时车程。

玩家 攻略

1. 在大树王附近可以尝试拍一张逆光照片，会更加生动有趣。

2. 在开山老殿可以利用建筑物的线条和色彩拍照，会有种独特的视觉效果。

3. 在龙凤尖可以尝试寻找一些前景元素，让画面更有层次感。

■ 禅源寺

禅源寺始建于明代，位于昭明、旭日、翠微、阳和四峰之下，青龙和白虎两山环抱。全寺占地2.67公顷，房舍500余间，有子院16座，殿堂齐备，屋宇俨然，全盛时有僧1300多人。前后依次为天王殿、韦驮殿等建筑。天王殿为砖木结构，朱红油漆。殿前庭院中的古罗汉松为玉琳国师手植。

■ 太子庵

太子庵相传为梁代昭明太子萧统读书的地方，位于禅源寺西北边的昭明峰下，庵占地0.33公顷，门楼书"抱翠流彩"。内有读书楼，为砖木结构，浮雕木刻，古朴华丽；书楼内有古井，名"太子井"，终年不涸。读书楼东侧有"洗眼池"，传昭明太子读书用功过度患上眼疾，用池水洗眼，双目复明。

■ 大树王景区

天目山拥有世界罕见的大柳杉群落。大柳杉集中分布在五里亭至开山老殿一带，它们如同顶天立地的绿色屏风，又像撑起一顶顶绿色的华盖，蔚为壮观。

在开山老殿下方的悬崖上，有一棵最古老的银杏树，在其根部已萌发出22枝小植枝，可谓是"五世同堂"。在开山老殿前面的第15号金钱松，高达56米，居世界同类树种之冠。柳杉、古银杏、金钱松堪称天目山古老森林之"三绝"。

■ 仙人顶

仙人顶即西天目山峰顶，海拔1505.7米。仙人顶上有一石柱，名天柱峰，柱上原有清代石刻"天下奇观"，因1955年建造气象站时被炸，现仅存"奇观"二字。天气好时，在仙人顶可东瞰钱塘江，西眺黄山。

东天目山 AAAA
集山雄水秀石奇之大成

◎ 临安区太湖源镇梅家村
◎ 乘2715路公交可达
◎ 140元

东天目山又名浮玉山，景色与西天目山略有不同，它少了旷古与野性，多了灵俊与秀丽，更集山雄水秀石奇之大成，形成了"仙峰远眺""云海观奇""经台秋风""平溪夜月""莲花石座""玉剑飞桥""悬岭瀑布""古殿栖云"等东天目八景。

天目山

◻ 东瀑大峡谷

东瀑大峡谷全长1.2千米，是天目山脉中最为典型的生态峡谷。峡谷内植物遮天蔽日，清幽、凉爽。东崖大瀑布为整个峡谷景观的一绝，高达86米，飞奔而下，势不可当，它与西崖瀑布组成东天目山老八景之一的"悬崖瀑布"。

◻ 西瀑大森林

西瀑大森林由西崖瀑布与万松岭两部分组成，是昭明大禅院的外围。西崖瀑布总落差达360余米，气势磅礴。瀑布为多级叠瀑，主要有人字瀑、龙女瀑、莲珠瀑、观音瀑、七星瀑等。万松岭也叫万松岩，是长在岩石上的一大片原始森林。在这里，瀑布、古道与奇松构建成了一幅中国泼墨山水画。

◻ 昭明大禅院

东天目山为韦驮菩萨的应迹道场，自梁代开山以来已经有1500多年的历史。昭明禅寺分上下两院，上院始建于梁大同年间，有天王殿、韦驮殿、大雄宝殿、观音殿、藏经阁等建筑。

神龙川
度假、探险、避暑好去处

◉ 临安区太湖源镇横渡村
◉ 临安新客站乘班车或北站乘临安2722路公交可达
◉ 98元

神龙川内群峰叠翠、清泉长流、金沙遍地、神药满山、崖壁万丈、苍翠如龙。有怡乐园、卧龙溪、清凉界、神农台、小华山5大景区，包括龙凤楼、休闲丛林、含笑轩、灵山石、神农庙、度假山庄、游乐场、百草园、益智潭等众多景点。景区不仅可度假，还可探险，还是避暑好去处。

玩家 行程

神龙川探险线路（进入神龙川探险区，请在门楼保安部登记后方可进入）。

A线：从神龙川道路1200米处广石塔小华山门楼进入，上山到莲花亭，从亭北登山，上至羚羊台，锯齿山顶，可东望锦城，南瞻天目，北俯天荒坪，西看龙王山，风光极佳。然后从南天门下山至神农居下山，全程约需8小时。

B线：接A线，在锯齿山顶适宜、安全的地方宿营，第二天越过锯齿山（七个小石山）至仙人台，再从仙人台过毛竹窝到神农台下山。

C线：接A线，在锯齿山顶安营扎寨过夜后，第二天翻越锯齿山到仙人台，然后从仙人台向南上山即至东天目大仙顶，从大仙顶下到昭明禅寺投宿，第三天游东天目后回临安。

大明山 AAAA
有浙西最雄奇美丽的山川之称

◉ 临安区顺溪镇仁村
◉ 从杭州西站乘598路公交至临安或昌化，在昌化或龙岗包乘小面的至大明山 ◉ 套票135元

大明山山巅平坦，广达千亩，故而又得

大明山

天目山缆车

名"千亩田"。山中景色秀美,以"一泓碧湖、十里幽谷、百丈飞瀑、千亩草甸、万米岩洞"扬名天下。

大明山山高谷深,层峦叠嶂,群山耸立,气候条件及地质条件与黄山类似,故有"浙江小黄山"之称。景区内有伊岭岩、金伦洞等大小景点96个。其中有大明山独特的"万米岩洞",虽存人工斧凿的痕迹,不过山山相通、洞洞相连的胜景实属罕见。

登临山顶可见左侧千亩草甸接连天际,当年朱元璋反元兴明曾在此屯兵。右侧万丈深渊,群峰啸天,景色十分壮丽。

玩家 行程

1. 临安新客站乘车去昌化,昌化汽车站门口有私人中巴车到景区,约15分钟可到。

2. 自驾:上海走沪杭高速公路,过嘉兴,到杭州北转绕城高速公路到留下下,走杭昱公路过临安至昌化镇,左转约5千米到柳溪江。

玩家 攻略

1. 春秋两季,大明山雾山云海美景妙不可言;初夏时节国家濒危保护植物夏蜡梅会开放;每年10月下旬到11月中旬,大明山举办红叶节,有采摘红叶、红叶塑封等活动,可欣赏大明山漫山红叶的奇景。

2. 山上的岩洞阴冷潮湿,要注意御寒。

3. 全部景点看完需要花7小时,所以建议上午10:00以前上山。记得在入口处要张免费地图。

4. 购:景区特产有鸡血石、山核桃、白果、笋干、猕猴桃、竹筒饭。

5. 吃:景区特色菜有白果炖笨鸡、红烧竹叶鱼、山珍粟米糊、大明飘香鸭、大明野菜卷等。特色酒有大明山啤酒。

6. 住:核心景区有集吃、住、娱、购于一体的大明山庄;门楼有大明山旅游宾馆,还有适合普通团队住宿的翠竹苑。另外,景区提供农家宾馆和全套双人露营帐篷。

柳溪江风景区
"浙西最美的女人河"

📍 临安河桥镇
🚌 可乘坐2915路公交车前往

柳溪江是我国浙西地区的一条璀璨明珠,被誉为"浙西最美的女人河"。它的美丽宛如一位婉约的女子,令人陶醉不已。柳溪江的发源地位于海拔较高的山区,水质清澈,沙岸洁净,上游因此被誉为"沙明水净"。

柳溪江的魅力并非仅在于其清澈与宁静,更在于它的千变万化。下游的地貌独特,犹如著名的西三峡,奇峰异石,峭壁如削,江水湍急,气势磅礴,令人叹为观止。沿岸的美景如同一幅画卷,缓缓展开,令人流连忘返。

河桥古镇

◻ 河桥古镇

河桥古镇始建于明嘉靖年间,位于柳溪江旁边,为浙西边邑,自古以来是昌化地区的水陆码头和商贸集市中心。由誉光(旧名上街)和曙光(旧名下街)两村组成。

镇上的河桥街老店林立,几乎都是清一色的排门,古街南端是昔日昌化地区有名的水陆码头,昌化及邻近地区的进出口货物全由河桥木船承接运送业务,素有昌化"小上海"之美誉。

每逢节日期间,河桥群灯聚会,如龙灯、马灯、鱼灯、捻灯、花灯等。一灯接一灯,红红火火,令人目不暇接。

◻ 小三峡

小三峡九龙峡一段,两岸山脉像一条条游龙,蜿蜒曲折,头朝水口,共九条山梁,像九龙匍匐而得名。山水互依,风景如画。相传吴越国钱武肃王当政时,于相公峡疏通河道,为了纪念这位功臣,人们在他去世后在江边建了老相公殿(毁于1969年)。鱼潭峡是最后一峡,这里的潭水异常清澈,盛产淡水鱼。峡边世代住着以农、桑、渔为生的村民。

◻ 仙姑岛景区

仙姑岛景区是一个十分神秘的去处,游船靠埠,拾级而上,由北宋大文学家苏东坡亲笔题写的"晒布岩"门楼赫然在目。景区因悬崖上有一宽200米高80米的巨壁,恰似长条彩布晾晒其上而得名。传说八仙中的何仙姑曾在此织布、洗布、晒布。

浙西大峡谷 AAAA
被誉为"华东第一旅游峡谷"

- 临安区大峡谷镇
- 龙岗镇有中巴可到
- 120元

浙西大峡谷被誉为"华东第一旅游峡谷"。全长81千米,共分龙井峡、上溪峡和浙门峡三个景段。现开放的龙井峡内有鸬鹚潭、吊水岩、柘林瀑、剑门关、嬉水滩(徒步

穿越区)、社门湾、老碓溪、狮象湾、白马崖等景点。

玩家 攻略

1.浙西大峡谷适合夏季去游玩。另外，景区内的景点一天可以游完，但早上必须得很早从杭州出发，所以会比较累。如果想舒服一点儿，建议还是分2日游览。

2.嬉水滩有新修游步道贯通。游步道傍水而行，逆流而上，迂回曲折，有石阶，有栈道，有曲桥，景随路变。滩内辟有水车坊、梅鹿苑供游客观赏嬉耍。

3.吃:建议将中餐安排在景区内，中餐集中在龙井桥一带的饭店餐厅内。在大峡谷里用餐，可品尝到不少野味菜肴和特色菜。

4.住:景区提倡"峡谷内旅游，峡谷外住宿"，适合旅游团队在"峡谷外住宿"的下榻地，主要分布在青山湖、锦城镇、天目山、於潜镇和昌化镇的50余家宾馆内。大峡谷内能提供住宿的饭店主要有浙西大峡谷山庄、乡约大酒店和清泉宾馆。

浙西天池
华东海拔最高的观光湖泊

📍 临安区大峡谷镇

浙西天池分为天池休闲度假区、东线峡谷风光区和西线农园观光区三大区域。以清泉碧潭、跌水飞瀑、峡谷幽深、翠林趣石为主要特色。有观鹿踪(梅花鹿)、古关隘、神池花暖、岩顶观日等景。

玩家 攻略

1.清晨6:00左右，登上巍峨挺拔的乐利峰看日出(位于浙西天池东北侧，海拔1363米)，是资深驴友们的一大享受。高山之巅的天池，在朝阳的金辉下闪闪发亮，十分美丽。

2.住宿区均设立在海拔1140米的山巅，包括四合院、小木屋区和别墅区。度假区设立特色餐厅，酒吧，大小型会议室等辅助设施。

浙西大龙湾
避暑胜地、生态景区

📍 临安区龙岗镇　💰 75元

浙西大龙湾被誉为浙西最具画廊特色的生态景区、自驾车最安全的旅游目的地。有瀑布群落、奇峰怪石、深峡幽谷、绝壁梯田、镜湖激流，更有千年古刹遗址、抗日战争时期的英国人度假村、偷天谜穴未解之谜、悠悠徽商古桥和悬崖吊脚楼等景致。作为景区标志性景观的千米天滩，堪称华东一绝。

玩家 攻略

1.吃:大龙湾景区拥有长廊式食街，可以品味到原汁原味的乡村农家菜，尽享正宗地道的"野味"。

2.游:大龙湾绝景以水为主，是景区最具特色的地方，有游泳、竹筏、水上秋千等多个水上项

浙西天池

目。在石滩上拉着一根粗粗的纤绳，逆水而上，充满乐趣和刺激。

清凉峰
华东徒步登山首推线
◎ 临安区清凉峰镇

　　清凉峰是浙西最高峰，素有"浙西之巅"之称，自古人迹罕至，自然幽静，被众多户外运动俱乐部列为华东徒步登山的首推线。有云浮千岛、舟行林海、云顶石林、天山花海、鹿鸣幽谷和原始生态峡谷六大景区，全部位于海拔1000米以上。

玩家 行程

　　昌化—夏林村—鸠甫村—龙塘山保护站—百步岭—青松岭—东岙头—龙池—峰顶。

　　提示：官方路线即东线，是所有登山线路中强度最低、路程最近的一条，适合观光式的游览。其他还有几条线路，为危险性较大的户外登山路线，不时出现游客被困及死亡事故，攀登需具有专业技能和高度的安全意识。

石长城
自然天成的石头城
◎ 临安区马啸乡
◎ 杭州临安乘车至颊口，在颊口汽车站换乘至狮石坑

　　石长城景区内奇峰天成，天然石长城绵延数百里。由于水流的长期切割，石长城多处出现豁口，形成一座座风格各异的石门，景区内有石门27座，其中最为称奇的数小石门，门距不足7米，高却达百米，有"天下第一门"之称。石门、石长城与四周的山峰连成一体，将数个村落围在其中，成为一个天然的石城。

指南山
古老的世外桃源
◎ 临安区指南村

　　指南山又名紫南山，海拔500米。山的左右两侧有31.35公顷梯田，蔚为壮观。山中有一村落叫作指南村。

　　指南村是一个有上百年历史的古村，许多极具徽派风格的明清古宅隐没在村中。全村有一半以上的人姓一个非常古老的姓氏"却"，这个姓在全国都罕见。

　　指南村的周围古树参天，至今还保留着340多株以枫香、天目铁木和银杏为主的珍稀古树。指南村还有千年以上的古池、古墓、古物、古庙等，有1200多年历史的莫家庙也在这里。

玩家 攻略

　　1. 村里有一个织布坊，在那儿可以看到古老的土法织布。

　　2. 指南山是杭州市的摄影爱好者的拍摄基地。到了指南山，首要看树。满山共有200多棵百年大树，以枫香、银杏和青岗树最多见，长在斜坡上的大树色彩的层次感很强，很是养眼。

　　3. 指南山也是户外运动爱好者的天堂。可以在野地里搭帐篷或住农家、吃农家饭。

清凉峰

景点推荐 富春江—新安江风景区

龙门古镇
"富春十景"之一

- 杭州市富春江南岸
- 从富阳区到龙门古镇每天有数十班中巴往返
- 70元

"此处山清水秀,胜似吕梁龙门",东汉严子陵畅游龙门山时赞叹不已,古镇也因此得名。龙门古镇是中国历史文化名镇,是富阳区最大的自然村,也是三国东吴帝孙权的后裔的聚居地。镇内保存有江南罕见的明清古建筑群,以两座孙氏宗祠为中心,共建有孙氏厅堂40多座,砖砌牌楼3座,以及古塔和寺庙各1座。

玩家 攻略

1.每年九月初一的龙门庙会是孙氏后代从北宋时期就开始举办的盛会,迄今已有千年光阴。这个庙会除了在祠堂和庙宇日夜演戏,拜菩萨,拜祖宗,大做善事外,古镇人还会在这一天大摆宴席,花销远远超过春节。此外,龙门异于外地的习俗还有同年会、祭祖、元宵节等。龙门不同色彩的传统戏灯也很吸引人。

2.面筋是龙门古镇特有的食品,手工精制,风味独特,流传至今已有千余年。有红烧三鲜面筋、面筋猪蹄煲、面筋老鸭煲、油炸面筋、冷盘等。

鹳山
形似迎江俯立的鹳鸟

- 富阳区鹳山路2号
- 富阳区乘601、602路公交车抵达鹳山公园

鹳山素来有"华东文化名山"的美誉。鹳山临富春江而立,山高40余米,其山势奇

秀，古木参天，楼台亭阁别致。有春江第一楼、澄江亭、严子陵垂钓处、龟川阁、双郁亭、松筠别墅等景点。

春江第一楼为清同治年间重建，凭栏放眼纵览，春江如画。东侧"松筠别墅"是当地著名爱国人士郁华（曼陀）为供老母安度晚年所营建，落成之际，黎元洪题赠"节比松筠"匾额。

杭州野生动物世界 AAAA
可自己驾驶入园的野生动物园

- 富阳区受降镇
- 市内乘314、646等路公交可到
- 210元起

杭州野生动物世界是华东地区唯一可自己驾驶入园游览的大型野生动物主题公园。是集动物保护、动物繁殖、濒危动物救护与保护、文化科普教育、动物科学研究及野生动物资源利用与开发于一体的综合性生态公园。

在此可以亲自驾车游览野生动物自由出没的自然生态世界，驰骋在辽阔的"青藏高原""非洲原野""亚洲原野"……感受清新自然的生态环境，体验人与动物之间的和谐相处，尽情领略野生动物的野趣盎然。

□ 游览观光区

游览观光区由车行、步行两区组成，园区设计上完全克服了国内动物园第一代"人看笼中兽"和第二代"兽看笼中人"的缺点，参考新加坡、南非等国外野生动物园的模式，推出了充分体现人、动物、自然和谐共处，敞开式休闲观赏的新生代野生动物园模式。

□ 生态缓冲区

生态缓冲区位于游览观光区与地界围墙之间的环行地带，区内大面积种植花卉、草坪、树木及动物饲料黑麦草。生态缓冲区的设立，不仅有效避免了外界对园区的干扰，也为整个园区营造了良好的生态氛围。

大慈岩 AAAA
浙西小九华

- 建德市大慈岩镇
- 市区有中巴可到
- 80元

大慈岩素来有"浙西小九华"之誉，是一个佛教文化和秀山丽水结合完美的旅游胜地。以江南悬空寺、长谷溪流、全国第一天然立佛而闻名遐迩。

悬崖高位洞穴建筑是大慈岩的一大特色。主殿寺庙地藏王大殿依山建于高3米、长60米、宽20米的洞穴中，它一半嵌入岩腹，一半悬在半空，颇为奇险壮观，它与山西恒山悬空寺有异曲同工之妙，故称之为"江南悬空寺"。

玩家 解说

全国最大的天然立佛是大慈岩的另一特色。从侧面看整个大慈岩主峰就是一尊地藏王菩萨立像，奇石、怪洞、草木和谐地组合成大佛的五官，惟妙惟肖，形象十分逼真。

经旅游专家鉴定，大慈岩天然立佛已被命名为"全国最大天然立佛"，并被誉为"中华一绝"。大慈岩也因"山是一尊佛，佛是一座山"的稀有自然景观而名扬四海，被载入《中国之最》。

富春江小三峡
天开一线，形若一门

- 富春江上游桐庐七里泷至建德梅城的一段河道
- 新安江长途车站（新安江府前路20号）或汽车东站乘中巴车直达梅城，到七里扬帆旅游码头乘坐游船
- 125元

"天下佳山水，古今推富春"这是古人对富春江的赞誉。富春江小三峡是富春江上风光最美的一段，与长江三峡、桂林漓江并称为我国最著名的"三条江河风光游览线"。

富春江两岸草木郁郁葱葱，人游其中如同画中走。景区分为龙门峡、子陵峡和子胥峡。沿途有严陵问古、双塔凌云（建德市梅城古镇）、七里扬帆、子胥野渡、葫芦飞瀑5景。

七里扬帆

"七里扬帆"原为"严陵八景"之一，起于桐庐七里泷，止于梅城乌石滩。

富春江以"七里扬帆"为载体，打造特色旅游项目，选用颇具"古桐风情"的木质大小帆船10余艘。置身船上，扯起白帆，溯江而上，可摇橹划桨，品茶听曲，开诗画会，举行水上婚礼，看戏舞表演，沿途观赏大桥飞虹、桐君山、田园村落、江中放马洲等富春江风光。

玩家攻略

可在建德七里扬帆码头坐船游览子陵峡和子胥峡。七里扬帆景区有两个游船码头，一个为乾潭镇码头（七里扬帆码头，有专用停车场可供

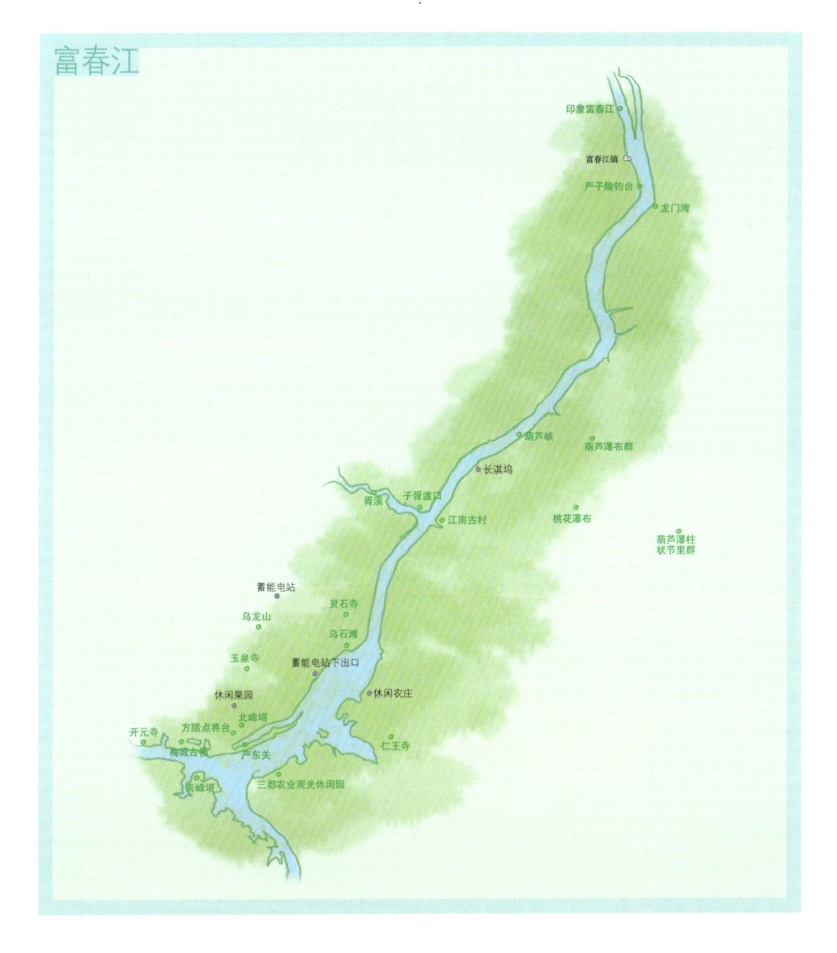

停车）；另一个为梅城旅游码头。

◻ 梅城古镇

梅城因其城垛似梅花而得名，梅花城垛也是身份和地位的象征。自古有"天下梅花两朵半"的说法，即北京一朵，南京一朵，严州半朵。

梅城古镇内有双湖，外有双塔，四方成势，体现出注重风水的传统规划理念。城内的思范牌坊、建德侯坊、明桂青柯、六合古井等名胜，可访古寻胜；城周围的玉泉寺、奉真道观、乌龙岭、万松林、双塔凌云、两江成字等景观，可探幽猎奇。

◻ 黄公望森林公园

黄公望森林公园因元代大画家黄公望在此结庐隐居，创作著名山水国画《富春山居图》而得名。境内九垅九湾，竹茂林深，荟萃了竹种园等一批世界一流的亚热带森林景观。

◻ 中国古代造纸印刷文化村

中国古代造纸印刷文化村是一处集古代印刷与现代旅游于一体的新景观，也是国内首个全方位展示中国传统造纸印刷术的印刷文化村。村内分古代造纸作坊、装订作坊及陈列室，以及自造纸术、印刷术发明以来的各种劳作工具。

◻ 白云源

白云源主峰观音尖是富春江上第一高峰，保持了完整的生态系统，标志性景点有大小龙门、鸳鸯潭、青龙峡等，林间有小木屋可以居住，山巅有数百亩高山草原。这里人迹罕至，1000多米高的深山里森林密布，深潭碧水、溪水长流，生态环境卓绝，是观光度假避暑胜地。

玩家 攻略

1.游：旅行团只去大龙门、小龙门，没时间去鸳鸯潭和青龙峡，所以最好是自己去。

富春江小三峡

2.购：在这里，可以买到白云源景区特产——野生猕猴桃和苦丁茶。

3.住：农家住宿条件尚可，价格便宜，同时可品尝农家菜。若对住的要求比较高，则可住到交通便利、环境幽静、配套设施完备的慈云山庄（位于独山顶）。

◻ 严子陵钓台

严子陵钓台是闻名于世的东汉古迹之一。因东汉高士严光（字子陵）拒绝光武帝刘秀之召，拒封"谏议大夫"之官位，来此地隐居垂钓而闻名古今。从南北朝至清朝有1000多名诗人、文学家来过此地，并留下2000多首诗文。严子陵钓台由东台、西台、严先生祠、石坊、碑园、钓鱼岛、谢翱墓组成。

◻ 子胥野渡

七里泷西岸，有一山崖挺立于水中，上刻"子胥渡"3个大字。春秋大夫伍子胥曾往来于此渡口，后人为纪念他便称此渡口为子胥渡。现建有子胥祠、子胥亭，塑有伍子胥像、渔翁像等，并陈列着太古船。

链接

伍子胥

伍子胥，春秋时楚国人。其父兄被楚平王杀害后，他逃往吴国，途经此处，曾在大畈村隐居，常往来于此渡口。

伍子胥逃到吴国后,帮助吴王阖闾成就霸业。后夫差即王位,听信谗言,赐剑命伍子胥自杀。伍子胥在临死前,对儿子说:"把我的尸体投到钱塘江里,我将日夜两次乘潮来看吴国的失败。"传说抛尸这一天正是农历五月初五,所以古时江浙这一带人民在端午这天有迎伍君的习俗。

子陵峡

从严子陵钓台至子胥渡口称"子陵峡",长12千米,是富春江小三峡中环境最幽静、风景最秀丽、游览线路最长的一个峡谷。峡中两山拔水而起,两岸峭壁嵯峨,河道蜒蜒曲折,风景十分秀丽。沿途景观有严陵问隐、富春江碑林、葫芦瀑布等。

新叶古村
国内最大的叶氏聚居村
建德市大慈岩镇

新叶村是目前国内最大的叶氏聚居村。玉华叶氏家族在这里建起了大片的住宅,新叶村至今完好地保存着16座古祠堂、古大厅、古塔、古寺和200多幢古民居建筑。每年三月三有祭祖典礼。村外有十里荷花长廊。新叶古村现为中国历史文化名村。

玩家 攻略

1.在莲花盛开的季节,步入新叶村,可赏荷、采荷、品尝莲食佳肴。另外,这里与莲相关的产品很多,价格也比其他地方便宜一些。

2.每年的农历三月三,新叶古村都会举行盛大的祭祖典礼,丰富多彩的戏文杂耍、焰火礼炮、祭祖迎神的杂艺表演及山歌对唱将传统文化的风雅与民间艺术巧妙地结合起来。

新叶村祠堂

新叶村祠堂数量多,等级层次分明,规格齐全,记录了大量历史的民俗信息。其中崇仁堂是新叶村最高大、最宽敞、最华丽的祠堂,它的规模不但超过了祖庙,也超过了总祠。一般的祠堂只有两进或三进,而崇仁堂则有四进,总进深26米,纵深空间的神秘感非常强烈,这在中国的建筑中很少见,足可见崇仁堂在玉华叶氏家族中的地位和重要性。

抟云塔 文昌阁

抟云塔建于明代,塔身上下无任何雕饰,造型秀丽、端庄。这是一座风水塔,更重要的是,新叶村人又称之为文风塔,以祈求文运。

文昌阁是文风塔的配套建筑,同样是为了祈求文运。后来在北侧,紧贴着文昌阁建成一座土地祠。土地祠祈求丰年,文风塔和文昌阁祈求文运,三者在一起,完整地反映了农业时代叶氏家族耕读传家的理想和追求。

深澳村 AAAA
申屠家族的血缘村落
桐庐县富春江南岸天子岗北麓

深澳村是中国历史文化名村,距今已有1000多年历史。深澳村居呈长方形。中有南北走向的老街,长500余米,卵石铺面,下筑引泉暗渠(俗称澳),澳深水洌,引为村名。

这里文物古迹众多,有九世堂、儒林堂、攸叙堂、恭思堂、天香寺、神农殿、青云桥等,尤其是古建筑的雕刻工艺精湛,堪称

严子陵钓台

"明清古建筑雕刻博物馆"。

天目溪风景区
富春江的美丽支流

- 桐庐县瑶琳镇
- 竹筏漂流：65元

天目溪又称分水江、桐溪、紫溪，是富春江上的一条支流，发源于浙江省临安区西部，浙皖两省交界处，流经桐庐县城与富春江汇合，属于钱塘江流域，经杭州湾汇入我国东海。

▢ 桐君山

桐君山有"小金山""浮玉山"之称，是桐庐富春江上的美景之一。

桐君山古木参天，高仅60米，形如青螺髻。山上怪石嶙峋，充满了神秘色彩。由于其风采"远近高低各不同"，因此，梁启超称之为"峨眉角"，而康有为则誉之为"峨眉诸峰不及此奇"。登上桐君山，可见桐君祠、桐君塔、桐君亭、江天极目阁、四望亭等一片古朴的建筑。

玩家 解说

桐君是我国有记载的最早的一位在药物学研究方面卓有成效的医药学者，为黄帝时人，识草木金石性味，定三品药物，著有《桐君采药录》。桐君定的处方格律君、臣、佐、使，垂历经数千年沿用至今。

▢ 富春桃源风景区

富春桃源以山清水秀、林茂洞奇而著称。主要分为九霄碧云洞、逍遥岩岭湖、桃源三家村（渔村、牧村、稻香村）等景区。其中九霄碧云洞被誉为"亚太第一大展厅"，游人可乘坐地轨式观光缆车直达洞口。原始野槠林有百余亩充满生机的野生槠树林，生态环境优越，山腰有轻轨列车与碧云洞相连。

▢ 通天飞瀑

通天飞瀑位于葛仙洞中，落差120余米，是华东地区唯一的"洞中飞瀑"。整座溶洞堪称岩溶地学博物馆。景区内游乐项目众多，有特色景点观光、宗教文化、荷花岛乐园、崤山森林公园、天井洞探险、空中滑索、烧烤、露营、垂钓等。

▢ 瑶琳仙境

瑶琳仙境是个石灰岩的大溶洞，以神奇的地貌和瑰丽多姿的钟乳石蜚声中外。共分7个洞厅。前4个洞内有23组100多个景点，后3个洞是利用声、光、电等现代化手段建成的"神仙世界"。第三洞厅的"瑶琳玉峰"被定为瑶琳仙境的标志性景观。

玩家 攻略

瑶琳仙境与垂云通天河同属溶洞景观，可两者选一。

▢ 天峒山

天峒山是一个集溶洞、石林、密林、古村宅等自然景观和人文景观于一体的生态

天目溪

型森林公园。有聪明泉、金松望月、豹子崖、天峒石云、天漏地斗等著名景点。

■ 垂云通天河

垂云通天河是一处以水景著称的地下溶洞，也是浙江省内已发现的溶洞中最长的一条地下暗河，因其源头被大片地下森林覆盖，走出森林始得见天，故名。景区游览分地下河千米荡舟和地下大峡谷探秘览胜，新奇、休闲、舒适、安全，回味无穷，是垂云通天河的游览特色。

千岛湖风景区 AAAAA
以千岛、秀水、金腰带为特色景观

- 杭州市淳安县境内，中心湖区在千岛湖镇
- 杭州至千岛湖旅游客运专线车始发站点为钱江市场停车场，终点为千岛湖旅游车站
- 旺季成人票130元，淡季成人票110元

千岛湖是目前国内最大的国家级森林公园。湖是筑坝拦江蓄水而形成的人工湖，是世界上岛屿最多的湖，湖中拥有形态各异的大小岛屿1078座，整个湖区分为东北、东南、西北、西南、中心五大湖区。主要有梅峰览胜、五龙岛、温馨岛、猴岛、孔雀园、神龙岛、桂花岛等景点。

玩家 攻略

1.游：4—5月为千岛之春，踏春采绿，风景最为秀美；6—9月，到千岛湖玩水是再好不过了，金秋九月这里还会举办秀水节；10—11月是去千岛湖采摘的好时节；当然，一年四季均可到千岛品鱼，极富地方特色的美食节定能让游人大饱口福。

2.购：千岛湖秀水街已经运营，有多家知名商铺入驻。另外，千岛湖的特色美食有湖鲜和山珍，特色菜肴有清蒸鳜（桂）鱼、银鱼羹、葱油白花等。土特产有鱼干、笋干、山核桃、古越麻绣、清溪古砚、山茱萸肉等。

3.住：千岛湖镇上有多家酒店，大都是临湖的。此外，千岛湖假日饭店、千岛湖海外海度假酒店、千岛湖松城饭店等都是临湖而建的居住佳处。

千岛湖

五龙岛

五龙岛沿用水下五龙桥之旧地名,位于千岛湖中心湖区。20世纪80年代,于此辟建蛇岛景点,周边有4座小岛,相继辟建为锁岛、鸟岛、水貂岛和宰相岛。现在5个小岛用浮桥和吊桥相连,其景点主要有五龙遗址、锁钥大地、渔欢人乐、状元桥、鸟类乐园等。

孔雀岛

孔雀岛坐落在千岛湖中心湖区与东南湖区交界处的界牌岛山。这里林木葱翠,空气清新,鸟语花香,是孔雀栖息繁衍、游人探幽的理想之地。园内有绿孔雀、蓝孔雀、白孔雀、花孔雀等孔雀可供观赏。毛竹源旅游码头、西园旅游码头等都有船通往该景点。

密山岛

密山岛位于千岛湖东南湖区。密山自古以来就是一处佛教圣地,岛上山顶有一座密山禅寺,善男信女云集,香火鼎盛,使密山岛成为浙西旅游线上的一处湖中仙苑。禅寺内有释迦牟尼全身像,以及栩栩如生的十八罗汉、弥勒佛等。"三个和尚没水吃"的故事就发生在这里。毛竹源旅游码头、千岛湖西园旅游码头、隧道洞口(金竹牌)都可通往该景点。

羡山

羡山又被称为"花果山",是目前千岛湖景点中唯一的一个半岛景区。岛上栽培有薰衣草、晚香玉、茉莉花、玫瑰、玉兰、桂花、香樟、香根等名贵花木,水果有枇杷、蜜梨、杨梅、桃、杏、板栗等,四季香气袭人。

千岛湖石林

千岛湖石林是中国四大石林之一,被誉为"华东第一石林"。是一处发育奇特的石灰岩溶地貌景观。景区由蓝玉坪、玳瑁岭和西山坪石林(景区中规模最大、石景最丰富)3部分组成。

九咆界风景区

九咆界风景区因境内拥有九处形态各异、声若咆哮的瀑布群而得名,有"江南瀑布王"之称。有石苑峡谷、上西古风和甘草湾瀑布群(9个)三个游览区。

玩家 攻略

1.游:景点购票与乘车票统一在门楼售票处购买,需在景区内游览二日的应该在门楼接待部办理二日检票有效的手续。

2.吃:九咆界的本地美食不容错过,新鲜出炉的豆腐脑、香喷喷的炒米粉及各种烧烤都极具特色。

新安江龙舟漂游

新安江龙舟漂游起于农夫山泉厂房处,止于新安江江滨公园,全长6千米,乘船可领略"水至清、风至凉、雾至奇"的新安江风光。可欣赏紫金锁澜、稀有虹鳟、镜中银鱼、罗桐夕照、五桥争色、梦幻新安江、夜游月亮岛等景观。

千岛湖

攻略资讯

- 交通
- 住宿
- 美食
- 购物
- 娱乐

德胜路高架桥

🚗 交通

飞机

萧山国际机场位于杭州市萧山区靖江街道靖港村空港大道688号。距市中心27千米，为4F级民用运输机场，是中国十二大干线机场之一、国际定期航班机场、对外开放的一类航空口岸和国际航班备降机场。目前往返机场的交通方式包括乘坐地铁1号线、7号线与19号线，以及选择机场大巴萧山机场摆渡1、2号线和2057路公交车。

火车

杭州的铁路交通四通八达，现有沪杭、浙赣等多条铁路干线贯穿其境。另外，杭州现已开通沪杭高铁，每日来往上海的车次有数十趟，仅需一小时便可到达上海。

杭州站：位于杭州市上城环城东路1号，可乘坐公交325路前往。

杭州东站：位于杭州市上城区全福桥路2号，是杭州的高铁站，可乘坐地铁4号线前往。

汽车

杭州的公路交通十分发达，现有多条高速公路以及104国道、320国道、02省道等四通八达的放射状交通线，形成省会杭州至各市的"4小时公路交通圈"。

杭州市现共有杭州汽车客运中心站、汽车南站、西站和北站。游客可搭乘"杭州长运公司"提供的站际免费班车，往来于四大长途汽车客运站与杭州火车站间。

杭州汽车客运中心站：位于杭州上城区九堡街道德胜东路3339号。电话：0571-87650679

轮船

杭州濒临钱塘江，市内河道纵横，水运发达。武林门客运码头每天有发往苏州及无锡的客轮。游船上可以住宿、娱乐、沿途可观赏运河夜景。除节假日和周末外，一般可临时买票。

市内交通

杭州目前已开通地铁1号线、2号线、3号线、4号线站、5号线、6号线、7号线、8号线、9号线、10号线、16号线、19号线。

🏠 住宿

住在杭州称得上是一件人间幸事，进门是一片温馨舒适，出门则是人间天堂的醉人风景。无论是高级、中档、经济型的各种酒店，还是实惠的家庭旅馆和青年旅社，在杭州都可以很方便地找到。杭州市总面积较大，且观光景点众多，选择住宿时，不妨选择武林广场、吴山广场等繁华且交通便利之地，以及知名高校附近等，方便出行。

西湖沿岸

西湖的长椅上，苏堤白堤断桥边，每天都在上演一个又一个爱情故事。怎样才能近距离感受西湖气息呢？当然就要夜宿西湖边。西湖沿岸的酒店以四五星级的高级酒店为主，间或有青年旅社和家庭旅馆，但节假日往往房间爆满，如要住宿一定要提前预订。

● 马可波罗假日酒店

杭州马可波罗假日酒店位于市中心西湖边的平海路上，是一家欧式经典风格的商务酒店，在酒店的窗外可以远眺西湖，位置十分优越。 杭州上城区平海路38号
0571-87018888

● 杭州华侨饭店

地处环境幽雅、风景独特的西子湖畔，凭窗而望即是西湖美景且交通方便，背靠市内繁华地区。杭州华侨饭店装饰典雅、豪华，拥有国际水准的标准客房、豪华套房及商住房间。 杭州市湖滨路39号 0571-87685555

西湖夜景

● 浙江饭店

浙江饭店位于延安路，步行可达"断桥残雪""三潭印月"等著名景点，毗邻武林广场商圈。酒店内部的餐厅是驰名中外的百年老店"天香楼"，在这里可以品尝到正宗的"杭帮菜"。 杭州拱墅区延安路447号
0571-87913333

武林广场周边

武林广场位于西湖之北，是杭州最繁华的商业圈，银泰商城、百货大厦、杭州大厦购物中心等购物中心星罗棋布。广场交通便利，可方便到达杭州任何一个角落，萧山国际机场亦有往返武林门的大巴。该区域拥有众多快捷酒店、豪华星级酒店，可满足各个档次的住宿需要。

● 杭州大厦宾馆

杭州大厦宾馆坐落于杭州核心地块武林商圈中心，倚靠全国顶级购物商城杭州大厦购物城，与京杭大运河相邻，地理位置得天独厚。宾馆拥有高品位豪华客房，一键式智能系统，还有温馨婉约的女士客房。 杭州市武林广场21号 0571-85153911

● 纳德世家酒店

纳德世家酒店位于武林小广场，紧邻杭州大厦购物中心，步行可至武林女装街。酒店外形设计为新颖独特的橄榄形，内部装修以秀丽的江南风情为特色，富有浓郁的文化气息。 杭州市拱墅区湖墅南路2号 0571-85880888

吴山广场周边

吴山广场在西湖的东南方向，这里有仿古的河坊街，美食一条街——高银街。平时吴山广场就热闹非凡，中秋佳节更少不了演出和晚会。此外，在吴山之上，可登阁远眺，左湖（西湖）右江（钱塘江），北面的杭城亦尽收眼底。吴山广场附近的酒店以中低价位经济型酒店为主。

攻略资讯

文教区

文教区位于杭州西北，三条东西向的主干道从北向南分别为文一路，文二路，文三路。20世纪90年代，这里曾汇聚了十余所高校，现在随着高校外迁，文教区虽已比不上往日热闹，但如果您想找回学生时代记忆的话，文教区是很好的住宿之选。另一个选择文教区的理由是，这里物价不高，而且云集了非常多的经济型酒店。

● **文华大酒店**

地处驰名中外的西子湖北面，紧邻市政府大楼和武林门商业中心，离火车站仅20分钟路程，交通非常便利。酒店拥有豪华标准房和套房，所有客房均配备国际直拨电话、国际互联网接口、彩电、私人保险箱、冰箱、迷你酒吧和迷你书吧，让客人感觉仿佛回到现代化的家里。 杭州市西湖区文二路38号浙江文华大酒店 0571-88825888

柳湖小筑青年旅社

● **清河酒店**

酒店地理位置优越，是唯一一家位于河坊街上的假日酒店，悠然步行至西湖边仅需七八分钟，是杭城独有的幽静又富有特色的住宿之地，周围尽是著名自然景观和名胜古迹。 杭州市上城区河坊街175号旁小井巷1号 0571-87829881

杭州火车站周边

火车城站附近是杭州的老城区，北起庆春路，南至钱塘江北岸，西至中河中路。同时本区亦是杭州的陆上大门，区内有汽车南站等交通枢纽。住宿条件多样，方便游客选择。

● **杭州红星文化大酒店**

位于繁华的西湖大道南侧，毗邻城站火车站、杭城购物中心、灵秀的西子湖畔、仿古步行街河坊街、江南药王胡雪岩故居、南山路休闲酒吧特色街、鼓楼、（城隍山）吴山天风，地理环境优越。 杭州市上城区建国南路280号 0571-87703888

● **杭州豪庭府大酒店**

地处西湖大道，毗邻杭州火车站、西湖天地、吴山广场，步行15分钟即可到达西湖，地理位置优越。 杭州市西湖大道2号 13067889510

美食

杭州的饮食口味比较清淡，"清爽别致"是其最大的特点。特色菜肴有龙井虾仁、芥菜鱼肚、东坡肉、西湖醋鱼等。小吃有虾爆鳝面、片儿川面、知味小笼等。比较有

东坡肉

名的餐馆有楼外楼、张生记、太子楼、知味观。主要的美食街有保路美食街、银巷美食街、龙翔桥路海鲜夜市一条街。

美食小吃

● 虎跑泉与龙井茶

杭州的龙井茶是中国名茶,虎跑泉是中国名泉。用虎跑的泉水冲泡的龙井茶,色香味俱佳,堪称"双绝"佳饮,有"虎跑泉水龙井茶"之说。

龙井茶

● 龙井虾仁

此名称最早见于清末杭州楼外楼的菜单。虾仁白而鲜嫩,茶叶碧绿而清香,色泽雅丽,滋味独特,食后清口开胃,颇有回味,为杭菜中之一绝。

龙井虾仁

● 虾爆鳝面

杭州市百年老店奎元馆的传统风味名面,现在很多杭州人在家里也可以做虾爆鳝面。奎元馆虾爆鳝面选用精白面粉、出骨鳝鱼、鲜河虾仁做原料,经"素油爆、荤油炒、麻油浇"等多道工序精巧烹调而成,具有面条柔滑、虾仁洁白、鳝鱼香脆的特色。

虾爆鳝面

● 西湖醋鱼

为杭州西湖最负盛名之菜肴,始制于南宋高宗时。此道菜选用西湖草鱼作原料,烹制前一般将鱼在鱼笼中饿养一两天,使其排泄肠内杂物,去除泥土味。烹制时火候要求非常严格。西湖醋鱼鱼肉嫩美,带有蟹味,鲜嫩酸甜。

西湖醋鱼

美食去处

● 楼外楼

有着160多年历史的名餐馆,创建于清道光二十八年(1848年),创始人洪瑞堂是一位从绍兴来杭谋生的落第文人。这里的西湖醋鱼、宋嫂鱼羹、蜜汁火方等

楼外楼

风味独具一格，成为中外旅客所倾慕品尝的名菜。

● **知味观**

杭州百年名店，素有"知味停车、闻香下马"的雅称，由孙翼斋先生于1913年创建。餐厅有"鸡汁银鳕鱼""干菜鸭子""武林熬鸭""蟹黄鱼丝""龙凤双会""辣子羊腿""蟹黄橄榄鱼""一品海鲜盅"等精美菜点。另有西施舌、银丝卷、三鲜烧卖、虾肉烧卖、猫耳朵、鲜肉小笼、松丝汤包、五彩馄饨等经典小吃。

知味观汤包

购物

杭州的土特产和传统工艺品有西湖龙井、天目笋干、丝绸、杭州刺绣、王星记檀扇、西湖绸伞、张小泉剪刀、萧山花边等。延安路和解放路是杭州最繁华的商业街，武林广场则是市中心。特色街道有：武林路女人街、湖滨国际名品街、文三路电子信息街、吴山路夜市、南山路。

● **西湖龙井茶**

西湖龙井茶位居中国十大名茶之首，历史上曾被列为贡品，已有1200多年历史，茶叶有"色绿、香郁、味醇、形美"特色，堪称"四绝"。传统的西湖龙井茶有"狮（峰）""龙（井）""云（栖）""虎（跑）"四个品类，尤以狮峰龙井为上品。龙井茶有春茶、夏茶、秋茶之分，尤以一尖二叶的"明前茶"为佳品。

● **杭州丝绸**

杭州素来有"丝绸之府"之称，历史悠久。常年生产绸、缎、锦、纺、绫、罗、纱、绡、绢、绒、绢、呢、绨、葛等14大类，200多个品种，2000多种花色。织物或富丽堂皇，或薄如蝉翼，或轻柔飘逸，或雍容华贵，其中许多产品曾荣获国家、部级或省级优质产品奖。现在杭州丝绸远销各大洲100多个国家和地区。

檀扇

南宋御街

杭州丝绸

● **杭州绸伞**

西湖绸伞以竹做骨，以绸张面，轻巧悦目，式样美观，携带方便，素有"西湖之花"的美称。西湖绸伞选料考究，制作精巧。它的圆形伞面是选用特制的伞面绸制作而成的。这种伞面绸薄如蝉翼，织造细密，透风耐晒，易于折叠，色彩瑰丽，伞骨则采用江南独特的淡竹制成。西湖绸伞的品种很多，既可以遮阳挡雨，又可以装点生活。

● **王星记扇子**

王星记扇子是我国著名的传统工艺品。清光绪元年（1875年）王星斋创建了王星记扇庄。王家世代从事制扇业，其扇子以选材优异、做工考究而闻名全国，其首创的黑纸扇曾作为"贡扇"被送往朝廷。

● **萧山花边**

萧山花边又称万缕丝，由意大利威尼斯传入萧山坎山镇。萧山花边是挑花女工采用优质棉线，用绣针引线挑绣成各种纹样的手工艺品，实用价值和欣赏价值兼备。其特点是构图新颖、色调素雅、技艺精湛、工针多样、结构严谨、层次清晰，且显得细腻、精巧、美观、朴实。

● **西湖莼菜**

西湖莼菜又称马蹄草、水莲叶等，属睡莲科，是一种水生宿根植物。历史上，以栽培在"三潭印月"的莼菜最著名。莼菜叶片呈椭圆形，暗绿色，每年春天至秋天采摘，有滑腻、清香、鲜嫩的特色。

● **杭白菊**

杭白菊本产自杭州，故称杭菊或杭白菊。古时与龙井茶齐名，并列为贡品。今主产桐乡市。杭白菊是夏季绝佳的保健饮料，用开水冲泡后，其色泽天然、汁水清香、味甘爽口、花形完美，堪称"四绝"，具有降温、消暑、利尿和益神的作用。杭白菊还是"浙八味"之一。

● **西湖天竺筷**

西湖天竺筷用杭州天竺山上的实心大叶箬竹制成，故名天竺筷。它制作精致，光洁轻便，价廉物美，非常实用。早在清朝光绪年间，就成为杭州的特产。

● **西湖藕粉**

西湖藕粉是杭州的名产，主要出产于杭州艮山门外至余杭区塘栖一带，以余杭沾桥三家村的藕粉最负盛名，故又称"三家村藕粉"。西湖藕粉质地细腻，色泽白里透红，用开水冲泡后，撒上桂花糖，晶莹透明，味醇清口，不仅能充饥，而且具有滋补作用。

● **天目笋干**

天目笋干是杭州的传统名产。天目山海拔1000米以上，四季分明，属亚热带季风性湿润气候，最适宜于竹的生长。所产竹笋具有壳薄、肉厚、质嫩、鲜中带甜的特点，用它制成的笋干清香味美，含有蛋白质、脂肪、糖、钙、磷、铁等多种成分，可以助食开胃。

娱乐

杭州人的主要休闲娱乐活动是去茶馆喝茶和到酒吧泡吧，所以，杭州的茶馆和酒吧特别多。茶馆主要集中在曙光路一条街，酒吧主要集中在南山路一条街。此外，在西湖景区的周围也有众多的酒吧与茶馆，值得一去。

● **钱运茶馆**

钱运茶馆由一排占地约4000平方米的仿古建筑组成，周围假山水池、亭台楼阁，非常雅致；茶馆内布局既恢宏气派又精巧，墙上的装饰为其增添了几分古韵。

● **湖畔居茶楼**

湖畔居茶楼位于西湖圣塘景区，仿照明清建筑而造，一派古典怀旧之风。三楼为露台，在此欣赏西湖美景，风景绝佳。在这里来点茶水、点心，喝着茶、发着呆、望着落日余晖，真是无限惬意。

节日和重大活动

节日	举办地	时间
余杭超山梅花节	超山	2月中旬至3月初
中国茶圣节	双溪	每年4月
相约龙井——春茶会	龙井村	4月8日至5月8日
西湖杜鹃节	满陇桂雨公园	4月20日至5月20日
民间民俗"花朝节"	东方文化园	5月1日至10日
塘栖枇杷节	塘栖	每年5月至6月
西湖荷花节	曲院风荷	7月至8月
鸬鸟蜜梨节	余杭区鸬鸟镇蜜梨园区农庄	7、8月
西湖中秋赏月晚会	平湖秋月、环湖、金沙港文化村	农历八月十四至十八
杭州金秋国际旅游节	西湖	9月16日至10月21日
西湖国际桂花节	满陇桂雨	9月16日至10月31日

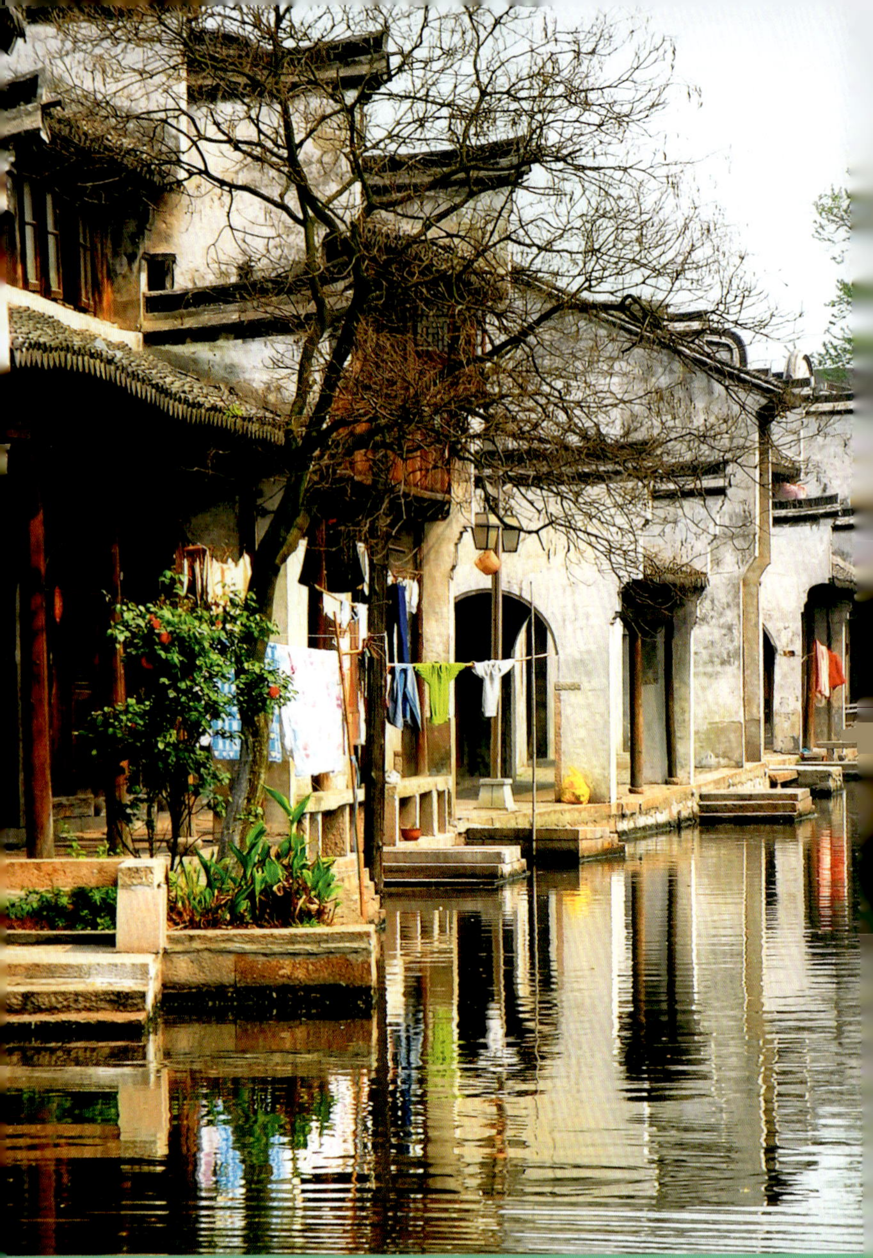

发现者 旅行指南

湖 州

概览

亮点

- **南浔古镇**

  南浔古镇素来以"园林、民居、古桥"著称,有着众多中西合璧的江南名园。

- **莫干山**

  莫干山因竹、云、泉"三胜"和"清凉世界"而驰名,与河南鸡公山、江西庐山、河北北戴河并称四大避暑胜地。

- **安吉竹博园**

  安吉竹博园素来有"都市后花园"的美称,是中国竹子博物馆和亚洲规模最大的安吉竹种园的完美结合。

衣裳街

- **必逛街道**

  衣裳街:早在清中叶就已是湖城的主要商业街坊,有汪记、九如等10多家制衣店,福泰和、万泰和、新泰和等10余家嫁妆店,以及小琉璃文具店、陈信源银楼、森益源中药店等。

线路

- **南浔古镇一日游**

  早上到达南浔后,可以向东依次游览洪济桥、通津桥、治国桥、百间楼,然后看张静江故居、颖园,之后沿河西岸而行,午饭可在当地人家品尝河鲜。饭后看镇史馆、张石铭旧居(被称为"江南第一民宅")、小莲庄、嘉业堂藏书楼。

- **安吉夏日消暑二日游**

  第一天早餐后前往中国竹子博览园,阅读竹文化,赏玩竹工艺品。随后去安吉世界神秘部落。下午去中国大竹海——《卧虎藏龙》的取景地。夜宿附近宾馆。

  第二天早起去天下银坑。之后去江南天池,观美丽的梅园、月牙湖、樱花园以及云雾缭绕的天池湖水,中午可在景区内用餐。下午去藏龙百瀑,观奇石碧潭,听龙吟传声。

安吉竹博园

为何去

湖州是全国闻名的蚕乡，南太湖之滨的魅力城市，具有典型的水乡风貌。湖笔和湖丝闻名天下。湖州西部和南部以清凉世界莫干山和安吉竹海吸引着许多游人。

小莲庄

何时去

到湖州旅游四季皆宜，但以春暖花开或秋风送爽之时为佳。选择到湖州浙北古镇旅游，春天与秋天为最佳季节。

莫干山

飞英塔

区域解读

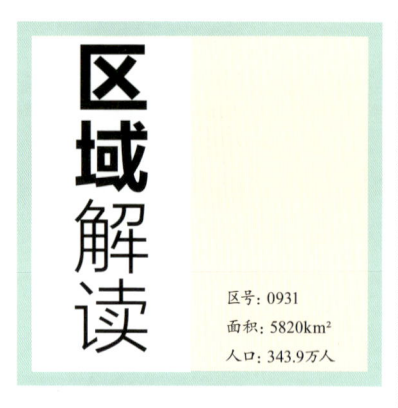

区号：0931
面积：5820km²
人口：343.9万人

地理 GEOGRAPHY

区划

湖州市下辖2个区（吴兴区、南浔区）、3个县（德清县、长兴县、安吉县）。

地形

湖州的地形俗称"五山一水四分田"。全市地势大致由西南向东北倾斜，西部多山地丘陵，位于安吉县境内的龙王山海拔1587米，为全市最高峰。东部为平原水网区。

京杭运河和源于天目山麓的东、西苕溪，纵穿横贯湖州全境。湖州境内水系密如蛛网，交织一起，形成典型的"江南水乡"。

气候

湖州市属亚热带湿润季风气候，季风显著，四季分明；雨热同季，降水充沛；光温同步，日照较少；气候温和，空气湿润。由于湖州地形起伏较大，所以垂直气候比较明显。

历史 HISTORY

历史大事记

● 唐朝以前

公元前12世纪（商朝），吴太伯与弟仲雍奔荆蛮，自号"勾吴"，湖州地属勾吴。周太伯开辟吴地，史有"三吴"之称，"三吴"指苏州、湖州、吴江，湖州即"三吴"之一。

楚考烈王十五年（公元前248年），春申君黄歇徙封于此，在此筑城，始置菰城县，以泽多菰草而得名。其遗址今天仍保存在湖州市郊云巢乡窑头村的稻田、毛竹林和桑树林之中。

隋仁寿二年（602年）置州治，以滨太湖而名湖州，湖州之名从此始。

● 唐朝以后

南宋建炎三年（1129年），金将完颜宗弼（兀术）举兵南下，占建康（今南京），经广德，越安吉，取临安（今杭州）。岳飞在长兴缠岭、将军山与金兵鏖战，"六战六捷"，击退金兵。

明朝洪武年间（1368—1398年），南浔辑里村人改进缫丝工艺，所产之丝，细匀坚韧，光泽迷人，闻名于世。

1906年，秋瑾抵南浔浔溪女校执教。

1903年，在城内紫城巷成立湖州商务分会钱业会馆。

名单 湖州历史名人

三国孙吴

画家曹不兴

南朝陈国开国皇帝陈霸先

唐代著名诗人孟郊

区域解读 **139**

莲花庄

南浔丝业公会

元代著名画家赵孟頫
元末明初巨富沈万三
近代国学大师俞樾
中国近代法律体系奠基人沈家本
清晚期海派画家吴昌硕
语言文学家钱玄同
著名核物理学家钱三强

文化 CULTURE

辑里湖丝衣天下

1851年,英国举办首届世界博览会——万国工业博览会,商人徐荣村寄送的12包产于浙江省湖州市南浔辑里村的"荣记湖丝",一举获得维多利亚女王亲自颁发的金银大奖,成为我国第一个获得国际大奖的民族工业品牌。

湖州是全国著名的蚕乡,也是世界丝绸文明的发祥地之一,在市郊钱山漾遗址出土的蚕丝绢片,是迄今为止发现的世界上历史较为久远的蚕丝织物,有4700多年历史,这些绢片已被北京故宫博物院收藏。

早在唐朝,湖州的丝绸便通过当时的"丝绸之路",把以"丝绸"为主的中国文化传送到了遥远的西方。而湖州南浔所产的"辑里湖丝"曾经被指定为清代的皇室贡品,清代康熙时织造的9件皇袍,就是指名选用辑里湖丝作经线织成的;而道光皇帝平常最喜欢穿湖绉衣裤,有一次,他的一件湖绉裤子破了一个小洞,由于太喜欢那条裤子,就决定补补再穿。没想到内务府为了补这条裤子,竟然花了3000两银子。皇帝的"节俭"成了奢侈,可见湖州丝绸的金贵。另外,当时很多圣旨、诏书也是用辑里湖丝织成的。

鸦片战争后,上海被辟为通商口岸,湖丝贸易以南浔为重要集散中心,在全国生丝出口贸易中占据举足轻重的地位,南浔经济由此空前繁荣。到清同治年间,南浔因经营蚕丝贸易而发家致富的商家达数百家,在江南各镇中首屈一指。19世纪末,南浔富豪集团的财产总额几近清政府一年的财政收入,以至有"湖州一个城,不及南浔半个镇"之说。可以说,南浔之富,源于湖丝。

从古至今,种桑、养蚕、缫丝、织绸,一直是湖州人生产、生活的重要组成部分。与此同时,伴随这些生产活动而产生的蚕事风俗也异常丰富多彩,如祭蚕神、清明踏青、轧蚕花、赛快船、打拳船等。湖丝深深地扎根于浙北大地,织就了一个丰富多彩的世界。

链接

含山轧蚕花

含山轧蚕花是江南蚕乡崇拜蚕神的一种表现形式,也是中国丝绸文化的有机组成部分。民间传说把地处浙江省湖州市南浔区含山镇境内的含山视为蚕神的发祥地和降临地,含山清明"轧蚕花"习俗便由此而生，含山也由此成为杭嘉湖蚕乡的"蚕花圣地"。

传统的含山"轧蚕花"活动，主要以背蚕种包、上山踏青、买卖蚕花、戴蚕花、祭祀蚕神、水上竞技类表演等为主要内容。

湖州邀客坐，共饮一壶茶

茶是湖州民间极普遍的饮料，家家户户有茶。茶自古就是湖州人生活中重要的一部分。在湖州方言里，"喝茶"称为"吃茶"，各种档次的茶馆遍布在湖州的大街小巷。湖州人爱"吃茶"的传统由来已久。唐代湖州刺史颜真卿曾为茶馆书有"冷花邀客坐，代饮引清言"的名句。

湖州是世界茶文化的发祥地之一。茶圣陆羽在湖州写出了世界上第一部茶文化专著《茶经》，据考证，三国时期，东吴已成为当时茶业传播的主要地区，但消费还局限于上层社会，唐朝时茶叶的产销中心转移到浙江和江苏，湖州茶业开始特供朝廷，名扬天下。我国古代贡茶分两种形式：一种是由地方官员选送，称为土贡；另一种是由朝廷指定生产，称贡焙。湖州就是唐朝廷设立的历史上第一个专门采制官廷用茶的贡焙院所在地，可见当时湖州茶叶的品质和名气。唐张文规曾作《湖州贡焙新茶》一诗："凤辇寻春半醉回，仙娥进水御帘开。牡丹花笑金钿动，传奏吴兴紫笋来。"诗中的"湖州紫笋"指的就是湖州长兴顾渚山的紫笋贡茶。

湖州是中国绿茶的重要产区，茶叶品种很多，但最著名的除了紫笋茶，还要数独产于安吉的白茶。白茶归类为绿茶，颜色其实也为略透明的淡绿色，只因芽叶上有一层细细的白茸毛而得名。其珍奇之处在于，在数百年里，白茶都处于野生状态，而且特别少见。现在的安吉白茶的母本系孤茶一株，长在海拔800米的大溪山深山之中，已历尽150年风霜，被称为"白茶王"，是古今中外茶中极品。早在宋代宋徽宗的《大观茶论》中就有评价："点茶之色以纯白为上""御赐白茶遂为第一"。据专家检测，白茶的氨基酸含量特别高，达10.6%，比普通绿茶高出一到两倍，茶多酚含量相对偏低，是绿茶一绝，被市场极为推崇，曾先后在第二届、第三届国际名茶博览会上获得金奖。

2008年5月，第十届国际茶文化研讨会在湖州市长兴县举办，浙江湖州（长兴）首届陆羽茶文化节也同时举行。国际茶文化研讨会每两年举办一届。第十届国际茶文化研讨会上有关于茶叶的一系列活动内容，如"陆羽杯"紫砂壶创作大赛、中国茶谣歌舞表演、描写茶圣陆羽生平的电影《茶恋》首映式、国际茶道表演、"茶道与商道"东方智慧与现代经营国际论坛等。

链接

陆羽的《茶经》

《茶经》是中国乃至世界现存最早、最完整、最全面地介绍茶的第一部专著，被誉为"茶叶百科全书"，由中国茶道的奠基人陆羽所著。《茶经》是一部关于茶叶生产的历史、源流、现状、生产技术及饮茶技艺、茶道原理的综合性论著，是一部划时代的茶学专著。它不仅是一部精辟的农学著作，也是一本阐述茶文化的书。它将普通茶事升格为一种美妙的文化艺能，推动了中国茶文化的发展。

湖笔，毛颖之技甲天下

说起中国的文房四宝中的极品，很多人自然会想到"湖笔、徽墨、宣纸、端砚"，产自湖州的湖笔，的确深受很多文人墨客的喜爱。湖笔因"毛颖之技甲天下""紫毫之价如金贵"而被誉为"笔中之冠"。

湖笔文化的精髓在于制作的精细和笔

安吉白茶

尖的锋硬适度。制作一支好的毛笔是一件很不容易的事情，一套完整的湖笔制作工艺流程有100多道程序，确实有些复杂。

在湖州，最有名的制笔之乡就是善琏，历史上的善琏几乎家家户户会制笔，独特的湖笔工艺就在这样一个江南小镇上传承下来。目前中国毛笔制作历史最悠久的"王一品"笔庄就出自善琏。善琏湖笔业的历史相当久远，据说最早可以追溯到2000多年前的秦代，传说秦代的大将军蒙恬是中国制笔业的始祖，而且据说蒙恬造笔的故事就发生在善琏。至今，善琏小镇中还建有一座蒙公祠，祠中供奉的就是蒙恬将军和他的夫人卜香莲。每年在蒙恬将军或是夫人生日的时候，善琏人还要聚到这里举行隆重的祭扫仪式，以表达对造笔始祖的怀念。

湖笔的成名与元朝大书画家湖州人赵孟𫖯有关，他对当地的湖笔制作技艺，十分关心和重视，据《湖州府志》记载，他曾要人替他制笔，有一支不如意，整批都要拆裂重制，要求非常严格。这种严格的质量要求，一直流传至今。湖笔具备尖、齐、圆、健的特点，称为湖笔的"四德"，并有"毛颖之技甲天下"之说。

湖笔取材严谨、选料精细。对笔料毛的产地、采集季节及部位均有严格要求。山羊毛、山兔毛选自太湖流域。其中山羊毛采集地，最北要到江苏南通一带。狼毫笔所用的黄鼠狼尾毛，除本地外，还要到东北采集。笔管料除青梗竹管从本地安吉山区采集外，其他竹质笔管，则要去我国的中部和西部一带，采办湘妃竹类，因为这些湘妃竹有天然花纹，而且挺拔端直。

如今，每两年举办一次的湖笔文化节已经成为湖州人增加对外交流、开拓发展空间、获取信息机遇的一个重要平台。在宣扬湖笔文化的同时，也为开发旅游事业，发展湖州经济提供了难得的契机。

湖笔

长兴百叶龙，从田头舞向世界

2008年4月7日，北京奥运会圣火顺利抵达法国巴黎，应中国驻法国大使馆邀请，来自湖州长兴的百叶龙艺术团在巴黎参加了奥运圣火传递活动。2009年国庆60周年晚会，"长兴百叶龙"参演"和谐中国""腾飞中国"和"崭新中国"三大篇章中的"腾飞中国"部分，再一次展示了长兴百叶龙美丽的舞动。

龙是中华民族的图腾。中国人崇拜龙，因此塑造了成百上千种各具特色、千姿百态的龙。长兴百叶龙便是其中多姿多彩的一条。它是在当地流传了160多年的民间舞蹈《花龙灯》的基础上发展而来的。"百叶龙"，顾名思义是由"百叶"构成。而此叶却非一般的树叶、茶叶，它是由一瓣瓣粉红的荷花花瓣组成。

百叶龙由17人两手分持特制的道具表演。开始时，演员手持荷花、荷叶形的道具分开站立，边唱边舞，表现蝴蝶飞舞于荷叶、荷花丛之中。片刻后，演员分别将特制的道具翻转成龙头与龙尾，其他人以荷花的道具相配合形成龙身，随即一条花龙腾空而起，舞蹈优美、别致。飞龙舞动时，仿佛看到了一幅祥和的江南水乡胜景：祥云朵朵，彩蝶成双，荷叶、荷花在碧波中摇曳。百叶龙欢腾地舞动着，锣鼓阵阵，唢呐声声，长兴舞龙者激情澎湃，极具感染力。

景点推荐

南浔古镇 AAAAA

南浔古镇是中国历史文化名镇,建镇至今已有750多年历史。明朝万历至民国初年,是南浔古镇最为繁荣的时期。

南浔古镇有着众多中西合璧的江南名园。历史上更是园林众多,自南宋至清代镇上大小园林达27处。以一镇之地,而拥有五园,为江南众古镇所独有。

古镇建筑主要分布在以南市河及其两岸的南东街、南西街为主的景点富集区,由小莲庄、嘉业堂(藏书楼为江南四大藏书楼之一)、文园、江南水乡一条街等景点组成的中心景区,以东大街以东的张静江故居(现已辟为陈列馆)和百间楼与"南浔三古桥"(通津桥、洪济桥、广惠桥)为主的东北区块。

- 湖州市南浔区
- 上海(南站客运站)、苏州(客运总站)、杭州(汽车北站)、湖州(新汽车站)每天都有车直达。镇内有三轮车、出租车和游船
- 100元

玩家 攻略

1. 南浔的主要工艺品有湖丝、竹编工艺品、刺绣、南浔梳子等。南浔所产"辑里湖丝"是丝中极品,为南浔之行的必选之物。此外,湖州四大名点(周生记馄饨、丁莲芳千张包、震远同酥糖、诸老大粽子)、南浔香大头菜、双林姑嫂饼、刘家大蹄皆为值得一尝的南浔美食。

2. 留荫庐坐落在百间楼河东75—76号(长板

桥边），周末需提前预订。这里还有白粥、腐乳、酱菜、油条、糕饭等江南最地道的早餐。

|玩家| 解说

1. 明万历年间至清代中叶，蚕丝业、手工业、缫丝业的兴起及商业的发展，使南浔异常繁荣。镇上的巨富豪绅几乎都是靠经营蚕丝业发迹，俗称"四象""八牛""七十二只金黄狗"。民间更有"湖州一个城，不及南浔半个镇"之说。

2. 南浔自古以来文化昌盛，人才辈出，崇文重教，仅宋、明、清三朝统计，南浔籍进士41名，京官56名，州县官57名；近现代在全国有影响的专家学者有80多名。

百间楼
始建时约有楼房百间

百间楼沿老运河东、西两岸建造。此楼相传是明代礼部尚书董份为他家的保姆仆人而建，始建时约有楼房百间，故称"百间楼"。百间楼是至今为止保存得最为完整，并留有传统风貌的沿河居民群落，全长400余米，有门面154间，距今已有400多年历史。

百间楼的特色是依河立楼，河道蜿蜒逶迤，有石桥相连。楼房为传统的乌瓦粉墙，形成由轻巧通透的卷洞门组成的骑楼式长街。

最集中的一段是河东岸的莲花桥到长桥，房屋较为整齐，密密地布满了河岸。白墙、青瓦、沿廊、河埠、花墙、卷门、廊檐、河水流淌，船只往来，呈现出一派典型的江南水乡风光。

小莲庄·嘉业堂
以园林和藏书楼闻名天下

南浔素以园林和藏书楼闻名天下，小莲庄和嘉业堂就是其典型代表。现已被列为全国重点文物保护单位。

小莲庄是清代商人刘镛的私家花园，位于鹧鸪溪畔，碧水环绕，园内绿木深深，不染一点俗尘，粉墙黛瓦，莲池曲桥，奇峰怪石，让人品味到"虽由人作，宛如天开"之意境。内有御赐牌坊、匾额、碑廊、家庙、净香诗窟、叔苹奖学金成就展览馆等景点。

|玩家| 解说

嘉业堂与小莲庄仅一河之隔，为清末著名藏书家刘承干所建。主人刘承干是刘镛的孙子，于1920年至1924年建造了嘉业藏书楼，因清帝溥仪所赠"钦若嘉业"九龙金匾而得名。其园林造法和小莲庄异曲同工，而园内的藏书楼则闻名天下，内藏有书籍60万卷，共16万余册，其中有不少海内珍本、孤本。

小莲庄

东升阁位于荷池西岸，是座西洋式的楼房，俗称"小姐楼"。

室内用雕花圆柱装饰，壁炉取暖，百叶窗遮光，为法式建筑风格。

内部建筑群以粉墙相隔，又以漏窗相通，内外园山色湖光，相映成趣。

面向荷花池的四角方亭，古朴典雅，是夏季纳凉赏荷的佳处。

园内以荷池为中心，池广约十亩，沿池点缀亭台楼阁。

张石铭故居
光绪年间以诗人董说旧宅改建

张石铭故居又称懿德堂，是清光绪年间以诗人董说旧宅改建的。故居占地4792平方米，有五落四进和中、西各式楼房150间，其风格奇异、结构恢宏，工艺精湛，尤其是众多精美生动的木雕、砖雕、石雕及从法国进口的玻璃刻花等，都具有很高的艺术欣赏、民俗建筑和文物价值，号称江南第一巨宅。现为全国重点保护文物。

链接

张石铭

张石铭（1871—1927），名钧衡。他和张静江都是南浔"四象"之一张颂贤的孙子。分家后，建懿德堂，又称南恒和。张石铭系清光绪二十年（1894年）举人，酷爱收藏古籍、金石碑刻和玩赏奇石，为南浔清末民初四大藏书家之一。

张石铭故居懿德堂

湖州城区景点

景点推荐

湖州太湖旅游度假区 AAAA
南太湖明珠

- 湖州市吴兴区织里镇，太湖南岸，距市中心8千米
- 湖州火车站、汽车站乘25路公交可达

湖州太湖又名五湖，为我国第三大淡水湖，湖面2000多平方千米，有大小岛屿48个，峰72座。湖州太湖山水相依，层次丰富，形成一幅"山外青山湖外湖，黛峰簇簇洞泉布"的自然画卷。

湖州太湖旅游度假区规划面积8平方千米，有百里大堤自然形成的滨湖景观，有森林竹海、青山碧岩、溪泉瀑布。湖光山色的自然山水景观与自然风光交相辉映的人文景观随处可见，有距今2500多年的邱城文化遗址，有西楚霸王项羽江东起兵的遗迹，有太湖山庄、哥伦波太湖城堡（欧洲情调）、太湖乐园（山水特色）等休闲场所，还有一批运动场馆等。

□ 弁山

弁山又名卞山，雄峙于太湖南岸，主峰名云峰顶，海拔521.5米。弁山发脉于东天目山，莫干山绵亘向北，过西苕溪即弁山，为湖州的主山，素称"吴兴富山水，弁为众峰尊"。"苍弁清秋"为吴兴八景之一。

弁山的名胜古迹颇多，最著名的是关于项羽的遗闻遗迹。项羽起兵江东时，弁山是其驻兵之所。唐颜真卿任湖州刺史所作《石柱记》中，就有"项王庙"的记载，至今遗迹尚存。据旧志记载，项羽殁后，在湖州、长兴一带被尊为"苍弁山神""卞山王"。

白雀山

白雀山又名石斗山，位于太湖旅游度假区南麓，山上白雀众多，松林高大。山麓有千年古刹法华寺。

法华寺：又名白雀寺，山因寺得名，是湖州的四大名刹之一。法华寺始建于南朝梁代梁大同元年（535年），缘起于南朝齐尼道迹，为禅宗东土初祖达摩的弟子。齐尼道迹在弁山昼夜诵读《法华经》二十年不下山。传说其诵经时，有白雀旋绕，状若听法，因而此寺又称白雀寺。

长田漾湿地公园

长田漾湿地公园位于太湖旅游度假区西南部。园区分成三块功能区，即南面水公园区，中部湖州市体育馆、网球中心及正在建设中的温泉高尔夫球场等体育休闲设施，北面为湿地保留区、娱乐场区、房产开发区。三大区块功能互补，各具优势和特色。

菰城景区 AAAA
湖州历史的见证

- 湖州市市区

据考证，菰城是湖州年代最久的古城，距今已有2300多年，其遗址今天仍保存在湖州市郊道场乡窑头村的优美环境之中。湖州历史起源于菰城，菰城文化孕育了一代代湖州人。菰城景区是湖州历史的见证，它基本涵盖了湖州市区的所有主要旅游景点，共由仁皇胜景、滨湖揽月、观音圣地、衣街悠悠等十景组成，被誉称为"菰城十景"。

链接
菰城十景风采

仁皇胜景（仁皇阁、仁王寺、民俗文化街、文化创意园）、滨湖揽月（月亮酒店、滨湖码头、黄金湖岸）、古木奇观（湖州古木艺术馆）、苕霅水韵（项王码头、项王公园、长岛公园）、飞英观绝（飞英塔）、民国雄风（陈英士故居、陈英士墓）、爱山广场（爱山广场商业街区、东吴双塔）、观音圣地（铁佛寺、法华寺）、衣街悠悠（衣裳街历史文化保护街区）、松雪妙颖（赵孟頫故居旧址纪念馆、中国湖笔博物馆）。

飞英公园
有湖城三绝之一的飞英塔

- 湖州市吴兴区塔下街155号
- 可乘坐5路内环公交车到达
- 免费，飞英塔20元

飞英公园会聚了众多的湖州历史文化景点，以全国重点文物保护单位飞英塔（俗称"塔里塔"，为湖城三绝之一）为代表，还有飞英堂、韵海楼、墨妙亭、六客堂、霅溪馆、西亭等景。

飞英塔：原位于飞英寺西侧的舍利石塔院内。寺院始建于唐懿宗咸通五年（864年），唐僖宗中和五年（885年）更名为"上乘寺"，北宋真宗景德二年（1005年）始改为飞英寺。飞英塔有内外两个塔，内为石塔，又在石塔的外围建造一座砖木结构的外塔，形成塔里塔的奇观。

菰城景区

> **链接**
>
> **湖城三绝**
>
> 湖城三绝指的是湖州的"塔里塔""桥里桥"和"庙里庙"。"塔里塔"指飞英塔,这种塔结构由内外两层组成,内为石塔,外为砖木结构,形成了一种独特的"塔中塔"构造。"桥里桥"又称潮音桥,位于湖州市南街东侧,横跨于雨溪之上,为三孔石拱桥。此桥建于明嘉靖十八年(1539年),因桥洞有海潮之音而得名。"庙里庙"又名府庙,位于市区人民路和北街之间,历三代城隍神。此庙是一座四合院式的群体建筑,有前后两进。后进是雄伟的供府庙神的大殿。

铁佛寺

铁佛寺
寺内有罕见珍品铁观音
- 湖州市吴兴区劳动路
- 乘6路公交可达
- 免费

铁佛寺原名开元寺,始建于唐朝开元年间。寺分前殿和后殿,前殿正中有一尊铁观音造像,被称为"东方维纳斯",是一尊罕见的古代艺术珍品。后殿正中陈列一口日本铜钟,后壁镶有元朝大书法家赵孟頫书写的"天宁万寿禅寺"巨碑。

此外,铁佛寺大院内还有一口围以汉白玉井圈的明代古井。据传此井是明宣德八年(1433年)寺内僧侣县壁所造,至今已有500余年。此井无论天旱水涝,总是不深不浅,不污不浊。

湖州含山旅游区
有"蚕花圣地"之美称
- 湖州市吴兴区善琏镇含山村

湖州含山旅游区地理位置独特,为南浔、桐乡、德清三县(区)的交界处,是湖州与嘉兴、杭州的天然中心点,为湖州东部之胜景。

含山又名涵山、寒山。因高耸挺拔,又称笔塔。山高仅60米,方圆不到百亩,孤峰兀峙。山巅有古塔一座,塔周有蚕花圣殿、观音殿,有"蚕花圣地"之美称。古老的大运河依山而流,山清水秀。

玩家 解说

含山是中国蚕文化的发祥地之一,民间清明节有轧蚕花的习俗。每年清明时节方圆百里数十万蚕农乡民们纷纷前来含山轧蚕花,祭蚕神。此习俗现已成为湖州丝绸文化的重要节庆活动之一,每年清明前后都举办一次含山蚕花节。

岘山
众多文人雅士登山饮酒作诗之地
- 湖州市吴兴区南郊

岘山本名显山,山中最为有名的古迹是"洼樽亭"。洼樽在岘山顶,是一座凹形石樽,长2米,宽约1.5米。据旧志记载,此樽"可贮酒五斗"。唐开元间,唐太宗曾孙李适之常陪友登岘山,贮酒于洼樽中,与客开怀畅饮。天宝初,当地人在李适之登临处建"洼樽亭",至今尚保留洼樽亭古碑。

岘山东侧有湖州烈士陵园,南麓有全国重点保护文物陈英士墓,此外,还有雄跨亭、显亭、五花亭、高风堂、嘉客祠、逸老堂等风景。碧浪湖景区面对岘山,有碧浪园、碧浪碑廊、澄亭、潭榭等景。

玩家 解说

772年(唐大历七年),颜真卿任湖州刺史。在任期间,颜真卿曾邀集陆羽、皎然等名士29人入登岘山,极目远眺,诗兴大发,乃与名士联名赋诗,今《全唐诗》中收有颜真卿《登岘山观李左相石尊联句》。每句五言,共29联58句,计290字,成为湖州历史上一次名人文会的盛举。

景点推荐

安吉旅游区

中南百草原 AAAA
安吉生态的缩影

- 湖州市安吉县递铺街道
- 安吉汽车站有班车可达景点
- 7:30—17:30
- 220元

中南百草原是一个集生态教育、生态实践、生态科技、生态体验于一体的度假休闲基地，是全国野生动物保护科普教育基地、全国农业旅游示范点。景区以百草为特色，以次生林植被、动植物资源和自然山水景观为依托，有8景18园和世界最大的原始湿地淡竹林。

景区占地面积达3800余亩，有森林、草原、湿地、竹海、野生动物等可供观赏，各种服务与娱乐设施齐全，可玩性、可观赏性相当强。景区现划分出大致的七大功能区，包括生态植物观光区、野生动物繁殖区、户外体育运动区、黄浦江源湿地水上漂流、原始淡竹官、高效生态农业示范园区、休闲度假区等，八大景、十八园也包含在其中。

玩家 攻略

景区附近有安吉香溢度假村，集餐饮、住宿、娱乐等于一体，条件不错。中南百草原度假酒店位于中南百草原景区内的涌泉湖畔，设施齐全，依山傍水，是游客休闲度假的理想场所。

安吉竹博园 AAAA
素有"都市后花园"的美称

- 湖州市安吉县递铺街道西郊
- 安吉汽车站有至竹博园景区的中巴。可乘坐去上墅、天荒坪、大竹海、山川的公交，在竹博园门口下即可
- 80元

安吉竹博园是亚洲规模最大的安吉竹种园和中国竹子博物馆的完美结合，占地约40公顷，有304个品种。园中苑、咏竹廊、观竹楼、竹志岛、大型温室、修竹湖、生态广场等园林小品和一大批亭、台、楼、阁，可谓是小桥流水，曲径通幽。竹子品种有泰竹、慧竹、橄榄竹、凤尾竹、茶秆竹、翠竹等。

玩家 攻略

1. 吃：大锅笋是最能体现农家特色的传统菜系，另外还有羊毛笋炖咸肉、竹乡鲜笋、土鸡、农家蔬菜等。毗邻竹博园的屋里香农家菜馆农家气息十足，有天赋石锅鱼、农家土鸡煲、山间野味等特色菜。

2. 住：景区内有野营区，附近有多家度假村，交通便捷，食宿方便。

3. 玩：园内有丰富多彩的活动和节目，如鸟艺表演、跑马、穿竹迷宫、破梅花八卦阵、听竹音乐、赏竹舞、湖上荡舟、林中品茶等。

▢ 千浪阁

千浪阁是竹博园的最高点，楼高21米，共5层，在四楼五楼可临窗而立，可一览整个竹博园竹海奇景，脚下竹林、松林随风摇曳，绿涛阵阵，千层碧浪汹涌翻滚，这也正是千浪阁之名的由来。

▢ 嬉竹乐园

嬉竹乐园是由安吉的竹匠设计并建造的竹子游乐设施。这些竹子玩具是在劳动人民生产、舞蹈、竞技等活动中产生并演化而来的，在先民们捕鱼打猎的时代，就有了生产工具和战斗武器。这里有竹吊环、竹梅花桩、竹秋千等，可以锻炼自己的手臂力量和身体平衡感。

▢ 潇湘馆

潇湘馆是竹种园的心脏，它以廊、亭、轩组成江南风格的庭院。馆前寒碧亭的墙角可以找到天然的方竹，它主要产于江西、福建。方竹越往下越方，在节上还长有气生根。传说朱元璋带兵起义，经过黄山停下吃饭的时候，把筷子顺手插在地上了，后来这筷子就长成了方竹。

中国大竹海 AAAA
以浩瀚的大毛竹景观为主体

- 湖州市安吉县港口乡
- 安吉县递铺街道有到大竹海的公交，每隔20分钟一班，约40分钟车程 7:30—18:00
- 58元

中国大竹海有"中国毛竹看浙江，浙江毛竹看安吉，安吉毛竹看港口"之誉。以浩瀚的大毛竹景观为主体，以神奇的"五女泉"为辅助，可观竹王，嬉竹泉，赏竹艺，听竹乐，玩竹戏，享竹疗，食竹宴，住竹居。

中国大竹海

中国大竹海

玩家 攻略

1.吃：中国大竹海周围的农家乐提供独具特色的莫干山全鹅宴、长兴茶宴，并有多家餐馆提供当地的特色菜及小吃。推荐绿光森林农庄（距大竹海景区250米处），在这里可吃到天然蔬菜、野笋、小野鱼等。

2.购：景区周围可买到南浔香大头菜、顾渚紫笋茶、雷甸枇杷等特产，在绿光森林农庄也可买到正宗的本地特产，如笋干、山核桃、长寿果、安吉白茶等。

3.住：中国大竹海的住宿场所有酒店和农家乐，安吉大竹海度假村位于景区入口处，景区东侧有大竹海农家乐山庄（景区附近最具规模的度假山庄），此外，还有新崛起的绿光森林，集吃、住、娱于一体，性价比高。

4.玩：五女泉紧邻一面积近200平方米的苗寨，寨内有苗族的竹竿舞、板鞋舞等的表演。泉的北面是影视拍摄基地，在此曾拍摄过《卧虎藏龙》《像雾像雨又像风》等影片。

🛖 竹海长廊

竹海长廊历史悠久。长廊看上去像是一个比较现代的建筑，是前人用来遮风避雨及休憩的竹制长廊。长廊由三部分组成："四角廊"，寓意四季平安、四平八稳；"六角廊"，寓意为六六大顺、财运畅达，"六角廊"里有竹椅，又叫"美人靠"；"紫气东来悬空廊"，寓意潇洒飘逸、仙风道骨。

🛖 咏竹亭

"咏竹亭"位于山背上，地势奇特，可供大家休息，呼吸竹海深处的空气，看看半山腰的景色。当长风穿林、落日辉映，顿然会感觉天宝物华尽收体内。这种感觉只有亲身进入大竹海体验一番才能体会！

芙蓉谷 AAAA
集佛教文化、自然生态景观于一体

📍 湖州市安吉县山川乡
🚌 安吉县递铺街道有到芙蓉谷风景区的直达车
🕐 7:00—17:00

芙蓉谷是新开发的集佛教文化、自然生态景观于一体的景区。有石佛寺、龙潭瀑布和千年气象奇观。

芙蓉谷的水源出自芙蓉峰白马源、散花

坞谷溪、丹霞溪和九龙溪。芙蓉谷的峡谷，纵深4000米，群峰嵯峨，原始森林茂密。谷中有许多硕大的池潭。每隔数米、数十米远便有一彩色池潭。池潭直径10米左右，深5~6米。芙蓉谷中这样的池潭大小有100多个，构成美妙的水景幻境，充满神秘色彩。

玩家 攻略

吃：芙蓉谷附近餐馆里的美食众多，有生煎肉饼、老法虾仁等，定能让人大饱口福。此外，在当地农家乐吃住也很方便实惠。

行：游芙蓉谷，从太平出发，向南沿甘芙高速公路行10千米即至谷口，交通很方便。沿谷中观景石道上行5千米，可至松谷登山索道站。乘索道可直升黄山山顶。这条旅游线路，是黄山北大门最美的登山旅游路线。

藏龙百瀑景区
浙江最大的瀑布群

📍 湖州市安吉县山川乡
🚌 从安吉县城递铺街道乘开往临安北站方向的中巴，在过天荒坪电站约10千米的大溪乡下车即到，约1小时车程
🕐 7:30—17:00
💰 60元

藏龙百瀑景区有浙江最大的瀑布群，有三折重叠，落差为60多米的长龙飞瀑，以及人称小黄果树的虹贯龙门、神形皆备的神龟听瀑等景致。还有藏龙山寨、万吨巨石"仙人桥"等景致。此外，景区还以四大"仙物"闻名，即"仙茶""仙水""仙桃""仙药"。

景区内有多种野生动物和近百种国家保护树种。夏天天气凉爽，宁静幽雅，有十里不打伞之奇，峡谷无蚊之妙；冬天百瀑冰凌，天造奇观，雪景迷人，堪称"江南哈尔滨"。

玩家 攻略

1.每年10月底，山上银杏、枫叶都红了，漫山遍野很好看，是来藏龙百瀑的最佳旅游时节。

2.吃：这里的土鸡、雪梨鸡腿、虾仁鲈鱼卷、洗沙羊尾、生煎肉饼味道不错。

3.购：山脚下有个购物市场，出售物品多为特产山货，有山核桃、白茶、笋干等。白茶价格高低不等，若不懂茶叶请慎购。

4.住：藏龙百瀑的山顶及山脚下均有农家可供住宿。提示：住宿景区的农家乐的话，藏龙百瀑山顶上的宾馆并不比山脚下的差，或者说有的还比山脚下的好。就是交通不方便。不过每天16:00，藏龙百瀑门口都有中巴上山顶，只需2元钱。

龙王山
黄浦江源头

📍 湖州市安吉县章村镇
🚌 各地长途车直达安吉（或孝丰），安吉车站换乘前往孝丰车站，之后换乘到章村镇车站后，换乘当地小面包车前往龙王山峡谷漂流中心

龙王山原名浮山，是浙北、华东长江三角洲地区第一高峰，被誉为"天目第一峰"。龙王山位于天目山北麓中段，也是黄浦江的源头所在。龙王山主峰高达1587.4米，与西天目1506米的主峰一南一北，遥相呼应。

龙王山山顶上有一块坦平如毯，占地百亩的阔地，俗称千亩田。在千亩田西侧有千亩杜鹃，更奇的是在千亩田的中间又有两个

龙王山栈道

自然沼泽,深达数丈,广达数十亩,可谓天下之奇观妙景。"龙王山杜鹃"树干粗壮,树冠可数人合围,一树开花数有千计,花大花密,色彩鲜艳,可称"江南一绝"。

玩家 攻略

1. 吃:龙王山下的农家乐和附近的餐馆有很多美食,如生煎肉饼、老法虾仁、烂糊鳝丝等。

2. 住:在龙王山附近有许多优质的民宿供游客选择,这些民宿风格独特,既可享受宁静的乡村氛围,又可领略山水间的美景。

3. 购:在龙王山景区内的特产商店可购买到当地的龙王山笋干、土蜂蜜等。

浙北大峡谷 AAAA
有"浙江的青藏高原"之美誉

- 湖州市安吉县报福镇石岭
- 从递铺街道汽车站先乘车到孝丰,孝丰乘车直接到石岭浙北大峡谷
- 150元

浙北大峡谷景区原名大汉七十二峰景区,据说这里的山峰不止七十二座,重峦叠嶂。大汉七十二峰景区地处神秘的北纬30°上,天气时常在上下午之间莫名变化。大汉七十二峰景区内奇峰怪石林立,青松苍劲挺拔,云雾变幻无穷,碧潭飞瀑密布,竹海浩瀚无边,其独特的高原风光素有"浙江的青藏高原"美誉。

大汉七十二峰由大汉马尖岗、董岭天堂街、石岭九条弯、龙须山、高山农家度假区五大景区组成。有天然大佛、如来峰、原始森林、一线潭、石岭湖等景致,是安吉高山休闲度假、游览观光的避暑胜地,也是地质勘测、科研考察不可遗漏的宝地。

玩家 攻略

1. 吃:山区沿途有不少农家餐馆,内有冬笋、笋干、野味及各种绿色无公害野生蔬菜等,此地的鱼头无比美味,可以一试。闻名遐迩的丁莲芳千张包子尤其不得不尝。

2. 住:景区山顶上的董岭风景区农家乐设施齐全。

浙北大峡谷

江南天池 AAAA
高山旅游休闲胜地

- 浙江湖州安吉县天荒坪镇横路村
- 安吉县城到景区有中巴频繁往返
- 80元 8:30—17:00

江南天池以亚洲最大的天荒坪抽水蓄能电站和中国竹乡山峦翠竹为背景，将雄伟壮观的水利工程和淳朴秀丽的自然风光融为一体，成为远近闻名的高山旅游休闲胜地。

景区主要由天荒坪抽水蓄能电站、天池、温泉、竹海通幽、天荒地老、拓展基地、天文科普基地、冬季野外滑雪场、夏季高山滑草场、天池水世界、东方吉祥卧佛、杜鹃林、樱花园、爱情玫瑰园、长谷洞天和度假村组成。

玩家 攻略

1. 吃：江南天池度假村以绿色环保无污染的高山农家菜为主，茶树菇缀白黄玉、玉指佛手笋、水晶泉清炖绿竹鸡等招牌菜享誉山外。

2. 游：景区内四季景色宜人，春天山花烂漫，云雾缭绕；夏季凉风入怀，月盘如玉；秋天树叶斑驳，云海缥缈；冬季银装素裹，雪洁冰晶。

3. 滑雪：江南天池滑雪场的雪道依山势而建，分初级滑道、中级滑道、高级滑道，这里还可以堆雪人、打雪仗、拉雪橇。

▢ 天荒坪电站

天荒坪电站是亚洲最大、名列世界第二的抽水蓄能电站，电站枢纽主要由上水库和下水库、输水系统、中央控制楼和地下厂房等部分组成，上下水库落差达605米。通往电站的20千米盘山公路自然景观优美。

▢ 江南天池天文科普基地

江南天池天文科普基地是江南天池和中国科学院上海天文台的合作项目，建成了太阳历广场，配备了40厘米口径的大型天文望远镜，白天在此可亲睹太阳真面目，夜间可漫游太空，探索神奇宇宙，邂逅美丽的流星，许下美好的心愿。

独松关
杭州北面的天然屏障

- 湖州市安吉县东南

独松关东南通杭州，西北通安吉，且南京至杭州的古驿道穿此而过，为兵家必争之地，是杭州北面的天然屏障。关隘由块石砌成，原长60米，跨独松港衔联两山，高约5米，厚10米。曾有箭楼和兵营六间，清咸丰十一年（1861年）毁于战火。今仅存关门，上有"独松关"3字的石碑，残存关墙长19米，高5米。

玩家 攻略

安吉的农家院依附景区的有利条件，已形成了安吉独特的旅游方式。在江南连绵的山水中，欣赏着自然的美景，体验地道的农家特色，也不失为一种乐趣。

吴昌硕故居和纪念馆
艺术大师的生平再现

- 安吉县鄣吴村

吴昌硕故居是200多年前砖瓦结构的房

屋，面朝西南。其中的"溪地静室"是他读书、作画、篆刻之处。经1987年的整修后仍保持原貌。它再现了清代中叶的建筑风格，有较高的艺术性。故居陈列着吴昌硕青少年时期的系列文物真迹。

该馆为仿古式3层建筑，用蓝绿色琉璃瓦覆盖，建筑面积为872平方米。内分三厅：一厅介绍其生平事迹；二厅陈列安吉史迹；三厅收藏吴昌硕早、中、晚三期不同风格的书画作品，以及诗稿、信札，还有吴昌硕生前的生活用品、文房四宝、刻刀笔筒、镇纸等原物。

链接

吴昌硕

吴昌硕（1844—1927），名俊、俊卿、香补，字昌硕。浙江湖州安吉人。清晚期海派最有影响力的画家之一，在书法、绘画、篆刻等方面表现出色，他的作品备受追捧。

灵峰山
山间有安吉最大的寺院

湖州市安吉县天荒坪镇白水湾村

安吉长途车站乘去往上墅、天荒坪、大竹海、山川的公交，在灵峰入口处下

免费

灵峰山古称北天目，属于天目山支脉，山形很像一把坐北朝南的太师椅，气势磅礴，四平八稳，古人称"风水宝地"。景区有三大特色：一是原始森林，二是大竹海，三是千年古刹——灵峰寺。灵峰寺是安吉最大的寺院，与杭州灵隐寺素有"姐妹寺"之称。

灵峰寺： 依山而建，始建于后梁开平元年（907年），至今已有千余年历史。灵峰寺和一般的寺院不同的是，它属于讲经寺院，着重于研究佛法、佛理的学术活动。当时的南方各大寺院住持、方丈都在灵峰寺学习，达到一定佛学深度后才能正式赴任。

吴昌硕纪念馆

景点推荐 长兴—德清旅游区

金钉子远古世界 AAAA
世界地质遗迹

- 湖州市长兴县煤山镇
- 长兴汽车站有车直达
- 70元

金钉子远古世界是集休闲观光、拟真体验和科普科考于一体的多功能、全方位的旅游景区。金钉子是世界地质遗迹，为二叠系至三叠系界线层型标准剖面。景区设施主要由仿古地层形象大门、融声、光、电等高科技为一体的金钉子博物馆（宇宙地球厅、生物进化厅、金钉子厅）、世界上最具动感的4D特效影院、金钉子休闲广场、2.5亿年前的自然剖面、古木风井和千姿百态的古木化石展厅等组成。

玩家 解说

据考证，中国地层的长兴煤山段，是目前发现的世界上最完整的古生物化石群，代表了世界晚二叠纪的最高层位，也是世界同类地层中最完整的，含丰富的多门类化石，是地球史上3个最重要的断界线之一。

金钉子远古世界被誉为世界上最完美的保护区，它完整地保存了2.5亿年前地球史上最大的一次生物灭绝事件信息，对于了解地球历史，探求地球生物演化奥秘具有极其重要的意义。

十里古银杏长廊
以"原、野、奇"而著称

- 湖州市长兴县小浦镇
- 乘公交车403路可达

古银杏长廊为长兴县三大古生态奇观之一,被誉为"世界银杏的故乡"。园中3万余株原生银杏树延绵10余千米,构成了罕见的生态奇观。长廊地势平缓,依山傍水,古银杏、竹林、青梅树、有机茶树等珍稀物种配置丰富。

12.5千米长的银杏林以"原、野、奇"而著称,有百年以上古银杏树2348株。长兴的"银杏盆景"独具风情。长兴银杏与2亿多年前的"银杏化石"相比较毫无变异,"活化石"的美誉名不虚传。在25亿年间共6次生物大绝灭中,长兴银杏成为世界仅存的银杏种群,后传遍世界,长兴也成为世界银杏之乡。银杏树是长兴的"县树"。

玩家 解说

银杏是银杏类植物唯一的生态后裔,也是现存种子植物中最古老的一个属。目前,世界上只有我国浙江西天目山、四川和湖北交界处的神农架地区及河南和安徽邻接的大别山尚残存少量呈野生和半野生状的银杏林。

长兴银杏与三个皇帝有关。相传汉光武帝刘秀逃难时,曾在八都芥内烤食银杏充饥,后有人诗赞曰:"深灰浅火略相遭,小苦微甘韵最高,未必鸡头如鸭脚,不妨银杏伴金桃";长兴人陈霸先当了皇帝后,在帝乡下箸亲手种了1株银杏,并到八都芥来钓龙鱼;北宋皇帝的龙椅,由12块银杏木板材做成。长兴银杏木质细密,很适合制作椅面。

中国扬子鳄村风景区 AAAA
我国国内第二大扬子鳄自然保护区

- 长兴县泗安镇尹家边村
- 可乘坐长兴至泗安城乡公交到达
- 80元

中国扬子鳄村是我国第二大扬子鳄自然保护区,保护区内现有大小鳄鱼500多条,由扬子鳄自然繁殖母子湖、鳄鱼系列池、钓鱼馆、入鳄共乐园、鳄鱼标本陈列室、扬子鳄度假村组成。

除了扬子鳄外,还新增设了以暹罗鳄、尼罗鳄为主体的鳄鱼馆,分自然繁育、休闲、垂钓、观赏等四大功能区,拥有观鳄楼、垂钓台、休闲亭、绿色长廊、翠竹茶楼等,形成了独具一格的"楼台亭闲、廊桥轩舫"等江南古园林景观。晚上还配备了声光设施,使游人在鳄吼及鸟鸣声中真切感受如同世外桃源般的自然气息和浓厚的乡土文化氛围。

链接

扬子鳄

扬子鳄与恐龙类、翼龙类源出一祖,从中生代繁衍至今。据调查,扬子鳄仅存于我国,且分布区窄小,数量稀少。长兴的尹家边环境僻静,气候温和,食料丰富,最适合扬子鳄生息繁衍。

扬子鳄具有高超的挖洞本领,头、尾和锐利的趾爪都是它们打洞的工具。它们生性喜静,白天常隐居在洞穴中,夜间外出觅食。

仙山湖 AAAA
浙西北绿色生态长廊的门户

- 湖州市长兴县泗安镇境
- 120元含船票

仙山湖风景区主要由仙山和仙湖两部分组成。仙山高162米,方圆10里,山虽不高却能俯仰三省,虽不广却满山苍翠,充满灵气,民间流传着许多关于仙山的古老而神秘的传说。仙山上有规模宏大的显圣寺,山顶有涅槃城,地藏宝塔矗立其间。

十里银杏长廊

仙湖位于仙山一侧,是浙北最大的湿地,水鸟云集。湖中有一长堤贯穿东西,将整座湖分为南、北两片。堤上柳枝婆娑,堪比西湖苏堤。此处碧水无染,清冽可人,水浅阔达,滩岸坦缓。

玩家 攻略

仙山脚下有距今40万年的古人类发祥地及距今3500年的马桥文化遗址。春秋战国时期的古墓群也坐落在仙山北侧。

顾渚山
以出产贡品紫笋茶、金沙泉而闻名
湖州市长兴县水口乡顾渚、金山两村

顾渚山风景区因唐代茶圣陆羽与陆龟蒙在此置茶园,并从事茶事研究而闻名。陆羽在此作有《顾渚山记》,顾渚山是陆羽撰写《茶经》时的主要居住地区之一,顾渚山也因此被誉为"中国茶文化的发祥地"。

顾渚山海拔355米,西靠大山,东临太湖,气候温和湿润,土质肥沃,极适茶叶生长。顾渚山景区主要由忘归亭、贡茶院遗址、霸王潭、寿圣寺、虎头岩、斫射山五大景区和境会亭、金山摩崖石刻等景点组成,中心景区为顾渚村。

玩家 解说

据史料记载和专家考证,早在1200多年前,陆羽就来到顾渚山,采紫茶,记茶事,撰《茶经》。经陆羽命名并亲自研制,顾渚山紫笋茶被推荐给皇帝做贡茶,于是我国历史上出现了贡茶院——第一座皇家茶厂,顾渚山贡茶院在唐代规模之大、贡额之高、影响之广,在我国贡茶史上是空前的。在唐代仅一个县为焙制贡茶竟征调3万余人,可见当时的制茶场景是多么雄奇壮观。

陈武帝故宅
南朝皇帝故居
长兴县城东4.5千米下箬寺

南朝陈武帝故宅内原有陈霸先手植的银杏树,树径数人合抱,于20世纪60年代遭

莫干山干将莫邪塑像

雷击,被锯掉。

寺中有一口"圣井",今保护良好,井水充沛,井旁立有新碑"陈井"。下箬寺在抗日战争中遭到破坏。中华人民共和国成立后改作国家粮库,古建筑拆建为库房。

玩家 解说

陈霸先,生于长兴县城东下箬里(今下箬寺乡),从乡间里司至受封陈王,梁太平二年(557年)自立为南朝陈国开国皇帝,在位3年,下箬寺为其出生之地。此寺光大元年(567年)诏立为天居寺,宋治平二年(1065年)改为广惠教寺,明洪武二十四年(1391年)立为丛林,俗呼下箬寺。

莫干山 AAAA
江南第一山
湖州市德清县莫干山镇
县城有很多车直达　80元

莫干山位于沪、宁、杭金三角的中心。春秋末年,吴王派莫邪、干将在此铸成举世无双的雌雄双剑,为纪念这两位铸剑夫妻匠师,遂以他俩的姓来命名此山,故称"莫干山"。莫干山以竹、云、泉"三胜"和"清凉世界"而驰名。与河南鸡公山、江西庐山、河北北戴河并称四大避暑胜地。

玩家 攻略

1.莫干山上是度假避暑的好地方,但置身于山林竹海,不免会有蚊虫,最好出行前带上驱蚊剂、清凉油之类的东西。此外,夏天很晒,行走于丛林中最好还是涂点防晒霜,因为并不是所有地方都能大树成荫的。

2.莫干山的景点比较分散,请个导游带领会

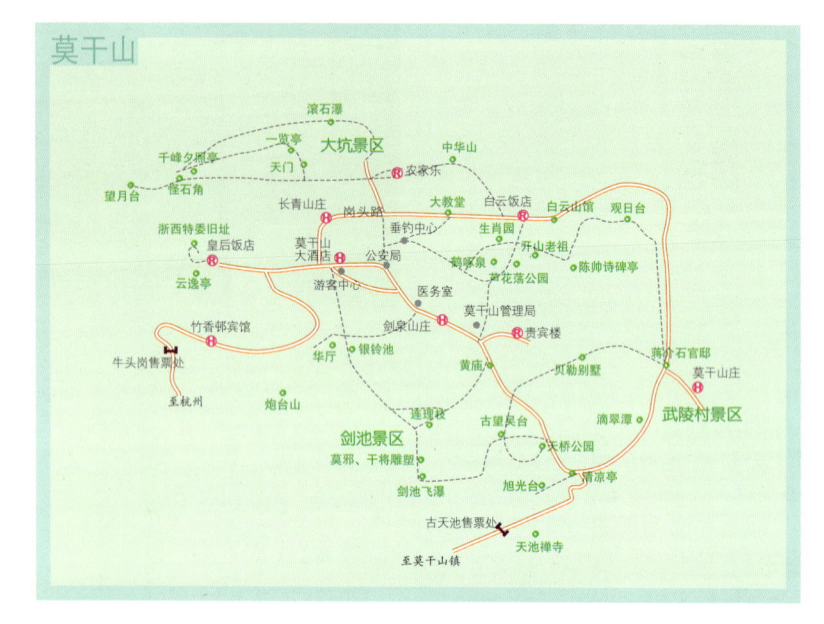

比较方便。

3.住：高档酒店有雷迪森国际会所莫干山别墅，秋水云庐山居（莫干山之顶岗头云路上）。民宿有莫干山芸峰山居民宿、朱湾里山庄、竹缘山庄。或可住在位于德清县城的水月清华宾馆，房价很低廉，5元的自助早餐性价比很高。

4.莫干黄芽茶是山中特产名茶。

5.摄影：旭光台是摄影的好去处，也是俯瞰莫干镇的最佳地点，千万不要错过。

下渚湖 AAAA
江南最大的原生态湿地公园

湖州市德清县下渚湖街道

75元（旺季通票）

下渚湖又名防风湖，是江南地区最大的天然形成的湿地风景区。这里港湾交错，芦苇成片，河水清澈，野鸭成群，基本保持着原始状态。湖东西两侧有防风山、禹山，山上有许多古迹。湖中有道观山、和尚山，两山中间又有扁担山相连。

相传，4500年前，治水英雄防风氏立国于此，这为下渚湖增添了浓浓的神话色彩。景区内还有美女峰、鸟类保护区、古樟群、望湖亭、情侣松、防风祠、蝙蝠寺等景点。

玩家 攻略

到下渚湖游玩，可以先坐船进湖，轻松地穿梭在香樟丛和芦苇荡中，中途可到岛上喝茶，饿了可以找一处饭店尝正宗的农家饭。

赵孟頫墓
元代著名书画家之墓

湖州市德清县东衡乡

赵孟頫墓在德清县东衡乡戏台山与勒王山交接处，地势旷朗，视野开阔。赵孟頫与其妻管氏合葬于此地。墓茔前为平台，上竖墓碑，平台逐级而下接墓道。中华人民共和国成立初期墓前有石人一，石马二，现仅存石马一。墓体完好。

链 接

赵孟頫

赵孟頫(1254—1322)，字子昂，号松雪道人，又号鸥波，宋太祖十世孙，汉族，吴兴(今浙江湖州)人。元代著名画家，楷书四大家之一。赵孟頫博学多才，能诗善文，懂经济，工书法，精绘艺，擅金石，通律吕，解鉴赏。特别是书法和绘画成就最高，开创元代新画风，被称为"元人冠冕"。他也善篆、隶、真、行、草书，尤以楷、行书著称于世。

攻略资讯

- 交通
- 住宿
- 美食
- 购物
- 娱乐

湖州水乡风光

🚗 交通

火车

湖州境内有宣杭铁路纵贯全境，每天有多趟列车途经湖州。市内主要客运站有湖州站。

湖州站：位于湖州市吴兴区西塞山路3636号，是中国铁路上海局集团有限公司管辖的一等站，是宣杭铁路、宁杭高速铁路和合杭高速铁路的中间站。可乘坐20、25等路公交前往。

汽车

湖州境内多条高速公路贯穿，交通便利。

湖州汽车总站：位于湖州市吴兴区站前路1288号，湖州火车站南侧。

湖州汽车东站：位于湖州市吴兴区二里桥路4号。电话：0572-2166837

🏠 住宿

湖州是浙、苏、沪、皖四省的交通枢纽，酒店旅馆业蓬勃发展。星级酒店遍布全市，其中以浙北大酒店、湖州大厦最为突出。各地的旅游风景区也都有不错的住宿服务。

市中心

● **湖州吴兴皇冠大酒店**

湖州吴兴皇冠大酒店集餐饮、娱乐、桑拿、住宿于一体，拥有各式精致客房，设施齐全。酒店餐饮部设有包厢和宴会厅，可同时容纳数百人就餐。KTV有众多包厢，音响设备先进，装修豪华；桑拿分为男子和女子桑拿，还有演艺吧、影视厅等设施及足浴服务，是休闲娱乐、接待友人的理想场所。 湖州吴兴区美欣达路1025号米兰广场
☎ 0572-2606999

湖州的酒店

● 湖州东吴开元名都酒店

酒店东临城市主干道江南工贸大街，并邻近湖州市政府和莲花庄、铁佛寺、飞英塔等大小景点。其建筑面积约9万平方米，楼高达51层，是浙北第一高楼，被誉为太湖新地标。

✉ 湖州吴兴区劳动路555号　☎ 0572-2288888

南浔景区附近

● 南浔水晶晶开元名庭酒店

南浔水晶晶开元名庭酒店是一家富有江南水乡风韵的艺术精品酒店，毗邻南浔古镇景区，地理位置得天独厚。酒店的每一个细节均按高星级酒店标准投资兴建，结合先进的管理理念，是来南浔古镇旅游度假、商务洽谈、会议接待、休闲娱乐的首选之地。

✉ 南浔区人瑞路1115-1119号　☎ 0572-3891888

● 南浔莲说院落客栈

南浔莲说院落客栈位于南浔古镇内的古典式院落民居，精致优雅。✉ 南浔古镇内　☎ 18005820335

🍴 美食

湖州美食首推"太湖三宝"——银鱼、白鱼、白虾。另外，周生记的馄饨（湖州四大名点之一，被人们誉为"水晶元宝"）、诸老大的豆沙粽、丁莲芳的千张包也是湖州的特色名吃。

诸老大香粽

● 酱羊肉

湖州城和新市、南浔、练市、双林等地所烧制的酱羊肉，是用带皮肥嫩湖州绵羊肉，加酱油、姜块、红枣、八角、桂皮等作料煮制而成。酱羊肉肉质肥嫩，色泽红润犹如琥珀，香气扑鼻，酥软可口，回味无穷。酱羊肉中加有煎羊肉、羊饺头和冻羊肉等品种。

酱羊肉

● 鱼脍

将鱼肉切成丝，簇成人物、鸾凤、花草等形状，杂以姜桂，或缀以殷红翠碧，气香质柔的花叶，爽口悦目。长兴所制鱼脍薄如蝉翼，是其他地方所不能及的。制作时最好用鲤鱼、鳊鱼、鲂鱼、鲷鱼、鲈鱼次之。

丁莲芳千张包

● 丁莲芳千张包子

清光绪四年（1878年），府城湖州菜贩丁莲芳以鲜猪肉、千张为原料，裹成长枕形千张包子。其千张包子以制作精细、用料名贵、味道鲜美而闻名。

周生记馄饨

●周生记馄饨

周生记馄饨因煮熟后白嫩细腻、光润晶莹,被誉为"水晶元宝"和"双羽鸟"。周生记馄饨由商人周济相于20世纪40年代创制,流传至今。此馄饨做工精细、选料精良,色、香、味、形俱佳,成为"江南一品",驰名大江南北。

●诸老大粽子

诸老大粽子始创于清光绪十三年(1887年),已有百余年历史,是江南一带的传统名点,享誉海内外。湖州"诸老大"首创了秀丽枕式粽子,选料讲究,制艺精良,色、香、味、形各具特色。甜粽甜而不腻;肉粽味道鲜美,融香糯鲜美为一体。素来有"粽子状元"之美誉。

●白扁豆

白扁豆味甘,性微温,晒干再炒熟后可食用。有健脾化湿、利尿消肿、清肝明目等功效。

●丁哥黑鱼

丁哥黑鱼馆以黑鱼最具特色。鱼肉鲜嫩、鱼汤鲜白,其中番茄黑鱼最受欢迎。

购物

湖州有众多的土特产和工艺名品,工艺品有善琏湖笔、湖州丝绸、湖州羽毛扇、安吉竹扇、长兴紫砂壶、双林绫绢、小湖羊皮等。土特产有竹乡笋干、长兴银杏、长兴吊瓜子、顾渚紫笋茶、菱湖青鱼干等。

●湖州丝绸

湖州丝绸历史悠久,距今已有4700多年的历史。湖州丝绸具有"细、圆、匀、坚"和"白、净、柔、韧"的特点,享誉世界。

●长兴紫砂壶

紫砂壶是长兴茶文化的又一珍品,享有

长兴紫砂壶

"茶具之首"的美誉,多次在国内获奖。长兴的紫砂资源同陶都丁山属同一矿脉,泥色紫而不姹,红而不嫣,黑而不墨。经过研磨调配,采用堆、捏、塑的手法,或以松竹梅、瓜果、走兽为基础造型,或以秦鼎汉器、古玩、人物为摹本。

●顾渚紫笋

顾渚紫笋因其鲜茶芽叶微紫、嫩叶背卷似笋壳而得名。该茶产于浙江省湖州市长兴县水口乡顾渚山一带,是上品贡茶中的"老前辈",早在唐代便被茶圣陆羽论为"茶中第一"。

●双林绫绢

双林绫绢出产自湖州双林镇,是我国丝织品中的奇葩。双林绫绢薄如蝉翼、轻如晨雾、质地柔软,被誉为"丝织工艺之花"。其生产可追溯到三国时期,在我国传统的丝织品——绫、罗、绸、缎中,绫绢居于首位。

节日和重大活动

节日	举办地	时间
湖州国际生态乡村旅游节	湖州	5月中旬
中华游子文化节	德清	4月底
中国竹文化节	安吉	10月底
含山、新市蚕花庙会节	含山、新市一带	每年清明节前后
中国魅力古镇旅游文化节	南浔古镇	4月底

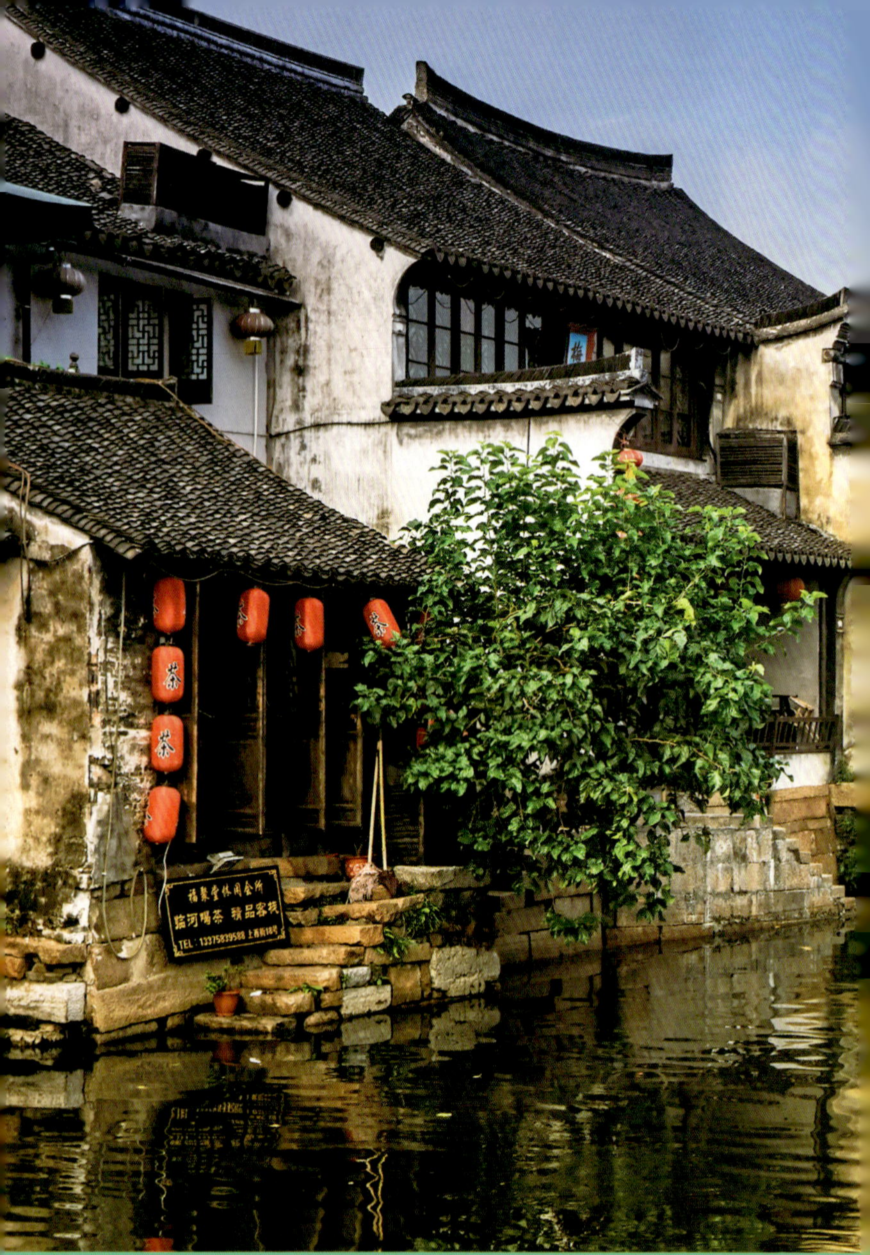

茶
茶
福聚堂休闲会所
临河喝茶 精品客栈
TEL：13375839588

江南水乡

发现者旅行指南

嘉兴

概览

♡ 亮点

- **南湖**

  南湖是浙江三大名湖之一，与杭州西湖、绍兴东湖齐名。湖心岛上以烟雨楼为主体的古园林建筑群闻名遐迩。

- **西塘**

  西塘是江南六大古镇之一，以廊棚和古弄（以石皮弄最为有名）独树一帜。

- **乌镇**

  乌镇是中国江南的"封面"，镇区由十字形的水系分为东栅、西栅、南栅、北栅四个区域，景点众多。

送子来凤桥

- **必逛街道**

  月河街：由中基路、坛弄、秀水兜街区组成，大运河及月河贯穿其中，形成"一河一街"的月河特色。街中有不少人文古迹和传统名店作坊。

线路

- **乌镇水乡二日游**

  第一天吃过早餐后逛乌镇东栅老街传统居民区和传统作坊区。中午可在传统小吃街品尝风味小吃。下午游览传统文化区及水乡风景区，夜宿东栅。

  第二天从码头摆渡进入西栅，漫步西栅老街欣赏古镇风光或泛舟领略水上风景，中午可享用地道美食，下午返回。

- **西塘经典二日游**

  第一天进古镇游览西街、倪天增祖居陈列馆、圣堂、塘东街、中国酒文化博物馆；中午可品尝水乡特色菜；下午船游胥塘河，晚上华灯初上，观古镇夜景，入住酒店。

  第二天参观张正根雕馆、江南瓦当馆、西塘最佳

林家铺子

观景处——永宁桥，游七老爷庙、醉园，中餐后游天下第一弄——石皮弄、种福堂、西园、中国纽扣博物馆。

- **嘉兴漫步一日游**

  早上出发前往南湖风景区。在这里可以观赏南湖的波光旖旎，瞻仰南湖革命纪念馆，观南湖红船，登湖心岛品味迷离的烟雨楼；最后去南湖西岸的揽秀园欣赏碑刻；中午后，前往梅湾街；之后前往月河古街区，在此既可以尽情欣赏江南水乡的气质，又可以品味大运河遗留的繁华，灯火初上，晚间的月河更显柔美。

为何去

嘉兴因南湖而出名；海宁钱江潮举世闻名，南北湖是我国唯一集山、海、湖于一体的风景区；嘉兴还有很多古镇，如嘉善的西塘、桐乡的乌镇等，置身这些古镇老街，能感受到江南水乡的独特风韵。

乌镇

何时去

每年的春秋季是到嘉兴旅游的最佳时间。一天中最美的时候是清晨与傍晚。清晨，河道上会泛起薄薄的雾气，仿佛梦境。傍晚，夕阳西照，游人散尽，一个生机勃勃的千年古镇出现在眼前。

乌镇西栅朝霞

另外，每年农历八月十六到八月十九，在海宁盐官举行中国国际钱江观潮节。每年6月都要举行的平湖西瓜灯节，可以让游客大饱口福和眼福。

乌镇

区域解读

区号：0573
面积：约3915km²
人口：558.4万人

地理 GEOGRAPHY

区划

嘉兴市下辖2个区（南湖区、秀洲区）、3个县级市（平湖市、海宁市、桐乡市）、2个县（嘉善县、海盐县）。

地形

嘉兴东临大海，南倚钱塘江，北靠太湖流域，京杭运河纵贯境内。处于江、海、湖、河交汇之处。嘉兴市为浙北水乡区域，境内地势低平。全市有山丘200多个，零散分布在钱塘江杭州湾北岸一线，市境最高点是位于海盐与海宁交界处的高阳山，海拔251.6米。市境田、地、水交错分布，形成"六田一水三分地"，旱地栽桑、水田种粮、湖荡养鱼的立体地形结构，水乡特色浓郁。

气候

嘉兴市地处亚热带季风气候区。冬夏季风交替，四季分明，气温适中，雨水丰沛，日照充足，具有春湿、夏热、秋燥、冬冷的特点，因地处中纬度，夏季湿热多雨的天气比冬季干冷的天气少得多。

历史 HISTORY

历史大事记

● **先秦以前**

距今7000多年前，嘉兴市境就有先民从事农牧渔猎活动。嘉兴是新石器时代马家浜文化的发祥地。

● **秦至唐代**

公元前770—前476年，浙江主要为越国疆域，浙北嘉兴中南部一带因吴越纷争，战争不断。

隋大业六年（610年），开凿江南运河，完成我国南北大运河的沟通。杭州经嘉兴到镇江的大运河，给嘉兴带来灌溉舟楫之利。

唐玄宗天宝年间，唐代嘉兴屯田27处，"浙西三屯，嘉禾为大"，嘉兴已成为中国东南重要的产粮区，有"嘉禾一穰，江淮为之康；嘉禾一歉，江淮为之俭"的说法。

● **明至近代**

明朝时，随着商品经济日渐繁荣，嘉兴棉布丝绸行销南北，远至海外，王江泾镇的丝绸有"衣被天下"的美誉，嘉善有"收不完的西塘纱"的谚语，桐乡濮院镇丝绸"日产万匹"，闻名遐迩。

明末清初，清军攻破嘉兴城，使嘉兴损失惨重，不复当年繁华。

南湖

1921年8月初，中国共产党第一次全国代表大会在嘉兴南湖的一艘游船上闭幕，宣告中国共产党成立。

名单 嘉兴历史名人

唐代政治家、文学家陆贽
晚清"中国大儒"沈曾植
著名爱国民主人士沈钧儒
近代著名国学大师王国维
著名作家、文学评论家茅盾
现代诗人、散文家徐志摩
著名漫画家丰子恺、张乐平
"微分几何之父"陈省身

文化 CULTURE

海宁钱江潮，壮观天下先

每年的农历中秋前后，特别是八月十八，几十万人一起涌向钱塘江口海宁盐官镇，只为一睹壮观的钱塘江潮。

"八月十八潮，壮观天下无。"这是北宋大诗人苏东坡咏赞钱塘秋潮的千古名句。千百年来，钱塘江以其奇特卓绝的江潮，不知倾倒了多少游人看客。

钱江潮是一种自然现象，它的形成与月亮、太阳的引力有关。早在东汉，哲学家王充便首次提出了"涛之起也，随月盛衰"的论断。后经科学家们长期研究证明：钱江潮是在月亮、太阳的引力和地球自转产生的离心力的作用下形成的。钱江潮每日有两潮，农历初一、十五为子午潮，半月循环一周，尤以农历初一至初五、十五至二十潮为大，一年有120个观潮佳日。

海宁是观钱江潮之胜地，这与海宁独特的地理条件有关。钱塘江到杭州湾，外宽内窄，外深内浅，是一个非常典型的喇叭状海湾。出海口东面宽达100千米，往西至澉浦，江面骤缩到20千米，至海宁盐官镇一带时，江面只有3千米宽。起潮时，宽深的湾口，一下子吞进大量海水，由于江面迅速收缩变浅，夺路上涌的潮水来不及均匀上升，便后浪推前浪，一浪更比一浪高，形成了陡立的水墙。

世界一绝的钱塘江潮是大自然的恩赐。千百年来无数名人游客为之倾倒。白居易、李白、苏东坡等历代名人墨客在一睹天下奇观后留下了千余首咏潮诗词。清代乾隆皇帝，六下江南曾四次到盐官观潮，赋诗十几首。孙中山、毛泽东等一代伟人也曾来海宁观潮，并留下诗文。浩瀚的钱江潮撞击了许多文人墨客的灵感，给临江而居的海宁人民留下了一笔丰富的"潮文化"资料，实为特殊。海宁自1994年起每年都举行"中国国际钱江（海宁）观潮节"，每年观潮者达100万人次。

但需要说明的是，近年来，钱塘江潮水

卷人事故时有发生。所以一定要遵循现场的观潮注意事项，确保人身安全。

色调清新的蓝白艺术世界

在浙北嘉兴旅游，经常能看到印染坊里那些高高的木架上面晾晒着长长的青蓝色花布。这种美丽的花布叫作蓝印花布，是浙北水乡古镇的一大特色。

蓝印花布又称靛蓝花布，源于秦汉，距今已有1300年历史。它兴盛于商业发达的唐宋时期。

蓝印花布用石灰、豆粉合成灰浆烤蓝，采用全手工纺织、刻版、刮浆等多道印染工艺制成。蓝印花布的染料用的是山间野草，浆料用的是普通石灰，所以成本低廉，操作简便，而成品又美观大方，耐洗耐用，因此得以在民间持久流传。蓝印花布全部采用手工操作，这使得花布上的浆纹自然美观、无一雷同，现代任何先进的机械印染都不能模拟。

所有的蓝印花布，不管图案有多复杂，都只有蓝、白两色，最多有些许淡青色；简单、原始的蓝白两色，创造出一个淳朴自然、千变万化、绚丽多姿的蓝白艺术世界。不论什么图案，都只用比较粗犷的点和短线组成，绝不用长线条。随着社会的发展，与时代同步的新图案也不断被创作到花布上。

以前在杭嘉湖民间，女儿出嫁时一定要带上母亲早已准备好的一条用靛蓝布做成的饭单，这样的习俗是显示女儿嫁到男家后"上得厅堂，下得厨房"的治家能力。可见在当时蓝印花布在老百姓生活中是必不可少的。

嘉兴蓝印花布

明清时期，蓝印花布产品还远销到南洋一带，深受海外市场欢迎。如今所见的蓝印花布的样式多数为明清一代的作品。这些以蓝印花布制成的蚊帐、被面、包袱、头巾、门帘等生活用品，朴素大方、色调清新明快，图案淳朴典雅。主要产品有服装、拎包、台布、围裙、拖鞋、小动物、饰物等。

如今，这种曾广泛流行于江南民间的古老手工印花织物以它朴拙幽雅的文化韵味，仍然散发着东方文化诱人的芳香。

江南粽子大王——五芳斋

走在嘉兴街头，粽子招牌比比皆是，引得不少外乡人前来欣赏这道亮丽的风景。嘉兴粽子有多个品牌，在众多品牌中，又以"五芳斋"最为著名。

粽子全国各地都有，五芳斋则号称"江南粽子大王"。能得到如此高的声誉，五芳斋的传人解释说，这与其用料、制作考究，风味独特并能永葆品质是密不可分的。传说"五芳斋"得名于清道光年间，创始人姓沈，是吴县陆墓采莲（今苏州相城区）人。沈氏起初在齐门外开了一家甜食铺，以玫瑰、桂花、莲心、薄荷、芝麻等五种苏州人爱吃的东西作为原料，制作桂花圆子、赤豆糖粥焐酥豆、莲心羹、冰雪酥、玫瑰糕等甜食小吃。沈氏有5个女儿，分别叫玫芳、桂芳、莲芳、荷芳和芝芳，恰好和店里常用的原料在字面上有相通之处，街坊邻居就开玩笑地称他的店叫"五芳斋"。沈氏老板干脆正式将店铺取名"五芳斋"。这就是五芳斋名字的由来。

"五芳斋"粽子于1921年问世。当时以弹棉花为业的浙江兰溪人张锦泉先生在春夏季弹棉花生意清淡之时，于嘉兴北大街设摊卖粽子。他的粽子外形较为别致，沿用了兰溪一带四角交叉立体长方枕头形，加上选料、制作考究，风味独特，招徕了很多顾客。10多年后，张先生召集了几名兰溪老乡，在嘉兴当时最热闹的张家弄租间门面开了首家

"荣记五芳斋"粽子店,经营火腿鸡肉粽、重油夹沙粽。时隔数年,嘉兴人冯昌年、朱庆堂两人在这家店对面和隔壁也开设了"合记"和"庆记"两家五芳斋粽子店。三家呈品字形分布的"五芳斋"粽子店,一时成了嘉兴这座江南古城的独特风景。因为三位五芳斋的老板都夸耀自己是老牌正宗,所以他们各自在用料、配方、包裹、烧煮等方面动足脑筋。如此激烈的竞争,促使粽子选料日益考究,配制方案日趋完善,口味日趋精美,嘉兴张家弄"五芳斋"由此声名鹊起,驰名江南。

五芳斋粽子以"糯而不烂、肥而不腻、肉嫩味香、咸甜适中"而著称。如今,嘉兴五芳斋粽子因其滋味鲜美、携带方便、食用方便而备受广大旅游者厚爱,有"东方快餐"之称。产品远销日本、东南亚等地。

几乎失传的海盐腔

海盐腔是一门古老的戏曲唱腔,因其形成于浙江海盐而得名。然而,由于历史原因,海盐腔300多年前在海盐本地逐渐失传。2011年上半年,海盐腔研究会组织的一台海盐腔折子戏,重新演绎海盐腔,在这部戏的启发下,将这一失落了300年的唱腔重新搬上戏曲舞台似乎有了可能。

海盐腔是元代海盐澉浦人杨梓受戏曲音乐家贯云石启发,对当时流行的南北歌调进行加工后而形成的。这种柔美婉转的新唱腔由明代开始盛行,并成为南戏的四大声腔(海盐腔、余姚腔、弋阳腔、昆山腔)之首,逐步取代了在南方流行的北曲杂剧在戏曲舞台上的统治地位,对后来昆山腔等各种声腔的形成和发展产生了重要的影响。明嘉靖、隆庆年间,在今浙江嘉兴、温州,江苏南京、苏州,江西宜黄及北京等地,曾盛行一时。但至清康熙以后,海盐腔就湮灭无闻了。据传,明代戏曲作家汤显祖也曾对"海盐腔"做出过重要贡献。著名文艺评论家、戏曲理论家戴不凡经研究认为,汤显祖的作品《临川四梦》其实就是"海盐腔"剧本。

五芳斋美味的粽子

海盐腔演唱时只用锣、鼓、板等打击乐器伴奏,不用丝竹乐器。其声腔婉转,为贵族豪富人家所喜爱,常在喜庆宴会上召集海盐子弟演唱。

海盐腔研究会近年来不断从兴工、苏工、盱河戏等亲缘戏种中寻找海盐腔的余韵,并邀请编曲专家、文学指导老师进行整理,重新编排剧目。如今海盐本地会唱海盐腔的人也已经不多了,但当年入赣的海盐腔在当地得到了较好的保存和发展。可以借鉴各种流派中的海盐腔曲牌,逐步恢复海盐腔。

如今,一批海盐腔节目已在准备阶段,具体包括海盐腔曲牌器乐演奏曲《海歌》和明代海盐剧作家崔时佩《南西厢》中的折子戏、明代汤显祖《牡丹亭·游园》中的海盐腔曲牌等。

链接

海盐腔奠基人杨梓

杨家是海宁当地以海运起家的豪门富室,家中有为招待客商仕宦的专门乐队,并拥有杨氏家乐。杨梓精通音律,长于写散曲。在他的好友——著名的戏曲音乐家贯云石的指点下,杨梓发挥自己的才能,在创作补遗中对流行的南北歌调进行加工,逐渐形成以腔调轻柔婉转为主要特色的新唱腔,并以之作为杨氏歌童演唱的"家法"。由于这种新腔优美动听,有很强的艺术魅力,海盐人纷纷学习,很快就在全州境内传播开来,号称"海盐腔"。

景点推荐

西塘古镇 AAAAA

西塘古镇为江南六大古镇之一，位于古代吴越两国的相交之地，有"吴根越角"之称。西塘以廊棚和古弄（以石皮弄最为有名）独树一帜。古镇区9条河道纵横交织，将古镇分为8个区，有环秀桥、来凤桥等27座古桥将市镇连通。其他景点还有西园、尊闻堂、薛宅、醉园、江南瓦当陈列馆等。

除了西塘的人文建筑特色之外，西塘的人也很有文化。西塘著名的"西塘三把刀"是小镇的代表，这"三把刀"就是"水阳楼"老徐的竹雕艺术、"醉园"王氏父子的版画艺术和"桐村雅居"钱锦铭的剪纸艺术。

嘉兴市嘉善县西塘镇　95元
www.xitang.com.cn

玩家 攻略

1.逛圣堂：每年春节的"逛圣堂"热闹非凡。春节至正月十五元宵节，镇上和近镇各乡的人们都来圣堂烧香祈福，临时摆设的玩具、饮食小摊和各种杂耍都集中于此，初四各店铺"接路头""换元宝"，还有舞狮、打莲湘等活动，一番热闹景象。此外，每年农历四月初三是西塘人民的守护神七老爷的生日，这一天要举行隆重的庙会活动（巡游），还要在七老爷庙内演三天大戏。

2."西塘的一夜，为你等待了千年。"夜游西塘别有一番情趣，在河道里飘荡，看看社戏，在西园内听听江南丝竹，品香茗，感受夜西塘的另一份热闹。

3.吃：西塘的菜肴讲养生，求新鲜、好美味，重文化，如清蒸白丝鱼、霉干菜扣肉、毛豆菱角、馄饨老鸭煲、酱爆螺蛳等。特色名吃有荷叶粉蒸肉、五香豆、八珍糕、嘉善黄酒、送子龙蹄等。

送子来风桥
西塘最美的桥

送子来风桥是西塘最美的一座桥。这是一座仿古泥桥，传说建造的时候恰有一鸟飞来，造桥人认为此乃祥瑞之兆，便将此桥取名为"送子来风桥"。此桥又名"情侣桥"，寓意情侣步过此桥，婚后必生贵子。

石皮弄
西塘最窄的弄堂

石皮弄是西塘镇122条长短不一的弄中最窄的一条。它是夹在两幢住宅之间的露天弄堂，宽仅1米，由166块石头铺成，弄面平整。石皮弄左右两壁为梯级状山墙，高6～10米，至今仍完整地保留着古老而又独特的风姿。

廊棚
江南水乡中独有的建筑

西塘的廊棚是众多江南水乡中独一无二的建筑。廊棚长达1000多米，实际上就是带屋顶的街道。西塘的廊棚有的临河，有的居中，有的在沿河一侧还设有靠背长凳，供人歇息。廊棚的顶有一落水，有二落水，也有过街楼形成的廊棚屋顶。廊棚里侧多为商店和民宅，使行人不必担心雨淋和日晒。

卧龙桥
西塘知名度最高的桥

卧龙桥为单孔步级石桥，是全镇最有名的一座桥。卧龙桥最初建于明代，传说中为当时

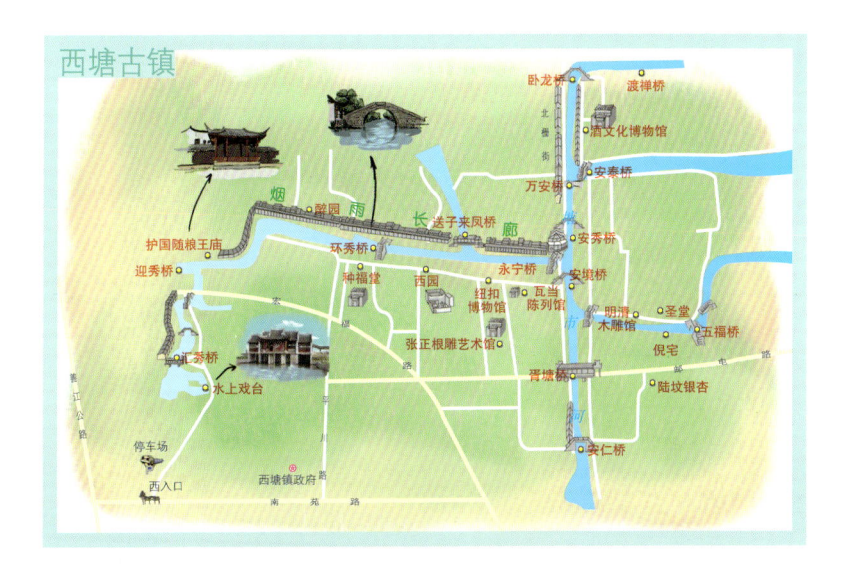

的广源和尚化缘筹得的钱所建。桥上有对联写道：修几百年崎岖之路；造千万人来往之桥。以此来表达人们对广源和尚的崇敬之情。

烧香港
保留明清风貌的河段

烧香港以河得名，是从鲁家桥到五福桥之间的一条小河。港的南北岸街道则由此成为烧香港北街、烧香港南街，统称烧香港街。烧香港内的民居基本保留明清时的风貌，小河悠悠。石驳岸里镶嵌着一个个石河埠，屋宇中的一条条古弄通河达田，曲径通幽。

护国随粮王庙
地方神庙

护国随粮王庙俗称"七老爷庙"。护国随粮王庙供奉的是西塘的地方神，历史上真有其人，姓金，家中排行老七，百姓称之为七老爷。现庙为毁后重建，每年四月初三前后，嘉善的魏塘、西塘两镇仍有祭祀活动，香火通夜不灭，俨然是一副大庙的模样。

玩家 解说

1628—1644年（明崇祯年间），西塘一带闹饥荒，当时七老爷督运皇粮船经过，见饥民累累，遂将皇粮倾施于饥民，自知难逃国法，就在雁塔湾河投河自尽。得救的百姓集资建庙供奉七老爷。后朝廷知此事，便将其追封为护国随粮王。

种福堂
清代名门私邸

种福堂是清代王氏私邸，为典型的明清民居风格。此宅为前后七进加一座后花园，第三进为正厅，即"种福堂"，厅堂正中央悬挂有康熙年间翰林侍读学士海宁陈邦彦题写的名为"种福堂"的匾额，以告诫后人："平日多行善积德，日后定能使子孙得福。"

玩家 解说

王氏世祖是宋代御营司都统制王渊。清康熙年间，王氏一脉子孙移居西塘，兴建此宅邸。站在街上看到的种福堂门面不是很气派，与边上的房屋没有区别，据当地的老人们讲，那是因为从前太湖一带有强盗出没，门面的简朴是一种伪装。

礼耕堂
西塘最高古建筑

礼耕堂位于种福堂东侧，也是王姓住宅，建筑格局与种福堂相仿，但其厅的高度在全镇居首。

"礼耕堂"取"诗礼继世、耕读传家"

供奉地方神的护国随粮王庙

之义，建筑面宽三间，进深五间，高两层，为穿斗式结构。东西两侧为厢房。建筑用材考究，装饰简洁，门窗上饰有花草图案，地面铺砌青砖，是典型的晚清民居建筑。

薛宅
典型的商住民居

薛宅原址为一间南货店，遭火毁后由薛姓人家建造而成。由于薛宅处在繁华的商业地段，其风格为前店后宅的结构，前后两进，前临街道，后依河，为西塘镇典型的商住民居。

西园
私家园林

西塘西园旧址在西街计家弄内，为明代朱氏私邸，后出让给孙氏。园内有树木、花草、假山、亭池等，风景优美。东侧假山上有"听涛轩"茶室，因假山上有白皮松1株，高数丈，风来簌簌有声，故名。

1920年冬，诗人柳亚子来西塘，曾住西园并与西塘南社社友在西园摄影留念，题名为"西园雅集第二图"。此园也为纪念柳亚子取名"西园"。

西园宁静的午后

西塘黄酒陈列馆
黄酒博物馆

黄酒陈列馆是全国最大的黄酒生产地西塘的酿酒历史的缩影。它坐落在西塘万安桥与卧龙桥之间，由一组民居改建而成。陈列馆由黄酒产品陈列室、传统黄酒生产工艺流程、西塘黄酒史展、酒魂园及小酒馆组成。

玩家 解说

黄酒是我国最古老的饮料之一，具有数千年的历史，它是以大米或粟米为原料，经过蒸煮、糖化、发酵及压榨而成的一种低浓度酿造酒。黄酒酒性醇和，酒体丰富，有较高的营养价值，为我国人民所喜爱。

嘉善黄酒生产历史悠久，早在明万历四十六年（1618年）西塘人陆失煌创办陆家糟坊以酿制"梅花三白"黄酒而闻名，至其孙陆景陶时家业隆盛，"陆酒"名闻乡里。此后糟坊在当地如雨后春笋般出现。后几经变迁，现以嘉善酒厂为代表的嘉善成为全国最大的年产数万吨的黄酒生产基地。

明清民居木雕陈列馆
江南民居木雕大荟萃

明清木雕陈列馆位于烧香港北。该馆陈列着250多件明清以来以西塘为代表的江南地区民居建筑木雕，有梁架、梁垫、撑拱、雀替、格窗等，雕刻技巧丰富多彩，剔地、地刻、漏雕、透雕等各展奇工，图案典雅、工整、精致美观，集中展现了江南民居木雕特有的柔美、细腻、清新、绚丽的格调。

陆坟银杏
明代古银杏

陆坟银杏在西塘镇邮电路坟浜弄口，共有两棵，雌雄一对。这两棵银杏树种植于明洪武年间，距今已有600多年。此处原有明陆邦墓，现已无存，只留下了墓周围的石人石马与这两棵老银杏树印证着这段历史。

景点推荐

乌镇 AAAAA

乌镇是中国江南的封面,是中国几大古镇中历史最悠久、文化最发达的一个。自南宋以来,历代都有名园巨宅在此兴建,如今仍保留着不少清末民初建筑风格的古老民居。乌镇也是茅盾的故乡,他笔下的"林家铺子"是游客来乌镇的必游之地。

乌镇镇区由十字形的水系分为东栅、西栅、南栅、北栅四个区域。东栅景区(以旅游观光为主)于2001年开放,有江浙分府、江南百床馆、江南民俗馆、江南木雕陈列馆、茅盾纪念馆、茅盾故居等景点。西栅景区(以休闲度假为主)于2007年开放,面积是东栅的3倍,由12个岛屿组成,有桥梁72座,西栅老街店铺林立。

- 桐乡市乌镇
- 乌镇主要景区西栅到东栅之间不仅有公交车可到,还有免费的班车
- 联票190元

玩家 攻略

1. 这里会举办"江南水乡狂欢节",茅盾笔下的"香市"场面在此重现,修真观戏台还有社戏表演。

2. 乌镇有多种民俗表演,东栅景区有皮影戏、花鼓戏、船拳、高竿表演,西栅景区有大戏院书场评弹、水上戏台花鼓戏,夜游时还可听夜场评书(评书场)。

3. 省钱诀窍:在西栅景区住宿,可凭门票、房卡和身份证在游客服务中心办理临时出入证,入住西栅期间进出西栅景区无须再购票(只需首次

4.茶馆：茶市街位于西栅白莲塔河对面，是著名的茶艺一条街。地处中市的访卢阁、三益楼、一洞天等茶馆规模较大。

财神湾
船只掉头处

财神湾旧时叫转船湾，因乌镇的水系比较特殊，呈"十"字形，越到栅头河道越窄，船只也不易掉头，所以当地人就在这儿开塘挖河造了一个能使船只掉头的地方。同时为了区别于其他地方的转船湾，便借用旁边的财神堂命名为财神湾。

财神堂内供有一尊财神雕像，为乌镇的东路财神，原身是比干丞相。这是一位特殊的财神爷，因他是被掏心而死，后人誉之为没有私心，并以此告诫人应取仁义之财，不能有过多的私心私利。每年的农历正月初五，乌镇当地居民都会来财神堂前烧香祈福。

玩家 解说

关于乌镇的镇名的由来历来说法不一，但当地人普遍认同"乌镇"是为了纪念乌赞将军而得名。

唐宪宗元和年间（806—820年），乌镇有个英勇的将军，姓乌名赞，人称乌将军。乌将军爱国爱民，英勇善战。唐代自安史之乱以后，地方官吏割据称王。当时，浙江刺史李琦也要称霸，

蓝天白云下的乌将军庙

举兵叛乱，致使这一带民不聊生。唐宪宗就命乌赞同副将吴起率兵讨伐。乌赞武艺高强，英勇善战，打得叛军节节败退。怎料李琦使出诡计，暗害了乌将军。吴起率兵赶到，杀退了叛军，把乌将军埋葬在乌镇车溪河西，为他堆坟立碑，当天夜里，人们看到乌将军的坟上冒出一株绿叶银杏，并很快就长成参天大树，这棵银杏从来不结果实。当地百姓说，这银杏就是乌将军的化身。此后，乌将军就成了当地百姓的守护神。

逢源双桥
独具特色的双桥

逢源双桥是乌镇众多桥中独具特色的桥。双桥又称桥中桥，顾名思义是由两座桥组成，即通济桥和仁济桥。又因桥上有廊棚，所以也称廊桥。双桥地处镇郊接合部，一边是民居，另一边是翠田绿树，景色十分优美。桥中间隔有一个石头屏风，不管走哪条都可以到对岸。

逢源双桥

传说行走双桥有男左女右的习俗，在桥上来回一趟，须分走左右两半，因此又演绎出走此桥便可左右逢源之说。站在逢源双桥上，可以眺望东市河远景。

茅盾故居
文学大师的故宅

茅盾故居是我国江南一带常见的传统木构架民居建筑，现为国家重点保护文物单位。故居坐南朝北，前后有两幢房屋。前一幢的3间平房为茅盾的卧室、书房和会客厅。屋边有一个小庭院，内栽棕榈、天竺、冬青、扁柏和果藤。后一幢是两层小楼，用作厨房、饭堂和起居室。

立志书院
始创于同治年间的书院

立志书院坐落在茅盾故居的东侧，现在是茅盾纪念馆，最初由邑绅严辰等于同治四年（1865年）创建。它的前身是名震嘉、湖的分水书院，清咸丰十年（1860年）在与太平军的交战中毁于战火。5年后，严辰等择新址重建书院，取名"立志"。

林家铺子
茅盾小说《林家铺子》的原型

林家铺子位于乌镇的东栅观前街兴华桥旁，茅盾故居的对面，是茅盾小说《林家铺子》的原型。现在的林家铺子依然开着，售卖乌镇的各色特产。

昭明太子读书处
传说南朝萧统曾在此就读

昭明太子读书处因南朝梁武帝太子萧统曾在此设馆就读而得名。后来，书馆塌毁，遗迹残存。明万历年间（1573—1620），乌镇同知全廷训出于对萧统才学的敬仰，便在书馆旧址前建起一座石坊，沈士茂于石坊上方题写"六朝遗胜、梁昭明太子同沈尚书读书处"匾额。

玩家 解说

昭明太子名萧统，两岁时立为皇太子，萧统自幼好学多闻，通知今古，以首编《昭明文选》闻名于世。乌镇人非常珍惜这一文化遗迹，1977年茅盾在给家乡的一首词中写下了"唐代银杏宛在，昭明书室依稀"的佳句。

江南木雕陈列馆
展示江南木雕

江南木雕陈列馆，又称"百花厅"，旧时以其木雕精美而闻名。木雕馆里的木雕取材丰富，有"八仙过海""郭子仪祝寿"等民间传说，有"打鱼""斗蟋蟀""敲锣打鼓"等生活场景，也有"龙凤呈祥""松鼠吃葡萄""梅兰竹菊"等传统图样。它以古朴的风格，细腻精巧的表现手法，表现了具有江南地方特色的风俗民情。

江南百床馆
专门收藏床的主题博物馆

江南百床馆又称赵家厅，是专门收藏床的博物馆。馆内收藏了各种各样的江南古床，更有数十张明、清、近代的江南古床精品。

江南民俗陈列馆位于江南百床馆旁，是通过衣俗、节俗、婚俗、寿俗四大部分展示晚清至民国时期乌镇民间与寿庆礼仪、婚育习俗和岁时节令等有关的民俗。

景点推荐 嘉兴城区景点

南湖风景区 AAAAA
浙江三大名湖之一

嘉兴市南湖区　免费

南湖因地处嘉兴城南而得名，与西南湖合称鸳鸯湖。南湖是浙江三大名湖之一，与杭州西湖、绍兴东湖齐名。南湖素来以"轻烟拂渚，微风欲来"的迷人景色著称于世。

1921年8月初，中国共产党第一次全国代表大会在南湖的一艘画舫上完成了最后的议程，庄严宣告中国共产党成立。南湖从此成为党的诞生地，全国人民向往的革命圣地，中国红色旅游之源。

南湖风景区内自然景观与人文景观交相辉映，分布着风景名胜十多处，文物保护单位六处，主要有会景园、湖心岛、南湖革命纪念馆、四季园、英雄园、揽秀园、小瀛洲、放鹤洲、鸳湖生态绿洲等，其中中共一大嘉兴南湖会址是全国重点文物保护单位。

玩家 攻略

1.每年5月嘉兴南湖旅游节有放荷花灯、水上拔河（抢荷花）、踏白船、划艇表演等水上游览项目。旅游节期间，还举办粽子节、农民画展、民间艺术展及摄影书画展等民间活动。

2.建议夜游南湖，可乘大船，或租用独立的小船。乘船地点在南湖大门口。

3.南湖边或湖心岛有茶座，其中最佳的喝茶地要数"小南湖"景点，这里鲜为人知，十分宁静。

□ "一大"红船

"一大"红船向人们生动展现了中国共产党诞生的历史场景，这条"一大"纪念船也被人们称为"南湖红船"。船停泊在烟雨楼前的水面上,是1959年仿照当年中共"一大"开会的游船(原有的游船已经在抗日战争时期消失)而建造的。

◻ 南湖革命纪念馆

南湖革命纪念馆位于南湖东岸,是为了纪念"一大"在南湖胜利闭幕这一重大历史事件。1991年7月,建党70周年前夕,南湖革命纪念馆拔地而起,邓小平同志亲笔题写馆名。

◻ 烟雨楼

烟雨楼始建于五代后晋年间(936—947年),初位于南湖之滨,明嘉靖二十六年(1547年),疏浚市河,所挖河泥填入湖中,遂成湖心岛,次年移楼于岛上,后来又被称为"小瀛洲"。

登烟雨楼望南湖景色,别有情趣。夏日倚栏远眺,湖中接天莲叶无穷碧;春天细雨霏霏,湖面上下烟雨朦胧,景色全在烟雾之中。

◻ 会景园

会景园坐落在南湖南岸,呈半岛形。会景园融望湖赏景、旅游休闲、文化娱乐和旅游接待服务为一体,是游览南湖风景名胜区的主要入口。园内假山瀑布、楼台庭院、林荫步道、古桥流水,充分展现了江南园林风格。

◻ 湖心岛

湖心岛是一座人工小岛,全岛面积1.13公顷。小岛的历史可追溯至明清时。岛上亭楼众多,如主建筑烟雨楼、清晖堂、小蓬莱、来许亭、鉴亭、宝梅亭、访踪亭等,形成了一个古园林建筑群。亭台楼阁、假山回廊、古树碑刻,错落有致,营造了湖心岛独特的江南园林景致。

烟雨楼

烟雨楼楼高两层,重檐画栋,楼前檐悬董必武所书"烟雨楼"匾额。

御碑亭内的乾隆御碑高188厘米,宽80厘米,厚25厘米。

钓鳌矶是烟雨楼前的一座凭湖的平台。

观音阁为三楹二层,晚清建筑风格,系1987年重建。

假山

清晖堂是清同治六年(1867年)嘉兴知府许瑶光为赞颂乾隆皇帝南巡所建的一座门厅。

荷花池内盈盈碧水,每到夏季荷花绽放,甚为美丽。

古银杏树已有450多年的树龄。

菱香水榭为典型的清代建筑,古朴典雅。

嘉兴城区景点　179

南湖湖心岛

壕股塔

壕股塔是古时嘉兴七塔八寺之一，因北临城濠，其水曲如股而得名。相传苏东坡曾到此饮茶，并与文长老（徐渭）在此晤谈。

重建的壕股塔位于南湖西侧的南湖渔村之中，为7层阁楼式宝塔，四周有回廊，沿袭宋代建筑风格。每层的四角翘檐上搁置一个精致佛像，下面垂挂古朴风铃。塔刹为国内罕见的纯铜鎏金铸成，耗用了3公斤纯金。

范蠡湖
相传为西施梳妆之地
- 嘉兴环城南路
- 乘坐89路公交车可到

范蠡湖以水景取胜，湖中产五彩螺。范蠡湖旧有西施家之称，相传西施身葬湖中。

相传当年西施每天梳妆，倾脂粉于湖中，螺食而成五彩，故湖中产五彩螺。现湖西北岸的一座水轩即为西施妆台，为歇山顶抬梁式建筑，内原有范蠡和西施塑像，现妆台北墙上仍有"范少伯祠""浮碧"石匾两块。

双魁巷
保存完整的旧式民用建筑
- 嘉兴市南湖区光明街
- 乘坐25路公交可到

双魁巷是典型的明清里巷建筑形制，为嘉兴目前保存最为完整的一组旧式民用建筑。

双魁巷建于1917年，巷内共有楼房26间，分列两侧，均为砖木结构。双魁巷建筑粗犷中带有精细，紧凑中保持整齐，具有明清江南水乡的"一街一河""人家尽枕河""曲水深巷"的风情特色。

湘家荡旅游度假区
独具江南风情的水上度假区
- 嘉兴市南湖区七星镇
- 乘115路公交可达

湘家荡旅游度假区以江南水乡、田园景色和湖泊风光为背景，以水上游乐、农业观光为主题，成为嘉兴市旅游的中心和长江三角洲独具特色的旅游度假胜地。

湘家荡又名湘家湖、湘湖，湖泊面积130公顷。度假区现建设有湘家荡水上娱乐中心、国际垂钓中心、生态农业示范区、现代高科技游乐园、度假中心、汽车公寓等14个功能区。

东洋桥
旧时的"安平八景"之一
- 嘉兴市南湖区莪村镇东洋村水尾

东洋桥始建于清乾隆十年（1745年）。此桥屡建屡毁，1921年重建为伸臂梁木平廊桥。桥身古朴典雅，亲切自然。

东洋桥为旧时"安平八景"之一的"双桥跨海"中双桥的一座，又称安平东桥，简称东桥，与安平桥并称双桥。东洋桥原长660丈，宽1.2丈，桥墩243座，桥上建有东西二亭。东桥桥头原有东塔，现已无存。

嘉兴博物馆
展示嘉兴7000多年的文明史
- 嘉兴市南湖区海盐塘路485号
- 乘坐28、92路公交车可到

嘉兴博物馆始是在原嘉兴城隍庙、火神庙旧址上建立起来的。博物馆现有文物库房和陈列大楼各一幢，展出有书画、石器、骨器、陶瓷器、玉器和其他馆藏珍贵文物近6000件。

嘉兴博物馆中的玉璜

沈钧儒纪念馆大厅

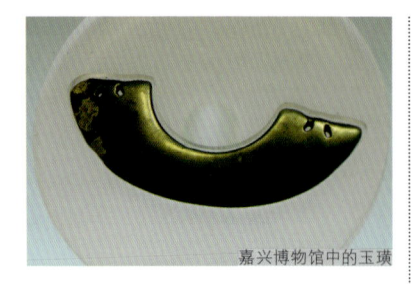

"禾兴之源——史前时期的嘉兴"和"沃土嘉禾——历史时期的嘉兴"为嘉兴博物馆基本陈列，以大型雕塑《禾源》为象征，以时间为序，集中展示嘉兴上自远古、下至近代源远流长的7000年文明史，展示了马家浜文化、良渚文化、吴越文化及名人文化等辉煌灿烂的历史。

沈钧儒纪念馆
名人故居纪念馆

- 嘉兴市南湖区南帮岸3号
- 乘7、31等路公交车均可到达

沈钧儒故居建于清代，修缮后作为沈钧儒纪念馆对外开放，以缅怀沈钧儒先生光辉的一生。

纪念馆由头门、仪门、前厅、后楼及东西厢房组成。头门西侧为纪念馆辅助陈列室，以不同形式、不同题材展示纪念馆丰富的藏品。

链接
沈钧儒

沈钧儒（1875—1963），字秉甫，号衡山，著名爱国民主人士，中国法学家、政治活动家，也是著名的救国会"七君子"的领头人。抗日战争时期，曾组织平民法律扶助会，为被迫害的人民、抗日军人家属及进步图书杂志义务辩护。中华人民共和国成立后，任中央人民政府最高法院院长，为中华人民共和国成立初期建立人民法制体系、巩固人民民主专政作出了很大贡献。

望吴楼
追溯越王勾践卧薪尝胆的历史

- 嘉兴市南湖区环城绿化带北丽桥东侧

望吴楼为旧时望吴楼旧址上重建的一组仿古建筑，原是嘉兴的北门，现为市民的休闲之地。

相传在春秋吴越时，两国交战，越大败，越王勾践卧薪尝胆，立志复国雪耻。为此，他选送美女西施乘船到吴国，当船行至嘉兴北城楼时，吴王派车队前来接应，西施上岸登上城楼，与越国送行的百姓告别，此后，百姓经常来此昂首北望，盼望西施能早日回国，时间一长，嘉兴北门就改名为望吴楼。

曝书亭
清初学者朱彝尊故居

- 嘉兴市秀洲区王店镇广平路南端
- 乘坐244路公交可达

曝书亭为清初著名学者朱彝尊故居。园林原名"竹垞"，曝书亭是竹垞内的一座建筑物，因朱彝尊著作《曝书亭集》而闻名于世，后人遂以曝书亭作为园林名。

此园始建于清康熙三十五年（1696年），经历过多次修葺，现保存的园林格局由清嘉庆元年（1796年）浙江学政阮元主持重修。园内有曝书亭、水轩、荷池、曲桥、潜采堂、六峰亭等景观，其中以曝书亭最负盛名。

农民画陈列馆
展示极具乡土风情的农民画

- 嘉兴市秀洲区东升路

农民画陈列馆是一座集中展示嘉兴秀洲区农民画的专题展览馆。陈列馆展示的嘉兴农民画是来自农村的民间艺术，以群众喜闻乐见的农村生活为题材，以简洁、明快、绚丽和直率的创作手法展现出质朴、纯真和浓郁的乡土气息。秀洲区也被冠以"中国现代民间绘画之乡"的称号。

展览馆所展出的农民画有近百幅入选国家级或省级展览并获奖，其中《南湖菱歌》获全国农民画展一等奖，《乡情》《赤脚走在田埂上》《那边有棵两面三刀树》《戴着金夕阳归》等先后获省农民书画赛一等奖。

秀水县学明伦堂
清代的县学建筑

嘉兴市秀洲区少年路中段

秀水县学明伦堂为嘉兴境内稀有的古代规制殿堂，为旧时秀水县学。县学原址甚广，规模宏大。明宣德七年（1432年）建明伦堂及斋庑，次年建大成殿、棂星戟门，明正统九年（1444年），塑孔子像，配以十哲。次年修建戟门两庑，置文昌阁、号房等，明万历二十四年（1596年）建尊经阁等。太平天国战争后，重建大成殿、明伦堂等建筑，现仅存明伦堂。

明伦堂内原有匾额，不署名，现额"明伦堂"是从董其昌"重修嘉兴府明伦堂序碑"中临摹，"董其昌"落款和朱文"董玄宰印"由南湖"鱼乐国"碑中所拓。堂中原有的6块碑刻仍保留在墙上。整体建筑保持了有着130多年历史的清代建筑风格，成为嘉兴一大人文景观。

梅花洲 AAAA
承载着灿烂文明的千年历史遗迹

嘉兴市南湖区凤桥镇三星路　乘坐221、173路公交车到石佛寺站下车　门市价100元

梅花洲是一个承载着灿烂文明的千年历史遗迹，因大小河道曲折潆洄、纵横交错，将地势巧妙地分成五瓣，状若梅花，故有"梅花洲"之名。

梅花洲内，始建于南朝的石佛古刹钟声袅袅、余音不绝，千年银杏遗世独立，香花廊桥流芳遗梦，粉墙黛瓦澜景亭亭，写尽了江南这一方盈水间千年不绝的韵味，再现了三百年的中国情怀。

玩家 解说

梅花洲与上海、杭州、苏州、宁波只有百里距离，有得天独厚的区域位置。在工作和生活节奏不断加快的今天，闲适已成为奢侈品，隐居也成为很多都市人的梦想。景区以"灵动水乡，写意江南"为核心思想，通过观光、休闲、禅修、会议、住宿和生态等项目植入，真正成为集合禅意体验、心灵度假与隐逸栖居的区块，构筑一幅精致的江南风情画卷，打造一个江南文化的一站式体验区，使这里真正成为有地方可去，有东西可玩，有活动可参与的精品旅游区。

梅花洲

嘉兴周边景点

景点推荐

海宁中国皮革城 AAAA
皮衣之都

- 海宁市海州西路201号
- 乘181路公交到皮革城站下

海宁被誉为"皮衣之都",是全国规模最大的皮革集散中心之一,是游客到海宁购物的必去地。海宁中国皮革城分皮革城、鞋业城、牛仔城、淘气嘉年华和餐饮一条街。主要有休闲皮装、时尚箱包、品牌皮具、优质皮毛等,现已成为华东地区最大的皮具箱包市场。

盐官观潮胜地公园 AAAA
浙江十大旅游胜地之一

- 海宁市盐官镇
- 海宁火车站乘专线中巴可到
- 30元

盐官观潮胜地公园是浙江十大旅游胜地之一,景点沿海塘分布,园内有占鳌塔、镇海铁牛、钱江古海塘、中山亭、天风海涛亭、史量才纪念碑、钟鼓楼、小普陀寺、观潮台等景点。盐官海塘已被列为全国重点文物保护单位。

玩家 解说

海宁潮又称钱江潮,是由月球和太阳的引力、地球自转的离心力和杭州湾特殊地形等因素形成的世界第一涌潮,以其潮高、多变、凶猛、惊险而堪称一绝,自古以来名扬海内外,被誉为"天下奇观"。

观潮日:观海宁潮不限于农历八月十八,海宁潮一天二次,白天称潮,夜间称汐,昼夜间隔12小时。

由于受月球和太阳引力的影响,潮之强弱呈现规律性变化,每月的农历初一至初五、十六至二十均为大潮日,一年有120多个观潮佳日,故海宁"天天可观潮,月月有大潮"。尤其月圆以后的三天涌潮最大。春分和秋分两个节气前后,涌潮更为壮观。

嘉兴周边景点 183

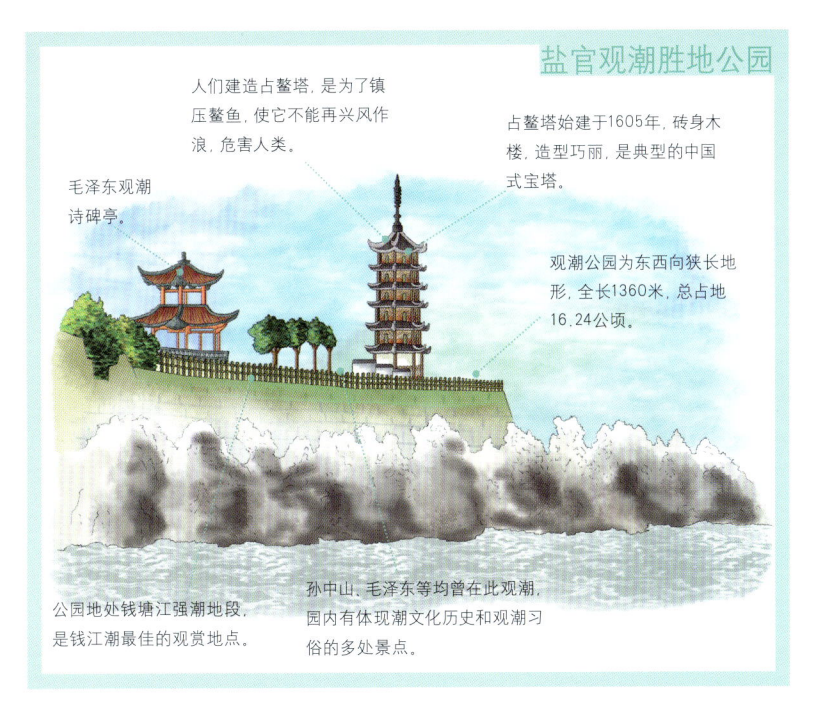

盐官观潮胜地公园

人们建造占鳌塔，是为了镇压鳌鱼，使它不能再兴风作浪，危害人类。

占鳌塔始建于1605年，砖身木楼，造型巧丽，是典型的中国式宝塔。

毛泽东观潮诗碑亭。

观潮公园为东西向狭长地形，全长1360米，总占地16.24公顷。

公园地处钱塘江强潮地段，是钱江潮最佳的观赏地点。

孙中山、毛泽东等均曾在此观潮，园内有体现潮文化历史和观潮习俗的多处景点。

海宁市博物馆
拥有全市唯一的灯彩陈列馆

- 海宁市硖石街道西山路542号
- 免费

海宁市博物馆占地面积约0.87公顷，设文物精品馆、书画馆、灯彩馆、恐龙馆、科普馆和展览中心。其中的灯彩陈列馆，是全市唯一的以硖石灯彩为主题的展示场所，在展示硖石灯彩制作工艺、历史的同时，聚集了硖石灯彩的精品，有品字亭、百幅塔、文辉阁、聚宝盆、梅亭、珠帘伞等精品硖石灯彩。

馆藏品层次丰富，结构完整，尤以瓷器、玉器见长，从新石器时代马家浜文化延续而下，包含陶瓷、玉石、字画等。

徐志摩故居
徐志摩与陆小曼的"爱巢"

- 海宁市硖石街道西河街32号
- 乘坐海宁31路公交至紫薇里下

徐志摩是我国"新月派"的灵魂人物。徐志摩故居建成于1926年，是一幢中西合璧式的小洋楼，也是徐志摩与陆小曼婚后的暂住地。楼内有冷热水管、电灯、浴室等设备，这在20世纪20年代的中国农村无疑是一座令人侧目的豪宅。徐志摩称此为他们的"爱巢"。

故居分主楼和后楼两进，主楼三间二层，底层两侧有徐志摩家世、生平及文学活动陈列，展示诗人短暂而绚丽多彩的一生。正厅、卧室、书房布置复原陈列，再现诗人的

徐志摩故居

家境和生活场所。后楼亦三间,屋顶有露台,可登临。故居台门上方有诗人表弟金庸的手书"诗人徐志摩故居",正厅有匾曰"安雅堂",乃启功补书。

链接
徐志摩

徐志摩(1897—1931),现代诗人、散文家,新月派代表诗人。1921年赴英国留学,1923年成立新月社,1931年因飞机失事罹难。

徐志摩一生浪漫多情,他与张幼仪的婚姻是那个时代的不幸,他与林徽因的淡淡情愫令人唏嘘,他与陆小曼的婚姻热烈而深情。徐诗字句清新,韵律谐和,想象丰富,意境优美,具有鲜明的艺术个性。他的散文也自成一格,取得了不亚于诗歌的成就,代表作品有《再别康桥》和《翡冷翠的一夜》等。

王国维故居
王国维的少年住所

- 海宁市盐官镇建国路
- 海宁火车站可乘专线中巴到盐官镇 10元

王国维故居是近代国学大师少年时代的住宅。庭院坐北朝南,建筑为木结构。前厅正中置放王国维半身铜像,陈列分三部分:第一部分介绍王国维故乡、家世及其生平;第二部分介绍王国维的主要学术成就,陈列王氏各种著作和手稿;第三部分为国内外专家、学者研究王国维的论著。

链接
王国维

王国维(1877—1927),字静安,号观堂,近代著名学者,国学大师。王国维生于海宁,并在海宁度过了他的青少年时期。他早年研究哲学、文学,曾从事中国戏曲史和词曲研究。辛亥革命后东渡日本,专习经学、小学、金石、甲骨。主要著作有《宋元戏曲史》《观堂集林》《古礼器略说》等。1927年6月,国民革命军北伐逼近北京之时,王国维留下"五十之年,只欠一死,经此世变,义无再辱"的遗书,在颐和园昆明湖沉湖而死。

张宗祥故居
内有镇室之宝"铁如意"

- 海宁硖石街道仓基街56号

张宗祥故居为三楹两层西式砖木结构,楼后有天井。张宗祥生前将此楼题名为"铁如意馆"。故居内陈列张宗祥生平业绩介绍与他的书法、著作等,还有他收藏的镇室之宝——铁如意和一张很大的旧书桌。

链接
张宗祥

张宗祥(1882—1965),谱名思曾,字阆声,晚号冷僧。17岁时读《宋史》,敬慕文天祥,遂改名"宗祥"。一生主要从事文教、图书事业,学识渊博,文学、史学、考古、金石、书画、医学、音乐、戏曲无所不能。生平抄书成癖,42岁时主持补抄文澜阁《四库全书》及平生校勘的万卷古籍,边抄边改,往往夜以继日,运笔如飞,一昼夜能抄二万四五千字。

南北湖风景区 AAAA
我国唯一集山、海、湖于一体的风景区

- 嘉兴市海盐县澉浦镇
- 从嘉兴火车站乘坐前往海盐的客车
- 50元

南北湖集山、海、湖于一体,分湖塘、山林、滨海、外围古城四大景区组成,有谈仙石城(是目前我国最小的石城,有"江南八达岭"之誉)、云岫庵(有"夜普陀"之称)、白鹭洲(赏月佳处)、蝴蝶岛(休闲品茗佳

王国维故居大厅

处)、潵湖、钱江潮源、金九避难处(见证了中韩友谊)等40多处景观。

白塔山群岛
浙北面积最大的岛群

🚩 嘉兴市海盐县秦山街道东南海面

白塔山群岛融海岛风趣与生态野趣为一体,适合旅游、休闲、度假。白塔山群岛是浙北地区面积最大、岛屿最集中、离海岸最近(约1.5海里)的群岛。群岛至今无人定居,由三岛(白塔山、马腰岛、竹筱岛)两礁(北礁、外礁)组成。

玩家 攻略

白塔山群岛有"三奇",即奇沟、奇雾、奇声,还有"三怪",即怪石、怪滩、怪岙,此外,在竹筱岛的白塔遗址是观赏海市蜃楼的最佳场地。

绮园 AAAA
全国十大名园之一

🚩 嘉兴市海盐县武原街道东区　💰 50元

绮园是全国十大名园之一,旧时称冯家花园,原是晚清富商冯缵斋的私家花园,具有典型的江南私家园林风格。园内以树木山池为主,点缀小巧建筑,形成水随山转,山因水活的布局,以精致典雅而闻名于世。

碧云花海·十里水乡风景区 AAAA
嘉善的掌上明珠

🚩 嘉善县大云镇

🚌 乘K211路公交到大云汽车站,再乘303路公交到达景区

风景区主要包括碧云花园和十里水乡风景区。在碧云花园可以感受富有江南水乡特色的自然生态环境,这里是花的海洋,一年四季鲜花盛开,鸟语花香,为那些渴望在节假日到郊外观光、度假的城市居民提供了一个乡村休闲胜地。

十里水乡

十里水乡景区河道两岸树木茂盛,水域得天独厚,绿荫环河,环境宜人,形成"绿带成荫闻鸟鸣,清波荡漾满舟情"的景色。十里水乡生态休闲区内草地运动拓展中心区、十里水乡湿地景观区、特色农业景观区和培训餐饮休闲度假区相映成趣。区内建有水乡风情的泛舟唱晚、生态草地、碧湖流芳、葡萄采摘园、草莓采摘园、农家动物园、盆景园、杜鹃园及可以纵览景区全景的杜鹃山等景观景点,常常让游客流连忘返。

玩家 攻略

葡萄采摘园建于2003年,占地3.34公顷,是浙江省首家通过有机葡萄认证的葡萄园。引进欧美、欧亚品系的优新品种29个,有牛奶味道的黄蜜、冰糖味道的金手指、玫瑰味道的巨玫瑰,形似染了指甲油的美人指,等等,既让游客饱了眼福,更饱了口福。

草莓栽在半空中,轻松采摘乐无穷。高架草莓园也叫空中莓园,种植有红颜、章姬、菠萝草莓等优良品种,高架草莓鲜红美艳,柔软多汁,甘甜宜人,芳香馥郁,营养丰富,洁净安全,果期从11月一直持续到翌年5月,盛果期,红色的果实遍布于白色的立架之上,犹如一幅美不胜收的立体风景画。

农家动物园是融饲养、繁殖、收容、救护、科普、演展娱乐为一体的综合性园林化动物园,按照动物的生长习性分为散养区、圈养区和藏獒园等,饲养了各种飞禽走兽50多种,这里牛羊斗栏,猪马共处,孔雀斗艳,公鸡齐鸣,构成了农村鸟兽共处的极乐世界,洋溢着农村生活的无穷乐趣。

东湖景区 AAAA
江南水乡旅游胜地

- 平湖市市区城东
- 嘉兴、海盐、杭州、上海到平湖的班车很多
- 50元

东湖景区现为集休闲、度假、运动、文化、观光于一体的江南水乡旅游胜地。环东湖核心区由"东湖八景"及周边的体育馆、图书馆、金王朝大酒店、东湖大酒店、胜地咖啡、半岛国际酒店等设施组成。

九龙戏珠景区中有平湖市李叔同纪念馆，园内有李叔同和他的弟子丰子恺、潘天寿、刘质平的人物全身铜像群雕，高雅端庄，为公园增添了文化气息。纪念馆主体建筑分上下两层。二楼设有7个陈列室和1个能展示上百件书画作品的环形展厅。

玩家 攻略

在案山晓翠景区会放映露天电影。每年9月还有西瓜灯节、西瓜灯展、烟花晚会及其他各类文艺演出。

链接
李叔同

李叔同（1880—1942），祖籍平湖，法号弘一法师，是我国著名的爱国高僧、书画篆刻家、音乐家、戏剧家、教育家、诗人、学者，20世纪中国十大书画家之一。

九龙山森林公园
南方北戴河

- 平湖市乍浦镇
- 平湖乘K162路到乍浦站下车即到
- 10元

九龙山山间奇峰怪石密布，海雾松涛曼妙，有"险、奇、幽、静、怪、绿"等独特的风格。主要景点景观有天然九龙山海滨浴场、南湾古炮台、龙湫石、天马峰、龟石、仙翁石、叠娘石、无欲泉、海红亭、文涛亭、贞女亭、翠微石掌、油港晨曦、日月并升、中普陀禅院、瑞祥晓钟、野生动物园等。

外蒲山是九龙山近海最大的岛屿，山势浑圆，形似葫芦，北高南低，南可观海观潮，北可望九龙山海岸。山中的海蚀石林、海蚀平台、海蚀洞涵、海蚀悬崖、海蚀槽等海蚀地貌也给外蒲山增添了独特的景观。

☐ 岩石景观

由于强烈的矿化作用，九龙山出现了许多怪石嶙峋、造型奇特的岩石景观，自古有"惹山奇景"之称。主要的岩石景观有望仙岭、梁石峡、头陀石、天马峰、端石等景点。

☐ 海蚀景观

海蚀景观位于九龙山南部山麓，是千万年来历经海水侵蚀和海浪冲击而成。其中最为集中之地，要数外蒲山岛。在那里有陡峭如壁的海蚀悬崖，犹如山坡垂直削去一大片，在海浪冲击下，白浪奔腾，浪花四溅，俯首近观，惊喜叫绝。此外还有海蚀槽、海蚀洞、海蚀平台。

东湖之水

攻略资讯

- 交通
- 住宿
- 美食
- 购物
- 娱乐

西塘之晨

交通

火车

嘉兴位于沪杭铁路的中段，距上海、杭州各约90千米。

嘉兴火车站：是沪杭铁路复线间的唯一大站，为普速列车客运站。每日有开往南昌、南宁、福州、广州、武昌、重庆、柳州、上海等地的列车。其位于嘉兴市南湖区城东路。乘坐1、2、4等路公交车可到。

嘉兴南站：位于嘉兴市余新镇黎明村与余北村交叉口处，是嘉兴的高铁站。可乘坐71、93路公交车前往。

汽车

嘉兴市区有西、北两个主要长途汽车站，两站之间有20路公交相连。

嘉兴汽车北站：位于嘉兴市秀洲区中环北路688号，火车站乘87路公交车直达。

汽车北站：位于中环北路禾兴北路口，火车站乘5、22等路公交直达。

提示：杭州湾跨海大桥连接了嘉兴海盐和宁波慈溪，全长39千米，是世界上最长的跨海大桥，在沪杭甬之间形成一个两小时的"金三角"交通圈。

住宿

在嘉兴住宿很便利，市内各个档次的宾馆、旅店都有。另外，在西塘和乌镇还有当地居民提供的民宅旅馆，可以在那里直观地感受水乡生活，价格也很公道。

市中心

●嘉兴财富丽呈酒店

嘉兴财富丽呈酒店为四星级，坐落于市区中山西路商业中心财富广场东面。酒店集住宿、餐饮、会务、购物于一体，融合了先进的设计意念，形体雅致，气派非凡。餐厅位于酒店的二楼，内置小宫日本料理。 嘉兴市秀洲区中山西路385号 0573-82723333

●倾宿酒店

倾宿酒店地处繁华的商业密集区勤俭路中段，交通便捷，是一家集餐饮、食宿、旅游、会议、商务于一体的涉外酒店。酒店设计新颖，环境幽雅，功能齐全，自开张以来，凭着优质的服务，良好的信誉，优惠的价格，赢得了社会各界支持与厚爱。 嘉兴南湖区勤俭路1043号 0573-83779619

南湖景区附近

● 嘉兴南湖宾馆

嘉兴南湖宾馆坐落于风景秀丽的南湖湖畔,其古朴雅致的江南民居建筑,怡情陶性的中式园林格局融于南湖的天然景致中,令人心旷神怡。✉ 嘉兴市南湖区鸳湖路 ☎ 0537-82555555

● 嘉兴博雅酒店

嘉兴博雅酒店坐落于风景优美的南湖景区边,紧邻新建成的嘉兴市政府、报业中心,周边有新落成的体育中心、会展中心、大剧院等商业、艺术中心,以及著名的历史旅游文化景点——南湖"红船"和南湖革命纪念馆。酒店交通便捷,离沪杭高速出口11千米,距嘉兴市中心及火车站10分钟车程。目前酒店已经开通免费班车来往于市区、南湖景区、月河古街道。✉ 嘉兴市迎宾大道88号 ☎ 0537-83928888

月河历史街区

● 嘉兴月河客栈

嘉兴月河客栈整体为明清古民居建筑,不仅外观富有江南古典风格,还内置私家庭院,既体现历史底蕴、人文风情,又融入现代生活理念,让客人尽情享受便捷、舒适、温馨、安全的住宿环境,感受浓郁的江南传统文化。✉ 嘉兴南湖区同乐路118号,近城北路 ☎ 0537-82302666

● 嘉兴晨曦酒店

嘉兴晨曦酒店装修独特、神秘、温馨、浪漫。酒店以情侣房为主题,拥有不同房型20多款。酒店内各类设施完善,服务热情、人性化,宾客可尽情体验这个新家的新鲜与浪漫。✉ 嘉兴南湖区东升东路1252号近清河街 ☎ 18157389236

美食

嘉兴菜肴兼有杭帮菜和沪菜的特点。嘉兴粽子名闻天下,以五芳斋粽子(号称"江南粽子大王")最著名。特色美食有南湖菱角、南湖蟹、文虎酱鸭、藕粉饺等。

● 南湖蟹

南湖蟹壳呈青灰色,脐部饱满雪白,蟹脚坚硬结实。其肉质富含蛋白质、多种维生素和矿物质,营养价值很高。在口感上膏肥肉香,鲜美可口,是蟹中上品。

南湖蟹

● 五芳斋粽子

五芳斋粽子有肉粽、豆沙、蛋黄等几十个品种,糯而不烂,肥而不腻,肉嫩味香,咸甜适中。其选料十分讲究,肉粽采用上等白糯、后腿瘦肉、徽州伏箬,甜粽则采用上等赤豆"大红袍",通过配料、调味、包扎、蒸煮等多道工序精制而成。

夜幕下的嘉兴月河客栈

五芳斋鲜肉粽子

● **南湖菱**

南湖菱无角，皮色翠绿，两端圆滑，并以皮薄、肉嫩、汁多、甜脆、清香而胜于其他品种。南湖菱可以生吃、熟吃，还可以制作糕点、菜肴或是酿酒、制糖。

南湖菱

● **文虎酱鸭**

文虎酱鸭选用上等原料，运用独特的烹制工艺精制而成，具有"色泽褐红、味道鲜美、油而不腻、酥而不烂"的特色。酱鸭的口感偏甜，浓油赤酱而又不同于烧腊和卤水，有一种熏过的味道。

文虎酱鸭

购物

当地特产有嘉兴黑陶、嘉兴丝绸服装、平湖丝织毛毯、切菜刀、硖石灯彩、海宁皮革、桐乡蓝印花布等。特色购物场所有嘉兴市南方丝绸市场、余新曹庄工艺礼品厂、洪合羊毛衫市场等。

桐乡李：嘉兴的李子为李中珍品，它是桐乡著名的土特产。桐乡李从古代起就常作为进贡帝王的贡果。桐乡百桃乡桃园村所产的李子果形硕大，味道鲜美，每颗李子果底有一个小小的印痕，传说是美女西施留下的印记。

八珍糕：八珍糕选用当地优质糯米和八味中药秘制而成。每年秋收糯米登场时就购进，经炒熟磨粉置于缸内，待来年夏季生产时使用。

黑陶：黑陶属于纯手工制作的工艺品，有砚、壶、印章、佛像及小型摆件、室内装饰挂件等造型。其中的仿古历代名壶，配有名人字画，古朴、典雅，有一定的观赏与收藏价值。

杭白菊：杭白菊是乌镇著名的特产。又称甘菊，是我国传统的栽培药用植物，也是浙江省八大名药材"浙八味"之一，具有止痢、消炎、明目、降压、强身等功效。

节日和重大活动

节日	举办地	时间
中国国际钱江观潮节	海宁盐官	农历八月十六到八月十九
嘉兴粽子节	嘉兴	每年初夏
嘉兴南湖船文化节	嘉兴南湖	七一前夕到中秋
嘉兴南北湖观光旅游节	海盐南北湖	每年四五月间
连泗荡民俗庙会	秀洲区连泗荡刘公园	除夕、清明和中秋
平湖西瓜灯节	平湖	每年六月
西塘旅游文化节	西塘	每年农历四月

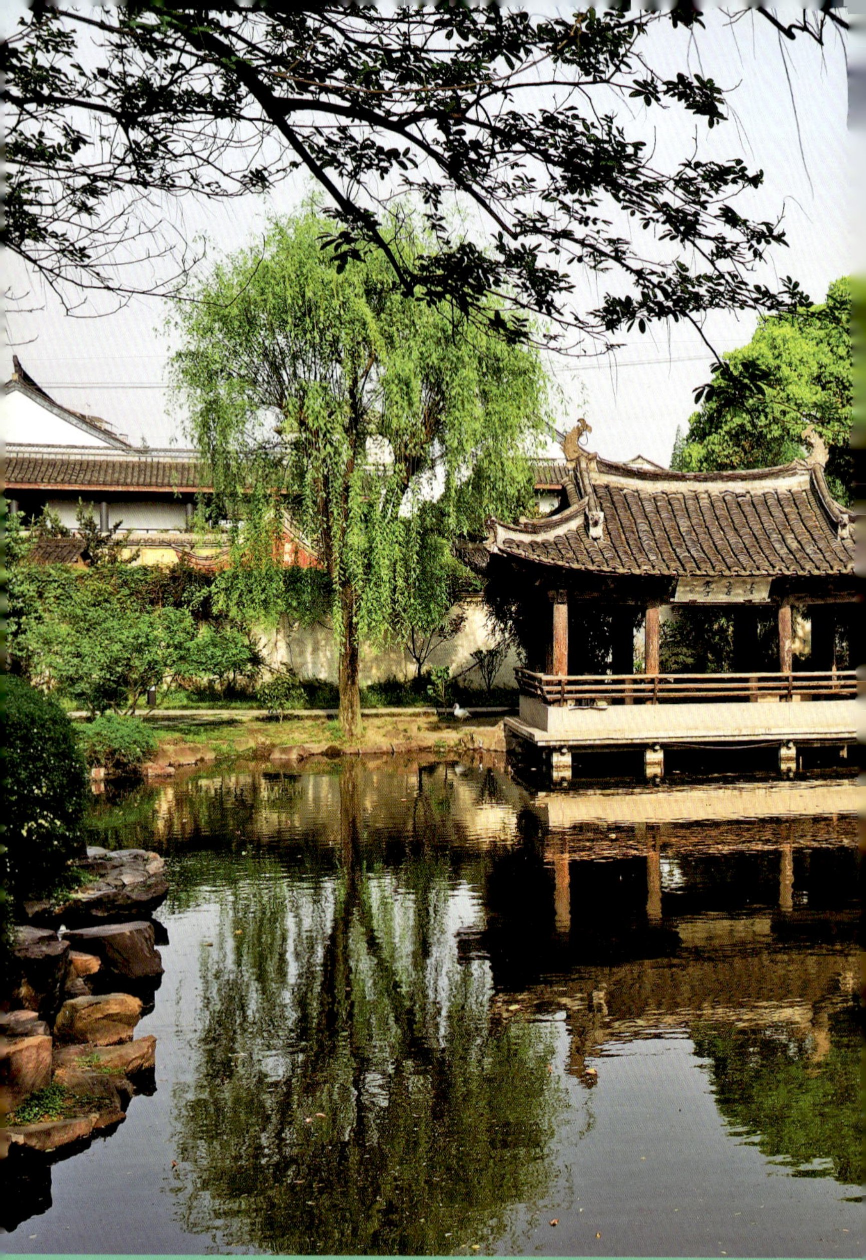

发现者旅行指南

绍 兴

概览

亮点

■ 鲁迅故里
绍兴是保存最完好、最具文化内涵和水乡古城风貌的历史街区,鲁迅故里已成为立体解读中国近代大文豪鲁迅的场所,成为浙江绍兴的"镇城之宝"。

■ 沈园
沈园是绍兴古城内著名的古园林,为南宋时一位沈姓富商的私家花园,故有"沈氏园"之名。

■ 东湖
东湖是浙江三大名湖之一,崖壁、岩洞、石桥、湖面被巧妙结合,被公认为"湖中之奇"。

东湖

■ 五泄
以瀑、峰、林称胜,一水五折飞瀑令人震撼(一如月笼轻纱,二似双龙出鏊,三像珠帘风动,四为烈马奔腾,五若蛟龙出海)。

■ 必逛街道
解放路:绍兴最繁华的商业街,沿街还能看见鲁迅故里、咸亨酒店等景点。

仓桥直街:以古城风貌为特色,以传统民居为主要内涵的历史文化街道。

线路

■ 绍兴精品一日游
上午先去王羲之故宅,瞻仰书圣。随后去蔡元培故居,探寻蔡元培先生的一生。然后到仓桥直街老街逛一逛,吃一顿正宗的绍兴菜,再顺便买买乌毡帽、黄酒等土特产。

下午走进原汁原味的三味书屋和百草园,再品尝一下有名的臭豆腐和茴香豆。晚上前往可夜游的景点沈园。

■ 绍兴经典二日游
第一天早上先去仓桥直街历史街区,之后去周恩来故居,寻找伟人的足迹。然后走进原汁原味的三味书屋和百草园。晚上去沈园,夜宿附近客栈。

鲁镇

第二天早餐后去柯岩,之后去兰亭,这里是王羲之作《兰亭集序》的地方。午餐后去会稽山旅游区,观大禹陵和香炉峰,听历代帝王加封祭祀的故事。

■ 绍兴东郊一日游
这是适合周末农家乐、休闲放松的线路。上午在桃花源观山景、摘山果,还可以垂钓、划船游湖;下午游览凤鸣山,"悬石飞瀑""千年古藤"二景区一定不要错过。

为何去

这里是越王古城，原汁原味的历史遗产，这里有仓桥直街，描出一幅淡雅水墨画：越往台上忆吴王，当年此地曾尝胆，环城河上走乌篷，台门水桥次第来。

绍兴的文化底蕴深厚，具有江南水乡的灵秀。而绍兴的风土人情更是浓厚，以乌篷船、乌毡帽、乌干菜为代表，积累了丰富的文化内涵并呈现独特的风采，令人神往。

五泄风景区

何时去

五泄是绍兴自然风景最优美的地方，每年的4~5月一般为丰水期，尤其遇到暴雨，水量突增，风景尤为秀丽，此时游览效果最佳。而兰亭国际书法节、吼山桃花节等著名节日庆典多于此时举行。

金秋十月，暑热渐退，正是出游的好时机，而且绍兴黄酒节、湖塘桂花节多在此时举办。

沈园

鲁迅故居

区域解读

区号：0575
面积：8279.07km²
人口：539.4万人

地理 GEOGRAPHY

区划

绍兴市是浙江省辖市，下辖3个区（越城区、柯桥区、上虞区）、2个县级市（嵊州市、诸暨市）、1个县（新昌县）。

地形

全市地貌大势可概括为"四山三盆两江一平原"。地形骨架略呈"山"字形，其西部为龙门山，中部为会稽山，东部及东南部为四明山和天台山。全境地势由西南向东北倾斜，位于诸暨市境内的东白山海拔1195米，为绍兴境内最高峰。绍兴境域内河道密布，湖泊众多，素以"水乡泽国"的美名而扬名四海。

气候

绍兴市地处亚热带季风气候区，季风显著，四季分明，气候温和，湿润多雨。但由于地处中纬度，地形较复杂，小气候差异明显，灾害性天气频繁。常在6月中旬入梅，7月上旬出梅，雨量相对集中，常伴有暴雨，容易引发洪涝灾害。

历史 HISTORY

历史大事记

● 先秦以前

传说远古时期的治水英雄大禹采用疏导的方法成功治理了大水后，召集各部落首领会盟于会稽（今绍兴会稽山）。禹死后，按其遗命葬于会稽山。

启建立夏朝后，立宗庙于会稽山，每年春秋遣使"祭禹于越"。夏朝第六代君主少康封其庶子无余于越，以祭祀祖先大禹，越国就此开端。

春秋时期，以会稽山为中心的越国逐渐强大，并与吴国互战多年。

● 宋至现代

东晋时期，五胡乱华，中原战乱，晋室南迁，南京成为东晋的首都。绍兴也成了仅次于南京的大城，这也是绍兴自越国以来的第二次辉煌。北宋灭亡后，赵构于南京称帝，后一直被金兵追着在江浙一带到处跑，当他逃到绍兴境内时，心情不错的他觉得江山一定会被收复，说了一句"绍祚中兴"，并改元绍兴，升越州为绍兴府，作为陪都。绍兴后来也成为南宋皇室的下葬地。

1905年，徐锡麟、陶成章在绍兴创办大通学堂，培养革命党人。1907年，徐锡麟安

东湖全景

庆起事失败后，7月13日，绍兴知府带清军包围大通学堂，另一位名士秋瑾被捕。

1949年5月7日，绍兴解放，迎来了新生。

2008年，绍兴荣获联合国人居奖。

名单 绍兴历史名人

越国君主勾践
东汉思想家王充
东晋政治家谢安
山水诗派开创者谢灵运
南宋著名诗人陆游
明代书画家徐文长
近代著名教育家蔡元培
民主革命志士徐锡麟、陶成章、秋瑾
著名文学家鲁迅
中国近代地理学奠基人竺可桢
著名学者、散文家朱自清
著名电影导演谢晋

文化 CULTURE

绍兴三乌，吃穿行一个不少

在绍兴，乌篷船、乌毡帽、乌干菜合称"绍兴三乌"。外地去绍兴的朋友，总会不经意间接触到这三样东西，因为在绍兴，三乌随处可见。

乌篷船也许是绍兴最古老、最原始、也是最有特色的交通工具了。绍兴是个河道纵横、水网密布而且水平如镜的典型的江南风味城市，乌篷船在老百姓的生产、生活乃至社会活动中非常重要。鲁迅在《社戏》一文中多有提到。乌篷船的船篷用竹篾编成，中间夹着竹箬，呈半圆形，用烟煤和着桐油漆成黑色，所以叫乌篷船。

再说乌毡帽，这种帽子用纯羊毛制成，颜色乌黑，旁有卷边，造型独特，具有牢固耐磨、隔热保暖和不易受潮的特点，既能御风寒，又能遮阳避雨，一年四季都可以派上用场。在过去，农民在田间休憩时，可以作为坐垫，上街买小百货，可以随手拿来当篮用。鲁迅在自己的作品《故乡》《阿Q正传》中都提到了乌毡帽。

最后说乌干菜。"乌干菜，白米饭，吃得神仙想下凡。"这句广为流传的民谚，说明绍兴人对乌干菜的钟爱。乌干菜以颜色乌润而得名，也被称为霉干菜。在绍兴，腌制乌干菜必须经过选菜、洗净、晾干、堆黄、盐渍、晒干等过程。味道是否鲜美，关键取决于堆黄和盐渍两道工序。绍兴民间，几乎家家腌制乌干菜，常年食用。夏天喝干菜汤，还有消暑防痧之效。另外，常见菜看梅菜扣肉，乌干菜就是重要原料之一。乌干菜以独特的风味，常常使人吃后难忘。许多绍兴籍著名人士少小离家,长年在外,总是念念不忘家乡的乌干菜。

也许这三样东西在外人看来有些"土",但绍兴人却对其怀有一种特殊的情感。坐乌篷船,戴乌毡帽,品乌干菜,到了绍兴,不妨去感受一下。

赏稽山鉴水,品绍兴黄酒

古城绍兴,会稽山鉴湖,钟灵毓秀。绍兴数千年的文明史,给后人留下了许多珍贵的历史遗产,其中绍兴酒就像是皇冠上的一颗明珠。绍兴也被中国首届酒文化节评为5个中国酒文化名城之一。

绍兴酒历史悠久,有大禹杜酿、勾践"箪醪劳师"等传说和典故。南北朝时,绍兴酒被列为给皇帝的贡酒。唐朝时,著名诗人贺知章、李白、白居易、元稹、方干、张乔等,都以饮绍兴美酒、赏稽山鉴水、留千古诗篇为畅事。

黄酒是世界上的三大古酒之一,绍兴是中国著名的黄酒之乡,酿酒的历史十分悠久,关于酒的节会活动也早就产生。据史籍记载,元代绍兴路的总管泰不华曾在柯桥区东浦镇附近的薛渎村"饮乡酒、赛龙舟、与民同乐"。在东浦镇上,至今还完好地保存着一方镌刻着《酒仙神诞演庆碑记》的石碑。

明清之际,绍兴出现了大酒坊,清嘉庆年间(1796—1820年)绍兴酒被列为全国十大名酒之一。1910年的南洋劝业会和1915年美国巴拿马的万国博览会上,绍兴酒荣获金质奖章。1988年,绍兴酒被列为钓鱼台国宾馆唯一国宴专用酒。绍兴酒还先后五次作为国礼馈赠过柬埔寨国王、日本天皇及原美国总统尼克松和克林顿。1997年绍兴酒成为香港回归庆典特需用酒。绍兴酒业蓬勃发展,并由丰富的酒文化衍生出了一个颇具特色的地方新兴节会——绍兴黄酒节。首届中国绍兴黄酒节始办于1990年,以后基本上一年一次,沿袭至今。节期起初多在春季,以后逐渐下移到秋季,与春季的书法节形成时间上的对应。

如今,绍兴酒畅销国内,远销日本、东南亚、欧美等30多个国家和地区,绍兴酒企业中影响和规模较大的有绍兴黄酒集团、绍兴东风酒厂、绍兴女儿红酒业公司、中粮绍兴酒

会稽山

绍兴越剧

有限公司、浙江塔牌酒厂等。

越剧，汲取江南灵秀精华

绍兴的舞台上少不了戏剧，越剧更是最美丽的一朵奇葩。1906年春，浙江嵊县（今嵊州）马塘村一带流行的说唱形式的"落地唱书"是为越剧起源，后来开始演变为在农村草台演出的戏曲形式，曾称小歌班的笃班、绍兴文戏等。艺人初始均是半农半艺的男性农民，故称男班。

越剧是一个晚出的剧种。越剧唱腔属板腔体，早期曲调单一，后来吸收其他剧种、曲种音乐，逐渐丰富起来。越剧曲调清悠婉转，优美动听，长于抒情，主要有尺调、四工调、弦下调三大类，其中尺调又分慢板、中板、连板、散板、嚣板、二凡、流水板等。越剧的角色行当分为小旦、小生、老生、小丑、老旦、大面六大类，其他又各有分类。

越剧早期演出较为简单，后来搬用其他剧种的动作程式，又从生活中提炼出一些基本动作。20世纪40年代，越剧一方面吸收话剧、电影的表演方法，真实、细致地刻画人物的性格和心理活动；另一方面学习昆曲、京剧优美的舞蹈身段和表演程式，使外部动作更细致、更具节奏感。这两方面有机结合，形成了越剧表演写意与写实相结合的独特艺术风格，并逐渐发展成为我国五大戏曲种类之一。2006年，越剧入选首批国家级非物质文化遗产代表性项目名录。

越剧有不少为人熟知的优秀剧目，其中较具代表性的有《梁山伯与祝英台》《红楼梦》《祥林嫂》《西厢记》《追鱼》《情探》《盘夫索夫》《柳毅传书》《碧玉簪》《三看御妹》《打金枝》《玉堂春》《琵琶记》《孔雀东南飞》等。其中《梁山伯与祝英台》《情探》《追鱼》《碧玉簪》《红楼梦》还被拍摄成电影，这使越剧进一步风靡大江南北。

越剧在短短百年内发展成熟，成为中华戏曲百花园中的奇葩。中华人民共和国成立后，越剧迅速传播到华东、西南、华北、西北、中南、东北等地，并随着对外文化交流的开展，以其典型的东方艺术特征在国际上赢得了一定的赞誉。

景点推荐 浣江—五泄风景区

浣江又名浣纱溪,是浦阳江流经诸暨市城关镇河段的名称,回环于西施故里苎萝山和郑旦故里鸬鹚湾之间。风景区由西施故里、五泄、斗岩、汤江岩等组成。

五泄风景区 AAAA
一水五折,飞瀑令人震撼

- 诸暨市五泄镇
- 57路旅游专线车经火车站往返于西施故里与五泄
- 60元

五泄风景区以瀑、峰、林称胜,以五级飞瀑为精髓:一如月笼轻纱,二似双龙争壑,三像珠帘风动,四为烈马奔腾,五若蛟龙出海。景区由碧波荡漾的五泄湖,四季如春的桃源,一水五折飞瀑震撼人的东源和幽雅深邃的西源峡谷等四个景区组成。

玩家 攻略

每年5—10月为丰水期,尤其在遇到暴雨时,水量突增,风景更为秀丽,另外,每年4月下旬还有五泄观瀑节。

玩家 解说

五泄瀑布早在1400年前的北魏就闻名于世,郦道元的《水经注》里就对它有着详细的记载。历代的文人墨客如宋代杨万里、王十朋、明代陈洪绶、徐渭、袁宏道、唐寅、文徵明、现代蒋鼎文、郁达夫等都曾来此游览,留下了画稿诗文,或题词记述,对五泄风景赞叹不绝。

□ 五泄湖

五泄湖即五泄水库,是五泄瀑布最终流入的地方。湖面是一条狭长的水道,也是通往五泄各个景点的入口。整个湖面都在两岸青山的环抱中,郁郁葱葱,十分优美。

浣江—五泄风景区

在湖中乘游船可以观赏许多奇特的山石景观,夹岩洞为其中一景。当年夹岩洞下有夹岩寺,香火较旺,水库建成后,寺庙成为水底龙宫。夹岩洞恰好位于湖面之上,洞高16米,深20米,曾供奉千手观音。夹岩洞看上去幽暗莫测,颇具神秘色彩。另外,沿湖还可以观赏元宝峰、鹫鹰峰、仙桃峰、老僧峰等景观。

西源峡谷

西源与东源五泄是两个基本呈"V"字形的大峡谷,是五泄景区最具原始形态和大自然神韵的景观。峡谷长约3千米,以峰、林、溪见长。谷洞深幽,溪水清冽,两边的峰峦蔽天,棋盘峰、香炉峰、朝阳峰、垂云峰、滴翠峰、堆蓝峰景象壮观。

西施故里旅游区 AAAA
以西施文化为主题

- 诸暨市市区浣沙路123号
- 乘1、2、113路公交可到
- 西施故里五景点联票80元;西施殿45元,名媛馆45元

西施故里以西施文化为主题,以西施殿为中心,含主入口区、鸬鹚湾古渔村景区、古越文化区、美苑休闲娱乐区、三江口湿地生态保护区、休闲度假区六区,依浣纱溪透迤排开,蔚为壮观。由中国历代名媛馆、范蠡祠、民俗馆、郑氏宗祠等景点组成。

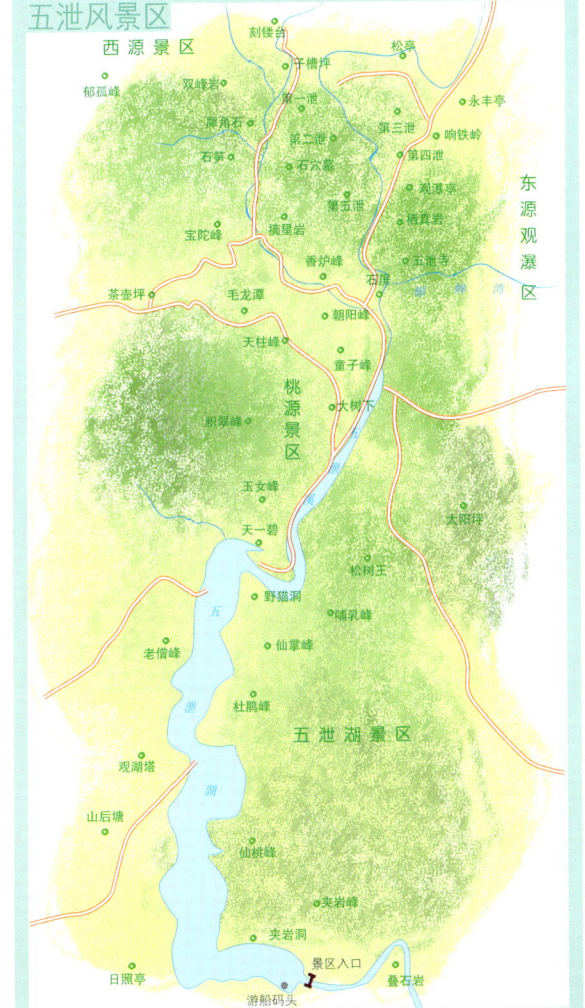

链接
西施

西施,姓施,名夷光,春秋时越国人,出生在现诸暨市城南苎萝山下,浣纱江畔,"父鬻薪,母浣纱"。公元前494年吴越交战,越败于吴,越王勾践被迫屈膝求和,携妻入吴为质3年。勾践归国后,发誓洗刷这奇耻大辱,于是采用文种提出的"美人计"。几经寻觅,终于"得苎萝山卖薪女西施"。

西施幼承浣纱之业，故世称"浣纱女"。勾践选中西施后，献于吴王，吴王大悦："越贡西施，乃勾践之尽忠于吴之证也。"从此沉湎于酒色不能自拔，越国却上下一心，励精图治，经过十年生聚，十年教训，终于打败了吴国。后人为纪念这位忍辱负重、以身许国的绝代佳人，就在苎萝修建了西施殿。

▫ 西施殿

西施殿古称浣纱庙，祀西施。今殿为1990年重修，坐北朝南，三开间，重檐歇山顶，殿内塑西施像。

西施殿内的建筑构件可以说是民间古老建筑艺术集锦。它们之中有很大一部分是从附近各乡收集来的，其中梁、柱、门、窗、牛腿、斗拱、雀替等雕刻精美、工艺水平高超。西施殿右侧正对门楼的建筑是古越台，台分上下两层，上层供奉着越王勾践和他的两位谋臣文种、范蠡；下层是"西施行"故事展directory。穿过香榧馆、珍珠馆，出门从浣纱亭逐级而下就到浣纱石了，相传当年西施就是在此浣纱，王羲之手书的"浣纱"二字依然在目。

▫ 范蠡祠

范蠡祠主要展示范蠡的军事政治才能、商业才能及生平业绩。全部建筑由范蠡祠及财神庙、魁星阁、三星庙（暂用名）等相关建筑组成。范蠡祠共有塑像8座，除范蠡像为全身铜塑外，其余均采用民间传统的贴金彩绘相结合的形式。范蠡祠采用清代民间建筑风格，黛瓦粉墙，充分展示了江南民间建筑的艺术特色。

▫ 中国历代名媛馆

中国历代名媛馆是目前国内罕有的以中国历代著名女性为主题的展览馆，是一处具有江南特色的庭院式仿古建筑。展馆位于西施故里旅游区的入口区域，共选择了100多个中国古代女性人物，其中四大美女是整个展馆的核心。

此外名媛馆内还设置有《浣纱记》砖雕照壁、十二花神庭院小品等静态景观和编钟乐舞动态展示项目。

斗岩风景区
攀岩休闲登斗岩

- 诸暨市牌头镇
- 乘58路公交到斗岩下即达
- 免费

斗岩风景区以其峰奇、岩陡、石怪、洞幽、泉清而著称。景区适宜攀登历险、健身休闲，登斗岩可领略泰山之雄、华山之险、黄山之奇、峨眉之秀，令人心旷神怡。有点将台、斗岩大佛（中国第一天然大佛）、金井龙潭、仙洞府、千步云梯、白云禅院等景点50多处。

斗岩南侧1.5千米处为西黄岩，中部有一因山体与岩石长期变动，凹陷而成的巨型岩洞，后人曾在洞中建庙，称为西黄庙。从西黄岩远眺斗岩，组成斗岩的众多岩石均呈佛面，故斗岩又有"千佛山"之称。

玩家 解说

斗岩之名说法颇多，主要有三种：一是这里的山岩非常陡峭，当地百姓称之为"陡岩"，"陡"与"斗"在当地音相近。二是此地山峰错落参差，形如北斗七星，北斗被称为"斗宿"，故有此名。三是明开国皇帝朱元璋曾于1365年在此乘大雾发动过"新州大战"，大败张士诚主力，奠定了明朝的建国基础，"斗"在这里是打仗的意思。

西施故里

绍兴市区景点

鲁迅故里 AAAAA
浙江绍兴的"镇城之宝"

- 绍兴市越城区鲁迅中路241号
- 乘地铁绍兴1号线可到达

鲁迅故里已成为立体解读中国近代大文豪鲁迅的场所，成为浙江绍兴的"镇城之宝"，是绍兴保存最完好、最具文化内涵和水乡古城经典风貌的历史街区。包括鲁迅祖居、三味书屋、鲁迅故居、鲁迅纪念馆等，主要景点有寿家台门、朱家花园。

玩家 攻略

自2008年6月1日起，鲁迅故里景区开始免费开放。目前，鲁迅故里严格落实"限量、预约、错峰"措施。关注"绍兴市文旅集团"或"绍兴鲁迅纪念馆"官方微信号，进行分时预约，预约成功后，可在预约时间段内，凭身份证或人脸识别进入各景点。观众须使用实名注册手机号码进行预约，每个账号每个参观日可至多预约5人。每个证件号每日只能预约一次。

■ 鲁迅纪念馆

鲁迅纪念馆是中华人民共和国成立后浙江省最早建立的人物纪念性博物馆。2003年初，为恢复鲁迅故里的传统风貌，拆除陈列厅，恢复为周家新台门。新建的纪念馆位于鲁迅故里东侧，东接鲁迅祖居，西邻周家新台门，北毗朱家台门，南临东昌坊口，与寿家台门隔河相望。

该馆由郭沫若题写馆名。纪念馆为淡白色建筑，呈"回"字形，有着中国风味的飞檐，四周是宽敞的序厅、陈列室和休息室,中间有回廊庭院。院中有鲁迅先生生前喜爱的花木。

■ 鲁迅祖居

鲁迅祖居周家老台门是鲁迅祖辈世居之地,位于鲁迅纪念馆陈列大厅东首,建于清乾隆十九年(1754年),为绍兴目前保存最为完好的台门建筑。老台门占地3087平方米,青瓦粉墙,砖木结构,是一座典型的封建士大夫住宅。整个建筑坐北朝南,由台门斗、大厅、香火堂、后楼共四进组成,东西各有厢楼。鲁迅在绍兴时,每当节庆或祖先忌日,必去老台门行礼、拜访。

链接

周家老台门

在绍兴,凡是房屋比较像样一些的都称台门,且往往聚族而居。周家老台门和新台门曾都挂着鲁迅祖父周福清的匾额,上款直书"巡抚浙江等处地方提督军务节制水陆镇兼管两浙盐政杨昌浚为",中间横书"翰林"两个大字,下款直书"钦点翰林院庶吉士周福清立"。台门里的大厅上总挂着一方堂匾,如"积善堂""报本堂"之类,各代表一个家庭(或家族)。在钱庄里存款时,堂名可代户名出面。婚丧喜庆、祝福祭祖等一类大典都在厅堂里举行。要是没有堂名,就认为不够一个"世家"的称号。

■ 三味书屋

三味书屋是清末绍兴城里著名的私塾。

著名私塾三味书屋

鲁迅12~17岁在这里求学。三味书屋是三开间的小花厅,本是寿家的书房。寿镜吾在这里坐馆教书达60年。建筑基本保持当年的原貌。三味书屋约有35平方米,正中上方悬挂着"三味书屋"匾额,是清朝著名书法家梁同书所题。

■ 鲁迅故居

鲁迅故居原为周家新台门的一部分,1881年9月25日,鲁迅在这里出生,并在此度过了他的童年和少年时代。现室内按原状陈列,不少家什仍系当年原物。

鲁迅故居是一幢中式两层楼房。从这里可以看到鲁迅家里的客厅(通常用来吃饭和会客的)、卧室、厨房、菜园(百草园)等。

■ 百草园

百草园是鲁迅童年时代的乐园,位于鲁迅故居的后面,原是新台门周姓10来户人家共有的一个菜园,平时种一些瓜菜,秋后用来晒谷。他的《从百草园到三味书屋》一文中曾记载,他常来此玩耍嬉戏,品尝紫红的桑葚和酸甜的覆盆子,在矮矮的泥墙根一带捉蟋蟀、拔何首乌,夏天在园内纳凉,冬日在雪地上捕鸟雀。

百草园连同周家新台门的房产易主之后,园地的南北两端虽已改变了面貌,但它的主要部分仍基本上保持原样。

■ 风情园

风情园又称"老磐庐",为古城绍兴保存最完整的典型的花园台门建筑。朱家台门的主人叫朱阆仙,即买下周家新台门的"朱文公的子孙"。朱家台门原为越王望花宫故址,系明初名将胡大海官宅的一部分。

■ 咸亨酒店

咸亨酒店在市区鲁迅中路,临街朝南。酒店东侧,竖立着一座四柱塔形照牌。塔高二丈许,顶有瓦,有檐,檐下外侧悬一大

周恩来纪念馆中的周恩来塑像

"酒"字。四柱似竹，塔体中空。朝西面有黑底，上书"咸亨酒店"四个金字。店内摆设格局，恰如鲁迅小说《孔乙己》中所描述的一样。

此处老酒十分地道，"过酒坯"（一种下酒菜）风味纯正，有绍兴酒俗博物馆之戏称。

玩家 攻略

咸亨酒店就在鲁迅故里旁边，店内装修古朴，空间大，茶水需要自取，这里的臭豆腐、茴香豆、咸水花生、干菜焖肉等菜色都十分出名，值得品尝。

周恩来纪念馆
明代风格建筑纪念馆

绍兴市越城区劳动路369号

乘23、30路公交可达

周恩来纪念馆生动地展现了周恩来与故乡绍兴的密切关系及周恩来在故乡宣传抗日民族统一战线时的场景。纪念馆是在周恩来祖居"百岁堂"的基础上经扩建而成，是一座三进的明代风格的砖瓦房。馆内展厅主要为瞻仰大厅、"周恩来与故乡"陈列室、"光辉的一生"展厅、周恩来故居等几部分，生动地展现了周恩来与故乡绍兴的密切关系以及周恩来在故乡宣传抗日民族统一战线时的场景。

纪念馆大厅为锡养堂，原为百岁堂周氏族人举行祭祖、婚娶等重大礼仪活动的场所。"锡养堂"内矗立着身着戎装的周恩来汉白玉雕像。

玩家 解说

周恩来是北宋哲学家周敦颐的后裔。其先辈于元代迁徙至绍兴，明洪武十四年（1381年）始定居于此，名锡养堂。清康熙三十七年（1698年），周懋章之妻王氏寿至百岁，浙江巡抚授"百岁寿母之门"匾，遂称百岁堂。

周恩来故居位于百岁堂后部。1909年春，11岁的周恩来随伯父来到绍兴，在故乡住了一段日子，之后便离开绍兴在外学习和从事革命工作。现在的故居部即按照百岁堂当时的环境原状恢复，包括卧室、堂前等。

沈园 AAAAA
陆游与唐琬的相遇之地

绍兴市越城区鲁迅中路318号

乘52、88路公交可到

40元，《沈园之夜》演出98元

沈园原为沈氏私家花园，大门匾额"沈氏园"由郭沫若题写。南宋诗人陆游曾在此与其前妻唐琬相遇,并留下著名的《钗头凤》一词,使得沈园闻名遐迩。二人留下的千古绝唱现被并列拓印在一面墙上。

园中分为古迹区、东苑和南苑三大部分,现有孤鹤亭、半壁亭、双桂堂、八咏楼、射圃、问梅槛、琴台等10景。

玩家 解说

相传,南宋爱国诗人陆游初娶唐琬,伉俪情深,却被迫离异。南宋绍兴二十一年(1151年),两人邂逅于沈园。陆游感慨怅然,题《钗头凤》词于壁间,极言"离索"之痛,唐琬见而和之,情意凄绝。不久,唐琬便抑郁而逝。

陆游晚年又数访沈园,赋诗述怀。南宋绍熙三年(1192年),陆游重游沈园,又赋诗一首,在诗题中写道:"禹迹寺南有沈氏小园,四十年前,尝题小阕于石,读之怅然。"此后,陆游又多次赋诗忆咏沈园,更有"伤心桥下春波绿,曾是惊鸿照影来"的名句。沈园亦由此而久负盛名并载入典籍。

大通学堂
革命家秋瑾被捕场所

- 绍兴市越城区胜利西路563号
- 乘绍兴地铁1号线可到 免费

大通学堂是我国最早创设体育专修科的师范学校。校址原为宋代贡院,清代改作豫仓,清末是光复会在浙江的活动大本营。学堂是一幢三进五开间的平房,有光复会史迹陈列室。著名的女革命家秋瑾在此被捕。

玩家 解说

清光绪三十一年(1905年),徐锡麟、陶成章在此创办大通学堂,1907年2月下半月,秋瑾接任大通学堂督办(校长),1907年7月6日,安庆起事失败,徐锡麟遇害,案涉大通。7月13日,绍兴知府带清军包围大通学堂,当时在校人员10多人,秋瑾临危不惧,终因寡不敌众而被捕。

大通学堂办学前后不过两年,却培养了一批军事人才,为辛亥革命积势蓄力,加速了旧民主主义革命的进程,且开创了我国师范教育体育专修科和女子干校的先河。

秋瑾故居
"鉴湖女侠"秋瑾战斗的地方

- 绍兴市越城区和畅堂35号
- 乘35路公交可到 10元

秋瑾故居是秋瑾生活、学习和战斗过的地方。秋瑾故居共分五进,第一进为门厅,有平房五间。门楣匾额"秋瑾故居"四字为何香凝所题。第二进结构较为复杂,有会客室、客厅、过道、餐厅和秋瑾卧室,也是秋瑾家人当年的活动中心。卧室中的陈列多为秋瑾使用过的遗物,卧室后壁有夹墙,内有一间小密室,是秋瑾密藏文件和枪支的地方。第三进原为其兄住室。第四进是秋瑾母亲的住处。第五进为厨房。

链接

秋瑾

秋瑾是我国杰出的女革命家,妇女解放的先驱者,辛亥革命重要的领导人之一,自称"鉴湖女侠"。

秋瑾蔑视封建礼法,提倡男女平等,常以花木兰、秦良玉自喻,性情豪侠,习文练武,曾自费东渡日本留学。她积极投身革命,先后参加过三合会、光复会、同盟会等革命组织,联络会党计划响应萍浏醴起义。1907年,她与徐锡麟等组织光复军,拟于7月6日在浙江、安徽同时起义,却因事情泄露被捕。同年7月15日,秋瑾从容就义于绍兴轩亭口。

绿意盎然的秋瑾故居

绍兴近郊景点

景点推荐

吼山风景区
奇石景观壮丽秀美

- 绍兴市越城区皋埠街道
- 乘361路公交可到　￥40元

吼山曾是越王勾践一雪前耻、实现复国大业的重要根据地之一。这里有春秋战国时期的古越青瓷窑址；宋代爱国大诗人陆游先祖三代，筑屋建寺、世居于此。历经千年的开山采石，形成山、水、洞、潭、佛等多元而奇特的景观。景区内主要有烟萝洞、剩水宕、云石和棋盘石，另有越文化陈列馆、览胜亭、寿宁寺等建筑。

玩家攻略

吼山每年的节会不断，3月28日至4月20日举办桃花节，5月1日至5月31日为放生活动游，6月1日至7月31日为观桃品桃游，10月1日至10月31日为烧烤节，11月1日至12月15日为赏菊品橘游。景区附近有绍兴银悦宾馆、悦达宾馆等。

绍兴东湖风景区
以湖光山色和突兀的石景闻名

- 绍兴市越城区东湖街道
- 火车站乘1路公交，客运中心站乘37路公交可直达景区
- ￥50元

东湖被誉为江南的水石大盆景，和杭州西湖、嘉兴南湖并称为浙江三大名湖。东湖以山明水秀、岩奇洞幽、亭桥错落、湖洞相连而闻名，湖上有横卧其间的9座石桥，湖畔有

香积亭、霞川桥、扬帆舫等景点。可乘船入陶公洞、喇叭洞与仙桃洞等奇巧景观。

玩家 攻略

1.东湖、吼山与柯岩都是以石文化为主题的公园，所以三个景点选一个就够了。柯岩与鲁镇可以连在一起游玩，这样从时间上来说比较节省。

2.东湖游客中心地处东湖入口改造工程核心位置，有售票、旅游咨询、讲解接待、休闲茶吧等服务设施。

3.乌篷船是绍兴水乡游的特色工具，其扬名得益于鲁迅和他的弟弟周作人，乘乌篷船游东湖是一件特别惬意的事情，建议一大早去乘坐，人少感觉好些。

玩家 解说

喇叭洞整个洞呈上小下大状，酷似喇叭，故名，又称"空谷传声洞"。当乌篷船缓缓地进入洞内，朝洞壁大喊一声，顿时回音经久不绝，就连在洞中说话，远处的万柳桥上都能听见，堪称一绝。

▢ 陶公洞

陶公洞是浙南最大的石室，位于大箬岩山脚下，是一大型天然岩洞。洞高56米，宽76米，深79米。岩洞分上、下两层，下层建有三间观音阁，阁前讲经坛可纳观百人。洞外建九楹神殿、钟鼓楼、厢房及僧厨。

▢ 扬帆舫

扬帆舫四面临水，常作戏曲表演和乐器演奏之用，鲁迅笔下的《社戏》也在此出演。扬帆舫内有著名书法家陈从周撰写并书的对联"洞中藏洞泉流隐；桥外有桥水更幽"，高度评价了东湖的独特景观。

黄酒小镇
水乡、桥乡、酒乡、名士之乡

- 绍兴市越城区东浦街道
- 乘黄酒小镇旅游专线可达
- 徐锡麟故居5元

东浦酿酒历史悠久，素来有"越酒闻天下，东浦酒最佳""绍兴老酒出东浦"及"东浦师傅绍兴酒"之称。镇内有青甸湖、泗龙桥等古迹，三进晚清建筑徐锡麟故居现辟作徐锡麟生平事迹陈列室对外开放，值得一游。徐锡麟故居为全国重点文物保护单位。

玩家 攻略

东浦街道的东浦老街是一条很有历史和特色的街道。这条老街形成于南宋，繁华于清代，沿河店铺林立，酒旗招展，佳酿飘香。

老街虽在20世纪六七十年代惨遭破坏，但老街结构不变，80%的老店铺还保留着，电视剧《九斤姑娘》《狂生徐文长》《阿Q正传》，电影《风雨故云》《彷徨》等都在此拍摄，被演艺界称为活动摄影棚。

会稽山 AAAA
历代帝王加封祭祀的著名镇山之一

- 绍兴市越城区南郊
- 乘2、63A路公交可到
- 60元

会稽山是中国历代帝王加封祭祀的著名镇山之一，与我国古代开国圣君、治水英雄大禹有着不解的渊源。风景区由大禹陵、香炉峰、宛委山等5个景区组成，有螺蛳旋、阳明洞天、龙瑞宫等景点。

会稽山上的大禹陵

玩家 攻略

农历春节大禹陵景区举办会稽美食嘉年华，3月22日至4月15日有大禹陵风筝节，3月25日至4月15日有樱花节，清明节有公祭大禹活动。

◻ 大禹陵

大禹陵是我国古代治水英雄大禹的埋葬地，现为全国重点文物保护单位。景区宁静、庄严、景点众多，由禹陵、禹祠、禹庙三大建筑组成。禹陵左侧是禹祠，祠前的一泓碧水即为"放生池"，园内有一口千年古井——禹井。禹陵右侧为禹庙，是一组宫殿式建筑群，自南而北依次是照壁、岣嵝碑亭、午门、拜厅、大殿，依山傍水，景色秀丽。

◻ 香炉峰

香炉峰是会稽山诸峰之一，海拔354米，为著名的佛教圣地，有炉峰禅寺，至今香火鼎盛。

峰顶数十米见方，形似香炉，每逢云雨天气，山顶ими雾迷蒙，烟霭缭绕，有"炉峰烟雨"之称，为越中12胜景之一。香炉峰四周景色十分壮观，山脊有半月岩、一片石、云门石、飞来石等奇峰异石。东侧有大老鼠塔，顶上有巨石。

玩家 攻略

香炉峰每年有三次炉峰香市，分别为每年农历二月十九、六月十九和九月十九。届时，佛教信徒游山进香。

鉴湖—柯岩风景区 AAAA
湖面碧波如镜，古越文化丰富

◉ 绍兴市柯桥区湖塘街道，柯山脚下
◉ 乘177、805、818路公交可到　￥95元（含鉴湖+柯岩景区+一次画舫船）

◻ 鉴湖

鉴湖原名镜湖，因相传黄帝铸镜于此而得名，乃浙江历史名湖，闻名于世的绍兴黄酒就是用鉴湖的水酿造出来的。鉴湖湖面宽阔，水势浩渺，泛舟其中，近处碧波映照，远处青山重叠，有在镜中游之感。景区内建有四大景点，即东汉笛亭（竹文化）、南洋秋泛、五桥步月、葫芦醉岛（酒文化）。

玩家 解说

旧时的鉴湖湖面宽阔，有"鉴湖八百里"之说，东汉永和五年（140年），会稽太守马臻发动民工，筑堤堵水，总纳山阴、会稽两县36源之水，灌溉田地九千余顷，为江南古代最大的水利工程之一。

今鉴湖面积约30.44平方千米，其主干道东起亭山，西至湖塘，长22.5千米，形如一条宽窄相间的河道，镶嵌在绍兴平原之上。

◻ 柯岩风景区

柯岩风景区以古越文化为内涵，古采

石遗景为特色，拥有石佛、镜水湾（水乡风光）、圆善园（大型仿唐建筑）、越中名士苑（石雕艺术）四大景点。

景区以云骨和一尊高达12米的石佛最为奇绝，堪与吼山相媲美，另有莲花听音、七星岩、三聚同源、越女春晓等景点。

玩家 攻略

1. 来绍兴之前最好温习一下鲁迅的作品《药》《孔乙己》《阿Q正传》《秋夜》等，这样才更有味道。

2. 柯岩景区的石佛、云骨不可不看，莲花广场不可不喊。景区内有茶座，可以稍事休息。

3. 绍兴有两个"咸亨"，一个为鲁迅笔下的孔乙己的"咸亨酒店"，在鲁迅中路上，称为"小咸亨"；另一个为解放南路的咸亨大酒店，称为"大咸亨"。

4. 到柯桥，可以顺便游览中国轻纺城，这里是亚洲最大的轻纺专业市场。

□ 鲁镇景区

鲁镇景区是根据鲁迅笔下的"鲁镇"还原的一个乡村小镇主题公园，由传统民居区，传统商铺区，鲁镇、赵府、钱府三个台门及鲁镇老街、典当、钱庄等组成。

玩家 攻略

鲁镇景区内有双面戏台广场，位于鲁镇中轴线上的中心点，人们可以在这里看社戏，品黄酒。

柯桥古镇
素有"金柯桥"之美称

📍 绍兴市柯桥区

柯桥古镇素有"金柯桥"之美称，是柯桥区的第一大镇，也是浙江屈指可数的水乡集镇之一。

柯水流经镇内街河，镇得名于桥，桥又得名于水。柯桥镇地势平坦，河网密布，数十座大小不同、造型各异的石桥和水泥桥把全镇连成一片。

玩家 解说

古镇历史悠久，早在新石器时代这里就有人

柯桥古纤道

类活动的踪迹，《越绝书》上又有越王勾践在独山"自治以为家"，后"徙琅琊，冢不成"的记载。东汉时，蔡邕在此创制名闻天下的"柯亭笛"，故柯桥又名"笛里"。历经唐宋，至明"开市"，成为繁华集市。清乾隆南巡时曾慕名来柯桥览胜，在镇东柯亭旁的放生庵内立有"放生御碑"。

柯桥古纤道
集塘、堤、路、桥于一体

📍 绍兴市柯桥区湖塘街道
🚌 乘鉴湖号公交专线可达

纤道又称运道塘、新堤、官塘路和官道，俗称纤塘路，是背纤人行走的道路。它集塘、堤、路、桥于一体，是萧绍运河上的一大奇观，堪称江南水乡一绝。

古纤道是古越劳动人民独创的一种桥路组合的道路，绵延近75千米。至今保存最完整的是柯桥古纤道，位于浙东大运河南岸柯桥区柯桥镇上谢桥至钱清镇秦皇段一带的运河上，长约5千米，其间有太平桥等景观。

玩家 攻略

古纤道能给人以美的享受，坐乌篷船徜徉其上，领略水乡秀丽风光，颇有"如在镜中游"之趣。许多艺术家慕名而来，或拍电影，或摄影，或写生，或体验生活，别有一番滋味。

大香林兜率天景区 AAAA
被誉为"江南桂花林"
- 绍兴市柯桥区湖塘街道
- 乘812、818、823路公交可达
- 100元

大香林乡村休闲旅游区以大规模的千年桂花林为特色，以古民居为依托，是融宗教、民俗为一体的休闲观光理想之所。景区以"香"为特色，桂花飘香（这里的桂花树林堪称江南第一）、烟火熏香（香林寺、宝林寺）、花果蕴香、民居古香，堪称四绝。

玩家 攻略
1. 根据桂花开放的情况有一个桂花节，一般在9月下旬到10月。
2. 景区有很多桂花食品，别挑花了眼，自己扛一大包各种颜色的桂花回家吧，可以泡茶、做香袋。

乔波冰雪世界 AAAA
室内滑雪、四季戏雪
- 柯桥区柯岩街道柯南大道2168号
- 乘公交807、818A、820等路可达

乔波冰雪世界属于国家AAAA级旅游景区。由前速滑世界冠军叶乔波女士倡导，启迪控股股份有限公司（清华科技园）投资兴建，是我国唯一一家以室内滑雪、戏雪、雪地游戏为主，以酒店（住宿、会议、餐饮）、运动、娱乐为辅的大型综合性体育休闲主题公园。

安昌古镇 AAAA
师爷的故园
- 绍兴市柯桥区安昌街道
- 乘806路公交可到

安昌古镇是典型的水乡城镇，素有"碧水贯街千万居，彩虹跨河十七桥"之誉。有一条长1747米的老街，街河相依，沿街各式传统老店鳞次栉比。古镇景区包括三里老街、城隍殿、师爷馆、安昌民俗风情馆、义和当台门、婚俗馆、钱币馆等。

绍兴几千年的民俗风情在这里展现得淋漓尽致：热闹的水乡社戏，喜庆的船上迎亲，传统的手工酿酒、酱油制作，穿梭的乌篷小船……腊月里人们忙着祝福，打年糕，裹粽子、穿腊肠等，构成了喜庆、祥和、古老、淳朴的水乡古镇风情。

玩家 攻略
腊肠是安昌的特产，四季都有，又以冬季所制为佳。一到了腊月，一串串腊肠挂在门前，成为一道独特的风景。这里的仁昌酱油很是出名，据说腊肠的调味品就是它，此外，绍兴麻鸭、扯白糖也是远近闻名。

玩家 解说
在中国明清两朝的政治舞台上，曾经活跃过一群被称为"师爷"的人物。绍兴是出师爷最多的地方，安昌又是"绍兴师爷"荟萃之地。

师爷馆依托娄心田师爷的故居，展示"绍兴师爷"这个中国封建社会晚期的社会群体。

安昌古镇

兰亭风景区 AAAA
中国四大名亭之一

- 绍兴市柯桥区兰亭街道
- 乘3、303路公交可到
- 70元

兰亭是中国四大名亭之一，因春秋时越王勾践植兰于此，而汉代时建有驿亭而得名。又因东晋书法家王羲之在永和九年（353年）三月初三邀友雅集修禊于此，作《兰亭序》，而被后人尊崇为"书法圣地"。

这里山地景观与水乡风貌相融合，是历史文化含量非常丰富的园林，景点雅致，景区内有鹅池碑亭、兰亭碑亭、书法博物馆、曲水流觞等景点。这里每年三月初三到四月会举办兰亭国际书法节。

玩家 攻略

景区有各种刻有书法作品的石镇纸，尤以《兰亭序》片段最受欢迎。另外，嫩笋干味道不错，不妨买一些作为礼品。

王阳明墓
明代著名哲学家之墓

- 绍兴市柯桥区兰亭街道花街洪溪鲜虾山南麓

王阳明墓位于"书法圣地"兰亭以南两里的鲜虾山麓。墓葬由墓道、平台、墓穴、墓碑、祭桌等组成，坐北朝南，背依山岗，顺依山势，逐级升高，视野开阔，风水特佳。自甬道至墓顶全长80米，宽30米，用花岗石砌筑，规模按照原样，垂带、纹饰一如古制。

碑文"明王阳明先生之墓"八个大字，为著名书法家沈定庵所题。墓旁有合抱古松数十棵，肃穆庄重。

链接
王阳明

王阳明，名守仁，字伯安，号阳明，浙江余姚人，我国明代著名的文学家、哲学家、思想家，是二

兰亭

- 流觞亭为纪念"曲水流觞"活动而修建。
- 御碑系清朝原碑，已有300多年历史。
- 小兰亭。
- 右军祠是纪念王羲之的祠堂。
- 鹅池碑亭系清同治年间建，上书"鹅池"二字。
- 鹅池池水清澈，白鹅戏水，记录了王羲之爱鹅、养鹅、书鹅的传说。
- 流觞处，曲折的流水正是曲水流觞处，是文人流杯作诗聚会的主景。
- 墨华亭内的水池为"墨池"，据说当年王羲之用池子里的水蘸笔习书，把整池水都染黑了。

程、朱、陆后的另一位大儒,"心学"流派的重要代表人物。其世界观与人生观均载于《大学问》一文中。明嘉靖六年(1527年),王守仁应召西征,翌年冬因病而归,卒于途中,归葬环绕兰亭的洪溪附近。

平阳寺
江南名刹
📍 绍兴市柯桥区平阳村

平阳寺建于清康熙五年(1666年),相传康熙四十四年(1705年)时清圣祖曾南巡到此,赐额"传灯志",所以平阳寺又名"传灯寺"。寺院规模宏大,主体殿宇多达六进,加上侧室数百间,构成一个巨大的建筑群体。

平阳寺在鼎盛时期僧人有千人之众,为江南一大名刹。因岁月推移,风雨侵袭,平阳寺殿宇大多毁损,现在仅存藏经楼一幢及侧厢屋数间。

玩家 解说

平阳寺旧时藏有高僧弘觉禅师血书的《法华经》、康熙皇帝南巡时赠予弘觉禅师的黄钵一只及千佛袈裟一件,人称平阳寺"三宝"。1941年,杜伟任浙东行署专员时,将"平阳三宝"移至天台国清寺收藏。

平阳寺内的无尘现象被称为天下之最。今藏经楼足以为证。建寺300余年中,尘土纷飞难以避免,藏经楼却干干净净。中华人民共和国成立后,这里曾改建为一家茶厂,更是烟灰尘土四起,但楼内的梁上、椽上及各个角落总是洁净如初。里面没有虫蛀鸟啄的痕迹,甚至连蜘蛛丝也难以寻觅出一根来,是世上罕见的"一尘不染"的古刹。直至今日,平阳寺无尘之谜仍未解开。

竺可桢故居
气象学家竺可桢出生之地
📍 上虞区东关街道西大木桥头

竺可桢故居台门坐南朝北,前临市河。竺可桢家原在东关四周的保驾山前村,因父亲在东关镇上开杂货店,所以他从小住在大木桥头的竺家台门里。台门由门屋、厢楼、披屋组成,砖木结构。竺可桢生于东侧楼上。现故居辟有竺可桢生平事迹展。

链接

竺可桢

竺可桢(1890—1974),字藕舫,上虞东关人。1910年留学美国,学习气象学,1918年获哈佛大学博士学位后回国。1936年4月起任浙江大学校长13年,倡导学术民主,重视新人,被尊为中国高校四大校长之一,是我国近代地理学和气象学的奠基人,闻名世界。从1936年1月1日至1974年2月6日逝世,共38年零36天,竺可桢天天记日记,无一日间断,对每天的天气与物候均有记载,共300余万字。

兰亭风景区

景点推荐

绍兴南部旅游区

大佛寺 AAAA
江南最大的石佛雕像

- 绍兴市新昌县南明街道
- 乘20路至大佛城站下
- 80元

大佛寺风景名胜区由大佛寺景区、十里潜溪景区(含天烛湖、百丈岩、七盘仙谷)、南岩寺景区三部分组成。

其中大佛寺有大弥勒佛石像,为江南最大石佛雕像。与之毗邻的千佛院内有1075尊小石佛,人称"江南敦煌石窟"。景区内还有般若谷、佛心广场、木化石恐龙园、罗汉洞、射雕村等景观。

玩家 攻略

景区进门依次是射雕村、恐龙园,然后才是大佛,信佛之人可以在这里拜佛。这一路路程不短,零星的景点有很多,可以选择性地观赏。

□ 栖光净院

栖光净院是大佛寺的下院,设有三殿(天王殿、三圣殿、地藏殿),三楼(钟楼、鼓楼、藏经楼),三堂(讲经堂、觉海堂、茶禅一味堂)及三塔(支遁尊舍利塔、悟道方丈舍利塔、万佛宝塔)。

其中栖光净院九层万佛宝塔于2010年10月27日开光,九层宝塔意喻人心祈安、长治久安和国泰民安。

◻ 百丈岩

百丈岩沿岸景点星罗棋布，融峰、谷、洞、瀑为一体，野趣天成。尤其是百丈岩两座峭壁相倾，形成巨穴，有瀑泉"从天而降"，实为胜景。

◻ 七盘仙谷

七盘仙谷是集峭崖、奇峰、幽涧、瀑潭、清流、密林、茶园等自然景观和山村风情、历史遗址、典故传说等人文景观于一体的林业观光区。景区内还有500多年前的参天大树，有永宁、万福等两座保存完好的古桥，历史感厚重。

达利丝绸世界生态园 AAAA
走江南丝绸之路，赏丝绸美丽风华

📍 绍兴市新昌县

达利丝绸世界是工业旅游景区，景区以"走江南丝绸之路，赏丝绸美丽风华"为主题，由千年桑树园、丝绸文化特色街、丝绸文化博览馆、达利生态体验休闲区和丝绸精品展示购物中心五部分组成，是集蚕桑文化园林、丝绸博览馆、现代丝绸工业生产、丝绸文化科普教育、生态农业体验和休闲、娱乐、购物等多种旅游元素和形态于一体的综合性旅游景区。

玩家 攻略

桑葚采摘节：每年5月定期举办达利桑葚采摘节，游客可在景区开放时间段内任意采摘和品尝十多个品种的有机桑葚。

瓜果采摘节：景区生态农业园根据瓜果不同的成熟季节，定期组织开展瓜果采摘节，如"葡萄采摘节""西瓜采摘节"等，让游客体验自品劳动成果的快乐。

养蚕月：景区专业人员通过辅导游客摘桑养蚕，在寓教于乐之中让游客了解家蚕的饲养方法和相关知识。

DIY丝巾制作：游客在景区购买手绘颜料和白色小丝巾后，在专业人员的指导下经过扎染或蜡染的方式，让游客体验手工制作特色丝巾的乐趣。

沃洲湖
游船将湖面连为一体

📍 绍兴市新昌县沃洲镇

沃洲湖景区以风光秀丽和文化内涵深厚著称。景区由沃洲山、天姥山、东山和溪山一碧、三十六渡等景区组成。沃洲湖周边有众多的古迹景观，由湖上的游船将其连为一体。沿湖可看大坝风光、石女峰、鹅鼻峰、香炉峰、真君殿、大月角等景致。

◻ 天姥仙境

天姥山为浙东名山，因李白的《梦游天姥吟留别》而成为文人墨客向往的神奇仙境。它也是道家"第十六福地"，为历史文化名山。

◻ 谢公道

谢公道为至今保存较完整的一条古驿道，是南朝诗人谢灵运开拓的古驿道。谢公道全长35千米，从桃源穿越天姥山到达关岭头，沿途有天姥寺遗址、天姥山(寺)史料记志残碑等诸多遗迹，还有刘阮遇仙刘门坞、司马悔桥的由来等动人传说。

峰峰相连的穿岩十九峰

穿岩十九峰 AAAA
十九峰，峰峰相通

- 绍兴市新昌县镜岭镇雅庄村
- 60元

穿岩十九峰风景区以自然风光取胜，因有十九峰，峰峰相连，且中峰上有圆窍、东西相通而得名。景区由十九峰、千丈幽谷（因作为多部武侠剧外景拍摄地而闻名）、台头山、倒脱靴（以奇岩怪石、跌流飞瀑著称）与镜岭古镇等组成。

玩家 攻略

1. 推荐路线：从小木桥过韩妃江，沿双象峰—生命之父—生命之母—铁壁—龙床—飞龙在天—骆驼献宝—金猴献桃—三象入浴—鸳鸯池—卧龙洞路线游览。

2. 如果喜欢冒险的话，可以在十九峰玩飞降项目，非常惊险刺激。

□ 千丈幽谷

千丈幽谷是一处由丹霞地貌构成的峡谷，因作为央视《笑傲江湖》《射雕英雄传》《天龙八部》等剧的外景拍摄地而闻名全国。

千丈幽谷碧池处处、绿林满目，谷内怪石峥嵘、流泉飞溅、竹径通幽。在这里可以一边欣赏山间的美景，一边回顾金庸武侠剧的情节，可谓身临其境、古景再现。

玩家 行程

自助游推荐先到千丈幽谷，然后从十九峰出来，到公路上坐车返回县城。因为千丈幽谷较远些，从那里回县城较难坐车，千丈幽谷的尽头是一条长长的隧道，可以直接走隧道去十九峰，或者出隧道后步行下山走不了多久，路边就可以搭车回县城。

百丈飞瀑风景区
号称"江南第一瀑布群"

- 嵊州市王院乡金钩村
- 嵊州汽车西站乘车前往三溪方向

百丈飞瀑风景区以瀑布的声势、规模、形态著称，号称"江南第一瀑布群"。有瀑布观瞻区、宗教活动区、竹林游憩区等7个功能区，有百丈瀑、戏珠瀑、鸳鸯瀑、五叠泉、一线瀑、九龙潭、济公潭等20余个景点。

玩家 攻略

1. 游：百丈飞瀑有两条线路，一是从王院开始自上到下游览，另一条是从石璜境内开始，自下而上，各有千秋。

2. 吃：百丈飞瀑下的金钩村内，可以随意寻找一个农家餐馆，吃一顿丰盛可口的农家饭。

崇仁古镇
有着宋代遗风的古镇

- 嵊州市崇仁镇
- 市区客运西站乘车可达
- 免费

崇仁古镇距今已有近千年的历史。古镇以玉山公祠为中心，保留着庞大的古建筑群，有宋代遗风，明清特色，现已被列为全国重点文物保护单位。群内庙宇、祠堂、古戏台、民居、牌坊、药铺、店房、桥梁、池塘、水井一应俱全。其中保存完整的老台门就有100余座，台门之间用跨街楼相连，既珠联璧合，又独立成章，体现了先人"分户合族、聚只一家"的遗风。

玩家 解说

崇仁古镇原名杏花村，北宋熙宁年间（1068—1077年），受皇帝敕封的义门裘氏从婺州分迁此地，裘氏以崇尚仁义为本，故名其地为崇仁。自南宋以来，出过不少人才，单裘氏一族，就有4个进士，38名举人，仕宦者几十人。

清风庙
为纪念南宋烈女而修筑

- 嵊州市三界镇姚杏村

清风庙建于元泰定三年（1326年），是为纪念南宋烈女王烈妇而筑，历代几经修葺，现存庙宇系1936年重修。

清风庙是发扬民族气节,进行爱国主义教育的实物资料,且历史悠久,建筑精致,是嵊州市重点文物保护单位之一。

艇湖山
晋王子猷夜访戴安道之处

📍 距嵊州城两千米处艇湖畔

艇湖为晋王子猷雪夜访戴安道处,所谓"兴奋而来,兴尽而返"典故即出于此。艇湖山上有艇湖塔,塔有六角七层,楼阁式砖木结构,是市级文物保护单位。

玩家 解说

王子猷,即王徽之,王羲之的第五个儿子。他自恃清高,任车骑参军、大司马及黄门侍郎期间引来很多非议,后世更有人称他为"伪名士"。王徽之自幼追随其父学书法,在兄弟中唯有"徽之得其势"。传世书帖中有《承嫂病不减帖》《新月帖》等。

《世说新语》载,王徽之辞官归会稽期间,"居山阴,夜大雪,眠觉,开室,命酌酒,四望皎然,因起彷徨,咏左思《招隐诗》。忽忆戴安道,时戴在剡,即便夜乘小船就之。经宿方至,造门不前而返。人问其故,王曰:'吾本乘兴而行,兴尽而返,何必见戴?'"

华东国际珠宝城 AAAA
中国最大的珍珠珠宝旅游购物中心

📍 诸暨市山下湖镇

华东国际珠宝城是目前全球规模最大、设施最先进、服务手段最现代的珍珠珠宝专业市场,也是中国最大的珍珠珠宝旅游购物中心。会聚了海内外近千家商家,市场交易商品包括珍珠原珠、珍珠首饰、珍珠工艺品、珍珠美容保健品、玉石、K金、水晶等品种。

华东国际珠宝城购物环境一流,拥有旅游接待中心、大型生态停车场等一流旅游配套设施,还设立了"中国珍珠文化展示中心"等文化景观,全面展示和讲解上下五千年的海内外珍珠文化,让游客身临其境地感受中国珍珠文化的魅力。

珍珠

攻略资讯

- 交通
- 住宿
- 美食
- 购物
- 娱乐

仓桥直街

交通

火车

绍兴为铁路过境地区，浙赣线、萧甬线经越市境。现设绍兴、上虞、诸暨等7个火车站，为境内客、货集散枢纽。

绍兴站：位于绍兴市越城区车站路200号，是绍兴的普速列车客运站。市内可乘坐地铁1号线或1、4、23等路公交车前往。

绍兴北站：位于绍兴市越城区，是杭甬高速铁路、杭台高速铁路的中间站。市内可乘15、16、808等路公交车前往。

绍兴北站

汽车

绍兴主要有2个大型汽车站。

绍兴客运中心汽车站：位于绍兴市越城区中兴大道。可乘坐30、60、60A、108等路公交车可达。☎ 0575-88022222

绍兴汽车东站：位于绍兴市越城区环城东路516号，环城东路东街口。可乘坐1、7等路公交车前往。☎ 0575-8644350

市内交通

截至2022年7月，绍兴市区内共有公交车线路70多条，售票方式主要采取一票制和有人售票两种，一票制为1元，有人售票起步价为1元，刷IC卡可享受8折优惠，一个小时内换乘市区牌照的不同线路的公交车辆可享受减价5角的换乘优惠。

出租车起步价8元/2.5千米。绍兴市区不大，市内打车一般起步价就够了。

截至2023年7月，绍兴轨道交通运营线路3条，为绍兴轨道交通城际线、绍兴轨道交通1号线、绍兴轨道交通2号线。可满足市民、游客内出行观光的需要。

玩家攻略

在绍兴可以坐乌篷船到各景点，费用相当于坐出租车。平日65元/船（限3人），节假日80元/船（限3人）。

攻略资讯 217

八字桥

🏠 住宿

绍兴各个档次的酒店均有,其中以中、低档酒店为多,不过其内部设施齐全,基本可以满足游客的需要。

市中心地区

● 咸亨大酒店

绍兴咸亨大酒店位于繁华的商业街解放路南端,交通十分便捷。酒店设计独特,建筑雄伟,环境幽雅,以"兰亭序"的文化特色突出酒店浓厚的商务氛围,是观光旅游、休闲度假、商务会议的理想选择。📍绍兴越城区解放南路680号 ☎0575-88068688

● 绍兴饭店

绍兴饭店白墙黑瓦、小桥流水,具有浓郁的江南民居特色。饭店拥有8个不同功能的会议厅,并配有一流的五声道同声翻译的国际会议中心。酒店设有34个餐厅,拥有700个餐位,名厨荟萃,客人能享受到纯正的地方传统特色菜。📍绍兴越城区环山路8号 ☎0575-85155888

● 海港大酒店

绍兴海港大酒店地处绍兴市中心,面临繁华的商业街,与风景秀丽的飞来山公园相邻。酒店风格各异的中西餐厅荟萃八方风味,并提供幽雅别致的用餐环境;高雅舒适的咖啡厅可让客人领略到异国风情。📍绍兴越城区解放南路639号 ☎0575-88051818

城南地区

● 绍兴鲁迅故里维朵国际酒店

酒店地处市区城南新区最繁华的黄金地段,毗邻兰亭、鲁迅故居、秋瑾故居,地理位置优越。酒店内的金粉世家娱乐城,以现代设计为理念,体现出超时空的感观效果,设有豪华绚丽的KTV包厢50多间,同时还设有良子足浴、棋牌室、美容美发等娱乐设施,是目前绍兴酒店附属娱乐设施中最豪华的娱乐城。📍绍兴越城区城南大道515号 ☎0575-88056789

● 凯远酒店

凯远酒店临近鲁迅故里,酒店附近的南山风景秀丽,鸟语花香,推开房间的窗户,即能看见它优雅的身姿。📍绍兴越城区城南大道835号 ☎0575-89581888

城北地区

● 绍兴巴里岛假日酒店

绍兴巴里岛假日酒店大堂设计元素为简约、温馨、时尚、高雅,充满了现代化的时尚气息。酒店层高15层,拥有各式精心设计的豪华全景观客房,窗外的美景、阳光,让

客人身心放松。 绍兴越城区二环北路102号
 0575-89196666

●绍兴鑫洲海湾大酒店

绍兴鑫洲海湾大酒店东依宽阔的大滩休闲广场，南临绍兴市各大旅游景点，火车站与客运中心近在咫尺，交通十分便利。酒店集客房、餐饮、康乐于一体，拥有各式精美客房，是商务出差和休闲旅游的理想下榻之处。 绍兴市越西路837号 0575-88208777

美食

绍兴菜保存了千百年来越菜的特色风味，注重香酥绵糯、原汁原味、轻油忌辣、汁味浓重。美食以淡水鱼虾等为主料，特色菜有清汤越鸡、清汤鱼圆、清蒸银鱼、霉（梅）干菜烧肉等。酱制菜有也小有名气，如酱鸭、酱鹅、酱菜等。美食配上绍兴黄酒，风味独特。

美食小吃

●油炸臭豆腐

油炸臭豆腐是绍兴的特色美味。它是经选料、配卤、浸泡、发酵、晾干、油炸等一系列步骤精制而成。爱吃的是闻臭而动，不爱吃的是避之唯恐不及。个中高手吃起来不用加任何调料，要的就是原汁原味的"臭"。

●绍兴黄酒

绍兴酿酒已有2500年的历史，绍兴自古就有"无处不酒家"之说。绍兴黄酒用精白糯米、优质小麦为主要原料，汲取得天独厚的鉴湖水酿制而成。同时采用不同的配料和酿制方法，分加饭、元红、善酿、香雪、花雕等品种，分别具有独特的风味，是饮料酒中的佳品。黄酒是绍兴最有名的特产，一般呈琥珀色，越陈越香。

●糟熘虾仁

糟熘虾仁选用鉴湖所产的青壳大河虾，糟汁调味，虾仁洁白、鲜嫩，香气诱人。

●霉（梅）干菜烧肉

霉（梅）干菜烧肉是绍兴著名的家常菜，馨香鲜嫩，油而不腻，有江南水乡独特的田园风味。

● 糟鸡

糟鸡的原料为越鸡。将鸡用盐擦均后，外面用纱布包住，再用酒糟腌渍几天。这样做出来的糟鸡会散发出特有的酒香味。

糟鸡

购物

绍兴特产种类繁多，黄酒、霉（梅）干菜、香糕是绍兴的传统特产。工艺品有蓝印花布、慕本缎、乌毡帽、王星记纸扇等，土特产有腐乳、平水珠茶、麻鸭等。

绍兴特产

● 蓝印花布

蓝印花布又称靛蓝花布，距今已有1300年历史，最初以蓝草为染料印染而成。蓝印花布用石灰、豆粉合成灰浆烤蓝，采用全手工纺织、刻版、刮浆等多道印染工艺制成。

● 平水珠茶

平水珠茶是浙江独有的传统名茶，产区包括浙江的绍兴、诸暨、嵊州、新昌等。素以形似珍珠、色泽绿润、香高味醇的特有风韵而著称于世。平水是浙江绍兴东南的一个著名集镇，历史上很早就是茶叶加工贸易的集散地，各县所产珠茶，过去多集中在平水进行精制加工、转运出口。因此，浙江所产的珠茶在国际贸易中逐渐以"平水珠茶"称著。

绍兴购物场所

鲁迅广场对面的古玩市场值得一逛。位于解放南路89号的嘉银购物中心和位于解放北路449号附近的夜市都是购物好去处。

绍兴市郊有很多大型专业批发市场，较有影响的有柯桥区柯桥街道的中国轻纺城、嵊州市的浙东服装领带市场，以及诸暨市全国最大的珍珠市场等。

娱乐

绍兴大剧院： 越剧是流行于浙江一带的地方剧种。它源于浙江嵊州市，1938年后，使用"越剧"这一名称。1942年以袁雪芬为首的越剧女演员对其表演与演唱进行了变革，吸收话剧与昆曲的表演艺术之长，形成柔婉细腻的表演风格，出现袁（雪芬）派、尹（桂芳）派、范（瑞娟）派等众多艺术流派。

大禹陵风筝节： 每年3月中旬到4月中旬，绍兴会稽山景区会举办大禹陵"风筝节"，活动期间会引进品种多样、形态逼真、风格各异的风筝进行表演。

越剧《红楼梦》

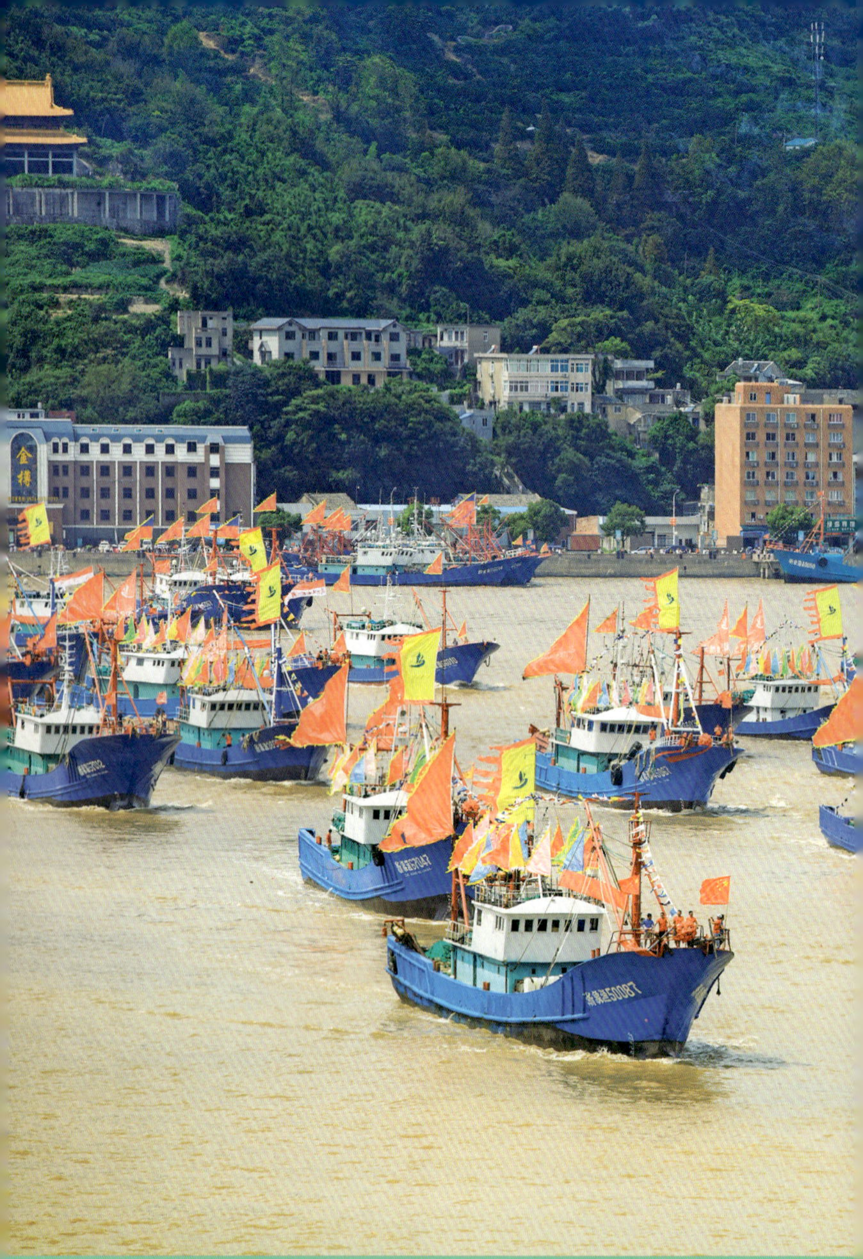

发现者 旅行指南

宁 波

概览

亮点

- **天一阁博物馆**

    以藏书文化为特色，是我国现存历史最悠久的藏书楼、亚洲最古老的图书馆。

- **梁祝文化公园**

    是全国第一座大型的爱情主题公园，每两年举办一次"中国梁祝婚俗节"。

- **溪口—雪窦山**

    以剡水、古刹、蒋氏故里和幽谷飞瀑闻名遐迩，素有"海上蓬莱"之誉。

- **天下玉苑**

    以玉文化为特色，融山水灵气、玉雕精品和人文胜迹为一体，是国内目前最大的玉文化主题公园。

- **石浦渔港古城**

    人称"城在港上，山在城中"，古迹众多，渔业经济发达，有"海鲜王国"之誉。

- **必逛街道**

    天一广场：位于宁波市中心繁华商业街中山路南侧，由22座具有欧陆风情的现代建筑群组成，设有亚洲第一音乐喷泉和大屏幕水幕电影。

    城隍庙食街：宁波最大的购物中心和美食一条街，这里小吃遍布，是了解宁波民间风情的一大去处。

线路

- **宁波寻古二日游**

    第一天早餐后前往庆安会馆和梁祝文化公园。中午在附近就餐。午后赴慈城古镇。夜宿小镇，感受小镇夜色静谧。

    第二天早餐后赴保国寺，随后去招宝山，走"中峰古道"而上，沿途第一山碑、半山亭、揽江台、棋子坪、明清碑碣、威远城等古迹目不暇接。

- **宁波北仑生态二日游**

    第一天早餐后至北仑森林植物园，之后来到九峰山，这里可观光、可礼佛。夜宿附近宾馆。

    第二天早餐后前往凤凰山主题乐园。午后去小山公园，游览观沧楼、欣港亭、揽月楼。傍晚坐上游轮，参加北仑港海上观光，欣赏美丽的海滨夜色。

- **宁波经典三日游**

    第一天：早餐后去天一阁博物馆，随后去安庆会馆，参观全国首家海事民俗博物馆。下午去保国寺。然后去慈城古镇，观有"西子缩影"之称的慈湖，品慈湖杨梅。夜宿古镇。

    第二天：上午去雪窦山景区。下午去溪口风景区，欣赏秀丽的山水，探访蒋介石、蒋经国父子的故里。晚上住在附近农家院。

    第三天：上午去往滕头生态旅游区，可以观看动物表演，参加拓展野营项目，还可以采摘乡村时令水果。

为何去

宁波是全国历史文化名城，是具有7000多年文明史的"河姆渡文化"的发祥地。唐代，宁波成为"海上丝绸之路"的起点之一。宋时又与广州、泉州同时被列为对外贸易三大重镇。鸦片战争后被辟为"五大通商口岸"之一。宁波以"书藏古今，港通天下"名扬天下，它景色秀美、文化荟萃，城隍庙的小吃还有三江边的夜景更是让人流连忘返。

三江口

何时去

每年的4月与10月天气晴朗，温度适宜，正是来宁波旅游的好时间。每年9月中旬都会在石浦渔港举办"中国开渔节"；而冬季的四明山，年都会再现三四次大雪漫天、冰封叠嶂的银色世界。如果气候变化剧烈，人们还能有幸欣赏到江南罕见的气象奇观——雾凇。

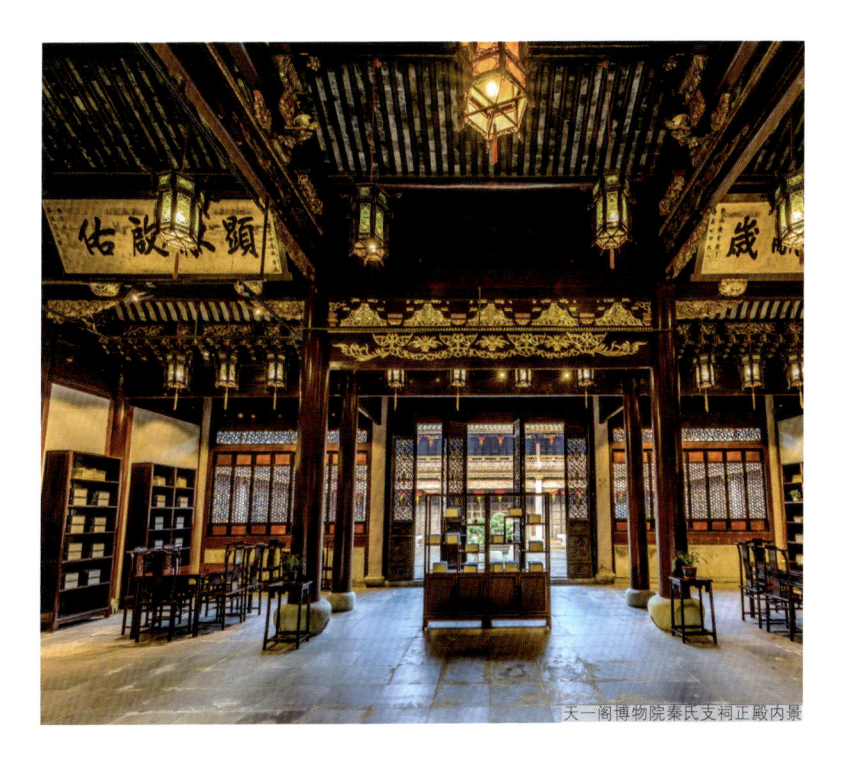

天童寺

天一阁博物院秦氏支祠正殿内景

区域解读

区号：0574
面积：约9816km²
人口：969.7万人

地理 GEOGRAPHY

区划

宁波市下辖6区（海曙区、江北区、镇海区、鄞州区、北仑区、奉化区）、2个县级市（慈溪市、余姚市）、2个县（宁海县、象山县）。

地形

宁波地处宁绍平原，地势西南高东北低。位于余姚市境内的四明山脉分支青虎湾岗海拔979米，为宁波境内最高峰。

河流有余姚江、奉化江、甬江。宁波沿海有长达1562千米的漫长海岸线，港湾曲折，岛屿星罗棋布。岛屿岸线长774千米，占海岸线的1/3。

气候

宁波纬度适中，温和湿润，冬夏季风交替明显，冬夏季各长达4个月，春秋季各仅约2个月。各地天气多变，差异明显，特别是我国东南沿海一带常见的台风灾害性天气相对频繁。宁波一年四季均适合旅行。春季，杨梅正满林，慈溪杨梅名冠天下；夏季，四明山是极其理想的避暑胜地；秋季，可以去石浦渔港参加"中国开渔节"；冬季，去泡一泡南溪温泉是个不错的选择。

历史 HISTORY

历史大事记

● 唐朝以前

距今约7000年前，中国南方新石器文明的代表——河姆渡文明在余姚发迹。河姆渡文化是中国长江流域下游地区最古老的新石器文化。

周元王三年（公元前473年），越王勾践灭吴国，勾践在句余筑句章城（今宁波江北区城山渡一带），为宁波境内最早的城池。

西汉元鼎六年（公元前111年），东越王余善反叛朝廷，汉武帝派遣横海将军韩说从句章渡海配合其他兵马镇压。这是中国海道用兵的最早记录，也是从宁波港出发的大规模航海的最早记录。

东晋隆安五年（401年），为阻挡孙恩领导的起义军攻句章，镇北将军刘牢之在今西门外筑营垒，俗称"筱墙"，这是宁波城区内最早出现的城墙。

● 唐至近代

唐长庆元年（821年），州治移至今宁波老城区公园路一带，并建明州城，周长420丈，为宁波的城市发展奠定了基础。

溪口古镇

唐代，宁波成为"海上丝绸之路"的起点之一，与扬州、广州并称为中国三大对外贸易港口。宋时又与广州、泉州同时被列为对外贸易三大重镇。鸦片战争后被辟为"五大通商口岸"之一。

明嘉靖二年（1523年），日本西海道大内氏使者宗设谦道与南海道细川氏使者瑞佐、宋素卿两个贸易使团，在宁波冲突起事，史称"争贡事件"。明廷为此罢宁波、泉州、广州市舶司，海禁17年。

清道光二十二年（1842年），中英《南京条约》签订，宁波被列为五口通商口岸之一。1885年（清光绪十一年），法国远东舰队司令孤拔率舰7艘入侵镇海口，守将欧阳利见、吴杰等奋勇抗击，击毙孤拔，重创法舰，镇海口战役成为中法战争中唯一的一次胜仗。

1916年秋，孙中山先生偕夫人宋庆龄从上海乘船来宁波，在经乍浦洋面时，曾说："吾立国以后，势必在此建立东方第一大港。"

1949年前夕，宁波港成为一个区域性小港，4个码头年货物吞吐量仅4万吨。

名单 宁波历史名人

东汉隐士严子陵
东晋天文学家虞喜
唐初著名书法家虞世南
南宋诗人张孝祥
明初政治家、学者方孝孺
明代著名哲学家王阳明
明末清初思想家黄宗羲
近代国画家潘天寿
国民党党、军、政首脑蒋介石
著名生物学家童第周

链接

宁波地名的由来

元至正二十七年（1367年）称明州府，明洪武十四年（1381年）为避国号讳，朱元璋采纳鄞州区读书人单仲友的建议，取"海定则波宁"之义，将明州改称宁波府。宁波之名沿用至今。

海上丝绸之路始航地

1981年，北京大学东方学系陈炎教授提出了"海上丝绸之路"一说。这一说法的提出主要源于当时在泰国湾打捞上来数艘沉船，船上满载中国古代瓷器。就这样，海上丝绸之路研究相继展开。

宁波位于东半球太平洋西岸，中国海岸线的中段，是我国古代著名的港口。纵观宁波的历史，"海上丝绸之路"是其发展的主线。

宁波是人类从事浅海活动较早的地区之一。河姆渡原始寄泊点出土的独木舟、木桨和陶船模型等充分表明：宁波先民早在7000年前，就来往于江河湖海之上，从事水上生产活动。宁波也是中国最早拥有港口的地区之一。春秋时期，我国拥有著名的碣石（今秦皇岛）、转附（今烟台）、琅琊（今山东青岛黄岛区）、会稽（今绍兴）、句章（今宁波）等海港，其中句章港在5个港口中占据显赫的地位。

如果说，河姆渡遗址是宁波"海上丝绸之路"的源头，句章港是其发展的基础，那么，从汉代遗址中出土的为数甚多的舶来品，上林湖古窑址生产的大量外销陶瓷，则为其树立了一座新的对外交往的里程碑。历史上，宁波的海上交流活动由来已久，唐代中期就与日本、高句丽等通航进行经贸文化交流。如今宁波市也有各种建于晋、唐、宋、清时期的寺庙、使馆、码头遗址。2001年，宁波举行"海上丝绸之路"论坛，并与泉州、广州共同申报世界文化遗产。2003年，宁波又在国内率先组织由专家、新闻记者和市民代表一行10人联合组成的宁波"海外寻珍团"，对日本、韩国16座城市的43处与宁波"海上丝绸之路"有关的史迹进行了专题考察寻访，活动取得了圆满成功。

宁波见证了中国"海上丝绸之路"的厚重历史，这座沧海之舟继续航行在历史的轨道上。

河姆渡遗址

名震海内外的"宁波帮"

从古至今，宁波各路英才的涌现，可用井喷来形容，最著名的便是在商界名震海内外的"宁波帮"。

宁波自古以来就是一个繁盛的对外贸易商埠，至19世纪60年代，宁波的钱庄、南北货号、鱼行遍布于市，世人称"走遍天下，不如宁波江厦"，宁波人经商的足迹遍布天下。"宁波帮"形成于明朝，崛起于五口通商后的上海，至辛亥革命后达到鼎盛。1916年孙中山先生曾对宁波帮企业家做出高度评价，"宁波帮"在中国近代社会的发展史上有着重要影响。

"宁波帮"是上海发展中最重要的商帮，对上海的金融、商业、航运、工业等有着举足轻重的作用。被誉为"上海钱业领袖"的余姚人秦润卿，执掌上海钱业公会达15年。1897年，由宁波人叶澄衷、严信厚、朱葆三等创办的中国通商银行是国人自办的第一家银行。其后，各类银行、保险公司、证券交易所、信托公司相继成立，可以说，宁波人创造了中国近代金融业的传奇。余姚人宋汉章先生改组中国银行，创办国外汇兑，积储外汇资金，终于使其能与外商银行分庭抗礼，奠定了中国银行的国际地位，可谓中国近代金融业奠基人。

除金融业外，上海的航运、五金、新药、颜料等行业也基本由宁波人控制，如"宁波帮"的另一代表人物慈溪人虞洽卿，创办了三北轮埠公司、宁绍轮船公司等，至抗战前其航业集团已发展成全国规模最大的民营船运企业。

除了上海，香港的繁荣同样离不开"宁波帮"。相比称雄于香港富豪圈的"潮汕帮""闽帮"，"宁波帮"的历史更为悠久，包括船王包玉刚，实业家王宽诚、安子介，传媒大王邵逸夫等，他们是创造香港繁荣的一支劲旅，是乐善好施的慈善家。香港"宁波帮"在太空中也是星光闪烁,以香港宁波人命名的宇宙小行星就有4颗之多,王宽诚星、邵逸夫星、曹光彪星、李达三星,大放光芒。祖籍宁波的"宁波帮"文化名人在香港岛同样群星灿烂,如知名演员王丹凤、周星驰、洪金宝等。目前香港"宁波帮"总数超过15万人。

文化 CULTURE

宁波学派,思想大儒

宁波学派主要包括四明学派、姚江学派和浙东学派,它们均是宁波的地方学派。

四明学派,也称"四明陆学"。绍兴、宁波和台州地区有四明山脉,故该区域亦被称为"四明"或四明地区,学派以山得名。南宋淳熙年间(1174—1189年),有"淳熙四先生"之称的明州学者杨简、袁燮、沈焕等人以研究、师承陆九渊的"心学"为主,兼综朱子理学诸学说而形成的学派。四明学派的活动集中在今宁波月湖一带。

姚江学派,也称阳明学派,曾创建姚江书院。其创始人为明代著名哲学家、余姚人王守仁(别号阳明)。王守仁继承和发扬了南宋陆九渊的心学,提出"心外无物""致良知""知行合一"等哲学思想,集中国古代主观唯心主义之大成,史称"王学"。其主要继承人有徐爱、钱德洪、沈国模、史孝咸等。

浙东学派,又称浙江史学派,其创始人为明清之际著名启蒙主义思想家、余姚人黄宗羲。黄宗羲在政治上公开揭露和批判君主专制制度,指斥其为"使天下不得安宁"的罪恶之源,主张民权。经济上提出"工商皆本",学术上提倡"经世致用"。除哲学、史学外,对天文、地理、数学、文学、艺术、宗教等方面都有研究,是清代最有影响力的学派。其代表人物有万斯大、万斯同、全祖望、章学诚等。

宁波开渔节

宁波三大学派对中国的国学和启蒙思想都曾产生过重大的影响,具有独特的魅力。王阳明、黄宗羲两位堪称中国古代思想界的两颗明星。

渔家特色的海洋节日——开渔节

1998年是联合国命名的"国际海洋年",也正是这一年,海洋大县象山举办了第一届中国开渔节,至今已成功举办过10届。10年来,开渔节已演变成真正具有渔家特色的全球性海洋节日、文化大节和旅游大节。

开渔节的两大保留节目是祭海仪式和开船仪式,这也是历届开渔节最具震撼力和影响力的表演。

先说说祭海仪式。一条长长的地毯,从祭台长长地伸向海边。上百位祭祀者把酒碗高举过头,又低首缓缓洒在脚下。数百面幡旗猎猎作响,数千名渔民庄严肃穆,浑厚的鼓乐撼人心魄,激昂的号角冲破云霄的壮观的场景令人热血澎湃。3个月伏季休渔过后，东海渔区的渔民又迎来开渔的日子，祭海仪式也是为渔民壮行的最好表达。

再说开船仪式，装扮一新的象山石浦港处处洋溢着节日的气氛，街道上挂满了各式各样的渔灯。岸上人山人海，港内彩旗飞扬，千余艘大马力渔轮整装待发。锣鼓齐鸣，嘹亮的汽笛也响了起来。开渔节还有一项比较生态人文的仪式——"放生"。一群渔家后生抬着满满当当几大筐由花生、核桃等组成的五色果实，鱼贯来到祭祀者的面前。船老大们把五果抛向大海。随后，孩子们捧着小海龟，渔民们抬着10余只盛着大黄鱼、蟹、虾、鳗鱼、鲳鱼等鱼苗的水缸，踏着浪花，小心翼翼地把幼苗放归大海。这也很好地倡导了生态保护和可持续发展的理念。

临近开船时间时，象山县领导端起烈酒，为渔民兄弟们壮行。12点整，"开渔喽……"随着一声嘹亮的渔家号子响起，千舟竞发，汽笛齐鸣，号角震耳，鞭炮声喧天，浪花飞溅。渔船首尾相接，1700余艘大马力渔轮组成的全国最大的一支群众性外海作业船队一齐入海，气势磅礴地驶离渔港，驶过铜瓦门大桥，直奔茫茫大海。

开渔节期间，还会举行其他一系列活动。如"全国渔家秀服装设计大赛""象山风情全国摄影大赛""中国文联黄金海岸合作笔会"等一系列具有渔文化特色的活动。

宁海狮舞，文武双全

宁海狮舞俗称"打狮子"，又称"狮子灯"，在宁海很是流行。相传历史高峰时期，宁海有300多个舞狮班。据前人史料考证，宁海狮舞可追溯到梁代。

在宁海乡村的房屋门口、桥头两侧、公共场地等尚分布着形态各异的石狮，人们以狮子为避邪之物、吉祥象征，并在敬神祭祖时，以舞狮习俗寄托丰收、太平的良好愿望。狮舞一般在正月或喜庆节日由狮子班这一特定组织进行表演。舞狮习俗一直传承至今，现宁海城乡仍有10多个"舞狮班"在活动。

由于文化地理、文化心理多种因素的差异，宁海狮舞在长期流行、发展中形成了独特的风格，其中有表现山区狮子猛勇性格的"武狮舞"，以跳跃、登高、跌打、腾越等系列动作作为主体；有表现沿海地区狮子温顺性格的"文狮舞"，以搔痒、抖毛、舔舌、静思等表现为主；而介于山海之交的地区则融两种风格为一体，称为"文武狮子舞"，在这种狮舞中，既有剽悍、粗蛮的"抢咬"等大幅度动作，又有细腻入微的"交情"等描述性动作。其中，"捞赏钱"和"麒麟送子"是宁海狮舞最高难度的表演。

舞狮结束后，紧接着表演民间精湛的武艺，如舞拳、弄棒、跳桌、爬竿、倒走等，最后由一位表演者滚钢叉捉狮而终场。表演时宁海特有的舞狮音乐贯穿始终。

狮舞

景点推荐：溪口—滕头旅游景区 AAAAA

溪口—滕头旅游景区由溪口（蒋氏故居、雪窦山）和滕头两大景区组成。溪口东靠武岭，南濒剡溪，北临雪窦山，水绕山环，景色秀丽，宛若传说中的"世外桃源"。这里因蒋介石、蒋经国父子而声名鹊起，现有"蒋氏故居"等人文景观。另外，景区内还有因北宋仁宗皇帝梦中到此一游而得名"应梦名山"的雪窦山，有"天下禅宗十刹之一"的雪窦寺及世界最高的坐姿铜制露天弥勒大佛造像。雪窦山和亭下湖之间有索道相连。

- 奉化区溪口镇
- 溪口风景区通票180元（含蒋氏故里景区和雪窦山风景区），蒋氏故里景区120元，雪窦山风景区120元（含交通费30元）
- www.xikoutourism.com

玩家 指路

1. 中巴南站（位于宁波汽车南站后面的马园路）有班车每天发往溪口，10分钟左右一班。

2. 在溪口汽车站、武岭广场、雪窦山游人中心分别设了旅游专线大巴车，游客可以在这3个站点乘车到指定的地方，各站点之间的车费为2元。

玩家 行程

1. 溪口、滕头二日游

第一天：蒋介石避暑别墅—妙高台—千丈岩瀑布—张学良将军第一幽禁处—中旅社旧址—蒋母墓道—蒋氏故居风景区（丰镐房、蒋宋别墅、蒋经国读书处、玉泰盐铺等）。

第二天：奉化滕头村—农业观光示范园—将军林—婚俗馆—科技馆—盆景园—明清奉帮石窗—乡村大舞台—小康住宅区。

2. 溪口二日游

第一天：徐凫岩瀑布—三隐潭—杜鹃谷—妙高台—千丈岩瀑布—雪窦寺—蒋母墓道。

第二天：徐凫岩瀑布—妙高台—千丈岩瀑布—雪窦寺—蒋母墓道—溪口漂流。

玩家 攻略

1.自2009年9月21日起，雪窦山上的三个景区不再设立售票点，改在雪窦山旅游服务中心综合大楼统一发售，并同时发售雪窦寺弥勒大佛景区门票。

2.自2010年1月1日起，原蒋氏故居景区和蒋母陵园景区合并为以反映民国历史人文景观为主题的蒋氏故里景区，包括新增景点溪口博物馆，票价为120元。

玩家 解说

溪口是一座千年古镇，它的历史可以追溯到宋代。溪口于1006年建村，历史上经过几次"乡""镇"之间的变化，直到1951年，溪口正式称"镇"。

然而，溪口的出名还是因为它的历史与众多名人联系在一起。蒋介石、蒋经国父子都出生在这里。西安事变以后，张学良也曾被囚禁于此。民国时，特别是蒋介石三次下野期间，溪口一度成为国民党的指挥中心。那时，南京与溪口之间不断有军政要员频繁往返，溪口镇上一派车水马龙的繁华景象。

1949年5月24日，中国人民解放军第三野战军第七兵团第21军第61师进驻溪口，溪口解放。在毛泽东主席的指示下，蒋介石的住宅、祠堂及其他建筑物得以保存。

溪口景区 AAAAA
蒋氏故里、应梦名山、弥勒圣坛

溪口景区含蒋氏故里景区[丰镐房、玉泰盐铺、蒋氏宗祠、小洋房、文昌阁、武岭城楼、武岭学校、武岭幽胜、溪口博物馆、蒋母陵园（蒋母墓道、杜鹃谷、蝴蝶世界）]，另有摩诃殿、王康乐艺术馆、武岭公园、溪口博物馆等景。

玩家 攻略

1.吃：推荐在溪口镇上品尝当地的特色美食。其中，奉化千层饼是必尝的美食之一，香脆可口，层次分明。此外，还有糖炒栗子、油焖笋等。在品尝美食的同时，也可以逛逛溪口镇的老街，感受古镇的韵味和繁华。

2.游：相关景点推荐武岭门、蒋氏故居、弥勒圣坛、应梦里、张学良幽禁处等。

3.购：千层饼和羊尾笋（尤以3—5月的最为新鲜）是溪口一年四季皆可购买的特产；芋头的上市时间为8月，其保存时间比较长，所以从上市到过年之前都可以买到；6月中旬到8月下旬水蜜桃上市，味道相当不错。

▢ 武岭门

武岭门是进入溪口镇的必经之路，因建在武山的山脊上而得名。武岭门原是个小庵堂，蒋介石的母亲常到这里念经拜佛。1930年被蒋介石改建为三间两层的武关式城门建筑，门额两面都镌"武岭"题字。为示尊重，国民党元老、著名书法家于右任所写镌于正面，蒋介石自己亲笔手书则刻于城门之背。

入武岭城门，便见溪口古镇，宛若世外桃源，仿佛陶渊明《桃花源记》中描写的"武陵"景象。武岭路三里长街就是蒋氏父子从小生活的地方。

文昌阁

文昌阁位居武山南端，初建于清雍正九年（1731年），因阁内供奉首奎星，故又名"奎阁"，有"奎阁凌霄"之称，是清代溪口十景之一。

1924年清明，蒋介石回乡扫墓，便将其建成了一座雕梁画栋、飞檐翘角的两层楼阁式建筑，取名为"乐亭"，并作有《武岭乐亭记》。1927年12月，蒋介石和宋美龄结婚后每到溪口，常在此小住，这里成为他们的私人别墅。

西安事变后，张学良将军被送到溪口软禁，最先的落脚点也是文昌阁。1939年12月12日，6架日军侵华战机轰炸溪口，文昌阁被夷为平地，现在的建筑是1987年按原样重建的。

丰镐房

"丰镐房"即蒋氏故居，是溪口镇上最重要的人文景观。丰镐房又名素居，因蒋家世代信佛、吃素念经故而得名。建筑格局为前厅后堂、两厢四廊，是传统的世家府第格局。前厅及左右还有三个花园，有月洞门相通。中间小天井两边有金银桂花各一株，是宋美龄亲手所种。

玩家 攻略

1.进入后堂报本堂，有3块挂匾楹联值得端详：一是"寓理帅气"的题字和跋文，是蒋介石在蒋经国40岁生日时专门题写的。二是门口望柱上的楹联，也由蒋介石书写，"报本尊亲是谓至德要道；光前裕后所望孝子顺孙。"三是"报本堂"横匾，系国民党元老、著名书法家吴敬恒手书。

2.丰镐房里还有三大看点，即雕刻、彩画和堆塑。屋中有"福禄寿三星高照""双龙戏珠"堆塑；"八仙过海""姜太公钓鱼"等彩画，以及《三国演义》中"刘备招亲""夜战马超""关羽战长沙""回荆州"等故事的木雕。

玩家 解说

丰镐房里曾经演绎了许多蒋氏父子有趣的故事，如他们父子俩分别在丰镐房内举行过婚礼。蒋介石15岁时在此娶了毛福梅。蒋介石发迹后每次回乡，虽然不住丰镐房，但都要到丰镐房祭拜祖先。1948年除夕，蒋介石在报本堂举办了最后一次年夜饭。

1937年4月，蒋经国从苏联回国，离家13年，母子相会，有人故意让毛氏处于不太显眼的位置，结果蒋经国一眼就认出了母亲，母子抱头痛哭。在母亲的操办下，蒋经国与太太蒋方良在丰镐房补办婚礼。1939年12月2日，侵华日机轰炸溪口，出逃的毛福梅，被丰镐房后门被炸塌的后弄山墙压死。

蒋氏宗祠

蒋氏宗祠是溪口蒋姓进行宗族活动的传统场所，祭祖、庆典、嫁娶、出丧等都在此举行。这里供奉着蒋家自元末蒋士杰始祖迁

溪口蒋氏故居

居溪口后的历代祖宗神位,600多年的家族史在此浓缩。

祠堂门口牌楼有蒋介石亲手所题"忠孝传家"四字横匾。宗祠由新、老两座祠堂组合而成。前进为新祠堂,陈列了有关蒋氏宗祠的历史资料;后进为老祠堂,于清康熙五十五年(1716年)重修,蒋介石曾在这里祭祀祖宗,宴请族人,翻阅宗谱,观看演出。

■ 玉泰盐铺

玉泰盐铺地处溪口三里长街武岭路中段。据宗谱记载,清光绪十三年农历九月十五日(1887年10月31日),蒋介石出生于玉泰盐铺楼上,其祖父为其取名瑞元。

玉泰盐铺为蒋介石祖父蒋斯千于同治十年(1871年)开设,以卖盐为主,兼营大米、酒类、菜饼和石灰等,雇有账房、伙计,为当年溪口镇上的大商号。

现存建筑为蒋介石在1948年改建。大门为石砌框架,门额上书"清庐"二字,大门西侧界墙刻着蒋介石题写的"玉泰盐铺原址"6个大字。

雪窦山景区 AAAAA
号称"四明第一山"

雪窦山号称"四明第一山",景区以露天弥勒大佛景区(雪窦寺内)、千丈岩瀑布为中心,主要景点有锦境池、含珠林、妙高台、三隐潭、徐凫岩景区、旧中旅原址、相量岗等。

玩家 攻略

雪窦山景区有点儿特别,它的游览顺序是从上往下,先从最远、最高的徐凫岩开始,依次向下,沿途依次有三隐潭、妙高台、雪窦寺、千丈岩、中旅社。

■ 徐凫岩

徐凫岩是雪窦山最高的一个自然瀑布,岩顶海拔476米,瀑布落差242米,被称为"华东第一瀑布"。中间有一块山岩,好像猴子在鞠躬,所以又称"鞠猴岩"。

岩壁有"徐凫溅雪"4个大字。崖口有一块巨石外突,相传仙人就是从这里骑凫升

雪窦山妙高台老虎听经雕塑

天的。徐凫岩岩壁以鞠猴岩为中心，两边绝壁延伸宽度数百米，整座绝壁横向呈放射形状，竖向如刀削斧凿，十分壮观。

玩家 攻略

仙人桥是徐凫岩的风景绝佳之处。蒋经国在日记中记述游徐凫岩美景时称其为"此间山水美丽清奇，世罕其匹"。徐凫岩拍摄了许多影视外景，如电影《难忘的战斗》《曙光》，电视连续剧《笑傲江湖》等，里面都有仙人桥的画面。

三隐潭

三隐潭是雪窦山中三折瀑布组成的景观。因为隐匿在山石之后，所以叫三隐潭。隐潭之水形成三级瀑布，全长1600余米，从上到下分别叫作上隐潭、中隐潭、下隐潭。

三潭区别不是很大。上隐潭以幽险见长，潭边有一座龙王庙。中隐潭以清秀取胜，水沫随风飞溅，若雾若雨，既富有诗情画意，又别具溪谷野趣。下隐潭集峰、洞、潭、涧于一身，这里的瀑布有两支，人称"鸳鸯瀑"。

妙高台

"妙高台"又名妙高峰、天柱峰，是雪窦山景区中的主要景观。海拔虽然只有396米，但它背靠大山，中间凸起，三面峭壁，下临深渊，地势十分险峻。狭义的妙高台是指一块面积约350平方米的平台，站在台的前沿，可以瞭望亭下湖的自然景色。妙高台周边古树茂密、翠竹蔽日，是一处理想的避暑胜地。

妙高台后面的建筑是蒋介石在1927年建造的私人别墅。别墅的天井中保留着1座石塔，是清初雪窦寺方丈石奇禅师的舍利塔。

玩家 解说

妙高台是蒋介石遥控国民政府的地方。1949年1月，蒋介石第三次下野，在家乡逗留了3个月零3天，妙高台成了他幕后指挥的大本营。在此期间，蒋介石在这里接见了国民党军政要员30余人。妙高台一度取代南京，成为当时国民党临时的政治和军事中心。

千丈岩

雪窦寺

雪窦寺位于雪窦山中心，已有1700年历史。999年北宋真宗敕赐"雪窦资圣禅寺"寺额，南宋宁宗时被列为"五山十刹"之一。雪窦寺历经五毁五建，现在的建筑是1986年4月重新修复的。

雪窦寺外山门上有蒋介石亲笔所书"四明第一山"，山门内有两株银杏树，系汉代所栽，人称"汉代白果"。雪窦寺供奉弥勒佛，雄银杏树旁有一石碑，上书"弥勒应迹圣地"。天王殿和大雄宝殿之间还建有弥勒殿。

千丈岩瀑布

千丈岩瀑布落差186米，以雄奇壮观而闻名，北宋真宗皇帝赵恒曾赐名为"东浙瀑布"。站在飞雪亭上，可以看到前面的悬崖峭壁上飞泻直下的瀑布。岩壁中"千丈岩"3个大字，是中国书法家协会副主席黄绮先生所写。

飞雪亭自古是观赏千丈岩瀑布的最佳之地。因千丈岩瀑水状如飞雪，古有飞雪瀑之称，因此此亭取名叫飞雪亭。岩壁中间有突出的巨石，瀑布到此经过碰撞，顿时水花四溅，洒如雪飞，分成上、下两段，上段如玉龙腾飞，下段如珠帘垂地。如在晴天，阳光折射，会呈现出七色彩虹，令人叹为观止。

亭下湖
大型人工湖景区

亭下湖是剡溪上游的大型人工湖景区，面积相当于七个杭州西湖，湖岸线长42千米，湖区林茂幽深，湖内有三个岛屿和数个半岛。湖区因错综复杂的地理环境与自然地形成内、外两湖和一条长5千米的小三峡。湖区呈现天光云影、岸曲岛列和景观多现的山水钟秀之美，游人在此仿佛感受到漓江美丽、三峡秀色、黄山雄奇之景致。

玩家 攻略

亭下湖现在有高坝览胜、鲇鱼卧波、绿龟探水、芳岛夏荫、三峡赏景等自然景点可供游览。在这里还可以品尝到当地出产的新鲜水果和名贵鱼类。

滕头生态旅游示范区 AAAAA
联合国"全球生态500佳"之一

- 奉化区市区北郊6千米，距宁波市区27千米
- 宁波中巴南站乘坐去往奉化的中巴车，滕头村下即可
- 免费
- 400-181-7118

滕头生态旅游示范区是联合国"全球生态500佳"之一，它以绝美的生态景观名扬中外，被江泽民同志誉为"一个了不起的村庄"，生态旅游区、农业观光区、农家民俗风情区3个区域从不同角度折射出滕头村的迷人魅力，景区内还有诸多娱乐项目和动物表演。附近有拓展野营基地。

玩家 攻略

宁波天港漫非酒店拥有各式套房，能满足不同消费需求，方便游人住宿。此外，位于奉化中山东路1号的华信国际大酒店，拥有各类超大豪华客房，餐饮设施规模宏大，是商务、旅游、美食、住宿、娱乐休闲、办公会议各种功能兼备的高级酒店。

亭下湖俯瞰

景点推荐 宁波城区景点

月湖 AAAAA
玲珑幽秀的城中静景

- 宁波市西南隅共青桥畔
- 可乘坐14路公交到达
- 免费

月湖又称西湖，自宋代以来就是文人墨客的聚集之地，这些文化名人为月湖积淀了浓厚的文化气息，给月湖留下了深深的文化印记。

月湖虽面积不大，却是喧闹的城市中的一处静地，从熙熙攘攘的闹市中来到月湖，就仿佛踏入了一处世外之地。看着那一池平静的湖水，心中的焦躁就会归于平静。

玩家 攻略

吃：要想吃到地道的宁波菜也不需要走远，在月湖之东的小城故事就能够满足这一愿望。小城故事的糯米鸡翅、山药牛仔骨、海鲜泡饭、麻婆豆腐、臭豆腐、花雕鸡煲等都广受好评。

月湖附近有一家乡村面馆主要经营面食，如特色海鲜面、炸酱面、小排面等味道都不错。

如果有时间的话还可到城隍庙逛一逛，从月湖步行只需十分钟的时间，就能够享受到很多的美味小吃。

住：月湖之畔有李宅国际青年旅舍（又名宁波李宅青年旅社、李宅青年旅舍），建筑与装潢都古香古色，很有特色，而且距离月湖极近，在有些房间内就可以远眺月湖之景。

银台第博物馆

银台第是一座保存十分完整的古代官邸，它全面反映了这一时期官宦学士人家的

月湖

生活环境、家居艺术，为游客了解中国古代官宅建筑艺术、清代家具艺术、官宦人家的生活及内在的文化价值提供了绝佳的实例。

◻ 贺秘监祠

贺秘监祠位于卢殿桥下，是为了纪念唐朝诗人贺知章而建造的。现存建筑是清同治四年（1865年）重修的，坐北朝南，共有三进，均为五开间。正殿门额题有"唐秘书监贺公祠"，祠内原有宋元明时期的名人碑刻，现在有的碑刻已迁至天一阁东园。

◻ 佛教居士林

居士林是佛教居士们学习教理、开发智慧、弘扬教义、进化身心的活动场所，林内诸殿宇蔚为巍峨，雕梁画栋，古朴典雅，重楼歇顶，庄严亲近。碧波荡漾的"放生池"及飞檐玲珑的"水云亭"，是十分怡人的景观。

宁波城区景点 237

江北天主教堂
哥特式天主教堂
- 宁波市江北区
- 乘1路公交到老外滩下车即可

宁波江北天主教堂位于宁波市三江口北岸，整个建筑群由主教公署、教堂、钟楼、藏经楼及若干偏屋组成。建筑完整划一，气势宏伟壮观，尤其是高耸挺秀的教堂以其独有的哥特式建筑风貌被列为全国重点文物保护单位。

保国寺 AAAA
江南最完整的木结构建筑群体
- 宁波市江北区洪塘街道鞍山村
- 乘332路公交可达
- 20元
- 0574-87586317

保国寺森林公园包括保国寺、灵龙泉、青幢亭、望海尖、涵秀潭、梅林六大景区的多个景点。园内群山环抱，风景优美。保国寺现在已经没有香火，但有无梁殿等建筑可看，大雄宝殿是寺内主建筑，是江南最古老、保存最完整的木结构建筑群体。

玩家 行程

无梁殿—观音殿—明州婚俗厅—砖雕陈列室—藏经阁—宁波青铜器陈列馆—钟鼓楼。

玩家 解说

保国寺独特的设计使得大殿结构极为科学，除了通过空气流通而让殿内长年保持清洁之外，整个大殿没有使用一枚铁钉，仅靠斗拱之间的巧妙衔接和精确的榫卯技术，将各个构件牢固地结合在一起。

天一阁博物院 AAAAA
亚洲最古老的图书馆
- 宁波市海曙区天一街10号
- 乘9、26、371等路公交可到
- 30元
- 0574-87293856

天一阁博物馆是一座融社会历史、艺

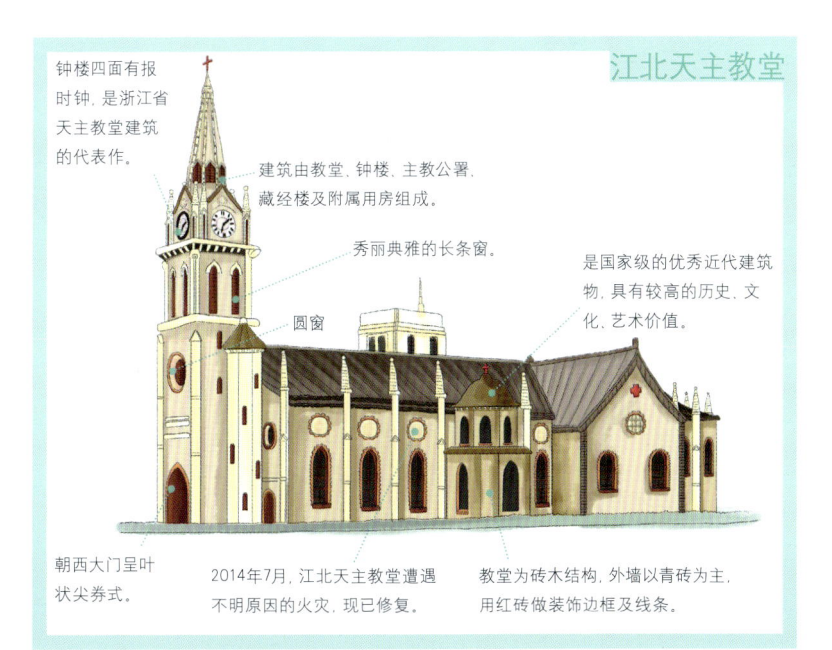

江北天主教堂

钟楼四面有报时钟，是浙江省天主教堂建筑的代表作。

建筑由教堂、钟楼、主教公署、藏经楼及附属用房组成。

秀丽典雅的长条窗。

圆窗

是国家级的优秀近代建筑物，具有较高的历史、文化、艺术价值。

朝西大门呈叶状尖券式。

2014年7月，江北天主教堂遭遇不明原因的火灾，现已修复。

教堂为砖木结构，外墙以青砖为主，用红砖做装饰边框及线条。

术为一体的综合性博物馆，它以藏书文化为特色。天一阁建于明嘉靖四十至四十五年（1561—1566年）之间，原为明兵部右侍郎范钦的藏处，取《易经》中"天一生水"的说法，把藏书楼定名为天一阁。

天一阁是我国现存历史最悠久的藏书楼、亚洲最古老的图书馆，也是世界上现存历史较为悠久的三个私家藏书楼之一，素有"南国书城"的美誉。后来保存《四库全书》的文源、文渊、文津、文溯、文汇、文澜、文宗七阁都是模仿天一阁的式样而建造，从此天一阁享誉全国。

◻ 藏书文化区

藏书文化区以天一阁藏书楼为核心，包括东明草堂、范氏故居、尊经阁、明州碑林、千晋斋和新建的书库。天一阁藏书楼为一排六开间的两层木结构楼房，坐北朝南，前后开窗。楼上面积很大，中间用书橱隔开，书籍就放在橱里，正中有明隆庆五年（1571年）郡守王原相题写的"宝书楼"匾额。楼下当中3间相连，当作中堂，两旁悬挂着文人学士题写的楹联。

◻ 陈列展览区

陈列展览区包括集木雕、石雕、砖雕、贴金等民间工艺于一身的秦氏支祠、芙蓉洲、闻氏宗祠等。陈列于秦氏支祠内的"宁波史迹"以各种陶瓷器、铜器、玉器等珍贵出土文物和地方工艺精品较系统地展示了宁波7000多年来政治、经济、社会、文化发展的历史轨迹。

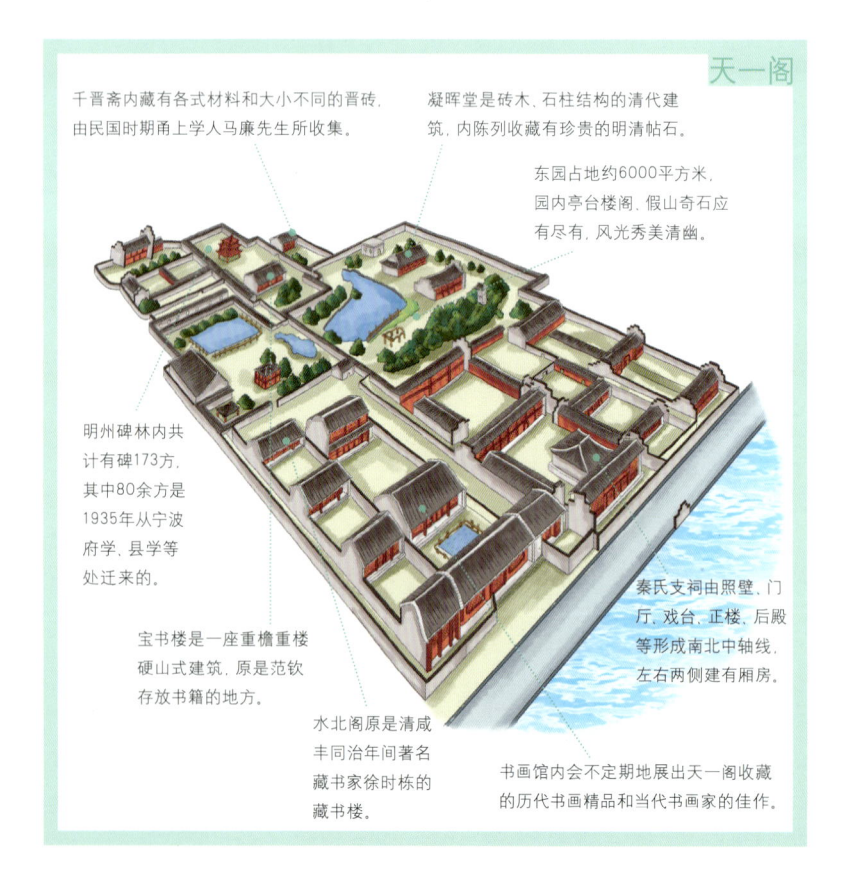

天一阁

千晋斋内藏有各式材料和大小不同的晋砖，由民国时期甬上学人马廉先生所收集。

凝晖堂是砖木、石柱结构的清代建筑，内陈列收藏有珍贵的明清帖石。

东园占地约6000平方米，园内亭台楼阁、假山奇石应有尽有，风光秀美清幽。

明州碑林内共计有碑173方，其中80余方是1935年从宁波府学、县学等处迁来的。

宝书楼是一座重檐重楼硬山式建筑，原是范钦存放书籍的地方。

水北阁原是清咸丰同治年间著名藏书家徐时栋的藏书楼。

秦氏支祠由照壁、门厅、戏台、正楼、后殿等形成南北中轴线，左右两侧建有厢房。

书画馆内会不定期地展出天一阁收藏的历代书画精品和当代书画家的佳作。

宁波城区景点 239

宁波服装博物馆
中国首家服装专题博物馆
📍 宁波市鄞州区下应街道湾底村

宁波服装博物馆是中国首家服装专题博物馆。博物馆布陈从7000年前的河姆渡人原始服装开始,逐步展示了从先秦,历经宋元明清直至民国的服饰演变。在以史为序的同时,又展示了充满生活气息的洞房花烛、五代同堂、织布绣花、裁缝作坊等历史场景。

另外,博物馆以此为铺垫,浓墨重彩地引入了宁波红帮裁缝,他们是一个对中国近现代服装的形成与发展做出重要贡献的社会群体,经历了从横滨港学艺、上海滩成名、东三省拓展、天津卫称雄、港澳台延伸到北京城争光、大西部援助、三江口奉献等八个里程碑,创立了中国服装业的"五个第一"。

链接
国际服装节

宁波是中国服装的发祥地,"红帮裁缝"享誉海内外,拥有杉杉、雅戈尔、罗蒙等著名服装品牌。宁波每年举办一届国际服装节,现已成为宁波规模最大、档次最高的综合性节庆活动。主要包括文艺晚会、服装博览会、名厂名店名区游览等。

宁波博物馆 AAAA
宁波城市文化的核心与窗口
📍 宁波市鄞州区首南中路1000号
🚌 乘650、166等多路公交可达博物馆
🕐 9:00~17:00,周末、法定节假日、暑假延长开放至21:00

宁波博物馆是一座具有地域特色的综合性博物馆,以展示人文历史、艺术类藏品为主。博物馆总建筑面积3万余平方米,主体三层,局部五层,采用主体二层以下集中布局、三层分散布局的独特方式。整个设计以创新的理念,将宁波地域文化特征、传统建筑元素与现代建筑形式和工艺融为一体,使之造型简约而富有灵动,外观严谨而颇具创意。博物馆分为主题馆、专题馆和特殊展览

宁波博物馆

馆等,独特性和艺术性极高。2020年4月,宁波博物馆和宁波帮博物馆整合组建为宁波博物院。

玩家 攻略
1. 基本陈列展览免费向公众开放,实行市场化运作的特别展览需购票参观。

2. 预约参观方式:宁波博物院微信公众号回复"预约"获取线上参观预约二维码;点击微信公众号下方菜单"参观预约"→"入馆预约"进行预约。

梁祝文化公园 AAAA
全国第一座大型爱情主题公园
📍 宁波市海曙区高桥镇梁祝村
🚇 可乘坐地铁1号线到达 💰 68元
🕐 8:30~17:00
📞 0574-88004238

梁祝文化公园是全国第一座大型的爱情主题公园,为晋代梁祝墓、庙古遗址所在地。梁山伯与祝英台的故事是我国四大民间传说之一,被称为东方的"罗密欧与朱丽叶"。公园按梁祝故事的主线,兴建了草桥结拜、三载同窗、十八相送、楼台会、化蝶团圆等景点。采用江南古建筑亭、台、楼、阁、榭的布局,依托山水,取得山外有山、园外有园、移步换景的效果。

在梁祝公园里有两座几乎是并列的墓

家，左边的一座一墓双碑，又称"蝴蝶碑"，前面的横碑刻着"敕封梁圣君山伯之墓"，碑中间有一明显的断裂痕迹，这是当年祝英台祭梁山伯时坟墓裂开所致。墓后是祝英台的坟墓。

玩家 解说

梁祝故事起源于东晋，距今有1700多年的历史。据全国众地方志及宁波史料记载，梁山伯乃绍兴会稽人士，在鄞县（今鄞州区）担任县令，政绩卓著，被奏封为"义忠王"。梁山伯终因积劳病逝，安葬于清道源九龙墟（梁祝公园）。

梁山伯庙亦称梁圣君庙，始建于397年（东晋安帝隆安元年）。他生前对祝英台一片情深，以身殉情亦殉职，立庙祀以纪念。千百年来，梁山伯庙已成为人们祈求自由美满婚姻的圣殿。

玩家 攻略

每年9月29日—10月3日举办"中国梁祝婚俗节"。梁祝婚俗节的内容丰富多彩，包括"世纪婚庆大典""蝶之恋"游园活动、"蝴蝶小姐"和"十佳伉俪"评选活动、"祝福明天"大型文艺晚会等。

海洋世界 AAAA
以海洋为主题的公园

📍 宁波江东桑田路936号（儿童公园东首）
🚌 乘9、11、12、14路公交可到 💰 200元
🌐 www.nbhysj.com

宁波海洋世界是融海洋生物展示、大型海洋动物表演、海洋生态科普教育为一体，华东地区最具特色的大型海洋馆，也是宁波唯一一家展示海洋生物、宣传海洋知识的现代化专业水族馆，现已列入市青少年科普教育基地。宁波海洋世界现拥有水族馆、海洋剧场两个场馆。

玩家 解说

水族馆建筑规模为10 000平方米，运用了最新颖时尚的海洋休闲娱乐的场馆设计理念，修建有以神秘的吴哥窟景观、古老的埃及文化、沧桑的圆明园遗址为背景的海洋鱼类展示区，拥有全国独一无二的三种（跃层式、180°、270°）海底观光隧道组合，让游客体验置身于海洋深处的

梦幻感受。美人鱼表演区每天都在上演着浪漫优美的美人鱼表演，海豹家族也为大家带来令人捧腹大笑的滑稽情景剧。更有七彩水母宫为游客展示出一个犹如梦境般绮丽多姿的水母世界。馆内还设有儿童游乐区、海洋特色精品商场。

海洋剧场建筑规模为6000平方米，馆内设有日本瓶鼻海豚、俄罗斯白鲸、俄罗斯海象、南美海狮、加州海狮、北极狼、北极狐、跳岩企鹅展示区，以及海洋科普教育长廊、海象喂食互动区、海洋科普馆。

天宫庄园 AAAA
全国农业旅游示范点

📍 宁波市鄞州区下应街道湾底村
🚌 乘111、117、128路公交可到
💰 50元

天宫庄园休闲旅游区是全国农业旅游示范点，地处宁波南郊，东临东钱湖，北靠鄞州中心城区，西接宁波高教园区，距宁波市区仅5千米，交通十分便捷。是宁波著名的都市里的村庄。天宫庄园旅游开发的最大特色是"都市里的村庄"，其主要体现在第一、二、三次产业联动发展。

玩家 攻略

1. 绿色：天宫庄园拥有全国最大的桑果基地，是原国家计委重点开发的现代农业示范区，

天宫庄园中水嫩的葡萄

宁波市区唯一大型农业庄园和鄞州区"百家园"工程重点项目,是远近闻名的"桑果之乡"。

2. 传统:村里比较完整地保留了西江古村的历史风貌,保留了古村落群、老戏台、老店铺、水街等江南特色怀古建筑,吃的"土",住的"古",玩的"老",在宁波市区有相当的独特性。

天一广场
购物休闲广场

- 宁波市海曙区中山东路188号
- 可乘坐地铁2号线到达

天一广场是目前国内规模最大的"一站式"购物休闲广场。是国内一流的融休闲、商贸、旅游、餐饮、购物为一体的大型城市商业广场。广场集购物、休闲、娱乐、文化、旅游于一身,被誉为宁波的商业航母,是宁波城市又一张亮丽的名片。景致通透的广场建筑、一池碧水、一块3.6公顷的城市绿地,使天一广场充满了现代的商业气息,也给市民提供了一个环境幽雅的休闲娱乐中心。

玩家 解说

在中山路1号门主入口上,种植着6棵树龄约100年的来自澳大利亚的"加拿列海枣树",树枝婀娜,形象生动,是广场的迎宾树。天一广场有亲水、绿色和现代等三个主题,广场的绿化率为32%,犹如一座城市绿岛,把天一广场的绿色主题演绎得分外动人。

宁波庆安会馆
浙东海事民俗博物馆

- 宁波鄞州区江东北路156号
- 可乘坐地铁1号线到达

庆安会馆以建筑为载体,以建筑的使用功能为线索,通过原真性场景或展示,形象生动地反映浙东地区的妈祖信仰、海事民俗、会馆商贸活动及其建筑艺术特色,塑造"宫馆合一,古建瑰宝"文化主体形象,从而挖掘妈祖文化内涵,揭示海事商贸特征,凸显地域建筑特色,提炼浙东海事民俗文化精髓。庆安会馆的"商行四海——会馆与宁波商帮文化陈列",以"凝心聚力——会馆在中国""河海交汇——会馆在宁波""纵横天下——会馆与宁波商帮""同舟共济——我们的会馆""甬立潮头——会馆历史的再现"5个单元呈现宁波商帮发展繁盛的历程和宁波城市在运河文化与海丝文化交融中的发展。

玩家 解说

庆安会馆为宁波近代木结构建筑的典范,平面呈纵长方形,坐东朝西,中轴线上的建筑依次有接使(水)亭、照壁、宫门、仪门、前戏台、大殿、后戏台、后殿、左右厢房、耳旁及附属用房,其宫馆合一、前后双戏台的建筑形制,国内罕见,会馆建筑上1000多件朱金木雕和200多件砖、石雕艺术品,采用宁波传统的雕刻工艺,充分体现了清代浙东地区雕刻艺术的至高水平,也为研究我国雕刻艺术提供了实物例证。

天一广场

景点推荐 宁波近郊景点

慈城古镇 AAAA
江南第一古县城

- 宁波市江北区慈城镇
- 乘331、335、337路公交可达。宁波北站到余姚的中巴车途经慈城
- 免费

慈城在历史上堪称"江南水乡，文献之邑"。古镇历史源远流长，6000多年前慈城就有人类生产生活的足迹。

慈城古镇留着"一街一河双棋盘"的完整形态，有慈湖（被称为"西子的缩影"，是慈城的点睛之笔）、校士馆、县衙和孔庙、清道观等景点。慈城古建筑群已被列为全国重点文物保护单位。

玩家 攻略

购："慈湖"牌杨梅味甘如蜜，回味清香，不仅营养丰富，还具有止咳生津、帮助消化、益肾利尿、除湿去寒等功效；"烧酒杨梅"是宁波民间特产，其酒红艳甘馥，久藏不坏；距今有上千年历史的慈城年糕光滑润口，驰名中外；云湖竹笋味道鲜美，营养丰富；"雪舟牌"白茶汤色翠绿明亮，香气高鲜持久……

玩家 解说

慈城古镇以四个第一引以为豪：一是进士第一，自唐至清，慈城出过进士519人，其中状元3人、榜眼1人、探花3人；二是孝子第一，自汉朝以

慈城古镇

米,被历代皇帝旌表的孝子(女)有30多个。过去慈溪(慈城为县城)有董、张、孙三孝子祠,所以慈溪也叫三孝乡;三是过去的书院,现在的学校数量第一。从三国设立德润书院到现在的慈湖中学,教育一直是慈城的一项基础工程,培养出大批的书画家、作家、金融家、实业家、院士、教授,其中有荣膺"中国摩尔根"美称的谈家桢、著名作家冯骥才、著名实业家应昌期等。

▢ 孔庙

慈城孔庙是目前浙东地区唯一保存最完整的学宫,位于城内中心位置上,建于北宋雍熙元年(984年),比现今北京孔庙的历史还要早318年,北宋庆历八年(1048年)迁移到现址。现存的孔庙仍保持清代光绪年间原貌,共有祠、阁等房屋137间,建筑布局完整,气势宏大。中轴线上由南向北分别为棂星门、泮池、大成门、大成殿、明伦堂、梯云亭;两侧的左右轴线上也对称地建有祠、阁,体现出儒家"中和为美"的审美标准。

▢ 县衙

慈城县衙创建于唐开元二十六年(738年),是第一任知县房琯所建,延续至1954年,已有1200余年的历史。县衙初建在浮碧山上,由于外敌入侵和自然灾害的关系,屡建屡毁,现存的县衙是按照光绪年间《慈谿县志》上的详图重建的。

县衙涵盖了我国古代基层政权机构的政务文化要素,是弥足珍贵的历史文化遗产。

▢ 校士馆

校士馆,民间称考棚,是封建科举制童试之地。清道光十五年(1835年),慈城当地乡贤郑廷荣父子慷慨捐银24 000两建造校士馆,后被毁。现存的校士馆是按照光绪年间《慈谿县志》上的详图重建的。

校士馆坐北朝南,整组建筑为中国传统的中轴对称布局:中轴线上由南向北分别为大门、仪门、大堂、二堂、挑试所;左右轴线上对称地建有文场、公祠等,采用传统的明清建筑风格。

□ **清道观**

慈城清道观是江浙最负盛名的道观之一。清道观始建于唐天宝八年（749年），后废。南宋绍兴三十年（1160年）由道士叶景虚重建。明洪武二十四年（1391年），道士王智静将邻近"至道""崇寿"两宫并入，改称"清道观"，"文革"中被拆除。

现清道观为2004—2007重建，所用建筑材料全部为木材、石材、砖瓦等传统建筑材料，并全部采用传统工艺；在对原清道观的建筑格局及风格进行大量考证的基础上，恢复了山门、仪门、雷祖殿、东岳殿、东岳退居殿、戏台、玉皇殿、三清殿、关圣殿、十王殿等建筑。道观内配置有东岳大帝、玉皇大帝、四御及三清等优质木雕神像。

五龙潭风景区 AAAA
以龙文化为内涵的自然景区

- 宁波市海曙区龙观乡
- 乘638路公交可达
- 50元
- 0574-88049666

五龙潭景区具有浓烈的华夏"龙崇拜"民俗文化特色，是一处以自然风光为依托，以中华龙文化、浙东山乡风情、民俗民风为文化内涵，以溪流飞瀑、怪石险峰为特色的风景名胜区。人们可游龙潭、观龙俗、祭龙祖。

龙潭飞瀑景区有龙潭五井十二瀑及五龙神堂、古祭龙坛等景；青云梯景区由青云梯、天门二瀑和观顶湖组成；鸣凤水景区有龙漫滩水景、龙归海水景、凤鸣山等景致。

链接
五龙潭的传说

据说，东海龙王之子因受不了兄弟姐妹的嘲弄，怄气出了水晶宫。他从甬江、鄞江、樟溪河而上，进入龙王溪滩支流。由于夏日炎热，晒得鳞甲生烟，只能游一程，歇一歇，打滚潜水，于是留下了5个龙潭。

阿育王寺
寺中有举世闻名的舍利宝塔

- 宁波市鄞州区五乡镇
- 汽车东站乘558路公交，宁波南站乘556路公交育王站下可达。宁波汽车东站乘至天童寺和柴桥方向的公交车育王站下可达

阿育王寺是我国现存唯一以阿育王命名的千年古刹。阿育王是古印度孔雀王朝的一个国王。阿育王寺创建于西晋太康三年（282年），距今已有1700多年的历史。明清之际，佛殿数度倾圮。现存寺庙是清康熙十九年（1680年）住持法钟重修。寺依山而筑，规模宏大，有房屋600多间。

现存主体建筑为清代时所建，坐北朝南。中轴线上由南而北依次为山门、天王殿、大雄宝殿、舍利殿、法堂。

玩家 解说

相传印度孔雀王朝国王阿育王统治时期（公元前2世纪），在波吒利费城举行了佛教史上规模最大的第三次结集，编纂整理经、律、论三藏经典，并派遣僧侣传播佛教，使佛教成为世界性宗教。他取出王舍城大宝塔阿阇世王分得的佛陀舍利，分成84 000份，"令羽飞鬼、各随一光尽处安立一塔"，在中国，共建造有19座舍利塔。这19座舍利塔中，阿育王寺佛祖舍利塔是全国唯一完好保存释迦牟尼舍利的舍利塔。

东钱湖风景区
号称"华夏沿海第一湖"

- 宁波市鄞州区东钱湖镇
- 景区有环湖公交线串起各景点，双向对开
- 岳王庙免费，小普陀30元，船票20元，陶公岛29元
- 0574-88373737

东钱湖号称"华夏沿海第一湖"，由谷子湖、北湖、南湖组成，面积是杭州西湖的四倍，为浙江省最大的淡水湖。其中湖中小岛名"霞屿"，又名"小普陀"，是东钱湖景区精华所在。

自宋元明清以来，东钱湖一带历来是官宦仕子勤耕苦读的地方，湖滨有东书院、二灵书房、月波书楼等遗址10余处，有天镜亭、望湖亭、烟波馆、醉碧楼、旺柳庄等胜迹；有钦赐御笔金石，有历代墨客笔迹，人文气息浓厚。

▢ 二灵夕照

二灵夕照为东钱湖十景之一。二灵塔位于东钱湖东岸的二灵山上。二灵山原名"蛇山"，北与蝴蝶山相对，南与虾公山相望。二灵山耸立于风光旖旎的东钱湖中，长约里许，一面连山，三面环水，有游龙入湖之势，形成一个狭长的半岛，扼下水港的出湖口。夕阳余晖洒满二灵塔，折射出霞光万道，塔影倒映湖中，湖光山色融成一片美妙奇景。

阿育王寺

▢ 芦汀景区

莫枝镇边的谷子湖畔，有一小岛，状似浮瓜，称瓜屿。岛上有"岳鄂王庙"，又称"岳公行祠"，建于南宋端平年间（1234—1236年）。庙前约百米处，隐伏一片沙洲，旧有芦苇一片，如天然屏障，使岳庙更具肃穆气象。秋深鱼肥、北雁南飞时，逢月明星稀、湖山沉寂，风动芦枝、惊动宿雁，它们哀鸣飞扑，声声泣诉，犹如为岳将军鸣不平。"芦汀宿雁"遂成钱湖一景。

▢ 陶公钓矶

陶公山是横亘湖心的半岛。山上苍松浓郁，山麓居民云集。自湖上眺望，此山状似伏牛饮水，因此古称"伏牛山"。

相传在春秋时期，越国大夫范蠡不慕名利、功成身退，偕西施隐居于伏牛山中，改名为陶牛公。后人追念其卓越之功，把伏牛山改为陶公山，其临渊垂钓处也改称"陶公钓矶"。1227年（南宋宝庆三年），庆元知府胡

槃在陶公山上修建"烟波馆""天境亭"。

◻ **东钱湖石刻群**

东钱湖石刻群位于东钱湖北岸郭家峙至天童公路沿线。石刻群于北宋重和元年（1118年）前后至明万历十二年（1584年）前后建成，主要是指南宋史氏望族和明代太子太傅余有丁墓葬神道的地面石刻群体。现为全国重点文物保护单位。南宋时期的史氏望族墓道石刻群包括宋冀国夫人叶氏太君墓道、宋太师越国公史诏墓道等。

雅戈尔动物园 AAAA
国内首创水上观赏动物旅游线

- 宁波市鄞州区东钱湖镇
- 乘158等路公交可到
- 130元。园区各表演场均免费观看，所有游乐设施须另外购票。夏季8:30~16:30；冬季9:00~16:30
- 0574-88378378

雅戈尔动物园是国内首创水上观赏动物旅游线，位于东钱湖风景区内，汇集动物200余种，上万余只（头），动物园设有四个表演场，同时还有精彩的杂技和民族风情表演，以及摩天轮、碰碰车、弹跳飞人等多项新颖时尚的游乐项目。另外园内的卧龙洞旁开辟了科普展区。

天童寺
我国五大丛林之一

- 宁波市鄞州区东吴镇
- 汽车东站乘362路公交可到
- 6:00~16:00
- 0574-88480624

天童寺，位于太白山麓，有"东南佛国"之美誉，为我国"五大丛林"之一。该寺始建于西晋永康元年（300年），建筑面积约4.5万平方米，建成殿屋999间，规模宏伟，建筑华丽，佛像高大，为国内罕见。寺内佛殿前有宋、元、明、清碑刻30余方。现为全国重点保护文物。

天童寺四周群山环抱，重嶂叠翠，古松参天，有"深径回松""凤岗修竹""双池印景""西涧分钟""平台铺月""玲珑天凿""太白生云"等十大胜景。同时，天童禅风远播海外，在日本和东南亚影响较大。

招宝山风景区 AAAA
素有"浙东门户"之称

- 宁波市镇海区东北郊
- 60元
- 400-8825-990
- 乘541、341等路公交可到。从宁波出发转入镇海按公路指示牌走县道即可至景区

招宝山古称侯涛山，又名鳌柱山。鳌柱

招宝山威远城城墙

是因山巅原建有"插天鳌柱塔";招宝则是"南舶所经,百珍交集",寓有"招财进宝"之意。

招宝山景区拥有全国重点文物保护单位镇海口海防遗址(威远城、明清碑群、月城、安远炮台)、镇海口海防历史遗迹纪念馆、珍湖、鳌柱塔、宝陀寺、观音阁、后海塘等景点。

◻ 镇海口海防遗址

镇海地处我国海岸线中段、甬江的入海口,北上齐鲁,南下闽粤,溯甬江可达苏杭,自古商贾云集,樯帆如林。镇海历来是兵家必争之地,素有"海天雄镇""两浙咽喉"之称。

威远城:位于招宝山顶,是明嘉靖三十九年(1560年)为抵御倭寇扰攘,用条石筑建的城堡。城堡门前置精雕石狮一对,十分壮观。城内曾建有报功祠,祭祀明代抗倭名将戚继光、俞大猷等神像。

安远炮台:在甬江口北岸,招宝山东南麓,始建于清光绪十年(1884年)。炮台呈圆形,高6米,直径16.5米,壁厚2米。它与南岸金鸡山下的"平远"炮台隔江相对,过往船只都在其射程之内,威武地扼守着浙东门户。

玩家 解说

明朝中叶,倭寇勾结不法商人,接连侵犯江苏、浙江、福建、广东等地,到处攻城劫寨,杀人放火,奸淫掳掠。倭寇的骚扰,引发了浙江军民的强烈反抗。明朝政府派重兵征剿倭寇,先后有名将卢镗、俞大猷,戚继光驻守镇海,在招宝山上建威远城,并屡与倭寇鏖战于甬江南北,威震海疆。

◻ 镇海口海防历史纪念馆

镇海口海防历史纪念馆就坐落于招宝山南麓,其基本陈列为镇海口海防史迹陈列。运用生动、形象的陈列方式,结合高科技手段,再现镇海军民抗倭、抗英、抗法、抗日等抗击外来侵略的史实,展示了中华民族不屈不挠、前赴后继、自强不息的民族精神和伟大的爱国主义情怀。

九龙湖风景区 AAAA
生态度假天堂

✉ 宁波市镇海区九龙湖镇横溪村,距宁波市区约25千米

¥ 60元起

九龙湖风景区主要由环湖景区、九龙源景区、香山寺、九龙农家苑及革命烈士纪念馆、思源亭等游览点组成。旅游区以湖光山

九龙湖边的香山寺

色、乡野情趣为特色，含九龙湖、凤凰湖、月亮湖和天鹅湖四湖，九龙湖东侧西班牙别墅式的九龙山庄把九龙湖点缀得更加美丽。

环湖景区以九龙湖环湖路为依托，由九天银河、仰望达蓬、方腊神剑、九龙归海、风吟幽谷、游船码头、竹林茶室、徐福渡海、梵呗清音等10多个景观节点组成。

玩家 攻略

1.娱：景区推出了包括激情烧烤、趣味滑草、游泳池、蒙古包烤全羊在内的多项参与性项目，还开展了野营拓展训练基地、水上游艇观光、湖畔沙滩车、九龙潭高尔夫俱乐部、网球场及"梦里水乡"水上综合休闲娱乐等项目，让人玩得尽兴。

2.吃：百果园内经营农家乐特色餐饮，推出以土鸡、中华宫廷鸡、三黄鸡、自育良种鸡为主要食材的特色菜，还可采摘多种水果。

洋沙山
象山港畔的一颗明珠

- 宁波市北仑区春晓镇
- 可乘坐721路公交车前往

洋沙山，一颗璀璨明珠，镶嵌于宁波市北仑区春晓镇，紧邻秀丽的象山港。此山由4座以暗礁相连的小岛构成，各具特色，共同营造出洋沙山红岩赤礁、母亲岛、海上长城、银光海滩四大景观。

洋沙山不仅自然资源丰富，而且拥有众多海礁石洞，样式粗犷，造型奇特。这些石洞姿态万千，为游客探险、观赏之佳处。虽已与陆地相连，但岛上仍覆盖着原始植被，这些植被坚韧地生长在险峻的礁石之间，为洋沙山增添了一抹生机。

此地既可领略壮观的海域风光，又可感受深厚的渔家文化，体验大自然的神奇与美丽。

九峰山旅游区 AAAA
江南养生堂

- 宁波市北仑区，五小娘景区在大契镇(西入口)，

九峰山梅园

芝水滩景区在柴桥镇(东入口)
- 30元

九峰山旅游区由五小娘景区(华夏第一怡情谷)、芝水滩景区(千年药膳源)、乌岩下青少年野营区、城湾水库和九峰运动谷五组景区组成。景区地处江南大陆架的最东端，属天台山脉太白山支脉，叠峰连岗，奇峰挺立，因此得名。这里有山水、森林、峡谷风光，可观光、可礼佛，或体验民俗、或娱乐休闲，乐趣无穷。

玩家 解说

九峰山群山连绵，湖泊众多，生态环境优异，有亚热带最典型的森林生态群落和华东地区保护最完好的次生常绿阔叶林，动植物种类繁多，有比大熊猫还稀有的国家重点保护野生动物——镇海(九峰)棘螈，它也是中国国家女排比赛主场的吉祥物；九峰山文化底蕴深厚，瑞岩寺与天童寺，阿育王寺并称为东南佛国的"三大古刹"，留下了众多历史名人的足迹。

景点推荐 宁波北部旅游区

丹山赤水风景区 AAAA
道家第九洞天

📍 余姚市大岚镇柿林村

🚌 乘509路公交从余姚出发至大岚，在大岚换乘629路公交至柿林

💰 85元 📞 0574-87786171

　　丹山赤水风景区是人们享受自然山水风光、沐浴历史文化、品味山乡风情、休闲娱乐度假的极佳生态旅游地。景区以丰富的道教文化、浓郁的浙东山乡古村风情为特色，是道家第九洞天。由丹山赤水、鹰岩洞天、狮王悟道、淡瀑飞水、八卦仙台、仙人指路、秋水长滩、四明道观为代表的"丹山八景"和30多处其他景点组成。

玩家 攻略

　　1.每年10月余姚市大岚镇柿林村举办丹山赤水柿子节，主要活动有"心享柿成"书画名家品柿会、五光"柿"色摄影邀请创作活动、"食柿求柿，柿柿如意"万人摘柿活动、丹山赤水柿子节书画摄影作品展等。

　　2.柿林村全村有多家农家乐，为游客提供食宿服务。

天下玉苑 AAAA
国内目前最大的玉文化主题公园

- 余姚市大隐镇九龙山下,距离宁波市区17千米
- 余姚汽车南站乘直达班车到景区
- 60元 8:00~17:00
- 0574-62915588

天下玉苑是一个以玉文化为特色、融山水灵气、玉雕精品和人文胜迹为一体,集游览、观光、度假、休闲及商务于一身的大型文化主题公园,倚山环湖建有西隐禅寺、南天坛、凤凰台、秀湖、玉苑门楼等五大景区、20多个大小景点。

□ 南天坛

南天坛是按照1:1的比例仿北京天坛的祈年殿而建造。殿高38米,底直径24米,造型分上、中、下3层,屋檐层层收缩做伞关状,雄伟壮观,气度非凡。

南天坛造型优美,琉璃瓦颜色呈蓝、黄、绿三色,殿内外全部采用古建筑彩绘中最高档次的、多为皇家建筑所用的金龙和玺彩绘。殿内顶的中心是巧夺天工的龙凤藻井图案,大殿中央设玉八卦,上方正位由玉皇大帝和财神、关圣帝组成。

□ 西隐玉佛禅寺

西隐玉佛禅寺是世界上第一座佛像全部用玉石雕像的寺院,2003年被上海大世界基尼斯总部评为规模最大的明清官式寺院。

西隐玉佛禅寺坐西北朝东南,占地约4公顷,呈长方形,采用明、清宫廷式北方建筑风格,主要由九龙壁、天王殿、大雄宝殿、七佛定殿、文殊阁、普贤阁、地藏殿、大悲殿、钟楼、鼓楼、藏经楼等建筑群体构成,彩绘采用古典建筑中最高等级的龙凤和玺彩绘。

西隐禅寺内有佛像20余尊,全部采用特级岫岩花玉雕成,玉像构思别具一格,设计造型优美,雕艺精湛,匠心独运。全部玉雕均为国宝级传世珍品。

玩家 解说

据说在南宋时,康王赵构被金兵追击,逃进了一座尼姑庵。尼姑庵里有一位尼姑,她见康王被金兵追逐,就毫不犹豫地将康王带到西边柴房内隐藏起来,让康王躲过了金兵的追杀。后来康王复位后,为了感谢尼姑的救命之恩,将小庵扩建,并命名为西隐庵。

西隐禅寺的玄关是一块世界上最大的九龙壁,重5.9吨,九条玉龙形态各异。西隐禅寺所有的台阶都呈单数,这与佛教崇尚单数有关。

河姆渡
世界闻名的新石器时代遗址

- 余姚市河姆渡镇
- 宁波汽车南站乘高速汽车前往,也可在宁波汽车北站或余姚汽车东站去往罗江方向的中巴车

河姆渡遗址是举世闻名的新石器时代遗址,它的发现,第一次宣告长江流域也是中华民族古老文化的发祥地。河姆渡遗址由三部分组成:河姆渡遗址、河姆渡遗址博物馆、河姆渡古村落。

□ 河姆渡遗址

河姆渡遗址位于余姚西边的河姆渡镇,

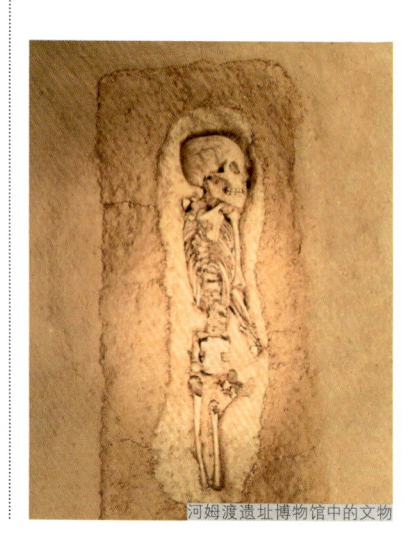

河姆渡遗址博物馆中的文物

属于新石器时代遗址,一共经过两次发掘。发掘中出土了石、骨、木、陶等质料的生产工具、生活用器和装饰品共6000多件。另外还有大批的动植物遗存和木结构建筑、墓坑等。已探明有4个文化层。

■ 河姆渡遗址博物馆

河姆渡遗址博物馆位于遗址附近。博物馆建筑采用"干栏式结构",体现了当时的建筑特征。基本陈列分为3个大厅,收藏了河姆渡遗址出土的文物7000余件,堪称新石器时代文化的精品。

■ 河姆渡古村落

河姆渡古村落建于遗址发掘现场,它仿造当时的村落,再现了旧日的光景。村内,一栋栋土楼被杂草覆盖,农用劳作工具散布村中,向游人展示了7000年前古人的生活和生产状况,一派原始部落的感觉。

四明山森林公园
休闲避暑、健身疗养的好去处

- 余姚市四明山镇
- 8:30~17:00
- 50元
- 0574-62340889

四明山森林公园林区内千峰竞翠,湖泊连绵,奇岩众多,古木参天。公园内主要有深秀谷风景区、鹁鸪岩－仰天湖景区、四明极顶风景区、周公宅陶坑风景区等。

其中商量岗主峰奶部山海拔915米,是全市海拔最高点,登临顶峰,纵目四望,林海茫茫,松涛万顷。另外,景区内还有镇东桥黄宗羲纪念馆等人文景观。以四明山为中心的浙东抗日根据地旧址现已被列为全国重点文物保护单位。

玩家 行程

1. 宁波南站有开往四明山的大客车,下午有中巴,终点站是甘竹林,其实就是四明山森林公园。

2. 宁波南站乘坐开往余姚的中巴到余姚南站下,再换乘四明山方向的中巴到四明山下即可。

3. 如住在仰天湖田园人家农家乐的话,早上有车开往余姚方向,若错过这趟车,要回余姚只能搭车到四明山镇上,从仰天湖到镇上约8千米。在四明山镇有车回余姚,但一定要早些去候车,因为班次时间不是很准。

玩家 攻略

每年4月下旬至5月下旬四明山镇举办四明山红枫樱花节,春天,四明山樱花漫山遍野,红枫姹紫嫣红,争奇斗艳,令人流连忘返。

另外,9—10月,四明山镇、大岚镇、梁弄镇举办四明山旅游节,主要活动有四明山古山村风情民俗游、四明山特色小吃品尝展销会、极速穿越四明山山地车越野活动等。

链接
四明山

四明山曾是全国19个革命根据地之一,也是中国南方七大游击区之一。在抗日战争时期和解放战争时期,为中国的革命事业作出了不可磨灭的贡献。因其大俞山峰顶有个"四窗岩",日月星光可透过4个石窗洞照射进去,故称"四明山"。

1935年,蒋介石返乡曾与夫人宋美龄在这里避暑,并建造了消夏别墅——中洋房,别墅旁边还有一个人工湖,幽雅舒适、水平如镜;1937年夏季,蒋经国夫妇和被幽禁中的张学良亦先后在此地居住。

四明山上的茶园

五磊寺
浙东第一古寺
◎ 慈溪市五磊山

五磊寺，一座坐落于浙江省宁波市慈溪五磊山的古寺，以其优美的自然景观和悠久的历史文化闻名于世。这里群山环绕，危峰错落，溪谷深邃，与山脚下的平湖相映成趣，构成了一幅绚丽多彩的画卷。因此，五磊寺被誉为"浙东第一古寺"。

五磊寺的历史悠久，始建于三国赤乌年间。在那个战火纷飞的时代，五磊寺为战乱中的人们提供了一处庇护之所，弘扬佛法，传播智慧。然而，历经沧桑，五磊寺也屡次遭遇兴废。在历史的长河中，它见证了朝代的更迭，也见证了世事的变迁。

雅戈尔达蓬山旅游度假区 AAAA
千年祈福胜地
◎ 慈溪市龙山镇
🚌 宁波北站乘至慈溪浒山的中巴，在三北达蓬南路下，约40分钟车程
💰 仙佛谷55元
📞 0574-58996666

雅戈尔达蓬山旅游度假区是以徐福东渡为主题的历史文化遗迹与自然胜景还有世界主题乐园相结合的旅游区，主要包括"80天环游地球"世界自然人文主题乐园、中国徐福文化园、中华石窗园、佛迹寺和雅戈尔天域酒店五大区块，充分展示了中国福寿文化的内涵和底蕴，重现了"千年佛迹，盛世福地"。

达蓬山因从山脚出发航海可以到达蓬莱仙境而得名。拥有著名的历史文化遗产徐福东渡遗址，其中的徐福东渡摩崖石刻是迄今为止中国所发现的反映徐福东渡场景的唯一物证，具有较高的历史文化价值。

可望海听潮的海天一洲

玩家 攻略

1. "80天环游地球"主题乐园是旅游区的主体部分，在这里可以尽情领略吴哥魅影（4D影院）的梦幻，加勒比海盗船，飞跃大本钟，北美飓风，激情飞扬，金字塔惊情的惊险刺激，巴西雨林漂流的深邃神秘，充分感受爱琴海风情的浪漫，仿佛进行了一次环球旅游。

2. 达蓬天地是一个浪漫的湖畔休闲街区，这里有优雅、复古的商业购物区，街中有风格各异的中西餐厅、酒吧、咖啡屋、特色小商品店，可以在这里慢慢感受浓浓的古典情调。

3. 住：景区内有不少舒适的酒店宾馆，其中的达蓬山庄更是环境幽雅、自然天成，它坐落在达蓬山的竹林之中，为一座座别致的木屋，周围还有花草相嵌，宾馆配置一应俱全。

海天一洲 AAAA
长三角地区的一颗明珠
◎ 慈溪市北部杭州湾大桥上
🚌 宁波汽车南站、杭州南站、上海汽车南站均有到杭州湾新区B车站的班车
💰 80元

海天一洲集游览观光、旅游购物、商务洽谈等功能于一身，是长三角地区的一颗明珠。"海天一洲"整体建筑蓝白相间，占地12 000平方米，主体建筑为高24米的6层钢结构，通过长约42米的栈桥与观光塔相连。观

光塔高145.6米,共17层,电梯可直通塔顶的滨海观光廊。

杭州湾国家湿地公园 AAAA
购物休闲广场

- 慈溪市杭州湾跨海大桥管理局西侧1000米
- 宁波南站坐"宁波—慈溪"客车至终点站慈溪西站下车,再乘坐"慈溪—大桥生态农庄"客车即可到达
- 80元

杭州湾国家湿地公园是集湿地恢复、湿地研究和环境教育于一身的湿地旅游区。区域内湿地类型丰富,包括沿海滩涂、离岸沙洲和塘内围垦湿地。分为湿地教育中心和展示区、飞禽和游禽活动区、水禽栖息地区域、鹭鸟繁殖地及有林湿地区域等功能分区。在园区内,有长廊曼回、溪影花语、天鹅戏晖、乌篷樵风、碧沙宿鹭、蒹葭秋雪、麋鹿悠游、镜花水月、林光罨画、巢林鹢归十大景观。

鸣鹤—上林湖风景区 AAAA
山水古镇造就的江南风情

- 慈溪市,核心在观海卫镇
- 免费

鸣鹤—上林湖风景名胜区以鸣鹤为主中心,分三个景区:鸣鹤—外杜湖景区、五磊山—里杜湖景区、上林湖—栲栳山景区。值得一提的是,位于上林湖—栲栳山景区的上林湖越窑遗址是全国重点保护文物。

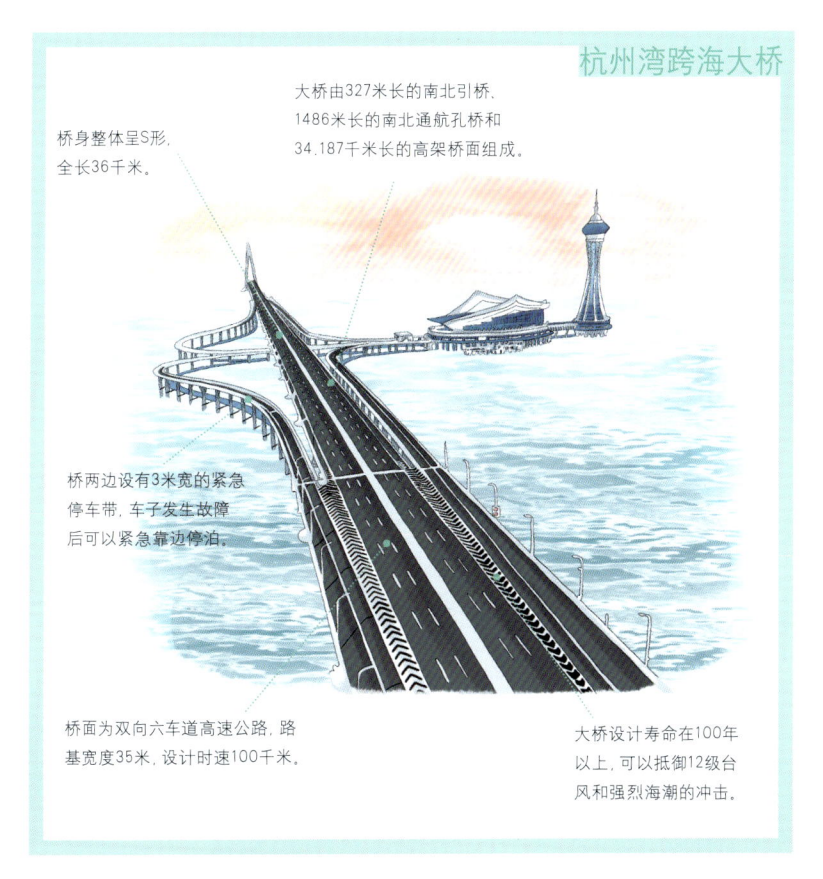

杭州湾跨海大桥

- 桥身整体呈S形,全长36千米。
- 大桥由327米长的南北引桥,1486米长的南北通航孔桥和34.187千米长的高架桥面组成。
- 桥两边设有3米宽的紧急停车带,车子发生故障后可以紧急靠边停泊。
- 桥面为双向六车道高速公路,路基宽度35米,设计时速100千米。
- 大桥设计寿命在100年以上,可以抵御12级台风和强烈海潮的冲击。

杭州湾湿地

宁波鸣鹤古镇

▫ 鸣鹤古镇

鸣鹤古镇位于慈溪市东南部，由老街、古桥和一座座保存较为完整的古建筑等组成。古镇依水成街，许多人家枕河而居，鸣鹤古镇还有江南其他小镇所没有的湖光山色、绿色生态林和文化底蕴深厚的越窑青瓷。

▫ 五磊山

五磊山山景由内五峰、外五峰组成，五峰相致，叠翠峭拔，同时有迎客枫、砥柱石、鹁鸪石等众多景点，各具风貌。周边翠盖连绵，危峰参差，溪谷幽深，素有"小桃源"之称。

五磊山中的五磊寺有"浙东第一古寺"之称。寺中古迹众多，古木参天。重修后改名为五磊讲寺，寺名由赵朴初亲笔题写。

杜白二湖
文化底蕴深厚的三北大地明珠

杜湖、白洋湖以其钟毓神秀和众多历史文化遗迹而闻名，为三北大地两颗熠熠生辉的明珠。杜湖与白洋湖相距仅200米，杜湖在东，白洋湖在西，人称其为"姊妹湖"。

▫ 杜湖

杜湖，是慈溪市的第一大湖，分里湖与外湖两个部分，放眼远眺，依然浑然一体。沿着湖堤西行，湖的南边是连绵的群山，北边是十里长堤，树木葱茏，山峰掩映，烟波浩渺，水天一色。湖堤北面的高田村有座砖木结构的晚清建筑，是1942年7月中共浙东区委的成立旧址；湖南面的解家村有定水寺遗址，是唐初名臣、书法家虞世南的故居。

▫ 白洋湖

白洋湖形成于两汉期间，三面环山，狭长迂回。它拥有众多历史文化遗迹：湖西山麓规模宏大的革命烈士陵园，埋葬着中共慈镇县工委委员郑侠虎、宁绍台农协特派员沈邦祺及沈一飞等近百名烈士。与烈士陵园隔湖相望的是近代著名爱国侨商吴锦堂先生之墓，吴锦堂之墓的不远处，便是修复一新的千年古刹——金仙寺，它创建于南朝梁代，距今已有千年历史。

宁波南部旅游区

景点推荐

黄贤海上长城森林公园 AAAA
商山飞瀑，海上长城

- 奉化区裘村镇黄贤村
- 在奉化有中巴车直达景区
- 70元

　　黄贤海上长城森林公园是一个集山川美景、滨海风情和人文古迹于一身的省级原生态森林公园。公园三面环山，一面临海，森林面积680公顷有余，公园内古树葱茏，溪水淙淙，规模宏大的商山飞瀑、气势雄伟的抗倭长城、清碧灵秀的明珠湖泊，构成了一幅立体的景观画卷。这里有静谧的山坞、茂密的树林，生物种类多样。森林公园濒临象山港，浸润着海的气息，涛声阵阵，海风习习，渔帆点点，鸥鹭翩翩。

石浦渔港古城 AAAA
人称"城在港上，山在城中"

- 宁波市象山县石浦镇
- 乘1、2路公交到老街
- 60元　0574-65971999

　　石浦渔港古城一头连着渔港、一头深藏

在山间谷地，城墙随山势起伏而筑，城门就形而构，古街巷众多，有中街（最为典型）、后街（有关帝庙、惜字亭、大夫第）、延昌三大片古宅保护街区，主要有大皆春药店、乾大当铺、宏孚绸庄等景点。石浦渔业经济发达，渔俗文化丰富多彩，是全国四大渔港之一，有"海鲜王国"之誉。

中国渔村景区 AAAA
目前国内最大的海洋文化主题公园
- 宁波市象山县石浦镇
- 60元

中国渔村是集全国渔区文化、生活风情于一身的旅游项目，全方位展示了"渔文化民俗游"主题和"海滨海洋游"休闲旅游特色，为国内最具特色、规模最大的海洋文化休闲城。

景区坐落在中国四大群众渔港之一的石浦港畔，由中国渔村主题公园、渔文化民俗街、宋皇城沙滩、旅居结合的欧美风情小镇，以及石浦渔港、石浦古街、海上乐园、檀头山、渔山岛、渔人码头等组成。其中渔山岛分为北渔山、南渔山、五虎礁三群岛。岛上碧海奇礁，风光优美，有国际灯塔、国境碑、仙人桥等景致。北渔山灯塔是渔山岛的标志，有"远东第一大灯塔"之誉。

玩家 攻略

1.中国渔村的三大节庆：三月三踏沙滩，五一喊海狂欢节，中国开渔节（9～10月）。另外，海滩上有海盗船、摩天轮、海上脚踏三轮车等游乐项目，还可以骑马在海滩上驰骋。

2.吃：在象山，葱油白蟹、特色蟹骨酱、红烧带鱼、熏鱼、特色熏鲳鱼等都味道都不错，象山的海鲜一定不容错过

3.住：北渔山岛黄金周期间住宿设施紧张，最好提前预订。提示：岛上没有医院，要随身携带常用药品。

4.玩：渔村里建有一幢幢渔家小楼，楼中推窗可见海，卧床可听涛，也可以随船出海打鱼，或观看各种渔家的传统民间文化活动。

松兰山度假区 AAAA
潮来一排雪，潮去一片金
- 宁波市象山县丹城镇，县城东南9千米的海滨
- 免费 0574-65709298

松兰山度假区沙滩众多，海湾众多，地貌奇特，岩洞惊险，9座小岛排列海上，古时的抗倭遗迹、兵寨保存完好，道教、佛教景观丰富。有百鸟乐园、海岛狩猎度假村、游仙寨、烽火台等景致。其海滨沙滩（松兰山有6个沙滩，而且滩滩相连，串成一线，南北长5千米）被称为华东地区最大的陆岸沙滩，素有"潮来一排雪，潮去一片金"之誉。

象山影视城 AAAA
中国十大影视基地之一
- 宁波市象山县新桥镇
- 省内任何一个高速入口进入甬台温高速到宁海出口下高速，从宁海到象山定山方向直走76千米便可直达（到达象山后一路上有"影视城"路标）
- 150元

宋代风格的象山影视城，以电视剧《神雕侠侣》拍摄场景为主线，共有160余个建筑单体，由迎宾区、村街区、山景区、湖景区、襄阳区五大景区组成，另外还建有全国最大的室外人造榕树林和室内人造溶洞，襄阳古战场规模之大在全国众多影视城中屈指可数。

松兰山看日出

象山影视城中壮观的襄阳城

花岙岛
抗清名将张苍水聚兵处
- 宁波市象山县高塘岛镇花岙岛
- 40元

花岙岛别名大佛岛、大佛头山,素有"海上仙子国、人间瀛洲城"之称。该岛海湾众多,地貌雄奇,是抗清名将张苍水聚兵处。花岙岛以自然景观为主,悬壁陡峭,岩石为柱状节理发育,号称"石林",尤其是海蚀地貌景观堪称东南一绝。

玩家 解说

明清鼎革之际,花岙岛是东南沿海的抗清据点之一。张煌言,号苍水,浙江鄞州区人,他坚持抗清达19年之久,后在杭州就义。在这位传奇人物曾经驻足的花岙岛,今尚有二处遗址:一为距雉鸡山顶200米处的长方形营房遗址,不远处的山梁上有一块1300平方米的广场,似为练兵场地。另一营房遗址在雉鸡山和北面山之间,房址约30间。

天河生态风景区
道家和台岳文化的精粹
- 宁波市宁海县双峰乡
- 宁海汽车西站乘宁海到白溪的中巴车可达
- 浙东大峡谷75元(含船费);双峰森林公园65元

天河生态风景区是一处以自然山水风光为依托,以道家和台岳文化精粹为内涵,以青山绿水、奇峰怪石、溪流飞瀑、原始森林和现代游乐为特色的生态风景区。

天河风景区拥有六曲溪、十八雄峰、二十八水洞、七十二瀑布,以"峰险、谷幽、水绝、石奇、根玄、雾幻"著称,具有原始、神秘、野性、雄奇等特点。天河生态风景区分为八大景区:大松溪峡谷,双峰国家森林公园,飞龙湖、梦里水乡(水文化主题公园)、王家染山乡风情区、叶岙现代农业观光园、山洋革命纪念区和望海岗景区。

玩家 解说

天河历史文化久远,有着众多的传奇故事。周灵王太子王乔自河南缑氏山驾鹤东来,成为台岳主神,掌吴越水旱。宁海县因此又称缑城。东汉末年,葛洪隐居松溪洞天炼丹,著《抱朴子》开道学先河。核心景区30余平方千米,原属新昌飞地,是李太白梦游吟别的天姥山。

宁海森林温泉景区 AAAA
被誉为"华东第一森林温泉"
- 宁波市宁海县深圳镇南溪村,距县城25千米

宁海森林温泉被誉为"华东第一森林温泉",是疗养和避暑的好去处。温泉被著名的天台山和四明山环抱,终年青山碧水,又名南溪温泉,也俗称天明山温泉,分卧龙谷、仙人谷、闻莺谷、锦绣谷四大自然景区,景区内有著名的三潭九瀑十八溪七十二峰,如普济桥、仙人谷、映天池、猴峰亭、闻莺谷等都是美丽的景点。

玩家 行程

宁波汽车南站乘往宁海的长途班车,在梅林下车后转往南溪林场的中巴车前往;或从梅林坐私家车。

自驾:从上海出发,走沪杭甬高速,到宁波后转甬台温高速(即同三高速),在宁波的宁海、象山出口下高速,随即掉头往深圳镇方向,经过深圳镇后继续往温泉方向行驶,几分钟后即到。或是提前一个出口下来,在西店下高速后往前一直开,20分钟可到宁海温泉。

花岙岛周边水波万顷

江南民间艺术馆
藏品数量为江南之最
- 宁波市宁海县县城徐霞客大道1号
- 免费

江南民间艺术馆是一座由民间创办的艺术馆。馆里收集珍藏有"十里红妆"器具300多件、明清时期的门窗格子300多件,为我国江南民间同类收藏之最。

这些馆藏家具、漆具多为清代工艺,少数延至民国。它们集雕刻、堆塑、绘画、贴金、泥金、罩漆等工艺于一身,朴素、古雅而富丽,其中的"中国红"朱砂漆工艺可称为中华工艺之瑰宝,是宁绍地区传统漆器、雕刻技术的综合体现。

前童古镇斑驳的墙面

前童古镇 AAAA
最具儒家文化古韵的小镇
- 宁波市宁海县前童镇
- 宁海汽车西站或汽车南站乘中巴可直达古镇
- 50元
- 0574-65370300

前童古镇是一座保存江南明清时期建筑风格的小镇,至今仍保存有1300多间各式古建民居。有童氏宗祠、民俗博物馆(我国第一家村办博物馆)、浙江第一古樟等景点。

玩家 攻略

1. 清明前后,村后的大片油菜花都开了,一片片的金色衬着粉墙黛瓦,美不胜收。

2. 始于明代的"前童元宵行会"是前童最具民间色彩的传统大型节日。除此之外,还有每年农历十二月二十七的黄洋市、三月十五的梁皇街庙会及梁皇山寻古踏青等地方节日。

3. 吃:前童古镇的饮食有三宝——空心腐、汤包、豆腐干,美味无比,不可不尝。其他美食还有麦糊头、麦饼、鸡子茶、糯米圆、麻糍等,推荐古村酒楼。

伍山石窟 AAAA
因百年的采石而形成的奇观
- 宁波市宁海县长街镇三门湾畔
- 乘宁海东站往长街的中巴车(约30分钟车程),然后乘坐长街往伍山的中巴车到达伍山石窟景区
- 80元

伍山石窟由松岙山、道士岩、不周山、聪明山、石兰山5座山组成。这5座山位于东海滩涂之上,历经宋、元、明、清几百年的采掘,形成800余坑洞,后鸟兽将植物种子带入坑洞繁衍,形成了形状奇特的绝世奇观。

玩家 解说

伍山采石是传统的竖井开采工艺。据说伍山石材一见光和水就会变硬,所以古人通常是爬到山顶,开一竖井往下采石。因风与鸟兽将种子通过竖井口带入洞窟,经过雨露的滋润,形成了洞窟内野生花木树茂盛、风姿各异的奇异景观。

攻略资讯

- 交通
- 住宿
- 美食
- 购物
- 娱乐

宁波郊区

交通

飞机

宁波栎社国际机场位于宁波市区西南13千米处，机场不仅有发往全国各大城市的航班，更包括许多发往海外城市的航班。东方航空将浙江分公司设在宁波，栎社机场为该公司的重要基地。宁波是直航台湾定期航班的航点，每周都有飞往台北、台中、高雄的航班。

火车

萧甬铁路复线和甬台温铁路为宁波的主干铁路，北仑线、洪镇线、余慈线、白沙线为支线，外连浙赣线、沪杭线，内通宁波港区，联通全国的铁路网。

宁波站：位于宁波市海曙区南站东路19号，为中国铁路上海局集团有限公司管辖的铁路车站，是中国国家"八纵八横"铁路客运专线上的一个大型综合交通枢纽，也是一个集地铁、公交、出租等各种交通方式为一体的客运综合体。可乘坐地铁2、4号线。

汽车

宁波是浙东地区的公路交通枢纽。高速公路建设是宁波交通运输中的一亮点。杭州湾跨海大桥的开通，使宁波到上海的时间从原先的4个小时缩短为2个小时。同时，杭甬高速、甬台温高速公路、甬金高速公路、甬舟高速公路、宁波绕城高速公路等多条高速公路也相继开通。

宁波汽车南站：位于海曙区南水桥路408号。☎ 0574-87133561

宁波汽车中心站：位于宁波市海曙区通达路181号。☎ 0574-87091120

宁波汽车东站：位于宁波市鄞州区宁穿路707号。☎ 0574-87924570

市内交通

截至2022年，宁波市共有公交车9936辆，运营线路1226条，轨道交通运营线路共有5条，分别为1号线、2号线、3号线、4号线、5号线。这些线路贯穿城市的东西南北，连接了各大居民区、商业区和旅游景点，大大缩短了市民和游客的出行时间。

2023年末，宁波市共有公交标准运营车辆9773标台。这些出租车为市民和游客提供了灵活的出行方式，满足了不同人群的出行需求。

住宿

天一阁和月湖附近

地处宁波繁华地段，集中着月湖、天一

阁、城隍庙和宁波火车站，出行方便。

● 宁波富邦大酒店

综合性商务旅游饭店。酒店位于甬城南大门——南站广场，与风光旖旎的月湖景区隔水相邻，与历史藏书名楼天一阁隔街相望，景致怡人。酒店拥有各类客房，服务设施一应俱全。✉ 宁波市海曙区马园路455号 ☎ 87088888

● 天港禧悦酒店（宁波海曙火车站店）

天港禧悦酒店是天港酒店集团旗下"天港禧悦"品牌的经典代表作。酒店以"创新中国风生活方式"为引领，打造"餐饮与客房融合发展"的产品模式，为商务接待和家庭消费提供高品质的产品和服务。✉ 宁波海曙区望春街道丽园南路620号 ☎ 0574-87939999

● 华侨温德姆至尊豪廷大酒店

宁波华侨豪生大酒店是宁波的五星级豪华大酒店。酒店地处市区中心，交通便利。从酒店步行15分钟即可到达宁波最大的购物商业区——天一广场。乘车仅需20分钟即可从酒店到达宁波栎社国际机场。酒店东邻开凿于唐贞观年间的月湖，西邻始建于明嘉靖年间中国现存年代最早的私家藏书楼——天一阁。✉ 宁波市海曙区柳汀街230号 ☎ 0574-55011111

天一广场附近

天一广场位于主城区，集购物、休闲、娱乐、文化、旅游于一身。这里交通便利，不管是品美食还是购物都很方便。

● 宁波南苑环球酒店

五星级，地处宁波投资与商贸的黄金地段——鄞州新城区。酒店主楼建筑高170米，共53层，由美国著名的ARQ设计事务所巧妙构思，以视觉冲击力极强的风帆造型，呼应宁波东方大港的宏大气魄，寓意"扬帆远航"，是目前宁波城市十大时尚地标之一。酒店顶层的云顶中餐厅，可一览宁波市区的全貌。✉ 宁波市鄞州区大道1288号 ☎ 0574-82809999

● 宁波凯洲皇冠假日酒店

宁波凯洲皇冠假日酒店坐落于宁波市中心的繁华地段，毗邻设计时尚的天一广场，城隍庙、天一阁、月湖公园近在咫尺。酒店交通便利，距火车站仅2千米，距宁波机场20千米。✉ 宁波海曙区药行街129号 ☎ 0574-56199999

三江口区域

位于海曙区与江北区交接处，那里靠近三江文化带，具有20世纪30年代海派风格的各式建筑临江而建，晚上可欣赏美丽的夜景。

● 宁波港城华邑酒店

酒店坐落于北仑商业中心的核心地段，背倚全球知名港口宁波—舟山港及宁波经济技术开发区，以大气开阔的建筑形态独立于繁华商圈，闹中取静，交通便利。✉ 宁波北仑区长江路1199号 ☎ 0574-86799999

●雷迪森世嘉酒店(宁波北仑银泰城店)

酒店位于宁波市北仑区华山路101号(与新大路交叉口),距中河路地铁站、银泰城、体育馆、高速口仅5分钟车程,交通便利,周边配套设施齐全。酒店拥有各类客房80间,酒店隶属雷迪森集团,雷迪森世嘉酒店专为快捷商务人士设计,秉承个性独特、设计新颖的理念,展现出明快、活力的品牌个性,向宾客提供简约、快捷又不失舒适的出行体验,为匆忙的旅程更添轻松。 宁波北仑区华山路101号 0574-86850880

美食

宁波菜又叫"甬帮菜",菜肴多海鲜,讲究软滑鲜嫩,注重原汁原味。宁波十大名菜为冰糖甲鱼、剔骨锅烧河鳗、苔菜小方烤、雪菜大黄鱼、腐皮包黄鱼、网油包鹅肝、荷叶粉蒸肉、黄鱼海参羹、彩熘全黄鱼、炒鳝背。尤以冰糖甲鱼、锅烧河鳗为宁波传统名菜之最。宁波十大名点:猪油汤团、龙凤金团、水晶油包、豆沙八宝饭、猪油洋酥块、三丝宴面、鲜肉小笼包子、烧卖、鲜肉馄饨、酒酿圆子。其中,尤以宁波猪油汤团最为有名。

美食小吃

●冰糖甲鱼

冰糖甲鱼为宁波十大名菜之首,吃来软糯润口,香甜酸咸,风味独特。此菜是一种滋补佳品,甲鱼与冰糖同炖,具有滋阴、调中、补虚、益气、祛热等功能。

●溪口千层饼

制作配料严格,选白净芝麻、冬季苔菜、本地麦面粉、糖、油按配比拌和,烘烤温度要适中,酥而不焦,每饼27层。松脆异常,咸中带甜,满齿清香。

溪口千层饼

●宁波臭三拼

宁波有著名的"三臭",指的是臭冬瓜、臭豆腐和臭苋菜。臭冬瓜是全国独有,吃在嘴里时,先是臭味扑鼻,随之而来的却是一股幽暗的清香。臭豆腐是一种奇妙的美味,既臭又香。臭苋菜最大的特点就是脆嫩中夹杂着一缕清爽的臭,让食者有一种奇妙莫测的感觉,就像面对一层飘浮的水雾。

宁波三臭

●宁波汤团

浙江传统名点。主要食材为糯米、黑芝麻、猪油、白糖、桂花等。以水磨粉为皮坯,包入馅心搓圆，置沸水锅内煮熟后，撒上少量白糖、桂花和红绿丝即成。入口糯而不黏，皮滑馅润，滋味香甜。

宁波汤团

美食去处

在宁波吃小吃要到城隍庙，那里既热闹又有特色。两个人大概50元就可大吃一顿，有里脊肉、锅贴、鹌鹑等风味小吃。

走马楼位于慈湖边，风景独好。古色古香的小楼，厅堂有些现代感。这里的土鸡汤非常鲜美，干菜河虾、酒糟核桃羹等都是这里的特色美食。

购物

土特产以海产品为主。工艺品有骨木镶嵌、堆塑漆器、宁波金银绣、朱金木雕、翻簧竹雕等。其中宁波金银彩绣入选国家级非物质文化遗产代表性项目名录。

城隍庙步行街和天封塔

余姚杨梅

宁波特产

● **余姚杨梅**

余姚杨梅肉质细软，甜蜜醇厚，形如珠而色如玛瑙。有白种、粉红种、红种、乌种四大类，其中以乌种的荸荠种为最佳，因其成熟时呈紫黑色，似荸荠而名之。杨梅上市时间较短，初夏红种的早大种先熟，白种水晶杨梅最迟上市，俗称"夏至杨梅满山红，小暑杨梅要出虫"。加工后有蜜饯杨梅干、杨梅饮料、杨梅酱、糖水杨梅等。杨梅汁有生津、止渴、祛暑的作用，杨梅烧酒是消暑佳品。

● **浙贝母**

浙贝母是贝母的一种，因产于浙江，故名"浙贝"，又称大贝。原产于象山，是宁波市鄞州区著名经济特产和贵重中药材，亦称"象贝"，为"浙八味"之一。贝母性微寒，味甘苦，主治伤寒烦热，安五脏，利骨髓，可消炎、润心肺。

● **朱金木雕**

朱金木雕也是传统工艺，又称漆金木雕。它是在木雕制品的基础上以朱砂色为底，贴金饰彩而成，显得金碧辉煌。木雕以樟木、椴木、银杏等优质木材为原料，运用浮雕、透雕、圆雕等手法根据不同对象雕刻而成，题材多取于戏剧故事，造型古朴生动，刀法深厚。主要用于寺、庙、祠堂等建筑及木床、花轿等大型家具和神像等。

● **金银彩绣**

金银彩绣又称"仿古彩",为传统宁绣中的精品,与湘绣、苏绣、京绣、粤绣、蜀绣同被誉为中国六大名绣。金银彩绣以各色真丝织品为原料,在彩绣、平绣图案周围盘绣以金线和银线而成,古色古香,富丽堂皇。题材有龙凤、花卉、佳禽等,主要用于制作绣衣、靠垫、台布、床罩、软包等生活用品。

● **宁波竹编**

宁波是竹编之乡,四明山盛产毛竹,历史上就用竹编制各种简朴实用的篮、箩、簟、筐、笼等。明、清江南举人赴京应试的考篮、食篮皆为竹编。制作时用篾丝、篾片巧妙地编制成惟妙惟肖、情趣盎然的各种动物,并和传统的罐、篮、盒、盘结合起来,制成鸡罐、鸭盘、猫头鹰盒、花盆套、花瓶、废纸篓等,既实用,又可观赏,畅销海内外。

宁波购物场所

买特产可以去新江桥畔干货市场。城隍庙是宁波最大的购物中心,还有解放南路、中山路(天一广场)、开明街都是宁波繁华的商业地区。

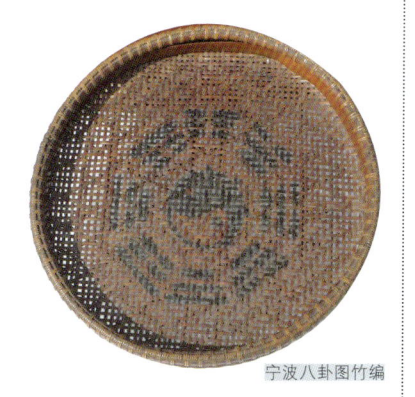

宁波八卦图竹编

娱乐

中国开渔节:每年9月中旬都会在石浦渔港举办"中国开渔节"。"开渔节"期间有渔家灯会、千舟竞发开船仪式、烟火文艺晚会、"渔家乐"风情旅游、地方民间灯舞表演、祭海仪式、彩车大巡游等活动。

中华慈孝节:宁波是个慈孝城市、爱心城市,有着深厚的慈孝文化底蕴和历史渊源。宁波市江北区慈城东汉孝子董黯的故事,广为流传。近年来,宁波市充分挖掘慈孝文化内涵,积极探索弘扬中华传统慈孝文化,全力打造慈孝文化品牌,至2015年为止,已经成功举办了七届中华慈孝节。

节日和重大活动

节日	举办地	时间
四明山红枫·樱花节	四明山镇	4月下旬至5月下旬
象山海鲜节	松兰山海滨度假区	5月黄金周
慈溪杨梅节	横河镇	6月杨梅季
四明山旅游节	四明山镇、大岚镇、梁弄镇	9至10月
宁波国际服装节	宁波	10月

象山开渔节

舟 山

发现者 旅行指南

概览

亮点

- **普陀山**

  有"海天佛国"之誉，是中国四大佛教名山之一，海岛风光独特，古迹众多。

- **朱家尖**

  沙雕故乡、度假天堂，集沙景、石景、海景、佛景于一身，被称为"东方夏威夷"。

- **桃花岛**

  金庸笔下东邪黄药师的居住地，素有"海上仙山""海岛植物园"的美称，与普陀山、朱家尖、沈家门组成普陀旅游金三角。

- **必逛街道**

  定海中大街：定海古城的文化商贸中心，街道中的店铺具有浓郁的地方特色，咖啡馆、美食坊等也有着古典高雅的风情。

  香华街：普济寺至洪筏房之间长约300米的购物街，形成于清中期，比较完整地保留了古代街道的风貌，主营旅游纪念品和特色海产干品。

线路

- **舟山精品二日游**

  第一天早上出发前往普陀山，在普济寺拜观音，烧香问佛，神游海天佛国。中午尽享美味的海鲜大餐。夜宿海边客栈。

  第二天早餐后自行游览。午后前往朱家尖，随后可以前往南沙看沙雕艺术，去情人岛上看奇石，也可以去乌石塘捡鹅卵石。

为何去

舟山群岛,宛如一颗颗珍珠散落在东海洋面上,拥有上千处佛教文化、山海风光、海岛民俗和历史文化景观。气势磅礴的瀚海浪涛,千姿百态的奇崖岩穴,宏伟典雅的名刹寺院,洁净宽阔的金沙浴场,淳朴浓郁的渔家风情构成独特的海岛、海洋旅游资源。

西堠门大桥

何时去

6—10月是舟山的旅游旺季。群岛中桃花岛、东极、普陀山、朱家尖、嵊泗列岛等都是夏季避暑度假的胜地。

普陀山一寺

嵊泗海岛

区域解读

区号：0580
面积：约2.22万km²（包括海域）
人口：117.3万人

地理 GEOGRAPHY

区划

舟山市位于我国东南沿海，浙江省东北部杭州湾东侧，是我国唯一以群岛设市的地级行政区划。其下辖2个区（定海区、普陀区）、2个县（岱山县、嵊泗县）。

地形

舟山陆域面积小，海域面积大，区域总面积2.22万平方千米，其中海域面积2.08万平方千米。舟山境域东西长182千米，南北宽169千米。

气候

舟山群岛四面环海，属亚热带季风海洋性气候。该气候主要表现为冬暖夏凉，温和湿润，光照充足；空气自然净化能力强，温差变化小。由于受季风的影响，夏秋之际易受台风侵袭，台风也是我国东南沿海一带最常见的灾害性天气。

千岛之城

舟山群岛古称海中洲，位于长江口以南、杭州湾以东的浙江省北部海域，是中国沿海最大的群岛。

舟山群岛岛礁众多，星罗棋布，约相当于我国海岛总数的20%，分布海域面积2.22万平方千米，陆域面积1440平方千米。舟山群岛共有大小岛屿1390个，东北部以小岛为主，地势较低，分布较散；大岛大多集中在西南部，海拔较高，排列密集。其中1平方千米以上的岛屿有58个。主要岛屿有舟山岛、岱山岛、朱家尖岛、六横岛、金塘岛等，其中舟山本岛最大，面积为502平方千米，占舟山地总面积的38%，为我国第四大岛。

随着舟山大陆连岛工程的实施，目前共有岑港大桥、响礁门大桥、桃夭门大桥、西堠门大桥及金塘大桥5座跨海连岛大桥。2005年东海大桥（上海浦东芦潮港—嵊泗县小洋山岛）与2009年金塘大桥（金塘小岭—宁波镇海）的建设通车，使得舟山与大陆真正地实现了连通。

历史 HISTORY

历史大事记

● **远古时期**

早在5000年前的新石器时代，舟山岛就有人类开荒辟野，捕捉海物，生息繁衍，从事农耕渔获，当时的居民大多来自沿海地区。

朱家尖

● 中国古代

秦朝，相传著名方士徐福在东南沿海蓬莱、方丈、瀛洲三岛上寻长生不老的仙药，其中的"蓬莱仙岛"即为今舟山境内的岱山岛。据史学家们分析，徐福东渡日本时经过舟山诸岛。

明代，朝廷实行海禁政策，朱元璋于洪武十九年（1386年）废昌国县（今舟山），次年将舟山岛城区和镇外1千米以外的居民和其他46山（岛）的居民迁徙到内陆。至清初，先后两度迁民。

嘉靖三年至二十七年（1524—1548年），双屿港曾一度成为当时我国最大、最繁华的海上国际自由贸易市场。

明嘉靖后期，舟山群岛一带倭寇横行，明朝政府历时10余年，平定倭寇。

清康熙二十六年（1687年）舟山再次设县，更名"定海县"。康熙题"定海山"匾额。

● 近现代

道光二十年（1840年）7月5日，对舟山蓄谋已久的英国派兵大举入侵定海，标志着鸦片战争的正式爆发。定海保卫战成了鸦片战争初期的重要战争之一，舟山人民开始了英勇顽强的抗英斗争，定海三总兵英勇战斗，保卫定海，先后壮烈殉国。

1950年5月17日，舟山群岛解放。舟山迎来了新生。

链接
舟山名称的由来

舟山原为岛名，当时仅指今定海城区南滨海码头旁的小山（东岳山）。后因滩涂淤涨，该岛与本岛连在一起，又因本岛形状酷如一挂满风帆、由东向西疾驶的海舟，之后全岛统称"舟山"之名，并延续至今。

名单　舟山历史名人

清代书画家、诗人厉志

抗英英雄包祖才

佛教高僧果如

台湾著名女作家三毛

文化 CULTURE

海天佛国，观音道场

舟山群岛中的普陀山与山西五台山、四川峨眉山、安徽九华山并称为中国四大佛教名山。普陀山为全国著名的观音道场，其宗教活动可追溯到秦代，从原始道教遗迹到仙人炼丹遗迹随处可见。而其作为观音道场则初创于唐代。唐大中年间（847—859年），有梵僧（又说西域僧）来山礼佛，传说在潮音洞目睹观音示现。唐咸通四年（863年），日本高僧从五台山请得观音像回国，途经普陀山海面时触新罗礁受阻，于潮音洞登岸，留佛像于民宅中供奉，称"不肯去观音院"，观音道场自此始。

宋、元两代，普陀山佛教发展很快。北宋乾德五年（967年），赵匡胤遣内侍王贵来山进香，并赐锦幡，这是朝廷第一次降香普陀。北宋元丰三年（1080年），宋廷赐银建宝陀观音寺（今前寺）。当时，日韩等国来华经商、朝贡者，也开始慕名登山礼佛，普陀山渐有名气。南宋绍兴元年（1131年）宝陀观音寺住持真歇禅师奏请朝廷允准扩建，山上700多户渔户全部迁出，普陀山遂成佛教净土。南宋嘉定七年（1214年），朝廷赐钱万锣修缮圆通殿，并指定普陀山为专供观音的道场，与五台山（文殊道场）、峨眉山（普贤道场）、九华山（地藏道场）合称为我国四大佛教名山。

后经历代兴建，普陀山寺院林立。鼎盛时期全山共有4大寺、106庵、139茅蓬、4654余僧侣，史称"震旦第一佛国"。

来此旅游的人，在岛上的小径间漫步，经常可以遇到身穿袈裟的僧人。山石林木、寺塔崖刻、梵音涛声，美丽的自然风景和浓郁的佛教气氛，使其更具神秘色彩。

普陀山杨枝禅院庙门

东海鱼仓，渔都沈家门

舟山渔场是重要的近海渔场之一，其中的沈家门渔港是世界三大渔港之一。舟山渔场位于舟山海域，渔场四通八达，广袤富饶，鱼类集群。长江、钱塘江、曹娥江、甬江均在此汇入东海，翻滚浑浊的海水，给渔场带来了大量的浮游生物和丰富的饵料。另外，舟山又位于沿岸盐、淡水和台湾暖流与黄海冷水团交汇处，盐度、水温适宜海洋生物生长，自然条件和生态环境十分优越。加之境内岛礁众多，港湾绵亘，水道纵横，潮流有急有缓，给不同习性的鱼虾洄游、栖息、繁殖和生长创造了良好条件。

据统计，舟山群岛附近海域共有海洋生物1163种，其中浮游植物91种、浮游动物103种、底栖动物480种、底栖植物131种、游泳动物358种。捕捞的主要品种有带鱼、鳓鱼、马鲛鱼、海鳗、鲐鱼、马面鱼、石斑鱼、梭子蟹和虾类等。

著名渔都沈家门，是世界三大渔港之一。港湾的岸上坐落着一座座别有风情的小餐厅，这就是著名的沈家门海鲜夜排档。因沈家门航运发达，鱼市兴旺，旧时被称作"小上海"。随着海洋渔业的发展，日益开发的沈家门渔港，与挪威卑尔根港、秘鲁卡亚俄港并称为世界三大渔港。沈家门渔港位于舟山渔场中心，北有舟山本岛青龙、白虎等山岗阻挡西北大风，南以鲁家峙、马崎、小干岛为屏障防御强风巨浪，全港长约10千米，为东西走向、多口门、峡道型天然良港，海底平坦，是渔船补给、海产品集散、避风停泊的综合港口，鱼汛期间经常出现"万条渔船一港收"的壮观景象。

沈家门十里长街，店铺林立，一切似乎都和"鱼"打上了交道。有为渔民生活服务的米行肉店、小菜场和烟酒、棉布、百货等商家、摊贩；有为渔船生产服务的木匠、篾匠、铁匠、漆匠店铺，供应网具、绳索、浮子、竹

繁华的沈家门渔港

木、五金等渔需品的商店；有经营各种鱼类、海产品的渔行和加工厂。镇上居民掌握精湛的、代代相传的鱼鲞加工工艺，凭着"一把盐，一把刀"，腌制美味鱼鲞，远销国内外市场。

当然舟山渔场在大力捕捞开发的过程中也产生了一些问题，渔场也曾受到不同程度的污染。如今渔场坚持"渔业稳定"，推进转型升级，做到齐真正保护舟山渔场资源，保护生态环境，并开拓养殖放流、发展远洋渔业，在建设渔港经济等新领域继续发展。

豪爽粗犷的舟山锣鼓

舟山市地处杭州湾以东、长江口以南的浙江东北部，其丰富的海洋资源是当地民众生产、生活的基础，而特定的生产方式、生活习俗孕育了独特的民间艺术，舟山锣鼓就是其中的代表。

舟山锣鼓早在明清时期就在定海广为流传。相传最早起源于航海，船靠码头时用它来招徕客人，航行时用它助兴解寂，遇雾时用它来传递信息。后大户人家婚嫁喜庆、祝寿做生，新船下海、乔迁新居、开张营业，也少不了约请一班鼓手吹打一番。旧时的舟山锣鼓大多出现在民间乡里的红白喜事、庙会庆典及渔民祭海等活动中。中华人民共和国成立后，这一民间音乐形式在专业音乐工作者的参与和整理下正式定名为"舟山锣鼓"。在1957年莫斯科举办的世界青年联欢节上，舟山锣鼓曾荣获世界民间音乐比赛金质奖章。"舟山锣鼓"自此走向世界舞台。

舟山锣鼓以锣、鼓、钹及唢呐为基调，间以丝竹，其中的两大主奏乐器分别是由十三面锣组成的排锣和由五面鼓组成的排鼓，其演奏风格独特，音量对比鲜明，音响色彩丰富。整个旋律激荡奔放，气氛极为热烈，具有鲜明的海岛特色。中华人民共和国成立后，这一民间艺术经过加工改进慢慢地搬上了舞台。主要作品有《舟山锣鼓》《八仙序》《渔家乐》《沙调》《潮音》《渔舟凯歌》《东海渔歌》《渔民欢乐》等。说到近年来"舟山锣鼓"改编较为成功的作品，那便是2002年纯打击乐齐奏的"沸腾的渔都"，热烈火爆、丰富多变，该曲既保留了"舟山锣鼓"的锣鼓精华，又增添了许多新的元素，使人感觉气势恢宏，激动人心，备受好评。

景点推荐 普陀山风景区 AAAAA

🚩 舟山市普陀区普陀山镇
🚌 沈家门半升洞码头—普陀山码头每10分钟一班快船；另外还有每小时一班的班船
💰 220元，含往返船票

普陀山是中国四大佛教名山之一，有"海天佛国"之誉。普陀山四面环海，风光旖旎，幽幻独特，被誉为"第一人间清净地"。山中山石林木、寺塔崖刻、梵音涛声，皆充满佛国神秘色彩。岛上树木丰茂，古樟遍野，鸟语花香，素有"海岛植物园"之称。

普陀山风景区有南天门、普济寺、洛迦山、紫竹林、法雨寺、佛顶山、梵音洞、西天八大景区。有磐陀石、二龟听法石、海天佛国石等20余处奇岩怪石，有以普济（前寺）、法雨（后寺）、慧济（佛顶山景区的核心）三大庙宇为首的数十处佛教寺庙。多宝塔、杨枝观音碑、九龙殿为"镇山三宝"。

玩家 攻略

1.普济寺、法雨寺、慧济寺为普陀山三大寺庙。每年农历二月十九日（观音生日）、六月十九日（观音成道日）、九月九日（观音涅槃日）的南海观音文化节期间，场面蔚为壮观。提示：寺院内禁止摄像、摄影。

2.看日出最佳处在朝阳洞（百步沙），从普济寺前去10~15分钟可到。观日落就在西天景区，那里有著名的磐陀夕照。

3.洛迦山须坐船前往，约20分钟水路，从出发到回码头约2小时，山上不收门票。

4.吃：在普陀山吃海鲜相当美味，而这里的素斋也是受到各方的好评。除各宾馆、山庄的餐饮外，饭店主要集中在海鲜园、前寺、后寺和南天门附近。海鲜园集中了50多家餐馆，享誉中外。

5.购：去当地的干货市场买点虾米、鱿鱼丝之

南天门景区

巨石林立、孤悬入海

南天门景区集海、沙、蓬、石四大奇景于一身,风景十分秀美,宛如海上仙境。景区以轮船码头为核心,内有正山门广场、海岸牌坊、短姑道头、南天门等景致。

◻ 南天门

南天门孤悬入海,与舟山本岛一水相隔。此地巨石林立,危岩高耸,中有两石如门,故名南天门。阙门中间书有"南天门"3字,旁有龙眼井,崖上有石鼓,阙左上方有狮子石。

南天门内群岩耸秀,摩崖石刻众多,其中以清康熙年间武将蓝理所题"山海大观"四字最为引人注目;门里有一巨岩,岩顶有两处小水潭,俗称狮子眼,岩石上镌有"龙华大会""砥柱南天""海岸孤绝处"等石刻。

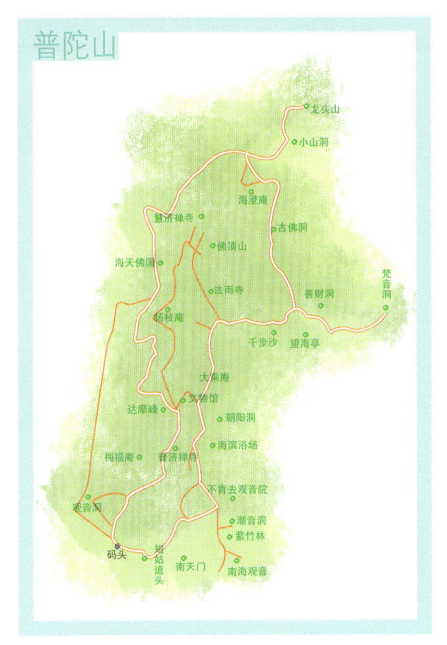

类的水产品是个不错的选择。

6.住:普陀山大多数住宿点都聚集在前寺、后寺附近,经济充裕的可住宾馆,经济型旅店有私人旅馆、快捷酒店。普济寺内也提供住宿,早上听早课非常方便。

普陀山四大看点

● 佛国

普陀山为我国四大佛山之一,因观音菩萨属"水",故称"南海佛国"。此地的观音道场建于唐咸通四年(863年),现有最早的寺院不肯去观音院,鼎盛时有82座寺庙、128座茅棚,僧尼达4000余人。普陀山更流传着许多关于佛教的民间故事。

● 古寺

普陀山的寺庙主要有普济寺、法雨寺、慧济寺三大寺庙。普济寺始建于宋朝,内奉观音。法雨寺始建于明朝,依山凭险,极为幽静。慧济寺建于佛顶山上,又名佛顶山寺。除此之外,普陀山还有著名的元代多宝塔、南京明故宫拆来的九龙殿和建于明万历年间的杨枝观音碑。

● 奇岩怪石

山中山海相接之处有许多石洞,最著名的普陀山三洞为朝阳洞、潮音洞和梵音洞。普陀山的南山上巨石林立,以南天门最为壮观。朝阳洞的初映台外的"朝阳涌日"奇观,为普陀洞中一绝。著名的怪石有磐陀石、二龟听法石、海天佛国石等20余处。

● 沙滩

普陀山周围有许多沙滩,主要是百步沙和千步沙。千步沙位于普陀东海滩,是此地最大的沙滩,沙粒很细、色如金毯,不沾人足。沙滩附近的岛上树木葱郁,景色宜人。

短姑道头

短姑道头是入普陀山的第一处胜景。据说这里原为海滩,两侧岩石形状各异、错列不一。船到短姑道头边,可是靠不了岸,还得用长不过1丈、宽不过3尺的小舢板摆渡。普陀十二景之"短姑圣迹"即在此处。

入三摩地

"入三摩地"是从短姑道头上岸后,从佛顶山的山门步行到慧济寺的香云路。此路依山循坡蜿蜒而上,路间有"入三摩地"等石刻题字,皆出自明代书法家董其昌之手。

紫竹林景区
建有普陀山最早的寺院

紫竹林正对波光潋滟的莲花洋,与洛迦山隔海相望。此处山中岩石呈紫红色,剖视可见柏树叶、竹叶状花纹,因称紫竹石。后人也在此栽有紫竹。五代后梁贞明二年(916年),日本僧人从五台山请得观音像,归国途中在此遇风受阻,在此建"不肯去观音院"于紫竹林中。

南海观音大佛

南海观音大佛屹立于普陀山南端龙湾山岗,是普陀山的标志性建筑。南海观音铜像是当今观音铜像之最,也是海天佛国的象征。菩萨金身闪耀,脸如满月,慈眉秀目,左手托起法轮,右手施无畏印,显现大慈大悲之相。

礼佛广场"一路莲花",每块青石板上都雕有莲花,青石板每3步一块,正好可以让进香朝圣的信众三步一拜。

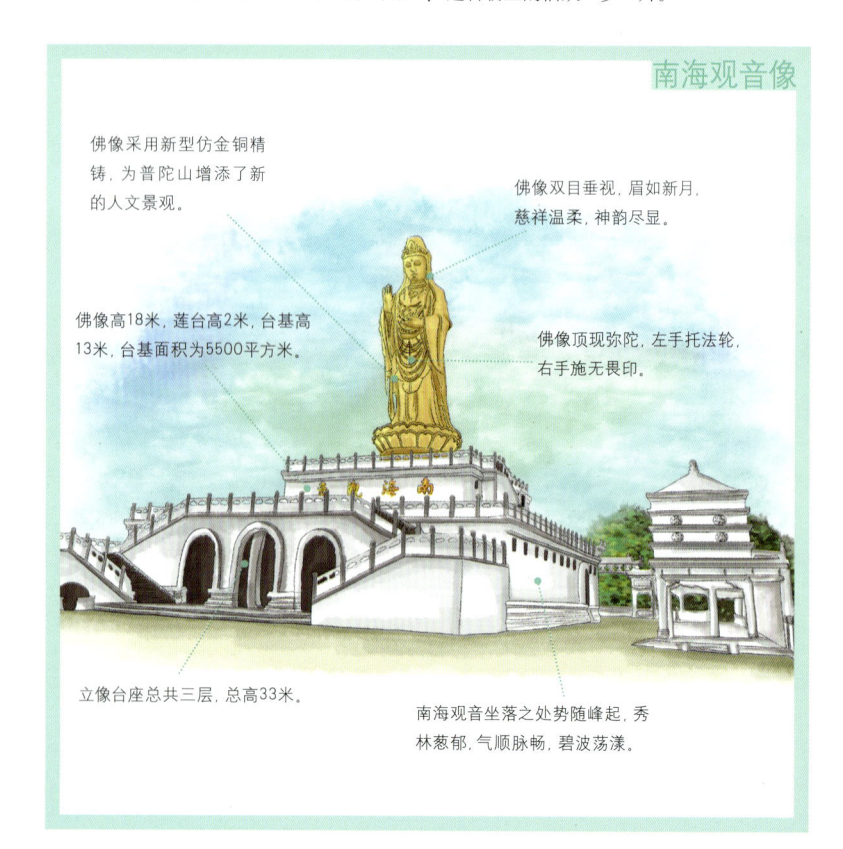

南海观音像

佛像采用新型仿金铜精铸,为普陀山增添了新的人文景观。

佛像双目垂视,眉如新月,慈祥温柔,神韵尽显。

佛像高18米,莲台高2米,台基高13米,台基面积为5500平方米。

佛像顶现弥陀,左手托法轮,右手施无畏印。

立像台座总共三层,总高33米。

南海观音坐落之处势随峰起,秀林葱郁,气顺脉畅,碧波荡漾。

■ 不肯去观音院

不肯去观音院是由一堵黄色矮墙围着三间质朴的佛堂，按唐代寺庙风格建筑，是普陀山上最早的寺院。不肯去观音院是普陀山成为观音道场的开始，历来被视作普陀第一庵。

玩家 解说

相传，在唐咸通四年（863年），日本僧人慧锷从五台山请得观音佛像泛舟回国。谁知在宁波登船时，原本较轻的圣像突然变得沉重无比，须几个人才能抬到船上，船行至普陀山，又遇怒涛翻飞，船身触礁，只好漂流到潮音洞暂泊。慧锷夜间梦到一胡僧说："把我安置在此山，就会有风送你回日本。"慧锷于是领会了观音不愿东渡，便在岸上搭建茅舍供奉圣像，后有一张姓居民舍宅供奉观音像，这就是后来的"不肯去观音院"的前身。

■ 潮音洞

潮音洞东临沧海，洞口崖壁间的"潮音洞"三字，是清康熙三十八年（1699年）康熙帝所书。

据介绍，此洞半浸海中，纵深30米左右，崖至洞底深10余米，洞内怪石交错，不可容足。此处海岸曲折往复，悬崖峭壁，怪石层层叠叠。洞底通海，因为日夜为海浪所击拍，潮水奔腾入洞口，声若雷鸣，故名潮音洞。

石崖上刻有"现身处"三个大字。据载，宋元时期来普陀朝山的香客，多在潮音洞前叩求菩萨现身赐福。潮音洞的旁边还有一个泉眼，甘甜清洌，用之不竭，传说这里的水用来洗眼能治眼疾，故名"光明池"。

■ 紫竹林禅院

紫竹林禅院传说为观音菩萨修道居住处。寺院原为不肯去观音院旧址，旧称"听潮庵"，为聆听潮音洞潮音最佳去处。

庵院殿台为三重，其中第三重的大悲

紫竹林禅院前威武的石狮

楼，供奉着从缅甸引进的重达4.5吨的汉白玉卧佛，十分少见。紫竹林庵外是一片广阔的山谷，花木葱郁，甘泉清洌。从这里向东南眺望，莲花洋、白沙岛、朝阳阁、梵音洞诸景遥相辉映，景色绝佳。

■ 观音跳

观音跳又名"观音眺"，位于潮音古洞以南，为海岸尽处的一块巨大岩石，上镌"观音跳"三字。巨石处在普陀山最东南端，顶端有一只长42厘米、宽14厘米的大脚印，传说是观音菩萨从洛迦山漂洋过海，到普陀开辟道场时留下的足迹。

观音跳是登高远望的好地方，攀上岩顶眺望远处，但见白帆点点，水天一线，东面的洛迦山如一尊卧佛仰卧海上，使人顿生一种远离尘寰、置身极乐的感觉。

普济寺景区
"五步一楼，十步一阁"

普济寺前身是不肯去观音院，建于唐咸

通年间，康熙三十八年（1699年）始称"普济禅寺"，现建筑为清康熙、雍正年间所建，是我国寺院建筑的典型代表和浙江清代官式建筑的重要遗存，具有较高的历史文化和艺术价值。

普济寺又名前寺，是全岛供奉观音菩萨的主刹，也是我国东南地区规模最大的寺院。普济寺"五步一楼，十步一阁"，寺内沿中轴线有正山门（御碑殿）、天王殿、大圆通殿、藏经楼等正殿，以及伽蓝殿、祖师殿、绣佛殿、白衣殿、灵应殿、关帝殿等配殿。寺前有御碑亭、海印池等。

玩家 攻略

1. 进香：清早去普济寺进香可以看到圆通宝殿里的和尚上早课。念经声非常好听，可让人静气凝神。念完一圈经，宝殿中的香炉打开，这时可以将自己的随身之物放在上面转个圈，这就是"开光"。

2. 购：普济寺旁及各大景点之间都有摊贩售卖香烛、手链、珍珠、水晶等。普济寺东边有个专卖香火的街，所卖香火会比其他地方稍便宜一些。

3. 普济寺内有龙眼泉、菩提泉、菩提井，均为煮云雾佛茶的上品泉水。附近设有茶室，招待香客。

普陀山普济寺

▢ 大圆通殿

大圆通殿也称神运殿、松紧殿，是普济寺的主殿。殿内宽敞无比，建筑很奇特，能松能紧，"百人共入不觉宽，千人齐登不觉挤"，亦有"活大殿"之称，被公认为全国圆通殿之冠。

"圆通"是观音的代名词，因而圆通殿即供奉观音之所。殿正中供奉的高达8.8米的毗卢观音，是全国唯一的观音真像，也就是男身像。像呈"大悲形象"。

▢ 多宝塔

多宝塔又名太子塔，是普陀山现存最古老的建筑，为普陀山镇山三宝之一，现为全国重点保护文物。

多宝塔位于普济寺前东南侧，为元代宝塔，塔高32米，四方5层，有台无檐，塔身全用太湖石砌成。与一般的宝塔不同，此塔造型呈藏式高原平顶建筑风格，在全国已经不多见。

玩家 攻略

1. 清晨来此听钟声会有别样的豪迈之情。普济寺的钟声和百步沙传来的澎湃潮响，两声互相答和，古人称之为"宝塔闻钟"。

2. 到多宝塔数罗汉很有意思。任意找一尊佛，按自己的年龄一路数过去，就能找到守护自己的罗汉了。

▢ 朝阳阁

朝阳阁又名观日阁，是专供观赏日出的地方。阁内分上、中、下3层，设购物、休息、观海3个大厅，周壁陈列"三十二观音"画像。中、下2层设根雕艺术馆，展示大、小根雕观音佛像百余尊，为海天佛国新增的一道独特景观。

登阁观日出，眺望东海，更是景上有景。每当东方破晓，波光烁金，云彩生辉，瞬息间万顷碧波金光闪烁，碎银点点，云海在霞光的透射下，变幻无穷，其景色壮观可与泰山观日峰相媲美。

■ 百步沙

百步沙亦名塔前沙，长660米，中有岬角延伸入海，称"狮子尾巴"。百步沙是中国著名的海水浴场，也是普陀山唯一设施齐全的海滨浴场。两端岩坡各建一亭，为观日出之佳处。百步沙沙质纯净，滩形优美、海域辽阔。清杭州人胡绍家《百步沙》诗云："太子塔前沙，临风散似霞。至今卷石在，不见惹微瑕。"

■ 海印池

海印池又叫"莲花池"。池上有三座桥，东桥建于明代，叫永寿桥，也叫莲花桥。西桥叫瑶池桥，由方石垒成，桥四周都有龙头，下雨时，龙头中能吐出水来。中桥平阔，南衔御碑亭，亭里有一碑，碑文是康熙皇帝亲笔书写的普陀山的发展史。这块石碑系红色花岗岩，重2.5吨，驮石碑的大乌龟是用青石制成，重2吨，雕刻十分精妙。那龟后脚使劲站立，前脚用力向前，伸颈昂首，生动逼真。

■ 妙庄严路香道

妙庄严路香道为普陀山朝圣者的必经之路，长约3华里。沿途古木成荫，鸟语花香，十分幽静。香道之所以叫"妙庄严"，就是取"经由此路，便可以进入妙相庄严的佛国天地中去"的意思。

西天景区
普陀山奇石的荟萃之处

西天景区景点沿普陀山山脊分布，茂林秀竹、浓荫遮日。景区以自然风貌为主，有心字石、磐陀石、二龟听法石、千年古樟树、炼丹洞（梅福庵）、观音洞等。

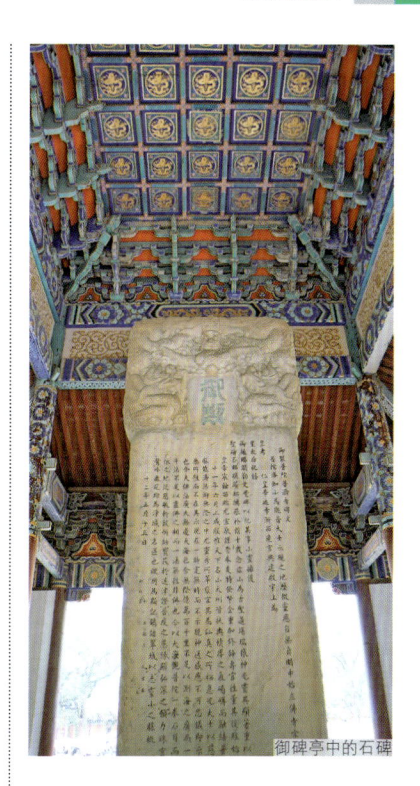

御碑亭中的石碑

链接
梅湾春晓

"梅湾春晓"指的是普陀山的早春景色，为普陀十二景之一。普陀山也称梅岑，据传此地多野梅，僧众又多好养梅以怡性。

■ 千年古樟树

千年古樟树位于普惠庵（现为疗养院）门前。这棵古樟树，树龄在900年左右，树干坚实，至今仍然枝繁叶茂。树干上还聚集着苔藓类、蕨类、种子类近20科30种植物，被称为"天然空中植物园"。

■ 西天门

西天门是去西天的必经之路。它是由三石构成的一个石门，两石兀立，上面横一危石，石门狭窄，上有题字"西天法界"。

西天门下方有一平坡巨石，上有一个巨

大的"心"字,仅中心的点上就可坐两三个小孩。这个心面朝苍天,博大舒展,内涵广阔。心字石右上有一酷似蟒蛇的石头,它的西侧还有一石酷似蛤蟆。

◻ 炼丹洞

炼丹洞是西汉寿春真人晚年在普陀山炼丹的地方。寿春真人,曾任南昌尉,后弃官游历江湖,晚年来到普陀山居洞中炼丹,最后死于洞中。山民为纪念他,建此梅福庵。

梅福庵规模不大,但大殿金碧辉煌,大殿东侧的灵佑洞即当年的寿春真人炼丹洞。洞中山泉清澈见底,含多种矿物质,人称"仙水"。

◻ 磐陀石

磐陀石由上下两块巨石相叠而成,上石上广下锐,高3米,宽7米,称为陀,顶部平坦,可容30人左右。下边的巨石顶部呈弧形,周长20余米,将上石托住,称磐,两石仅有很少的部分接触,好像一石空悬另一石上。

磐陀石险如滚卵,却安稳如磐,亿载未动,万劫不摇,为普陀胜境之绝。石上题有"磐陀石""金刚宝石""天下第一石""通灵"等字,其中"磐陀石"三字为明代抗倭名

将侯继高所书。

◻ 二龟听法石

二龟听法石的岩崖上有两石酷似海龟。一龟趴在崖上回首顾盼,可能是在等它的伙伴;另一龟悬伏在崖侧,昂首伸颈,似在追赶上面的龟。

二龟听法石的上端还有许多奇岩怪石,被称为53参石,典出当年善财童子曾求道于53位智者的故事,是普陀山奇石荟萃之处。这些石头中大者侧立百尺,小者相累若卵,参差错列,不仅形态各异,而且移步变形,多姿多彩。

法雨寺景区
历史感厚重的人文景观

法雨寺又称后寺,为普陀三大寺之一。整座寺庙宏大高远,气象超凡,现为全国重点保护文物。法雨寺景区以法雨寺为核心,有千步沙、望海亭、杨枝庵、大乘庵等景点。法雨寺占地33408平方米,现存殿宇294间,分列6层台基上。入山门依次升级,中轴线上有天王殿,后有玉佛殿,两殿之间有钟鼓楼,又后依次为观音殿、御碑殿、大雄宝殿、藏经楼、方丈殿。

玩家 攻略

1.法雨寺佛殿众多,香客可以选择从后殿开始,一层一层依次往前进香。进山门处有1座铁塔,很多人往上抛钱币祈福。

2.庙外有不少饭店,就餐很方便,庙里有素斋供应。

◻ 观音殿

观音殿又称九龙殿,内有九龙雕刻,十分精致生动。九龙殿内的九龙藻井及部分琉璃瓦从南京明代宫殿拆迁而来,为普陀山三宝之一。

藻井:按九龙戏珠图案雕刻而成,一条

磐陀石

龙盘顶，八条龙环八根垂柱昂首飞舞而下，八根金柱的柱基是精致的雕龙砖，正中悬吊一盏琉璃灯，宛若一颗明珠，组成九龙戏珠的立体图案。观音殿内雕龙画凤，享有皇家待遇，因此法雨寺的观音殿被人们称为国内规格最高的佛殿。

■ 杨枝庵

杨枝庵是一处古木成荫、环境幽雅的古老寺院。这座古老的寺院几经翻修，现其东首的庵堂已成为普陀山男众颐养堂，是信徒和游客修身养性之地。庵内有普陀山三宝之一的杨枝观音碑。它是根据阎立本的画像所作，也是阎立本唯一传世的佛像。

链接
阎立本

阎立本（601—673），隋唐画家兼工程学家，雍州万年（今陕西省临潼区）人，出身贵族。其父北周时为驸马，擅长工艺，工篆隶书，对绘画、建筑都很擅长，隋文帝和隋炀帝均爱其才艺。其兄阎立德亦长书画、工艺及建筑工程。父子三人并以工艺、绘画驰名隋唐。阎立本的绘画艺术，先承家学，后师从张僧繇、郑法士。其代表作有《步辇图》《古帝王图》《职贡图》《萧翼赚兰亭图》等。

■ 伴山庵

伴山庵建于明万历年间，面积达1700余平方米，殿宇58间，规模宏大。这里现为普陀山佛学院尼众本科班所在地。此庵结庐于半山之上，环境十分幽绝，殿内供奉有3.6米高的汉白玉十一面观音坐像，其雕工精巧，肌理细腻，世所罕有。

■ 双泉禅院

双泉禅院始建于明万历年间。相传庵院建成开光不久，香客信士云集，人多缺水。不久，便发现在殿侧岩石下有双泉喷涌而出，众人饮用后，顿觉神清气爽，疲劳全消，于是纷纷感叹观音菩萨的灵验。由于这个因缘，庵院被命名为"双泉庵"。庵院依山傍

法雨寺前的香炉

海，设计精巧，布局雅致，具有浓郁的文化气息，现为普陀山著名的禅修体验地。

■ 大乘禅院

大乘禅院位于玉堂街中段，占地规模堪称普陀山庵院之冠。主殿圆通宝殿供奉的"水月观音像"是在观音菩萨造像中首屈一指的精品。水月观音是三十三体观音之一，以衣饰华丽、身姿优美而著称。

在大乘禅院后面的卧佛殿里供奉着佛祖释迦牟尼的涅槃像，佛身长达9米，按照缅甸玉佛仿造，神情十分安详。卧佛殿的上层为千佛楼，内供奉着从缅甸请回的玉佛1000尊。

■ 千步沙

千步沙是几宝岭北麓至望海亭下的一片沙滩，为普陀山上最大的沙滩。沙滩长约1750米，长度近千步，故称千步沙。沙面宽阔平缓，沙质柔软细净，沙色如金。千步金沙为普陀十二景之一。

沙滩北端有一巨石，水落则石出，上书

"听潮"二字，出自吴兴书画家王震之手。此处潮汐昼夜拍岸，俯石倾听声声潮音，如雷贯耳，千古称绝。向上有石阶通往望海亭。目前，千步沙已开辟了海滨浴场和海上娱乐中心。

梵音洞景区
深幽奇丽、变幻莫测

梵音洞与潮音洞南北相对，清康熙三十八年（1699年），康熙御书"梵音洞"额赐挂于此。洞壁陡峭，石劈如门，高约60米，纵深约50米，中兀挂一天然石桥，上建有观佛阁，前可望海，后可观洞。梵音洞深邃幽僻，在阳光海潮的作用下，洞内岩石各显奇形、变幻莫测。景区景点包括梵音洞、古佛洞、善财洞等。

古佛洞

古佛洞洞内供奉有仁光和尚的全身舍利，也是普陀山唯一的一尊肉身，人称"古佛"。仁光于清光绪三十三年（1907年）涅槃，躯体不坏，徒弟们将他的肉身泥漆塑金，供奉洞中。洞旁有古佛庵，这里虽风光佳好，但游客罕至，是寻幽探秘者的好去处。

善财洞

善财洞地处青鼓垒北麓一块隆起的巨岩内，传说是当年善财童子栖身、修行的地方。善财洞位置隐蔽，洞周围藤萝缠绕，杂木丛生。

善财洞洞形酷似龙首，洞口如同龙嘴，洞内一巨岩似龙舌，洞顶两岩像龙角，所以善财洞又叫"龙口"。来普陀山的香客，必定要到这里朝拜善财童子，祈愿自己能够财源滚滚、衣食丰足。

佛顶山景区
普陀山的最高峰

佛顶山主峰名白华顶，又名菩萨顶，为普陀山最高峰。有"不上佛顶山，等于没有到过普陀山"的说法。白华顶时有云雾缭绕，被称为"华顶云涛"，为普陀山十二景之一。景区内的景点以慧济寺为核心，主要有海天佛国崖、云扶石、菩萨顶、鹅耳枥树、佛顶山索道等。

玩家 攻略

1.朝拜佛顶山是普陀山佛教的传统和习俗，每逢农历二月十九、六月十九、九月十九，三个观音香会期，来自各地的佛家弟子们三步一拜朝礼佛顶山，礼敬观世音菩萨。

2.佛顶山高踞峰顶，视野可望千里，是观日出的最好去处。

3.佛顶山有很多高僧题字的石刻，特别是慧济寺入口的"佛"字，已被前来朝拜的人摸得光可鉴人。还有一块石碑"同登彼岸"也是山中著名的古迹，所有佛家子弟都心向往之。

慧济寺

慧济禅寺，又名佛顶山寺。与普陀山其他寺庙不同的是，普陀到处都是供奉观音的，唯独这里供奉的是释迦牟尼，观音殿在藏经阁西，是后来由普陀山佛教协会为弥补佛顶山无观音的欠缺补建的。寺内大雄宝殿用彩色琉璃瓦盖顶，在阳光下呈现出"佛光普照"的奇景。观音堂内，四壁镶嵌着123尊石刻观音像，会聚了唐宋元明清各朝名画家的杰作。

石制的梵音洞

普陀鹅耳枥

普陀山的古树名木首推"地球独子"——普陀鹅耳枥。这棵普陀鹅耳枥位于慧济寺西侧的香道上,树龄已有200余年。

普陀鹅耳枥树形朴实无华,目前世界上仅存一株,为国家一级保护植物。该树高13.5米,树冠分为两股,相依相偎,所以人们又形象地把它称作"夫妻树""鸳鸯树"。该树吸引了许多夫妻、情侣在这里合影留念,期盼百年好合,白头偕老。

玩家 解说

据说鹅耳枥树先由缅甸僧人来普陀朝山时引进,因其繁殖率极低,在其原产地早已绝迹。因此它也就成了普陀的象征,成了佛界的菩提。

香云路香道

香云路是指从慧济寺到法雨寺的一段长约1500米的路,共有1088级台阶,石阶上每隔三五级,都雕有莲花图案。朝圣的香客们,遇花顶礼,三步一叩,五步一拜,形成独特的宗教景观。每年的三大香会期,善男信女都从这条香道上佛顶山朝圣。香云路沿途还有香云亭、香云篷等景观。

途中可见一方形巨石矗立路边,叫作云扶石。石上又有一长方形石,凌空卓立,危而不坠,让人惊叹不已。

玩家 解说

当年郭沫若游普陀山曾有一个求对联的典故,郭老出的上联是"佛顶山顶佛",随行的诸多文化名人对出的下联都不贴切,而当地的一位山民却脱口对出了"云扶石扶云"一句绝对。郭老称妙之余,更没忘记提醒随行者,学问再高也不要忘了:"三人行,必有我师。"

海天佛国石

海天佛国岩在香云路中段拐弯处,岩石上篆有一米见方的四个大字"海天佛国。"这四个字为明代抗倭名将侯继高所书,笔力遒劲,恰到好处地点出了普陀山的海山之美和禅佛之境。

宝陀讲寺景区
弘法圣地
普陀山后山

宝陀讲寺

万佛宝塔采用清式仿木结构宝塔形式,内供十种造型各异的观音宝像一万尊。

整个寺院依山而建,仿清朝皇家风格的建筑配上大理石台阶,壮观典雅。

中轴线主体建筑为钟鼓楼,天王殿、大圆通殿、大宝阁楼等,采用北方明清古建筑风格。

东西两侧建筑为方丈院、库房、戒坛殿等,多采用南方古建筑风格。

寺庙香火旺盛,每日祈福香客云集。

宝陀讲寺被称为第四大寺,由普陀山重兴之祖妙善老和尚发起倡建并亲自命名。宝陀讲寺的建筑规模与普济禅寺相当,建筑风格充分体现了皇家寺院的庄严、大气。其与普陀山三大寺(普济寺、法雨寺、慧济寺)最大的不同,就在于其以讲经弘法为主,不烧香。

洛迦山景区
传说中观音最早修行的地方

📍 舟山市普陀山东南莲花洋上

🚢 洛迦山需要从普陀山坐船前往,一般情况下,轮船航行时间约为25分钟,在洛迦山上停留时间为一个半小时,参观后坐船返回

洛迦山位于普陀山东南约5.3千米处,传说是观世音菩萨修行之圣地。洛迦山面积约0.63平方千米,最高峰海拔97.1米,岛岸曲折,周围礁石嶙峋,千姿百态,远望洛迦山酷似一尊观音菩萨安详地躺在莲花洋上,头、颈、胸、腹、脚均分明可辨,故有"睡观音""海上大卧佛"之称,是普陀山佛教圣地的一部分。凡朝拜普陀山的信徒,必到洛迦山,有"不到洛迦山不算朝完普陀"之说。

☐ 大觉禅院

大觉禅院原为观觉篷,建于清末。1988年普陀山佛协重建庵院改"观觉"为"大觉"。寺院内供奉有释迦牟尼像、阿弥陀佛、药师琉璃光王佛和鳌鱼观音,庭院两边有廊房数排,可供游客休息。

☐ 洛迦山国际灯塔

明万历年间,洛迦山高悬一灯,为往来船只指引航向,清光绪十六年(1890年)重新修建,数百年来一直为往来航船指引津渡。夜晚时分,灯塔前的舟山渔场上,渔船桅灯齐亮,加之灯塔红、白强聚光照射,热闹非凡。壮观的"洛迦灯火"是旧时普陀十二景之一。如今,它已成为雄壮的国际航标。

☐ 水晶宫

洛迦山有两处"水晶宫",相传为观音大士灵现处。一在岛北埠头附近,岩底下一个三角形石窟,深丈余,洞口卵石遍布,民间传说可通龙宫。另一处在今圆通禅院殿后,山岩下有天然洞井,洞内深邃黝黑,据传信徒们在此虔诚瞻祷,可见观音大士示现。

☐ 五百罗汉塔

五百罗汉塔又称妙湛塔,以塔身精湛的雕刻艺术闻名于世。塔身共3层,其上是大型浮雕群——五百罗汉朝观音图,图案繁复精美,整体庄严、稳重,颇具神圣感。远远望去,塔身高耸入云,仿佛仙舸浮于莲洋之上。在塔的三面有一条可以绕塔的香道,礼佛时要顺时针绕塔。

宝陀讲寺夜景

景点推荐 朱家尖风景区 AAAA

朱家尖集沙景、石景、海景、佛景于一身,被称为"东方夏威夷"。朱家尖为舟山群岛第五大岛,海岛以沙石自然景观著称,分为国际沙雕艺术广场(南沙)、观音文化苑(白山)、乌石砾滩、情人岛、大青山海岛生态公园五大景区。有朱家尖风情渔村、航海博览园、情人岛、千丈岩、野生动物园等景点。与舟山岛由跨海大桥连接。

- 舟山市普陀区福兴路
- 普陀山去朱家尖有快艇
- 免费
- www.zhujiajian.com

玩家 攻略

1.每年在国际沙雕艺术广场会举行中国舟山国际沙雕节,采用比赛与展示相结合的形式,各路选手围绕这个主题施展各自绝活,观赏性强。

2.去朱家尖一定要游玩南沙、千沙、大青山、南沙白天要收费,可以晚上去,月色下的沙滩非常美。如果要冲浪可以到千沙,水质极好,不过游泳要注意安全。情人岛是看日出和日落的好地方。

3.吃:朱家尖的饮食以海鲜为主,黄鱼、墨斗鱼、石斑鱼、海蟹、梭子蟹、富贵虾、贻贝等都是岛上常见的特色海产。吃海鲜可以在度假村或是宾馆里,环境不错,不过去农家旅馆吃海鲜会更新鲜,也更便宜。朱家尖的海鲜大排档十分热闹,消费不高,如果住农家旅馆的话,还可以去市场上买点水产回来让店家做,一般会收点加工费。

4.住:朱家尖的住宿业十分发达,休闲度假村有很多,形成了一条特色"度假村路",高中低档宾馆应有尽有。此外,还可以住在海边农家,既有情趣又经济实惠,这些旅馆大多集中在南沙附

近，另有千沙露营基地，可在野外露营。

5.购：景区内有旅游纪念品商店，主要卖一些海岛的特色产品，以最具特色的沙雕工艺品为主，价钱不是很贵，有兴趣的可以买回去留作纪念。

南沙景区
沙雕艺术的天堂

南沙景点是朱家尖景区的精华所在，也是"十里金沙"最迷人、最有名的沙滩。这里每年都举办国际沙雕节，另外还有帆船比赛、沙滩排球、跑马等各种体育项目，并设有水上滑板、水上摩托、快艇牵引伞、骑马、垂钓等娱乐项目。

玩家 攻略

1.舟山国际沙雕节举办期间，景区夜晚还会播放激光电影，并有卡拉OK和沙滩舞蹈等娱乐项目，晚上还有摇滚晚会，早上有一场吉尼斯表演。

2.在南沙可以买一些用海沙制作的沙雕画，其中《中国舟山国际沙雕画册》是最有特色的，其他还有海螺、贝壳等手工艺品，随处都能买到。

链接
十里金沙

"十里金沙"包括白山沙、月岙沙、大沙里、漳州沙、东沙、南沙、千沙、里沙和青沙等九个金色的沙滩，延绵五千余里，所以有"十里金沙"之称。

尤其是岛东南沿岸依次排列的东沙、南沙、千沙、里沙和青沙五大沙滩最为出名，绵延近5千米，如一条金色的项链挂在青山碧海之间。

乌石塘
黑鹅卵石垒砌的海塘

¥30元

乌石塘为两条乌黑发亮的海塘环。这两条海塘都是由乌黑发亮的黑色鹅卵石倚坡斜砌而成。鹅卵石花纹斑斓，光洁可爱，小如珠玑，大如鹅卵，可与南京雨花石媲美。

乌石塘景区由大小乌石塘、乌石塘龙洞、樟州湾、樟州渔村、礁石长廊、乌鱼洞天、樟州湾沙滩、云雾茶园等景点组成。

玩家 攻略

1.樟州湾开辟有"海上观光，当一天渔民"的休闲活动，可体验渔民风情，而乌龙之家是代表性的农业观光植物园。

2.景区内有烤小螃蟹，味道极佳，价格便宜，吹着海风，喝着啤酒，吃着小螃蟹，是人生一大享受。

◻ 大、小乌石塘

乌石塘北侧的一条海塘长500多米,宽近百米,高约5米,称"大乌石塘",南侧一条在朱家尖大山南麓,长350多米,宽100米,高约3米,称"小乌石塘"。两条横卧着的海塘,颇为壮观。

◻ 乌石塘龙洞

大乌石塘介于大平岗南麓水塔岩与小礁嘴头之间。小礁嘴头外侧的小山似昂首向海的龙头,小山沿岸,礁石兀立,形状奇特,犹如龙眼、龙嘴。龙嘴旁有一石隙,当地渔民称其为龙洞。

每当台风将临,此洞会发出巨大的轰鸣声,声响可远传十里之外。此时的乌石塘,依水斜垒的乌石也会一反常态,皱叠起一道道竖沟。每当明月之夜,澄碧的樟州港口波光闪烁,犹如无数蓝精灵在海面上跳跃。

玩家 解说

月光下,海潮披着银甲"前赴后继"拍击海滩,奏起"沙……啦啦……沙沙……啦啦"的声响,恰如天籁梵音。此时,游人若躺在清凉光洁的砾石上望明月、听潮音,遐思油然而生,恍入幻境,人们称此景为"乌塘潮音"。

观音文化苑
有"海上雁荡"和"白山灵石"之誉

观音文化苑即白山,与普陀山隔海相望。这里山峦起伏,石景满山,怪石千姿百态,令人叹绝。山上林木葱茏,时有烟云过境,白石与绿树相映,翠岚与碧天相拥,于是有"海上雁荡"和"白山灵石"之誉。

景区内主要有灵鹫峰、仙女峰、千丈崖、天缝台等景点,其中最具特色的是有着"海上莫高窟"之称的彩绘观音像,秀山灵石、姿态万千、大气磅礴。

◻ 仙女台

仙女台位于仙女峰巅西侧的石崖上,凌空平长出一截薄薄的石板,此石长8米,宽3米余,厚30~50厘米,状似游泳池上的跳水台,故称"跳板石"。又因其位于仙女峰,故又称"仙女台"。

◻ 千丈崖

千丈崖又称千丈云崖,在仙女峰西北约百余米处。崖高约120米,崖壁峭立,光滑圆浑,崖峰雄耸,与普陀山遥相对望,蔚为壮观。崖壁呈淡褐色,上嵌无数条水痕,远看

犹如一条条瀑布。

◻ 天堂弄

从仙女台折往仙女峰的峡谷间，有两块长方形巨石相对壁立，其间形成一条长10余米、宽1米余的石弄，这就是"天堂弄"。

传说，当年五仙女便是通过此弄走向仙女台，往来于"天堂"和"仙女峰"之间的。天堂弄石耸弄幽，清风自生，游人穿行此弄，侧耳细听，空谷回音，犹如当年众仙女在此玩耍时的笑声尚在石壁间萦绕不绝。

`玩家` **解说**

朱家尖历史上是普陀山的庙产地。清康熙至道光年间经朝廷准许，普陀山僧人在朱家尖垦荒造田、筑塘围涂、建庙设庵，把朱家尖作为普陀山观音道场的重要补充。相传观音大士正是由佛渡（今白山）跳到普陀山，至今在白山顶上还留有大士的一个硕大的脚印，与普陀山的脚印正好配成对。

大青山海岛生态公园
海崖礁石荟萃之地

大青山海岛生态公园以朱家尖岛的最高峰——大青山为主体，最高海拔378.6米。公园三面临海，岗峦依海起势，峰峦绵亘十余里，海岸线达30多千米。景区融山、海、沙、石、洞、礁等自然景观和人文景观为一体，在依山脚而建的9千米环岛线上，形成了牛头看沙、箸槽观海、猫跳品礁、彭安赏石等各具风姿的观景带。

◻ 里沙

里沙又名"西莲花池大沙滩"，相传普陀山僧人曾在此建西莲花池，因而得名。滩呈弦月形，滩面平缓，沙质金黄。每当东风吹拂，沙起如雾，盘旋于滩面之上，很是奇妙。

里沙生态园环抱着里沙，有上千年历史。生态园由沙滩、恋鸾园、庄园、渔村、鸳鸯礁等景点组成。岸上有黄连木林，林中树冠一齐向背对大海的方向伸展，状若篷帆，形成"古老沙成林，绿树攀青藤"的独特风景。在这里可以体验"露天象棋""原木攀爬""竹林迷宫"等户外休闲娱乐项目。

◻ 牛头山

牛头山因形状宛若向大海探首汲水的牛头而得名。它是景区南北分界中最大、最突出的岬角，故而形成天然的全景观赏点。

站在牛头山上，北面可以清晰地将"十里金沙、五沙连环"尽收眼底，南望东面海域更是一望无际。

◻ 猫跳

猫跳是一处天然的岬角，崖边多险峻岩石，高低不平，行路时需要跳跃而过，形似猫

里沙的蓝天与沙滩

日出中的筲箕湾

跳，故而得名。

　　猫跳是一处理想的望海品礁观景点，区内汇集了海蚀崖、海蚀台地、海蚀沟壑等大量的海蚀地貌，为朱家尖海崖石礁荟萃之处。猫跳嘴长约1100米，宽500多米，最高海拔47.6米，历来是乌沙门水道的重要标志。

▢ 峭壁公园

　　峭壁公园以海沟为主体，因海蚀作用而形成。在数百万年前，海沟对面的山峰还是与大青山合为一体，经年累月的海浪侵蚀，硬生生地把它与大青山撕裂，形成了独立的山体。一条约百米长的索桥凌空横亘海沟之上，立其上，俯瞰峭壁峻岩，让人深感大自然造物之奇险。

▢ 中国筲箕湾渔村

　　筲箕湾是一处天然的港湾，它坐落于大青山西麓山脚，西临出入洋鞍渔场的乌沙门水道，三面环山，腹地平坦，因地形酷似渔家淘米用的筲箕，故而得名。中国筲箕湾渔村是目前浙东沿海地区保存最为完整的原生态渔村。

　　这里是朱家尖岛最早的海边人家安居之所，古代先民在这里驾船撒网、耕海耘鱼，逐渐形成朱家尖第一个自然渔村。

▢ 青山峰

　　青山峰是大青山的主峰，海拔378.6米，是朱家尖制高点。20世纪50年代，大青山作为东海前哨曾驻扎过守岛部队。青山峰上至今还留有军营、坑道和车库等军事设施。山顶视野开阔，是观览海景的最佳地点。东可望普陀、东极诸岛；南可眺东亭山灯塔和洋鞍渔场；西面是桃花岛和进出东海渔场的主要通道乌沙门水道；北面则是"中国渔都"沈家门渔港。

阿德哥休闲渔庄
体验渔家生活的休闲场所

　　阿德哥休闲渔庄是一个休闲度假的理想场所。这里可以赏渔乡风光，品渔家菜肴，还能体验泛舟鱼塘捕鱼的乐趣。

链接

梭子蟹养殖观光园

　　朱家尖有"浙江省梭子蟹之乡"的美誉。观光园内建有梭子蟹养殖池、游客烧烤区、船模标本展览区和垂钓区。

景点推荐 舟山本岛旅游区

定海古城
中国唯一的海岛文化名城

📍 舟山市定海区兴舟大道

定海古城是一座历史悠久、古迹众多的千年古城，也是中国唯一的海岛文化名城。保存有中大街、柴水弄等历史街区，留下了历朝才子名人的足迹。

城内现存有"海岛河姆渡"之称的白泉十字路和马岙新石器时代古文化遗址、祖印寺，以及建于清康熙二十八年（1689年）的御书楼、鸦片战争古战场遗址和舟山官井、都神殿、八甲街等古建筑群。

明清历史街区

定海的西大街、中大街是晚清商业街市，街宽四五米，在当时来讲算得上是真正的商业大街。

祖印寺

祖印寺号称"翁洲第一古禅林"，占地面积近万平方米，始建于后晋天福五年（940年），后来几经修葺成为现在舟山本岛上最大的佛寺。

晚清深宅大院

定海留方弄、书院弄、柴水弄、东管庙弄、西大街、昌国路一带，分布着蓝理故居、董浩云故居、刘鸿生故居等许多造型奇特的故居宅室，这里的斗拱、大门、厅堂、门窗、藻井都独具特色。

舟山本岛旅游区 289

鸦片战争遗址公园中的战争遗址

□ **鸦片战争遗址公园**

鸦片战争遗址公园是纪念1840年鸦片战争两次正面战役主战场的纪念性公园，位于鸦片战争古战场遗址——定海竹山上。园内建有舟山鸦片战争纪念馆、"三总兵"纪念广场、百将题碑、傲骨亭等及迁建的"三忠祠"和抗英阵亡将士墓群。

五峙山鸟岛
全国三大鸟类保护区之一
📍 舟山市定海区岑港镇 💰 38元

五峙山列岛是浙江省唯一的省级海洋鸟类自然保护区，为浙江沿海一带发现的湿地水鸟的重要繁殖地之一，已被列入中国重要鸟区名单。

五峙山列岛由大五峙山、小五峙山、龙洞山、馒头山、鸦鹊山、无毛山、老鼠山7个形态各异的岛屿组成。五峙山鸟岛上覆盖着葱绿的灌木丛，每年5—7月，大批黑尾鸥、中白鹭等夏候鸟从南方飞来，在岛上筑巢孵化、繁殖后代。

五峙山鸟岛除黑尾鸥、中白鹭数量达到2000余只外，又迁来蛎鹬、翠鸟等新的鸟类家族。黄昏时有千鸟迎宾的景象，场面蔚为壮观，被列为东海四大奇观之一。

黄杨尖
登高览胜、观赏千岛风光的绝佳处
📍 舟山市定海区临城街道

黄杨尖海拔503.6米，是舟山岛第一高峰，是登高览胜、观赏千岛风光的绝佳处。黄杨尖山上树木葱郁，溪水潺潺，鸟语花香。

山上人文景观和历史遗迹众多。三国时期东吴著名方士葛玄，曾在此采药炼丹，遂成道教名山，现山上有葛玄炼丹洞、仙水潭、放娘石等景观。旧时山上筑有庙宇，主供葛仙翁。20世纪50年代寺庙被毁，80年代后期又重建了金刚寺、纯阳寺、灵通寺，香火渐旺。

黄杨尖山还是西周的徐城遗址、东晋的孙恩起义和唐代的袁晁起义的屯兵遗址。黄杨尖山由于山势险要，曾是东海游击总队在抗日战争、解放战争时期的革命基地。

沈家门渔港
全国第一、世界第三大渔港
📍 舟山市普陀区沈家门滨江路

沈家门渔港是中国最大的天然渔港，与挪威的卑尔根港、秘鲁的卡亚俄港并称为"世界三大渔港"。"尝海鲜、观海景、采海货"成为该港的又一特色旅游项目。有十里渔港、滨港路旅游休闲街、缪家塘民俗风情特色街、普陀博物馆等景致。

沈家门早在清朝中期便形成了热闹的街市，素有"小上海""活水码头"之美誉。这里常年万船穿梭。每逢鱼汛，沿海十几个省市的几十万名渔民云集港内，桅樯林立，形成了一道独特的海岛渔港景观。

玩家 攻略

沈家门的大排档鼎鼎有名。这里常年汇集着各地的鲜活鱼、蟹、虾、贝等海水产品。每到夜幕降临，沿港海鲜排档摊点绵延数百米，来自各地的品鲜商客游人数不胜数。

景点推荐 舟山其他诸岛景点

桃花岛 AAAA
金庸笔下东邪黄药师的居住地

- 舟山市普陀区桃花镇（沈家门渔港的南面）
- 上岛免费，其余收费

桃花岛素有"海上仙山""海岛植物园"的美称，与普陀山、朱家尖、沈家门组成普陀旅游金三角。旅游区融武侠、佛教、道教三种旅游特色为一体，含桃花峪、塔湾金沙（有"金沙日出"天象奇观）、安期峰（舟山群岛第一高峰）、大佛岩（东南沿海第一大石，桃花岛的标志）、桃花港（舟山第一深港）、悬鹁鸪岛六大景区。

玩家 攻略

1.吃：碧海漫金沙是桃花岛的特色菜之一，香气四溢，入口滑而不腻，脆而有劲，是到桃花岛旅游的必尝菜。

2.住：岛上的桃花苑宾馆和许多家庭式旅馆环境设施都不错。旺季需要提前预订。

3.购：桃花岛因金庸先生的武侠小说而闻名于世，因而景区内有一系列武侠文化旅游纪念品，喜欢武侠小说的可以买一些留作纪念。

塔湾金沙

塔湾金沙景区北、西、南三面环山，东朝大海。据传在塔湾南侧龙潭坑曾建有一石塔，港湾倒映塔影，故而得名。

金沙滩为舟山群岛面积最大的沙滩。金沙滩滩地平缓，沙质纯净，沙粒细软，是海浴、沙浴、阳光浴和沙滩漫步的理想场所。两岬角伸向大海，将海湾环抱成"湖"。海湾内有天然石斑鱼、虎头鱼、梭子蟹等，适宜开展各种水上运动和垂钓、捕捞。夏秋季，每当旭日钻出海面，海天、沙地浑然一体，形成"金沙日出"的绝美景观。

□ 安期峰

安期峰海拔540米，是舟山千岛第一高峰。安期峰景区内石阵遍布，遍山的奇岩怪石，组成"白家朝圣"大景观，浩浩荡荡，朝着普度众生的"观音石"前进。山间有圣岩寺，位于海拔460米的山岳上，是舟山千岛位置最高的寺院。另外还有安期炼丹洞，位于海拔482米高处的一个天然岩洞，是先秦隐士修道炼丹之所。

□ 大佛岩

大佛岩景区以大佛岩为核心，是桃花岛的标志，相传安期生泼墨成桃花石于此。这里还是金庸笔下《射雕英雄传》中桃花岛岛主黄药师的主要活动场所，也成为桃花岛武侠文化的发源地，该景区的散花湖畔建有我国唯一的海岛影视基地——《射雕英雄传》旅游城，全部景观均依据金庸的《射雕英雄传》一书设计而成，具有南宋建筑风格和神秘的武侠气氛。其他景点还有清音洞、一线天、顶首庵等。

□ 桃花峪

桃花峪景区是岛上自然生态环境最优美的区块。这里奇岩壁立、惟妙惟肖。山顶可远观海景、晨观日出。主要景点有桃花寨、东海神珠、弹指峰、神雕石、海龟巡岸、含羞观音。

玩家 攻略

景区中心有桃花寨休闲村，休闲村依山傍水，现共有标准客房45间，每间客房都以《射雕英雄传》和《神雕侠侣》中的主要人物命名，在此可领略金庸武侠名著的"情、缘、义"之真谛。蓉儿餐厅可同时容纳200人就餐，并有大小会议室，自动棋牌室等各项娱乐设施。

桃花岛

桃花港

桃花港是一条半环岛风景带，从岛西南部茅山码头至岛东南部的乌石子，长达万余米，乘舟漫游，沿途景致不亚于漓江水上游。

沿途景观连绵不断，以海港航道、海岛植物、海蚀洞礁、岩壁石景等沿海风光见长，配以海岛植物园、磨盘峰、水坑石群、唐僧师徒海礁、仙人桥、乌石滩、地下迷宫等景点，妙趣横生，绚丽多彩。

悬鹁鸪岛

悬鹁鸪岛岛上林木、芦苇、茅草成片，贝类产品丰富，又有滩、岩、石、洞、礁、涯等景观，是观赏海涯风光，进行采珍、垂钓、野营、狩猎等活动的理想场所。主要景点有龙牙石、芦荡砾滩、千层岩、乌龟洞、海龟洞、海豹礁等。

财伯公庙

财伯公庙为东极爱国主义教育基地。相传大约200年前渔民陈财伯每逢雾天在高山上堆薪点火引导过往船只走出险境。他死后，人们在此建庙，以其人形塑泥像供奉，并有"青浜庙子湖，菩萨穿龙裤"之说（龙裤是旧时渔民穿的一种为出海作业特制的裤子）。

庙子湖岛

庙子湖岛是普陀区东极镇人民政府驻地。庙子湖岛四周海水清澈，海洋生物资源丰富，是中街山渔场的中心所在。岛上有奇峰异石，可观海垂钓、捕鱼尝鲜、海滩拾贝。庙子湖岛有著名的渔民画，它以层次分明、海洋气息和渔乡风味浓郁而著称。

东极岛
中国最东边的海岛
舟山市普陀区东极镇

东极岛是我国最东部的群岛，其中庙子湖、青浜（有"海上布达拉宫"之称）、东福山、黄兴为4个有人居住的岛，是舟山群岛中海山风光和渔家风情最典型的岛屿。

东极岛海滨

岱山岛
古称蓬莱仙岛
舟山市岱山县境内

岱山岛古称蓬莱仙岛，位于舟山群岛中部，为舟山第二大岛。全县406个大小岛屿如同一串闪亮的宝石镶在东海碧波之中，岛海相依，水天相连，构成了一幅天然画卷。

海水、沙滩、礁石、海鲜、渔火是岱山旅游的特色。现开发有新蓬莱十景，有摩星山（以佛教文化为主体，徐福求仙为背景）、鹿栏晴沙（大型海滨浴场及海滩活动中心）、秀山（著名侨乡，海味节目众多）、观音山（岱山最高峰）、燕窝山、环岛（由陆线和海线两条线路组成）等景区。

玩家 解说

1.秦朝徐福在东南沿海蓬莱、方丈、瀛洲三岛上寻长生不老的仙药，其中的"蓬莱仙岛"即为舟山境内的岱山岛，岛上建有徐福亭、东渡纪念碑等。

2.摩星山景区仙茶满坡，山顶新建的"华藏世界"堪称我国人文景观一绝。

嵊泗列岛
有"海上仙山"之称

- 舟山市嵊泗县境内
- 宁波镇海港或上海南汇芦潮港乘船可到
- 上岛免费

嵊泗列岛素有"海上仙山"之称，以"碧海奇礁、金沙渔火"的海岛风光著称。主要由泗礁、花鸟绿华（有远东第一大灯塔花鸟灯塔）、嵊山枸杞、洋山四大景区构成，是我国目前唯一的国家级列岛风景名胜区。同时，嵊泗还盛产海鲜，号称"东海渔库"。

玩家 攻略

1. 每年7月中下旬嵊泗贻贝文化节在嵊泗望海广场或基湖沙滩举行，活动历时1~2个月，其间会有渔乡风情会演、沙滩音乐风暴、狂欢派对、另类表演、休闲度假、体育运动等一系列娱乐活动，精彩纷呈。

2. 出了泗礁岛以后风浪会比较大（6级以上大风船一般不出航），交通船颠簸厉害，如果没有多少乘海船经验的游客，最好事先服用晕船药。

3. 由于嵊泗外岛交通不便，有时还会因为台风取消航班，所以如需前往那里最好准备充足的时间，一遇上恶劣天气停航很可能会被困在岛上数天。

六横镇
舟山群岛的第三大岛

- 舟山市普陀区六横镇
- 海上人家10元，龙头跳15元，悬山岛25元

六横镇是舟山第一大镇，也是舟山群岛中仅次于舟山岛和岱山岛的第三大岛。六横列岛旅游资源丰富，岛上怪石遍布，古木参天，可尽享美食休闲生活。渔港、渔村、渔家乐勾画出独特的海岛风情。古庙、古道、古战场凝结成悠远的海洋文化。

旅游区现有"龙头跳假日海滩""悬山岛铜锣甩度假村"、台门港"海上人家"等三大景区，同时开发了海上野生鱼垂钓、生态杨梅园、柑橘园手摘等休闲旅游项目，更有王安石庙、张巷水隐居地、太平军古战场等几十处历史遗迹。

玩家 解说

六横岛有着优越的港口条件，早在16世纪中叶，曾一度为我国最早的国际贸易港口，对东南沿海地区的发展起过积极作用。岛上农业较为发达，由于常年气温适中湿润，雨水丰沛，适宜种植桨、番薯、玉米等作物，尤其是番薯产量较高，闻名舟山。

攻略资讯

- 交通
- 住宿
- 美食
- 购物
- 娱乐

🚖 交通

飞机

舟山普陀山机场位于朱家尖岛北部,有跨海大桥连接,可直通舟山本岛。现开通有北京、上海、广州、深圳、福州、厦门、泉州等航线,并以上海机场为中转辐射至全国各大中城市。

机场交通:从机场到定海、沈家门有机场班车直达,也可到蜈蚣峙码头乘船前往普陀山,机场候机楼出口处有出租车服务。

轮船

舟山群岛与外界的交通联系主要依靠轮船。普陀山客运码头是通往大陆的主要窗口,每天有发往上海的夕发朝至客轮。此外,定海、沈家门与宁波之间每天有高速客轮对开。舟山西码头与上海金山之间每天有客渡1对。

玩家 攻略

因船期受季节、气候影响,经常变动,具体时间以当地码头发布为准,舟山有些岛屿一天或两天才有一班去陆地或其他岛的客轮,耽误一班船就是耽误1~2天时间,因此在出行前最好拨打客运码头的问询电话,问清楚当天的班次。

汽车

进出舟山的主要公路为舟山跨海大桥,现已接入全国高速公路网。

车站	位置	电话
舟山汽车客运中心	翁洲大道199号	2381010
舟山普陀长途客运中心	勾山街道学运路18号	3261056
半升洞汽车站	沈家门滨港路港务二号码头	3013775

市内交通

舟山本岛上有定沈线公交(半小时一班)连接定海和沈家门两大重镇。本岛和朱家尖岛之间也有海峡大桥贯通,有公交车直达舟山机场和岛内各主要景区。普陀山、岱山、嵊泗、大衢、桃花岛等大岛上还有公交定班车或旅游专线车。其余各岛之间的交通完全依靠轮船。

🏠 住宿

去舟山本岛旅游住宿一般在定海区和沈家门附近,两地都有很多不同档次的宾馆。并且岛上的居民也提供家庭旅馆,很有特色。普陀山景区附近的宾馆价格相对较高,尤其在周末、法定节假日和观音香会期间,宾馆旅店人都很多,价格也是居高不下,需要提前预订。其他诸岛像岱山岛、桃花岛上也有各式不同档次的宾馆、渔家乐,花费

普陀山全景

都不会很高。

如果是背包族游客，在舟山本岛上最好选择住在沈家门附近，这里紧靠海鲜渔港和客运码头、长途汽车站，食、住、行面面俱到，并方便到其他岛屿游览。沈家门的滨港路、东海东路一带聚集着众多宾馆、酒店，150~500元/晚不等。附近也有一般性旅店可供选择，50~100元/晚。

●普陀山雷迪森庄园

酒店总体布置美观大方，突出主题"禅文化"，旅客可以在过道的拐角等位置看到各式各样的石雕佛像。周围有公交车直达，地理位置优越，方便旅客入住。 普陀山雷迪森庄园坐落于法雨路115号（法雨寺旁边） 0580-6690666

●普陀山大酒店

普陀山大酒店位于海天佛国普陀山的中心地段，距普济禅寺步行7~10分钟路程，背靠西天景区。酒店选择以"自在"文化为主题，以共修"自在"为担当，将佛学命题与文化相融合，观乎人文，化成天下之境界。酒店有四大主题客房共两百余间，餐厅可同时容纳800人用餐，且素餐用餐区域单独分开。 舟山普陀区普陀山梅岑路93号 0580-6092828

美食

舟山的饮食以海鲜为主，黄鱼、带鱼、石斑鱼、锦绣龙虾、蛎、蛤、虾、蟹，还有淡菜、青蟹等，都是极具特色的海鲜名品。烹饪的主要方法为清蒸、酱渍、盐渍、风干等。主要的风味名菜有白鲞扣笨鸡、黄鱼鲞烤肉、大烤目鱼、盐焗基围虾、嵊泗螺酱、葱油海瓜子、烟熏鲳鱼、芹菜炒鳗丝等。

普陀山风光

海鲜

● 红膏炝蟹

每年秋冬时节是梭子蟹上市的季节，梭子蟹膏色红亮，肉质糯绵上口，营养丰富，是舟山一带的精品菜肴。先将红膏梭子蟹放入冰箱内冷冻，用盐、水、姜、葱调成浓咸卤，再把冻膏蟹放入调好的盐水中浸腌6~8小时即成。

红膏炝蟹

● 咸菜大黄鱼

舟山群岛海域是大黄鱼的主要产地之一，大黄鱼肉质鲜嫩，营养丰富，有很高的经济和药用价值，鲜食可红烧、清炖、生炒等，烹调成几十种风味各异的菜肴。咸菜大黄鱼是定海人待客的家常菜。

● 新风鳗鲞

新风鳗鲞肉质丰满，在当地有"新风鳗鲞味胜鸡"之说，属本地风味名菜。此菜用海鳗制作。将海鳗剖肚洗净后，浸入用盐、味精、葱姜调成的汤料内约半小时，然后把海鳗捞出后晾在干燥处风干。上桌前，把风鳗改刀成段后上笼蒸熟后即可食用。

手撕新风鳗鲞

● 黄鱼鲞烤猪肉

鲜黄鱼剖肚盐渍晒干后，称为黄鱼鲞。经过精细加工的舟山黄鱼鲞，洁白、形圆、味鲜、咸淡适口。黄鱼鲞加生姜清炖，可供妇女产后补虚。这道菜是定海人用来招待客人的最有特色的地方名菜。鱼鲞与猪肉同烹，质感酥软，既有浓郁的鱼鲞香味，又有猪肉的鲜味，两味相渗，各尽其妙。

🛒 购物

各类鲜活的海产品是购物的首选。此外，普陀佛茶、活海贝、石花菜、南海紫菜、舟山白鲞等都是这里的特产。位于沈家门的东河海水产品市场，是舟山最大的干、鲜海产品集散地，有近千家摊位。此外，舟山市花普陀水仙独具特色，适宜盆栽或水养，桃花岛上的桃花石是加工上乘的工艺品的绝佳石材。

舟山的水产干品品种类逾百种，除保留传统的腌制、糟制、风干、晒鲞等基础上又创造出烧、烤、烘、蒸、炒、醉、熏等10余种烹饪加工方式，以其原料新鲜、原汁原味的特点而深受国内外顾客青睐。

● 舟山白鲞

舟山群岛海域是大黄鱼的主要产地。用鲜黄鱼剖肚盐渍晒干后，称为黄鱼鲞，又称"白鲞"。舟山白鲞含有丰富的蛋白质和适量的脂肪，有开胃、清火、生津、活血的作用。

● 大黄鱼

大黄鱼又叫大黄花鱼，是我国的重要经济鱼类。除很高的食用价值外，大黄鱼还有很高的药用价值，其耳石有清热去瘀、通淋利尿的作用，鳔有润肺健脾、补气止血的作用，胆有清热解毒的功效。

● 小黄鱼

小黄鱼又称小鲜，是舟山渔场上产量较高的一种鱼类。小黄鱼体长短于大黄鱼，与大黄鱼的主要区别是大黄鱼的鳞较小,背鳍起点与侧线间有8~9个鳞片;而小黄鱼的鳞较大,在背鳍起点与侧线间有5~6个鳞片;大黄鱼的尾柄较长,其长度为高度的3倍多,而小黄鱼仅2倍左右。购买时要注意区分。

● 梭子蟹

舟山渔场蟹的种类很多,有近百种,形态各有不同,其中资源最为丰富、产量最高的要数三疣梭子蟹。梭子蟹背面呈墨绿色,状似织布梭子,故而得名。梭子蟹是一种底栖动物,平时栖息在海底,夏初季节开始向沿岸移动,在沙质的海滩边产卵,这时的蟹称为"子蟹"。中秋以前产卵完毕的蟹,称为"白蟹",体瘦质次。农历九月以后,体内开始积聚脂肪(生膏),准备越冬。这时捕捉的蟹称作"膏蟹",体质丰满,质量最好,营养丰富,为佐酒佳肴。梭子蟹以蒸食为主,也可入药。

娱乐

舟山依山傍海,海岛密布,水上户外娱乐项目丰富多彩。夜色下的海景更是充满了浓浓的风情,不论是开怀高歌或是月下独酌,都能感受到海岛独有的情调。

普陀、朱家尖、嵊泗列岛等诸多岛屿都有水上娱乐项目,其中以沙滩排球、海边垂钓最为热门,其他还有高速游艇、摩托艇、牵引降落伞、滑板冲浪、帆船、骏马骆驼乘骑等惊心动魄的运动项目。

● 朱家尖情人岛

夜晚的朱家尖情人岛有着热闹、欢快的海上氛围,桑拿、保龄球、舞厅等娱乐设施应有尽有。

另外还有不少咖啡厅、酒吧、KTV等室内娱乐场所,供人放松、休闲。岛上还有特色的渔家乐项目,可出海捕蟹、赶海、拾贝,体验渔家生活。

● 朱家尖十里金沙

朱家尖十里金沙是海上及沙滩游乐竞技活动的理想场所,有各种水上项目供游客选择。

● 海天一览苑

海天一览苑坐落于蓬莱仙岛东沙古镇,拥有出海捕鱼、围网摸鱼、滩涂划泥、参观鸟岛、海钓等具有海岛特色的娱乐项目。

● 秀山郎客栈

秀山郎客栈位于岱山秀山岛秀东村,是一个新开发的渔家休闲项目。秀东村背山面海,附近有3个沙滩,海滨浴场很有名气。游客在此可享受到海滨游泳、出海捕蟹、赶海、拾贝、品海鲜等海岛特色活动。在大海中打鱼更是难得的出海体验。

节日和重大活动

节日	举办地	时间
舟山国际沙雕艺术节	国际沙雕艺术广场	7至11月
嵊泗贻贝文化节	嵊泗望海广场或基湖沙滩	每年7月中下旬
普陀山南海观音文化节	普陀山	每年11月

朱家尖十里金沙海滩

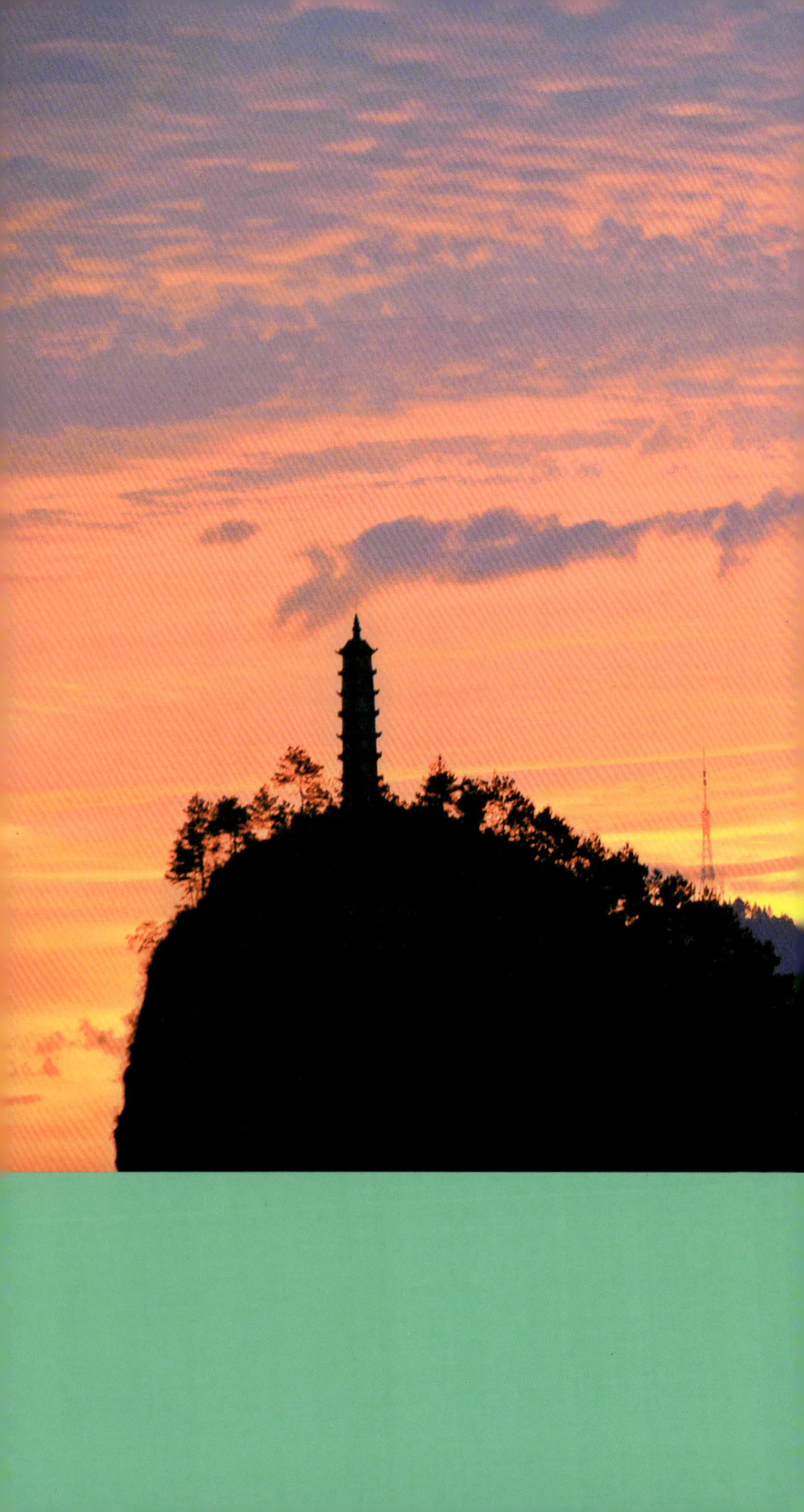

发现者 旅行指南

台 州

概览

亮点

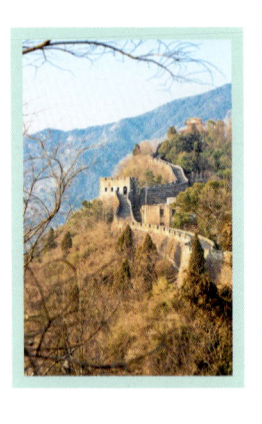

- **长屿硐天**

集雄、险、奇、巧、幽于一身，是人工采石后形成的石文化景观，堪称举世一绝的中华石文化的精髓，被誉为"中华第一洞"。

- **江南长城**

雄伟壮观被称为"江南八达岭"。

- **天台山**

是佛教天台宗和道教南宗的发祥地，又是活佛济公的故里，因此有"佛国仙山""佛宗道源，山水神秀"的美誉。

天台山琼台仙谷

- **必逛街道**

紫阳古街：台州府城历史上最繁华的商业街区。有着古建筑、古石板路、古商店、古迹名胜、古民俗风情的五古之味。

海门老街：始建于清康熙年间（1662—1722年），旧时繁华的商业街。老街现存建筑多为清末民初所建，是集历史、文化、商贸、旅游、娱乐于一身的休闲步行街。

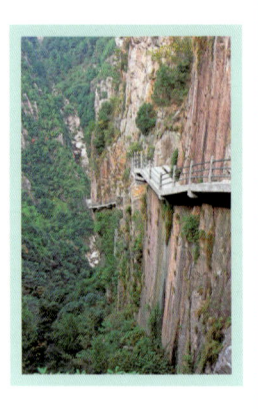

线路

- **长屿硐天一日游**

早餐后前往长屿硐天景区，洞内凝灰岩削壁成廊，宛若迷宫。游览长屿硐天，可以目睹堪称举世一绝的中华石文化的精髓。

- **台州纵情二日游**

第一天参观有"神山佛国"之称的南嵩岩景区。第二天坐去宁溪的车，然后在宁溪包车去黄岩大瀑布，观赏罕见的天然瀑布群，身临其境享受气势宏伟、声势浩大的瀑布飞流直下的震撼。下午可以去欣赏古人辛勤修建的江南古城墙。

- **台州休闲四日游**

第一天前往仙居县，上午游览神仙居，下午去永安溪漂流，夜晚可去皤滩古街，看民宅古居。

第二天前往天台山风景区，游览国清寺、赤城山。国清寺景区是天台山风景的主要集中地，晚上可住在景区。

第三天游览华顶森林公园、铜壶景区、石梁瀑布。特别是当5月开满漫山遍野的云锦时，游览华顶景区，更是美不胜收。

第四天游琼台仙谷和天湖。琼台仙谷是一处比较典型的花岗岩地质地貌景区。灵溪为该景区的主景线。沿溪北行，两旁山壁对峙，山势峥嵘峻峭，怪石错列，愈入愈奇。

为何去

台州是中国黄金海岸线上的滨海城市,是江南翼龙化石的发现地和五千多年前新石器时期的下汤文化的发祥地。台州兼得山海之利,历史上就有"海上名山"之美称。

台州是浙江粮食的主要产地之一,也是中国主要的水果之乡,名果黄岩蜜橘中外驰名。台州自古学风兴盛,为文化之邦;民风淳厚,社会安定;山海风光秀丽,名胜古迹众多;教育科技发达,人才辈出,物华天宝,为中国黄金海岸带上的富庶之地。

何时去

台州雨量适中,温和宜人。6月的仙居杨梅节,是酸甜可口的杨梅成熟的季节,可前往品尝。

7—8月出游台州,可到著名的避暑胜地天台山,届时天台山上鲜花飘香,热闹无比,既能欣赏美丽的风光,又能躲避炎炎烈日。

9月是三门青蟹最为肥嫩鲜美的时节。

区域解读

区号：0576
面积：10 050.43km²
人口：671.2万人

地理 GEOGRAPHY

区划

台州市位于浙江省沿海中部，市境东临东海，其下辖3个区（椒江区、黄岩区、路桥区）、3个市（临海市、温岭市、玉环市）、3个县（天台县、仙居县、三门县）。

地形

台州市居山面海，平原丘陵相间，形成"七山一水二分田"的格局。台州全市地势由西向东倾斜，南面以雁荡山为屏，有括苍山、大雷山和天台山等主要山峰，其中括苍山主峰米筛浪海拔1382.4米，是浙东地区最高峰。椒江水系由西向东流经市区入台州湾。沿海区有椒北平原等三大平原为台州主要产粮区。大陆海岸线长约740千米，海岛海岸线长约941千米，近海有928个岛屿，主要有台州列岛和东矶列岛等。最大的岛屿为玉环岛，岛上建有海岛县玉环市。

气候

台州属亚热带季风区，四季分明，夏季炎热多雨，冬季天气温凉，全年热量丰富，雨水充沛，气候温和湿润，水热资源适宜柑橘、杨梅、枇杷等喜温果木生长。台州靠海，平常年份，一年均会有几次台风光顾。

历史 HISTORY

戚继光临海抗倭

自从元至顺四年（1333年）以后，与中国隔海相望的日本进入了南北朝时期，1392年，北朝足利氏征服了南朝。在内战中失败的南朝武士丧失军职，成为"浪人"，他们与不法商人相勾结，还吸收了一部分破产的农民，组成海盗集团，坐船来到中国的东南沿海地区，有时进行走私活动，有时则进行抢劫，这就是中国历史上所说的"倭寇"。

到了明代中期，倭寇更是肆无忌惮地侵扰沿海一线。朝廷从各处调任杰出军事将领奔赴沿海前线，其中就包括著名的抗倭名将戚继光。戚继光早在16岁起就已经袭父职成为一名明朝的军官了，25岁那年，戚继光就统领下属三营十一卫十四所，进入山东平倭。当戚继光28岁时，朝廷将他调到浙江抗倭前线。

明嘉靖三十一年（1552年），海盗头子王直与倭寇勾结，自称净海王，与一批海盗勾结，引倭寇入侵，浙江沿海遭严重侵患，此后三四年中，江、浙一带吏民死于倭寇之手的不下数十万人。嘉靖三十五年（1556年）秋，

天台山

新任浙江总督胡宗宪保举，朝廷任命戚继光为参将，镇守宁波、绍兴、台州三府。

嘉靖三十八年（1559年），戚继光作为谭纶部下，在今台州桃渚大败倭寇的一支主力。这次由戚继光与谭纶并肩作战取得的大胜大振军威，戚继光胞弟戚继美也参加了这次战斗。嘉靖四十年（1561年）四月十六日，倭寇进攻台州府城所在地——临海，戚家军与倭寇在花街摆开阵势，在这次历史上著名的"花街五战五捷"战斗中，一举消灭来犯倭寇。这场战争中，一共救出被掳百姓5000多人，而戚家军仅有哨长陈文清等3人阵亡。随后戚家军又在大田（今洛河桥一带）再次击败倭寇，保证了台州府城的安全。

倭寇在桃渚、花街、大田等地被英勇的戚家军一次又一次击败，倭寇头目再也不敢与戚将军交手，于是放弃了攻打台州府城的计划。无奈之下，他们只好选择从城东到大石绕道至白水洋窜逃。为彻底消灭倭寇，戚继光又作出了新的部署。他们认为倭寇从小路去处州（今丽水），必经白水洋上（常）峰岭。于是在上峰岭设下埋伏，后派追兵，大败倭寇精锐部队。最终在上界岭（与仙居分界处）白水洋朱家大院全歼负隅抵抗的最后一批倭寇主力。

经过白水洋之战，台州长达200多年的抗倭历史宣告结束，明朝取得抗倭的全面胜利，而抗倭英雄戚继光的名字也永远被记录在抗倭史册上。临海人民为了纪念这位大英雄，建有戚公祠。

名单　台州历史名人

南宋活佛济公

明代大臣方孝孺

元末浙东农民起义军领袖方国珍

抗英英雄林正阳

近代革命志士王文庆

文化 CULTURE

少见的多声腔乱弹——台州乱弹

2011年4月7日至12日，应德国腓特烈港国际表演艺术节组委会的邀请，浙江台州海东方乱弹剧团一行12人专程赴德国进行了演出和交流，并荣获该艺术节特别奖（最高奖）。这是台州乱弹剧团首次出国演出，也是首次捧回国际大奖。

台州是中国戏曲的发祥地之一，台州乱弹作为台州唯一的本土剧种，曾广泛流行于台州、温州和宁波等地。台州乱弹原名黄岩乱弹，形成于明末清初，台州乱弹唱腔以乱弹腔为主，兼唱昆腔、高腔、徽戏等，有曲牌300多个，是全国少有的多声腔乱弹剧种之一。打击乐用大锣大鼓，并常以拳击鼓，风格粗犷。另外，其舞台语言以中原音韵结合台州官话，充满民语乡韵，通俗易懂，别具特色。台州乱弹的角色行当分"上四脚"和"下四脚"，"上四脚"包括生、旦、净、丑，"下四脚"包括外、贴、副、末。随着剧种的发展，行当分类越来越细。在表演方面，台州乱弹有许多绝技，如"耍牙""双骑马""钢叉穿肚""甩火球""雨伞吊毛"等，长期以来一直为人所称道。

台州乱弹的传统剧目有《三星炉》《紫阳观》《连环记》等300余本。常演剧目号称"七阁八带九记十三图"，七阁包括《回龙阁》《兰香阁》等，八带包括《鸳鸯带》《挂玉带》等，九记包括《拜月记》《白兔记》等，十三图包括《百寿图》《双狮图》等。

由于多种原因，台州乱弹从20世纪80年代末逐渐淡出人们的视线。近年来，台州乱弹的命运引起了社会各界的广泛关注。2005年，台州市成立了"海东方台州乱弹剧团"，重新排练、演出台州乱弹的经典大戏，台州乱弹重新回到人们的视线中来。在此，还要提到一位为台州乱弹保护工作做出重大贡献的新台州人胡来宾。他在台州的10余年里，不遗余力地为保护、抢救台州乱弹奔走，并历时一年多，写下《台州乱弹》一书，系统地介绍了台州乱弹的起源和发展，详细描述了台州乱弹的唱腔风格和表演特点，直接为台州乱弹重现辉煌做出了巨大贡献。

天台乌药，传说中的长生不老药

福如东海、寿比南山、健康长寿是人类与生俱来的追求，长生不老的梦想几乎与人类文明史一样久远。

公元前219年，秦始皇派遣方士徐福寻找长生不老仙药，徐福跋山涉水来到台州天台山。在天台山，徐福最终找到的是天台乌药，而后他率3000名童男童女东渡日本，同时也带去了天台乌药，并落脚日本和歌山县新宫市，今天那里还建有徐福公园，并种植着被称为"长生不老药"的天台乌药。到了唐代，天台乌药又谱写了新传奇。高僧鉴真东渡日本，用带去的天台乌药治好了光明皇太后百治不愈的顽疾，鉴真也被尊为日本的神农。

台州天台县北的天台山自古便是一方灵异的圣土，有着"神山秀水，佛宗道源"之称、"弥山药ییا，满谷丹材"之誉。然而天台乌药就是那造化于天地之间，有长生不老之美名的神药仙草。天台山得天独厚的自然环境造就了天台乌药独特的品质，天台乌药亦作为养生极品，深受王公贵族的青睐，历代被列为皇家贡品。《本草纲目》等典籍记载：乌药，以出天台者为胜。有补中顺气、开郁止痛、温肾散寒的功效，能上理脾胃元气，下通少阴肾经。

天台山被誉为仙山，这绝非偶然。这里是佛教中国化第一宗——天台宗的发祥地，道教南宗的发祥地。传说东汉葛玄在天台山炼丹，以乌药作为主要原料，活到80岁，几千年来，天台山这块土地上寿星辈出，乌药成为长生不老的仙药。

经过上千年的积淀，天台乌药已经成为中草药中的无冕之王，神奇的功效使其自古以来就备受推崇。现代研究表明：天台乌药，能使肠肌收缩加强、增加消化液分泌；对多种致病球菌、杆菌有抑制作用；有兴奋心肌、促进血凝、增加冠脉流量、加速血液循环、抑制恶性肿瘤因子、保肝护肝等明显作用。

2005年，天台乌药被国家质检总局批准实施国家原产地域产品保护（国家地理标志保护产品）。2006年天台县被国家林业局命名为"中国乌药之乡"。

黄岩蜜橘，黄岩的最佳城市名片

东海之滨的黄岩，以橘子而得名。先说一个关于黄岩蜜橘的故事。1949年12月，毛泽东主席第一次出访苏联。在莫斯科克里姆林宫，斯大林会见毛泽东时，毛泽东与斯大林并排坐在沙发上，茶几上就放着一盘蜜橘。毛泽东亲手递上一个橘子给斯大林说："这是中国最好的橘子——黄岩蜜橘，不要看它个小，但非常甜。"斯大林接过橘子剥开橘皮，掰开半个橘子细细品味。吃完后斯大林通过翻译对毛泽东说："黄岩蜜橘是橘中之王。"毛泽东听后高兴得笑了起来，并招呼大家一起品尝。在场的苏联其他官员对黄岩蜜橘的味道同样赞不绝口。

黄岩盛产蜜橘跟它的地理位置及气候有很大关系。黄岩濒海倚山，属亚热带海洋性季风气候，夏无酷暑，冬无严寒，晚秋时旱，无霜期较长，这些都是柑橘生长发育最适宜的气候条件。同时，黄岩柑橘的集中产区永宁江两岸，土壤肥沃，土层深厚，带沙性，通气性好，加上永宁江潮涨潮落，富含柑橘生长发育所必需的有机质和矿物质微量元素，滋润了土壤，为柑橘类植物的繁衍提供了理想的栖息之地。在黄岩，柑橘除了吃之外，还衍生出很多当地文化。除了宋高宗元宵之夜放橘灯的美谈之外，诸如造房上梁、新娘喜果、婴儿满月、民间"花会"，都有用橘的习俗。此外，台州还有放橘灯、挂橘球等习俗。

景点推荐 天台山风景区 AAAAA

天台山是活佛济公的故里，又是佛教天台宗和道教南宗的发祥地，因此有"佛国仙山""佛宗道源，山水神秀"的美誉。

天台山共分为13个景区：国清景区、赤城景区、佛陇景区、石梁—铜壶景区、华顶景区、百丈—琼台景区、桐坑溪—万年寺景区、桃源景区、清溪景区、开岩—紫凝景区、寒山湖景区、明寒岩景区和九遮山景区。各景天然成趣，别具一格，各擅其胜，美不胜收。其中以石梁飞瀑、华顶归云、赤城栖霞、琼台夜月等八景最为著名。另有桃溪等景点。

- 台州市天台县北部
- 乘5、7路公交直达国清寺
- 免费

玩家 攻略

1.游天台山的最佳时间为每年的4—10月。每年5月在华顶森林公园会举办天台云锦杜鹃节，以华顶赏杜鹃为主，结合开展与杜鹃或旅游文化相关的各项活动。

2.住：在天台山的北门车站附近有几家私人旅馆可供住宿，淡季时还可以砍价。景区内也有宾馆提供住宿，多集中在国清寺附近。

3.购：天台是中国最早的产茶地之一。天台山盛产优质高山茶叶——云雾茶，还诞生了东方茶文化——中国茶道。天台山还盛产中药材，有白术、茯苓等名贵药材1000余种，其中"天台乌药"品质独特，"石梁"牌高山蔬菜生长在千米高山，是无污染的绿色产品。

4.吃：天台山有当地独特的小吃。饺饼筒是天台特有而最具特色的食品，既可当点心，又能做正餐，十分美味。"五虎擒羊"是宴客的上品，"五虎"指羊片、猪肝、蛋皮、鱼肉、豆腐片，

"羊"是指金针菇、木耳、粉丝、笋丝、菜梗等。"石梁啤酒"是用当地的泉水酿成,清爽可口。

国清寺
南宋为"江南十刹"之一

国清寺初名天台寺,后改国清寺,建于隋开皇十八年(598年),南宋时被列为"江南十刹"之一,是一个殿宇雄伟、佛像庄严的古建筑群,为佛教汉化后最具代表性的寺院,从古至今被列为寺院"天下四绝"之首。

寺宇依山就势,层层递高,分为五条纵轴线。寺周五峰环抱,万松拥翠;寺前双涧回流,七塔拱立;寺内有梵文贝叶经、王羲之"鹅"字碑、隋线画碑刻、血经等珍贵文物。国清寺是佛教天台宗的发祥地,韩、日天台宗的祖庭。

赤城山
红艳如火的丹霞地貌景观

赤城山山色如火,又名"烧山",是典型的丹霞地貌。"赤城霞"是为历代名家所称道的奇景。赤城山上有浙东南著名尼姑庵紫云洞、道教第六大洞天玉京洞,山顶有建于538年的天台山标志性建筑梁妃塔。

位于山腰的济公院是一组融济公形象和精神为一体的建筑群。济公院分济公西院、济公东院。济公西院的建筑风格奇特,依势造房,体现济公的形象、个性。济公西院的前山门朝东而开,名为"袈裟台"。由破袈裟、破帽、破鞋、破扇、酒葫芦等一系列象形小品组成。

石梁景区 AAAA
石梁飞瀑蔚为壮观

石梁飞瀑位于石桥山谷中,属于"天生桥"景观。这是一种两端与地面连接而中间悬空的桥状地形,为天台山八景之一。

顺金溪上行,峰峦滴翠,怪石遍布,步移景异,触目成景。丛山翠谷中一天然巨石横架天际,瀑水穿梁而过,直捣深潭,色如霜雪,势若雷霆,自古有"冰雪三千丈,风雷十二时"之誉,堪称"天下奇观",是浙东"唐诗之路"的精华所在。

寒山湖

玩家 解说

石梁是花岗岩天生桥。全世界的天生桥很多，多属石灰岩或沙砾岩地貌，而像石梁这样的花岗岩天生桥，在世界上尚属首次发现。石梁上下有很多摩崖石刻，系宋代米芾、丁大荣，明代甘雨，石纶、陈埔，清代康有为、刘墩等名人所书。

寒明岩
千年古刹、飞瀑流泉

寒明岩奇石、幽洞不计其数，飞瀑流泉独具特色，还有上千年历史的寒岩寺和明岩寺。唐代诗僧寒山子曾隐居于此70余年，留下了300多首诗篇和无数脍炙人口的逸事趣闻。

景区内各景点集中分布于"寒石山"的东、西、北三个方向的峡谷中或山麓上，形成寒岩、明岩、铁甲龙三大景群，石、奇、清、幽，有"石怪岩明诗满山"之誉。其中"寒岩夕照"为八大景之一；龙须洞被《台州府志》誉为"台山绝胜处也"。"五马隐""青天落白雨""和尚背道妪"等景点和故事在天台家喻户晓，妇孺皆知。

☐ 明岩景群

明岩位于寒石山东面幽深的峡谷中，宽近百米，深达千米。两旁峭崖壁立，谷内奇石、幽洞满目皆景，尤其那不可胜数的"岩影"，令人遐想无限。明岩还是唐代诗僧寒山子隐居之地。他在诗作中描述了他与白云、幽石为伴的清修生活。

☐ 寒岩景群

寒岩景群内岩洞幽深、巨嶂覆盖、奇石卓立、瀑飞泉流，极其瑰丽。寒岩洞为天台第一大洞，"寒岩夕照"为天台八大景之一。唐代诗僧寒山子自述诗中记述了他自得其乐的隐居生活；而寒山子劝人为善的事迹，则千百年来一直在附近百姓中传诵，并被演绎成一个个动人的故事。

寒山湖
天台县规模最大的水库

寒山湖原名"里石门水库"，是天台县规模最大的水库。这里因中国白话诗的祖师爷——寒山子在天台生活了70年之久而命名，他的主要生活范围就在寒山湖及其南面的寒岩、明岩和九遮山一带。

寒山湖景区内有秀美的小岛9座，蜿蜒曲折的港湾37处。湖区四周山峦起伏，岸线曲折，松竹繁茂，鸟语花香。清秀、幽深是寒山湖景区最显著的特点。

玩家 解说

寒山湖作为天台山风景名胜区唯一的大面

积水上活动区,不但有优美迷人的风光,也具有深厚的文化底蕴。在古代,白话"诗圣"寒山子为了躲避宫廷争斗而隐居于此,留下大量诗篇。

在近代,著名军事指挥家叶挺将军曾率领抗日义勇军转战至此,还在寒山湖上游的方前村,亲笔题写"抗日义勇军"的碑文。

华顶景区
群峰起伏宛若莲花

华顶景区位于华顶峰上,华顶峰为天台山脉主峰,海拔1098米。从峰顶鸟瞰群山,重重山峦犹如莲华(花),此峰正处在华(花)心之顶,故名华(花)顶。这里古木参天,异草遍地,终年云雾缭绕,既是著名的佛国仙山,又是国家级森林公园。

华顶高寒,夏季平均气温不超过25℃,是得天独厚的清凉世界。其中尤以变幻无穷的云海、璀璨夺目的日出、清香甘洌的云雾茶、灿若云霞的云锦杜鹃、江南罕见的隆冬雾凇和银装素裹的华顶晴雪而名扬中外,"归云、观日、云茶、杜鹃"被称为"华顶四绝"。

玩家 解说

华顶历史悠久,人文景观荟萃。葛仙翁于此炼丹、植茶,遗有丹井、茶园;王羲之在此学书、抄经,留下墨池、经洞;智者大师居此拜经、修行,建道场、经台。

李太白登此吟咏、放歌,《天台晓望》名垂千古。唐宋以来,无数文人雅士登临华顶,留下了大量诗赋游记,使华顶早在千年前即已名闻华夏。

华顶国家森林公园

华顶国家森林公园的前身是浙江省立第四林场,始建于1929年。森林公园植被茂盛,类型多样,动植物资源丰富。公园内有574种木本植物,其中14种为国家保护的稀有珍贵树种,同时也是我国最早的黄山松良种基地之一。公园内的森林景观有大面积的天然阔叶林,浙江少见的甜槠、木荷原始林,堪称华夏奇观的云锦杜鹃林及浙江七子花植物群落等。动物有山兔、山鹿、野猪、石蛙、穿山甲等。

华顶茅篷

茅篷为华顶独有的房屋建筑,其外形有圆有方,似亭如阁,既具莫干山西式别墅的百态千姿,又含华夏东方文明的古朴之风。茅篷四壁为厚实的泥墙或石墙,屋顶覆盖尺把厚的箬竹,冬暖夏凉。

古时茅篷多为修禅者栖居或香客歇息之所,现山中有药师庵、长春庵、耕云楼、天柱庵、西茅篷庵等。不同形态的茅篷错落分布,四周围以竹篱笆,花木扶疏,十分清幽。

云锦杜鹃

五月的华顶,数百亩云锦杜鹃竞相开放,形成一片五彩缤纷的花海,远远望去,似锦似霞,璀璨夺目,云锦杜鹃因此得名。云锦杜鹃古称"娑罗",为我国特有的稀有珍贵植物。

玩家 解说

华顶云锦杜鹃,是一种常绿、高大的灌木,高四五米,树冠浑圆,主干分明,旁枝逸出。叶片革质,形似枇杷叶,正面墨绿油亮,背面有鹅黄色茸毛。花蕾形如鸽蛋,包容3~7个小花蕾,顶生伞状花序,自头年7月孕蕾至次年5月花开,足足"十月怀胎"。每年立夏前后,紫红、粉红之花竞相开放,组成一朵大如碗口的花球,一树千花,绚丽夺目,馨香袭人。

灿烂的云锦杜鹃

景点推荐

仙居风景区

仙居风景区以其壮丽独特、丰富多彩的山水型自然风光而闻名。"八景十六洞二十七岩"声名远播,含神仙居、景星岩、十三都、淡竹等景区,融奇、险、清、幽为一体,汇峰、瀑、溪、林于一地。

📍 仙居县中南部　🎫 神仙居120元,上山索道65元,下山索道55元

玩家 攻略

1. 仙居以山水闻名,在8—10月去仙居旅游是一件很惬意的事情。

2. 吃:仙居张记卤菜与仙居八大碗为仙居的特色风味。另有仙居花猪、敲肉、永安溪溪鱼、酸梅汤等令城里人垂涎的土菜、小吃。

3. 购:仙居是中国三大白银集散基地之一,素有"白银王国"之美誉,并拥有世界上最大的书法银板版画。

仙居是中国重要的杨梅产地,尤以产于西炉、桐桥的东魁种优质杨梅而著名,并以"仙乡杨梅酒"著名。东魁杨梅果实大,圆球形,紫红色,肉柱略尖,汁多味浓,甜酸适口。

仙居山茶油:仙居有"仙居油库"之美誉,堪称植物油之冠。

三黄鸡:有中华第一鸡的美称,受朱元璋钟爱并钦赐命名,被列为贡品。

4. 住:仙居旅游最好住在景区交通集散地——白塔镇。其中,台州神仙居山庄位于神仙居景区入口,是仙居地区投资规模最大、设施功能最全、装修规格最高的豪华宾馆。

神仙居景区 AAAAA
有峰、崖、溪、瀑景观

神仙居景区以西罨幽谷为中心,形成峰、崖、溪、瀑景观。有鬼斧神工之作的将军岩、神态安详的睡美人、因风作态的飞天瀑等景点。附近还有以镶嵌在门窗上精美的石、木雕刻闻名遐迩的高迁古民居。

玩家 解说

神仙居景区内共有东、西、南、北四大天门。东天门有一处奇观叫作"双峦架日":在每年一个特定的日子里(农历二月二十二日),太阳会刚

刚好从两座山峰的中间冉冉升起，就好像是两座山把它一点一点托起一样，于是人们抓住了这美丽的瞬间，把它取名叫"双峦架日"。

景星岩景区
由峭壁、奇石、古松构成

景星岩景区由峭壁、奇石、古松构成。整座山体南北长而东西狭，首尾昂起，像一艘巨型的大轮船。上山原只有一条蜿蜒曲折的石级小径，称十八盘（又称二十四盘），现有升降电梯上下。有仙台鹿颈亭、响铃岩、神龟探月、和尚圆寂塔等景点。"景星望月"为著名的仙居八景之一。

永安溪
溪水清澈，终年不枯

永安溪水清澈见底，终年不枯，水质达一级饮用水标准。永安溪是仙居的母亲河，永安溪漂流起点码头在步路乡西门村，行程7.68千米，可乘竹筏品味似水柔情般的溪水风光和两岸奇趣横生的田园景色。

淡竹景区
素有幽深奇崛的美誉

淡竹景区以茂盛的常绿阔叶林与千奇百态的瀑布为特色，素有幽深奇崛的美誉。主要景点有俞坑常绿阔叶林自然保护区、上井古树群、龙潭涧、贵妃池、龙潭瀑、三折瀑、沙潭瀑、龙虎瀑、人字瀑、雄狮头等20多处。

皤滩古镇
保存完整的商贾古镇

皤滩古镇是一个保存完整的商贾古镇，保存有1500米长鹅卵石铺砌的"龙"形古街，街旁民宅古居古意盎然，有长门堂、何氏里门堂、桐江书院等古迹，还有夜观五月之景令人惊叹。古街区还保留着众多的"明清家具"及明清遗风，以及"古民乐""花灯""民间大戏""明清茶道""八大碗"等民间艺术和饮食文化。

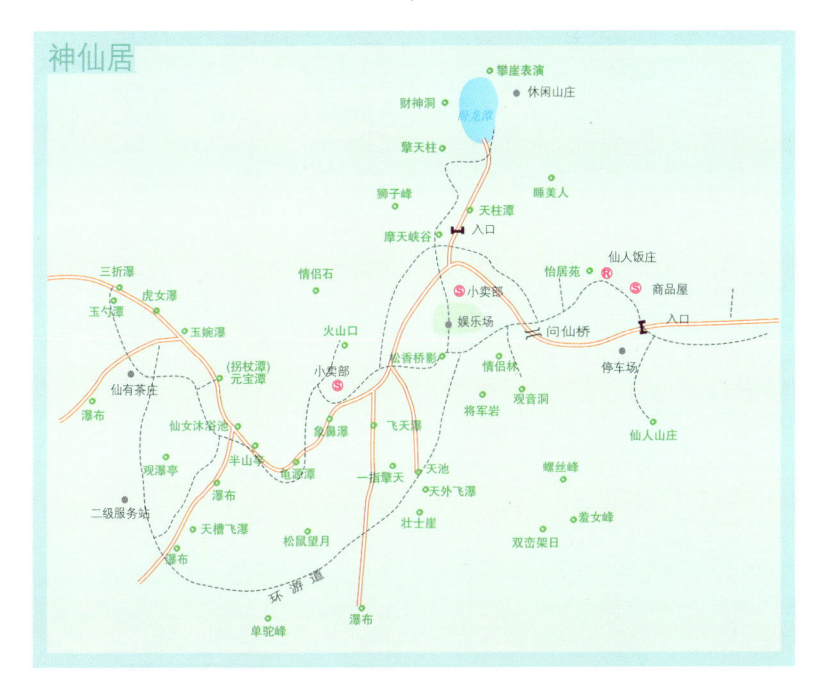

景点推荐

台州城区景点

解放一江山岛烈士陵园
为纪念解放浙江沿海而牺牲的烈士

- 台州市椒江区枫山北麓
- 乘104路公交即到
- 免费

解放一江山岛烈士陵园,是为纪念1955年1月18日在解放一江山岛战斗中光荣牺牲的烈士而建。一江山岛渡海登陆作战,为全部解放浙江沿海岛屿打响了胜利的第一炮。

解放一江山岛烈士陵园由战斗陈列馆、烈士纪念馆、烈士纪念塔、烈士墓等部分组成。

玩家 解说

一江山岛位于台州湾外,属东矶列岛,相传明代抗倭将领戚继光曾在此操演水师。岛上无常住居民,建有简易棚屋数十间,为大陆渔民季节性进岛作业居所。

一江山岛以"一江山岛战役"而名扬海内外。朝鲜战争胜利后,结束浙江沿海军事对峙局面的时机已趋成熟。1955年1月18日8时,解放军首次采用陆、海、空三军协同作战战术,一举攻克一江山岛。这次战役震惊了台湾国民党当局,也震惊了美国政府,从而迫使国民党军队撤出大陈等岛屿,浙江沿海岛屿始告全部解放。

台州市民广场
目前台州市最大的生态、文化公园

- 台州市椒江区白云山路
- 乘102、108路等公交可到

台州市民广场是台州市目前最大的生态、文化公园，由集会广场、文化广场、水景公园三部分组成。广场西侧(星明路)是吴子熊玻璃艺术馆，突出动静结合、购物与旅游结合、教育与欣赏结合三大特色。

▢ 水景公园
水景公园约占整个市民广场总面积的1/3，中间是一个人工湖，是依照台州市三区两市四县地图的形状建造的。人工湖里有音乐喷泉和水幕电影、小剧场。湖中的九孔桥像长龙卧波，象征着台州的9个县、市、区，还有七彩四季花坛和儿童乐园等。

▢ 集会广场
集会广场是市民集会的场所，可容纳5万人开会，背面是筹建中的人民大会堂，前面有水景"千线水帘"和"三叠瀑布"。

▢ 文化广场
文化广场主体为平整开阔的三角形草坪和三角状大面积浅水，中轴线和两侧是林荫道，是市民们休闲活动的重要场所，融"山色、水色、天色"为一体，质朴中蕴含无尽的风采。

台州海洋世界 AAAA
浙江最大的海洋馆

- 台州市广场中路38号
- 乘108等路公交在在台州海洋世界站下即到
- 160元

台州海洋世界也是浙江最大的海洋馆，国内首创的都市型水族馆，是全世界两个可以从上往下参观的水族馆之一。

该馆共分5层，内设热带雨林馆、珊瑚礁生物馆、海底隧道馆、海洋嘉年华等海洋生物展示和游乐设施，并推出美人鱼、人鲨共舞等表演项目，还有海洋礼品商场、海洋欢乐餐厅等配套服务项目。

玩家 攻略

1. 旅游区提供免费的导游服务；游客中心设有医务室，提供医疗及医疗急救服务。

2. 游客中心为特殊人群提供轮椅、拐杖、童车等服务，并有寄存处，此外，还提供针、线、雨具等的便民服务。

3. 景区内设有停车场，可停放大客车、面包车、轿车、摩托车等车辆。

4. 旅游区建有残疾人专用厕位，无障碍通道，为残疾人游客提供方便。

5. 想要真正体验海底乐趣，不妨参加这里的"海底休闲潜水俱乐部"，由专业潜水员带领，进行60分钟的水下旅行。潜水地点在海洋世界海底隧道馆主池。

6. 吃：海洋馆附近可就餐的地方很多，西边就有当地有名的新荣记大酒店，还有一些精致而不贵的小餐厅。

海豹

大陈岛海上森林公园
被誉为"东海明珠"
📍 台州市椒江区大陈岛镇

大陈岛被誉为"东海明珠"。岛上气候温暖湿润，海岛景观旖旎，海产丰富，林木葱郁。大陈岛海岸地貌发育齐全，各种海蚀和海积景观蔚为壮观。岛屿西侧多滩涂，东、南、北侧多海蚀崖、海蚀平台、海蚀洞和砾石滩。

玩家 攻略
从椒江区海门码头有船至大陈岛，岛上有旅游接待站和宾馆。当地菜肴以鲜活小海产为特色。大陈渔港是鲜活海产品出口交易点。

玩家 解说
大陈是台州列岛主岛，分上、下两岛，距海门码头52海里，岛上岗峦起伏，主峰凤尾山海拔228米，历史上是繁华的海上渔镇和海上要塞。

1955年1月，解放军陆、海、空三军首次联合跨海作战，一举解放大陈岛屏障一江山岛，国民党军队从大陈岛等浙江沿海诸岛裹胁岛民全部撤到台湾，制造了"大陈浩劫"，至今战争遗迹处处。1年后，温州青年志愿垦荒队踏上已荒无人烟的大陈岛，经过40多年建设，大陈岛又复现渔镇闹市，并建成海上森林公园。

大陈岛上的胡耀邦铜像

锦绣黄岩
壮观非常的人工窑洞
📍 台州市黄岩区江口镇下郎村
🚌 黄岩区乘206路公交可达 ¥60元

锦绣黄岩景区原名朱砂堆，明嘉靖十二年（1533年）在此凿石重筑城墙以抗倭，所遗石屑呈朱红色，故名朱砂堆。唐代名将薛仁贵任职黄岩时，曾在此采石筑城，留下了百米高的既深又大的石仓和几个洞穴相环拱而成的异常壮观的人工窑洞。

锦绣黄岩是一处古代采石形成的洞窟胜景，以石窟风光、洞庭瀑布、空山泛舟、山水园林、天然岩画、帝王雕塑和都市夜游为特色。景区由黄岩怀古、空山泛舟、仙人画壁、帝王遗梦、洞庭观瀑、残山剩水、石梁飞泻、天音流韵、古宕橘香等分区组成，附近有隐居寺、蟠龙洞、宝相寺、叠石寺、白龙潭、白石岭关和东岙大仁山等景致。

松岩山
素有"橘乡小雁荡"之称
📍 台州市黄岩中部澄江镇

松岩山又名北嵩岩山，因峰、岩、洞、泉、径、茂林、古寺的奇险、幽雅而被誉为"橘乡小雁荡"。

松岩山的景点分前山景区和后山景区。前山景区主要以莲峰山和岱石山的莲尖坪和石大人为核心，其周围有象鼻岩、蚂蟥岩、美女照镜岩、乌龟岩和爱乡亭等诸景；外围有古松柏木、岱石庙等诸景；后山景区以后寺为中心，两区之间接合部为云片瀑和天梯为主的瀑梯景带。

玩家 解说
松岩山景区内有人文活动的历史非常悠久，早在新石器时代这里就有人类生存，并在小里灰村出土了不少良渚文化遗存，这里的柑橘种植始于三国，距今已有1700多年的历史。在山南的沙埠于五代至北宋已有大量精美的青瓷生产。此外还发现了商代墓葬遗址。

松岩山宗教文化深厚,南北朝宋武帝年间(420—422年)建岱石庙;元代至正年间(1341—1368年)高僧秋江先后在松岩山顶建造了法轮寺(前寺)和常寂寺(后寺)。盛时有僧人三四百人。

院桥镇
山水古刹历史悠久
台州市黄岩区院桥镇

自宋代开埠后,院桥即有"南乡重镇"之美誉。院桥镇古文化遗址众多,现有景点以山水古刹为主,有太湖山、秀岭水库、鸡笼山、鉴洋湖、广化寺、宝轮寺、崇福寺和炮台山公园。其中,鉴洋湖属于国家城市湿地公园。

▫ 鉴洋湖

鉴洋湖是黄岩最大的内湖,是古海湾演变的潟湖,古时盛产银鱼;清末筑湖堤建"寄傲轩"。

鉴洋湖分上、下两湖,河港相连。明初,上湖建泽洋桥,下湖建镇锁桥。其中,镇锁桥建于清乾隆五十六年(1791年),为古道西泽捷径的重要石桥,自西向东,长135米,宽3米,其功能是能够拦截太湖山之水,防止直泻下游成为水灾,是古人造桥工艺与风俗的巧妙结合。

▫ 广化寺

广化寺始建于三国赤乌四年(241年),距今已经有1700多年的历史,是江、浙两省最早36所寺院之一。北宋至和二年(1055年)朝廷赐额灵龟寺。治平三年(1066年)改为广化寺。广化寺以其独特的地理位置、优美的环境条件、绵长的历史沿革为全国著名高僧——新昌大佛寺方丈悟道法师称道,并被载入《中华佛教名胜大全》。

▫ 院桥炮台山

炮台山顶原有烽火台遗址,为清初清军为阻断郑成功义军与当地居民的联络而建的瞭望台。烽火台白日升旗,夜间悬灯,配置信炮、火把、铜锣。清初的烽火台今日已难见遗迹,现于院桥炮台山顶原烽火遗址重建了仿城门楼形式的烽火台。

金泉农庄
台州面积最大的生态休闲农庄

✉ 台州市路桥区金清镇黄琅

金泉农庄是一家以高科技农业和休闲观光农业为主的都市商务休闲农庄。整体布局按照"人、自然、和谐、健康、教育、发展"设计理念规划。目前是浙江省内唯一靠海临江的生态农庄、台州市唯一一家省级农业高新示范园区、台州市区唯一面积最大的生态休闲农庄。旅游区内有金泉渔村、绿篱迷宫、农业展览馆（百农馆）、百嬉馆、认知园、索桥探幽、不老园、柑橘采摘乐园等景点。还可进行垂钓、露营、烧烤等活动。

玩家 攻略

1. 农庄外围江边天然芦苇荡群构成了独特的天然生态湿地，栖身着的天然鸟类白鹭等国家保护鸟类，在此观看鸟景宛若世外桃源般惬意。

2. 这里每年还举办柑橘自摘节、葡萄自摘节和台州农菜节等旅游假日活动，来此休闲度假十分惬意、轻松。

划岩山
有罕见的岩层断裂景观

✉ 台州市黄岩区头陀镇西北部的溪上、山屯等村境内

🚍 乘859路公交可达

划岩山景区内林茂山秀，有国内外罕见的岩层断裂景观。分为藏雪潭、画岩龙潭、瀑布群和裂谷群4个小景区。景区内林茂山秀，清溪长流，幽谷深曲，怪石林立，其间峰、岩洞、谷、瀑、潭、洲、崖一应俱全，还有国内外罕见的岩层断裂景观——迷宫般的裂谷及高悬于山崖峭壁的飞鹰道。

峰景中以画屏峰、屏障峰、六子峰、三屯峰与弥勒峰尤显俊奇，画屏、屏障与门子峰环接屏峙，峰峰壁立，形如其名，形象逼真。洞景中以水帘洞、通天洞和蝙蝠洞更为玄妙奇特。景区内瀑布众多，其中以雪瀑潭、飞岩瀑和画龙瀑最为壮观，往往是瀑下有秀潭，潭后接着水帘洞，瀑、潭三位一体也是本景区的特色。

农庄

景点推荐

台州北部旅游区

台州府城 AAAAA
被称为"江南八达岭"

- 临海市江南长城揽胜门
- 临海客运中心外乘209路公交车可达景区
- 联票（台州府城+东湖）70元

江南长城始建于东晋，长6000余米，现存5000米，东起揽胜门，沿北固山山脊逶迤至烟霞阁，于山岩陡峭间直抵灵江东岸，延伸至巾山西麓，依山就势，俯视大江，矫若巨龙，雄伟壮观。

玩家 解说

史载，明朝名将戚继光在临海8年，抗击倭寇九战九捷。其间，戚继光与知府谭纶整修临海古城墙，创造性地加盖了二层敌台，遗存至今，戚、谭随后奉调蓟州，修建北京附近的明长城。

他们抽调江南三千兵士，将其在临海筑城经验运用到明长城修建工程中。北国长城的空心敌台，源自临海。因此，南北长城在规格、形制、构造上共同点很多。

巾山

巾山又称巾子山，山高百余米，三面临街，南濒灵江。相传皇华真人得道升天时

江南长城

堕下巾帻而成此山，山上石壁仍刻有"遗巾处"。山顶有双峰，分别为东峰、西峰，为巾山的最高点。唐代于双峰始建双塔，临海人称之为大塔和小塔；大小双塔又称"文峰塔"。

山腰建有南山殿塔和多宝塔。南山殿塔为纪念唐玄宗时抵御安禄山的张巡元帅而建。多宝塔又称千佛塔，塔的面砖和壁龛上均刻有佛像（原有佛像1003尊），一砖一佛，共千余尊。巾山一山四塔，实属少见。

玩家 攻略

游巾山，看群塔，东南西北都可以上山。东从灵江大桥北侧小固岭登山，由东向西游；北从老电厂东面，可拾级而上；西从老南门——兴善门东北面的城墙道口起步；南从临海师范山脚上山。四条山路可任意选择。

□ 东湖

东湖以紧临台州古城墙东侧而得名，原为城北白云、山宫数溪汇合处。湖分前湖和后湖，湖中有洲渚。洲上多亭阁，前湖月堤上的"浣月洲"为全湖中心，后称"樵云阁"。其南又有湖中洲，洲上建有"湖心亭"。亭阁三层，飞檐八出，高瓴流瓦，翘角滴翠，气度宏伟，构造精巧，为全湖览胜之佳处。后湖樵云洲上原有荣禄祠、文昌阁、逢源亭等。今尚存逢源亭。

□ 紫阳街

紫阳街是千年古城的缩影，是历史文化名城的象征。紫阳街有纪念宋代南宗道教始祖张伯端（紫阳真人）的石碑、紫阳桥和紫阳坊、紫阳故里和紫阳宫遗址，原紫阳宫南大门牌坊基石保存完好。还有明万历十九年（1591年）由举人吴执御、彭世焕、王如春、章应科、徐子瑜五人立的"五凤坊"，遗址尚在。

紫阳街两旁的水井是紫阳街古迹的一大特色。这里古井众多，历史久远，富有江南水乡特色。其中最引人注目的要数紫阳井和千佛井。

□ 龙兴寺

龙兴寺为台州之首寺，天台宗重点寺院，是浙江五大佛寺之一。龙兴寺始建于唐神龙元年（705年），入口的牌坊上写着"神龙古刹"。中国佛教史上最早的门派——天台宗创建于台州的天台山，龙兴寺对弘扬中国天台宗有着极其重要的贡献。寺院占地约1公顷，为仿唐建筑，分3个院落。

北固山

北固山原名龙顾山，因其山形酷似一条首尾相顾的卧龙而得名，是国家历史文化名城临海的北面屏障。东晋元兴年间（402—404），"太守辛景凿壁于龙顾山，以拒孙恩起义，此为筑城之始"。辛景为纪念这次战争的胜利，将龙顾山称为大固山，因山在北面，又叫北固山。江南长城便建于北固山之上。

北固山东南麓现有戚公祠，由主院和中国冷兵器博物馆两部分构成，有入口牌楼、抗倭场景展示、纪念馆、冷兵器博物馆四大景观。

括苍山景区
道教十大洞天之一

- 临海市括苍山镇
- 免费

括苍山景区是道教十大洞天之一，其主峰米筛浪，海拔1382.6米，为浙江省东南第一高峰，也曾是21世纪曙光的首照地和最佳观测地。

括苍山山顶建有全国四大风电场之一的括苍山风电场，它是由33座风车组成的风力发电场，因相对海拔高度居世界各风电场之首而闻名。错落有致的风机与绚丽的自然景观交相辉映，形成一道壮观亮丽的风景线。

玩家 攻略

括苍山的特点是潮湿、大雾频发，括苍山的年平均雾日为286.3天，大雾多出现在日出以后或下午，故观看日出以后又可观到山下雾海抬升成云的云海奇观。

提示：括苍山观日出的最佳时节是5至6月。此外，9月中下旬至10月初，秋高气爽，站在括苍山顶上，山光海色尽收眼底。

桃渚风景区
独特的自然地貌景观

- 临海市桃渚镇城里村
- 临海市区或椒江（海门）渡船至椒北，再乘往桃渚、东洋的中巴前往
- 十三渚景区35元

桃渚风景区集峰、洞、石、瀑、滩于一身，被誉为"五绝"风光，由抗倭古城桃渚、天下奇观珊瑚岩、小雁荡武坑、海滨浴场等众多景观组成。

桃渚抗倭古城

桃渚抗倭古城是目前全国保存最好的

括苍山俯瞰

抗倭军事要塞，始建于明洪武年间，城高二丈一尺，周围二里七十步，是明代浙江东南沿海用于抗倭的41个卫所中唯一保存完好的一个。抗倭名将戚继光曾在此屡败倭寇，战绩辉煌。

古城内外，古迹众多，风景优美。后所山上有"眺远""镇海"题刻，有抗倭亭，最高处有敌台、烽火台。城内有抗倭陈列馆，古城一条街等。

▢ 桃渚珊瑚岩群

桃渚珊瑚岩群是国内罕见的珊瑚岩景观。珊瑚岩的总面积约5平方千米，是典型的火山熔岩地貌。20世纪80年代，在这里发现了距今1.8亿—7000万年的翼龙化石，这在江南属首次发现，在国内也为数甚少，对研究我国东南沿海地区的古代气候及地质地貌都有很高价值。

▢ 武坑风景区

武坑属火山熔岩形成的台地、峰丛、孤峰，宛如琼台玉阁、人间仙境。山不高而峰奇，路不陡而崖峻，小巧中显奇秀，平缓间见雄壮。绝壁环布，沟谷清幽，几十处峰岩既高又怪，展旗峰、仙人担等，惟妙惟肖，联辉、主幢、玉镜等洞穴各有特色，火焰山一线瀑、珍珠瀑等更是美不胜收。

▢ 石柱灵峰

石柱灵峰气势雄伟，上平下削，玉质嶙峋，后有一小石柱，低岗相连，酷似骆驼静卧。峰下有桃江十三渚，弯弯曲曲，水抱洲渚，状如"九龙戏珠"。田园风光，如诗如画。附近有将军岩、玉壶岩、二蛙登山、龙斩腰等景致及明霞、漏月诸洞。西连秀丽芙蓉山，雄壮白岩山，别有洞天。

▢ 龙湾海滨景区

龙湾海滨景区海岩曲折，岬湾齿错，礁石嶙峋，海蚀洞窟和石崖遍布。涨潮时，惊涛拍岸，巨浪排空，气势壮观。游人除了游泳、冲浪等活动外，也可以踏沙观潮，赶海、吃海鲜，晨看日出，夜赏"月明如水水如天"的景色。

牛头山度假区
浙江唯一的生态旅游度假区
临海市牛头山水库旁

牛头山度假区以浙江第三大湖牛头山湖为中心，面积18平方千米，是浙江唯一的一个以生态休闲旅游为主要特色的度假区。

度假区内景点众多，山、湖、林、泉、溪、瀑、谷、寺种类俱全。牛头山湖碧波荡漾，湖深林幽；百丈青生态公园山岩险峻，奇石嶙峋，瀑布雄伟，山清水秀，植被茂盛。度假区内各种设施齐全，有会议接待区、休闲区、康乐区、民俗商贸区、度假别墅区、生态观光游览区、动植物资源保护区等，自然景观奇秀，动植物资源丰富。

桃渚古城和这儿的居民

三门海涂

玩家 解说

牛头山湖的水是由逆溪汇入水库的,一般的水都是由西向东流,可逆溪的水却相反,是从东向西流,故有"百廿里倒流水"之称。

逆溪溪流很长,历史上就有36个渡口通行。清代著名学者、临海宋世荦有诗赞曰:"三十六渡溪水长,霜枫如血菊花黄。前溪落叶无人管,飞过后溪也无妨。溪岸闲云昼不开,溪溪西去复东回。大声如沸儿童噪,有客肩舆溪上来。"

国华珠算博物馆
有"中华国粹"的美誉

◎ 临海市市区深甫路
● 免费

国华珠算博物馆集古今中外算盘之大成,是我国唯一以陈列珠算为内容的博物馆,有展厅6个,算具1300余种,珠算史料3000余件,以"五最"(最早、最大、最小、最长、最重)备受瞩目。

展品中,依次陈列古代原始算具的模型和各个历史年代的算盘、算珠等复制品:有国外的埃及沙算盘、欧洲线算盘、罗马沟算盘和17世纪发明的计算尺等;有各种金属算盘、各种形状的算盘、各种材质的珍稀算盘;还有部队使用过的行军算盘等,弥足珍贵。

蛇蟠岛 AAAA
有"千洞连环洞"之美称

◎ 台州市三门县蛇蟠乡
● 三门县西站乘公交202路可到达
● 上岛免费,海盗村+野人洞联票85元

蛇蟠岛是台州市第一大岛,是理想的旅游避暑胜地。曾是电影《渔光曲》的外景拍摄地。岛上水产养殖业颇为发达,盛产蛇蟠石,色泽棕红,宜雕琢。

蛇蟠岛风景区由海盗村、野人洞、红宝石洞窟宾馆、鲁滨逊(鲁滨孙)度假村(洞窟)、千洞禅寺、三门湾海岛观光游、蛇蟠山洞窟探险游、玲珑山滨海游乐区和狮子岭休闲度假区组成。岛内有历代采石留下的大小岩洞1300多个,千窟连环堪称天下一绝,人称千洞岛。

玩家 攻略

1.岛上黄泥洞村和山前村各有一个大岩洞,进口宽敞,洞内广阔,地面铺砌石板,筑有戏台,是个天然剧场,可容上千人观看。

2.游览岩洞之后,或去鱼塘垂钓,或乘船去海钓,或去海涂捕鱼捉蟹、捡贝,或去海中游泳,还可去庄户人家走访,品尝水果、海鲜……乐趣无穷。

台州南部旅游区

景点推荐

松门滨海风景区
体验沙滩、礁石的滨海风情
温岭市松门镇

松门滨海风景区由伏龙山(理想的海滨度假胜地)、水桶岙(形似水桶而得名)、洞下沙滩(台州最大的天然海滨浴场)、沙镬岛4个景区组成,有大小景点近50个。

◻ 水桶岙景区

两侧高山相峙而出,中间环抱沙滩,因形似水桶而得名。沙滩沙质细腻、四周山崖形象奇特,有鲤鱼跳波、天鼠享食、神龟望月、鲨鱼出海、海豚戏水、弥勒大佛等景点。

◻ 沙镬岛景区

岛礁风貌奇特,岛上有金黄色粗砾沙滩、鳌蛟出海、园屿等天然佳景。积谷山岛留有人文古迹,传说颇多。

◻ 洞下景区

主要由沙滩和石洞组成。洞下沙滩沙质尤佳,已开发成台州市最大的海滨浴场。

方山—长屿硐天风景区 AAAA
登山观石，风景绝美

- 温岭市大溪镇境内
- 乘坐温岭—方山（正大门）的公交可到景区
- 八仙岩10元，双门硐景区联票120元

方山因山体雄浑方正、四周壁立如城而得名，最高海拔461米。方山宗教历史悠久，供奉北宋著名抗辽家族杨家将，历来香火鼎盛，善男信女众多。山周围5千米的绝壁多在百米以上，山顶平坦开阔，是一处集危崖绝壁、奇峰深谷、飞瀑溪涧、田园风光于一身的旅游胜地。

长屿硐天集雄、险、奇、巧、幽为一体，被誉为"中华第一洞"，堪称举世一绝的中华石文化的精髓。由八仙岩、双门硐、崇国寺和野山4大景区组成，是人工采石后形成的石文化景观，有28个硐群，1314个硐体。

玩家攻略

温岭市傍山面海，山珍海味俱全，名特产品种丰富。柑橘、灰鹅、对虾、乌贼鲞等都是当地名优特产，不可不尝。

▢ 八仙岩景区

八仙岩景区因山巅有8块山岩而得名，以八仙岩寺为中心，连接着石梁古洞、凌霄硐宫等39个景点。

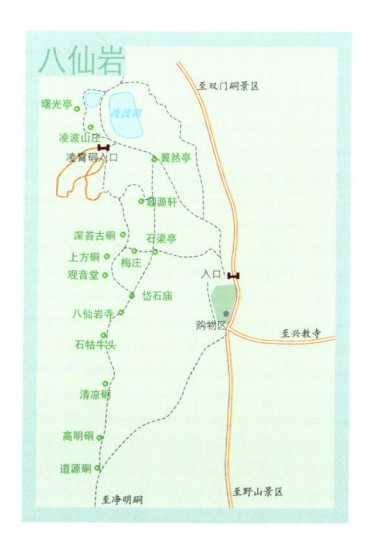

八仙岩寺：巨崖如削，大雄宝殿倚壁而建。构筑奇巧，洞内佛像、菩萨、罗汉等雕像雕工精湛，栩栩如生。

岱石庙洞：洞顶峭壁高百余米，"石破天惊"四字数里外能见，庙内塑有汉代大儒董仲舒神像，供人千秋瞻仰。

凌霄硐：位于长屿硐天东园区凤凰山东侧，由8个洞体组成。洞厅游览线500多米，洞内变幻莫测。全宫以生动的立体造型，融声、光、机、电为一体，反映社会几千年的发展历史及神话传说等。

▢ 崇国寺景区

崇国寺距今已有1600多年的历史。崇国寺青山环绕，背靠7座山峰，大雄宝殿金碧辉煌。寺内有智者泉等名胜，寺四周古柏参天，风景宜人，登寺后大鹏顶可见东海浩瀚、天水相连。

乌龟岩：位于崇国寺景区麦芒岙，因远眺山顶岩石酷似乌龟而得名。龟背有200平方米，龟头滚圆，两人方可合抱，龟嘴微张，口内可藏几十人，见此景，无人不叹其珍奇。

上洞、中洞、下洞：位于崇国寺对面楼岙山，由10个洞窟组合而成，有的透天，有的重叠。洞壁屹立、曲折深邃，如同迷宫。被僧、尼、道作为清修的洞天福地。

▢ 双门硐景区

双门硐是集青山秀水自然风光和宗教文化、石文化景观于一身的观光、休闲景区。在幽静中看奇险，有双门硐、观夕硐、鹤峰硐、水云硐、紫云硐、净明硐、双门石窟等景。

观夕硐：是经千年开采留下的最大洞群，有348个洞体。硐内凝灰岩削壁成廊，天

窗顶空，石架悬桥，层叠有致，变幻莫测，有的峒积水成潭形成峒中长河，泛舟畅游，别有一番情趣。

水云峒： 由52个洞体组成，其中透天洞6个、水洞8个。中国石文化博物馆系水云峒的重要组成部分，为我国最大的洞穴博物馆。由奇石馆和艺术馆、生活馆、采石馆、休闲馆、名人字画馆等展馆组成。《神雕侠侣》《鹿鼎记》等多部剧组曾取景于此。

双门石窟： 位于长屿硐天园区凤凰山北麓，是一处以石窟文化和道教文化为主要特色的旅游胜地。景区内有着十分丰富的摩崖石刻，还有千姿百态的石窟凿像，以及精妙深玄的道家故事壁画。

🟩 野山景区

野山景区保持着原始的自然风貌和生态环境。有天打岩、神鹰岩、翠鸟谷、彩竹石笋、巨蚕上冈、鳌龙归潭、双象、蛇蜥相争、猫观胜负等诸多景点。

翠鸟谷： 长约200米，谷中有一瀑布，下为深潭，游鱼如梭，谷中绿树翠竹成林，为翠鸟的乐园。

蛇蜥相争： 野山景区双象岩南侧有二石，相距3米余，一石似巨蛇，伸颈吐舌；一石似巨蜥，斜眼张嘴，做争斗状。有一高约40米的岩石，酷似猫头，眼、鼻、口、耳皆可辨，似在观看蛇蜥争斗的胜负。

玩家 解说

苦竹株矮小，枝叶茂，青翠可人，是制作盆景的好材料。

大鹿岛景区 AAAA
"森林艺术岛"

📍 台州市玉环市鸡山乡
💰 45元

大鹿岛被称为"森林艺术岛"，由大鹿、小鹿两岛组成，是国家级海岛森林公园，其中龙游洞、索桥风月、八仙过海、五百罗汉、寿星岩、渔翁老洞、乱石穿空、千佛龛为岛上八大景观。就景观而言，海上森林、奇礁异石和岩雕艺术是大鹿岛之"三绝"。此外，岛上还有众多名家巨匠所书的摩崖题刻。

链接
大鹿岛的岩雕艺术

1986年，中国美术学院教授洪世清只身登上大鹿岛，进行了长达14年的"大地艺术"创作，在大鹿岛自然形成的岩石上以石赋形，以海生动物为题材，创作精湛的岩雕作品99件，堪称旷世瑰宝。

龙潭坑
传说中有神龙藏匿的深潭

台州市玉环市凤凰山麓

龙潭坑又称龙潭溪。景区四周重峦环抱，林木葱郁，清泉长流。龙潭水发源于田螺山麓，有里外圆形两潭，外潭略小，且浅；里潭略大，深不可测，传说有神龙藏匿，龙潭坑之名由此而来。

链接
三合潭古文化遗址

在龙潭坑南侧的三合潭河谷盆地，有三合潭古文化遗址。遗址延续期长达1800余年，是距今4000~3000年的东南沿海岛屿罕见的多层文化遗址，是研究我国沿海岛屿史前文化的典型代表。遗址面积约2.1平方千米，20世纪80年代陆续出土了新石器时期及商周、春秋战国和汉唐时期的大量文物。

玉环漩门湾观光农业园 AAAA
休闲度假好去处

台州市玉环市清港镇迎宾西路西端

45.8元

玉环漩门湾观光农业园是华东地区规模最大的观光农业园之一。由管理服务中心区、农耕文化游览区、休闲康体游憩区、生态农业种植区、世界名柚园区、渔乡风情区和生态果园观光区七大功能区组成。

农业园将生态农业和旅游休闲观光融为一体，充分体现了当代传统农业园的生产功能、生态功能、文化功能与观光休闲度假功能。游客在这段自然之旅、田园之旅中，可知农、学农、爱农，感受世外桃源般的惬意，流连于奇葩竞艳、飞鸟相逐的世界。

园内建有大型柚子园、葡萄园、樱桃园、梨园、杏园等大型果园，一年四季都能看到各种花卉含苞待放。玉环的水果以玉环柚子为代表，连续九年获得"中国柚类评比"冠军，从柚子中提炼的"软黄金"柠檬酸，具有很高的药用和经济价值；在园内中心区内还建有水景园、垂钓园、百鸟园等，可

大鹿岛风光

以让游客在精彩的文艺表演中享受农家的乐趣。

石塘
"东方的巴黎圣母院"

📍 温岭市石塘镇

石塘被人们誉为"东方的巴黎圣母院"和"画家的摇篮"。石塘镇的楼房皆依山傍海，以块石垒筑，高低错落有致，石屋、石街、石巷、石级，独具风采，很有特色和美感。

玩家 解说

2000年1月1日6时46分，新千年的第一道曙光在中国大陆首先照到温岭石塘。为了让这千年一刻变成永恒的纪念，温岭石塘兴建了"千年曙光石碑"及观景台。水天一色、渔港帆影、景象万千。2000年10月26日，中国科学院国家天文观测中心、中国2000年委员会宣布将一颗编号为14147号的小行星命名为"温岭曙光"星，这也成为第一颗以浙江省城市命名的小行星。

链接
石堡楼

石堡楼是石塘方圆四五平方千米的山岙里的典型建筑。这种"屋咬山，山抱屋"的石砌建筑，三五成群，高低有序，极富节奏感，构成一个迎风搏浪的石雕群体，充满阳刚之气。石堡楼用长方形石料极工整地拼叠而成，造型犹如一座座欧洲中世纪的城堡。还有那石塘特有的石窗格，用坚硬的花岗石雕凿出多变的几何图案，中心有宝葫芦、双鱼、狮子等吉祥物，寄寓着渔民们心中的美好愿望。

世界名柚园
玉环柚生产基地

📍 玉环市北部

世界名柚园是县内种植玉环柚规模最大的基地。现已种植玉环柚200公顷有余，全部采用优良株系培育而成，选送的玉环柚荣获全国柚类评比八连冠，并被中国国际贸易促进会列为向欧盟市场推荐的产品。

园内种植沙田柚、金兰柚、蓬溪柚、葡萄柚、绿柚等国内外24个名柚品种。著名生物学家谈家桢教授视察基地后给予了高度评价，并亲笔题写"世界名柚园"，世界名柚园即由此得名。

玩家 攻略

园内及周边有大片木麻黄林和广阔水系，时见白鹭在此飞翔戏水，颇有"江南水乡"之韵。每年5月柚子开花期和10月柚子成熟期，园内景色宜人，香气四溢，是去往世界名柚园生态观光游览的最好时节，可进园观光采摘。

石塘风情

攻略资讯

- 交通
- 住宿
- 美食
- 购物
- 娱乐

仙居公盂仙境

交通

飞机

台州路桥机场是境内唯一的机场，位于路桥迎宾大道东端。通航城市包括北京、上海、广州、深圳、武汉、长沙、成都、重庆、昆明、青岛等。

机场交通：从市区乘907路公交可直达机场。

火车

台州市境内运营铁路有甬台温铁路、金台铁路、杭台高速铁路。

台州站：位于台州市椒江区市府大道西段999号，是杭台高速铁路的中间站之一。台州站集多种交通方式换乘功能为一体，内外通达的立体化综合交通枢纽、多种交通方式的无缝衔接满足了旅客出行"零换乘"的需求。在市区可乘坐公交1、156等路前往。

台州西站：位于台州市黄岩区境内，途经该车站的线路为甬台温铁路和金台铁路。可乘坐K1、912路前往。

汽车

台州市境内公路交通非常发达。境内有多条公路纵贯全境。台州客运总站是整个台州地区的公路交通枢纽，跨省、跨地班车多在这里始发。椒江（海门）、黄岩也有长途汽车站，主要是发往台州市境内的班车。

车站	位置
台州客运总站	椒江区黄海公路588号
台州市客运东站	台州市椒江区汇丰路222号

台州站

住宿

台州住宿条件优越,高、中、低档酒店、旅馆应有尽有。一些高档次酒店、宾馆多集中在台州市市区(路桥区、黄岩区、椒江区)。另外还有很多价格实惠的小旅店、招待所,环境也都不错,适合背包一族。

● 耀达国际酒店

耀达国际酒店是台州第一家五星级酒店,住宿区设施齐全,环境不错。周围购物、娱乐十分方便,附近有不少大型商场和KTV、酒吧等,早上提供自助餐。椒江区耀达路318号 0576-88688666

● 罗曼国际大酒店

罗曼国际大酒店的装修设计为黑白搭配的简约风格,很有现代浪漫主义情怀。早上提供免费的早餐,很有当地特色。酒店附近有超市、咖啡厅等休闲购物场所,十分便利。 黄岩区劳动南路358号 0576-84239999

● 太平洋王子国际饭店

太平洋王子国际饭店是性价比相对较高的宾馆,装修豪华,地理位置极佳,处于台州市中心地带,交通便利。 路桥区西路桥大道2号 0576-82785555

美食

海鲜是台州餐饮的特色。台州各种海鲜品种齐全,味美肉鲜。以海鲜为主的台州十大名菜,包括台州首脆、鲳鱼年糕、沙蒜煲、花园豆腐、阿金鱼头、红烧大陈黄鱼、干蒸三门青蟹、原盅鲍鸭、小珍煲海蜈蚣、蟹黄鳗胶等,口味鲜美、风味独特。另外,仙居的传统八大碗和三黄鸡也十分出名。

台州还有很多特色小吃,品种繁多,著名的有台州六大名点:食饼筒、鸡蛋麻糍、红糖麻糍、庆糕、番薯老鼠、古城咸羹,令人垂涎。

● 食饼筒

食饼筒就是把各种美味佳肴用纸一样薄的麦焦皮(也有用米浆烙的米筒)包成筒状,它是台州著名的一种小吃,俗称"麦焦",也有叫麦饼筒和锡饼的。说是小吃,其实家家户户都把它当作主食,因为在面皮里面已包罗了餐桌上所有的菜肴。

耀达国际酒店

美味的食饼筒

三门青蟹

●仙居三黄鸡

仙居三黄鸡被誉为"中华第一鸡",曾得到明朝开国皇帝朱元璋的钟爱,被列为贡品,"三黄鸡"的名字由朱元璋钦赐。该鸡属于农户大自然放养。其肉质细嫩,味道鲜美,营养丰富,在国内外享有较高的声誉。现是我国著名的地方优良品种,具有体型小、外貌"三黄"(羽毛、爪、喙)、适应性强、产蛋性能好、肉质鲜嫩等优良性状。一般在景区餐厅都能吃到;也有真空包装的熟鸡,携带方便,即开即食。

●三门青蟹

三门青蟹产自浙江省三门湾畔三门县境内,这里养殖青蟹已有200年历史。三门青蟹个大、体壮、色泽鲜艳、肉味鲜美。烹饪方法20余种,较常见的有芙蓉青蟹、姜葱青蟹、青蟹豆腐煲、百花青蟹丸等。

●仙居"八大碗"

仙居"八大碗"主要有"莲子""香菇""海参""鲤鱼""红烧肉""肉皮泡""敲肉""泡肉"等,是当地最有特色的系列土菜,历史悠久,是当地人招待亲友或贵客的佳肴。

仙居"八大碗"

购物

台州的特产有黄岩蜜橘、楚门文旦(柚子)、松门白鲞。旅游工艺品有黄岩的绣衣、小南门纸扇、翻簧竹雕、昌席、康谷草帽,以及温岭的草编等,都是旅游购物的佳品。

台州特产

●黄岩蜜橘

在黄岩本地又名天台山蜜柑,为浙江优良宽皮柑橘品种,原产于黄岩区。果实较小,为扁圆形,果皮较粗糙,果顶部常有瘤状突起,皮橙黄色,果肉柔软多汁,甜多酸少,

仙居三黄鸡

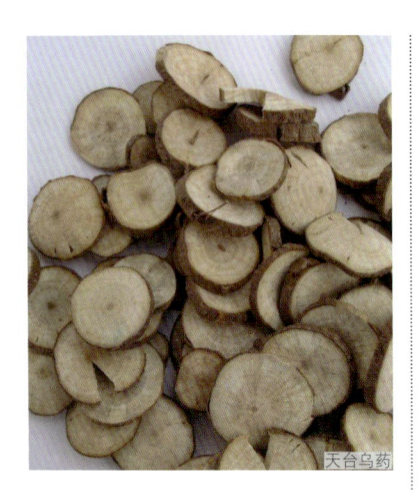

品质上乘。

● 橘花蜜

蜂蜜是台州传统特产。清康熙十年（1671年）已有蜂蜜外销。民国时期，仙居、临海、黄岩、温岭一带，养蜂已较兴盛。台州蜂蜜多样，以春季采酿的橘花蜜和冬季采酿的枇杷蜜品质最佳。橘乡黄岩以盛产橘花蜜著称。

● 天台乌药

天台山峰峦重叠，郁郁苍苍，气候温暖湿润，四季分明，是著名的药材产地。其中以天台乌药、三七参、白术、芍药、茯苓最为著名。

台州购物去处

● 中国日用品商城

此商城分6大区、16个交易厅、6200个精品屋和标准摊位，可容纳10万人同时进场交易。交易商品有服装、棉布、日用百货、床上用品、塑料制品、家具、装饰材料、家用电器等10大类，近2万个花色品种，是国内特大型日用品贸易中心之一。

● 温岭市珍珠首饰批发市场

该批发市场位于市区北郊约4千米处，离南嵩岩省级风景名胜区、江厦省级森林公园较近，水陆交通方便。温岭市是全国最大的珍珠制品集散地之一。目前，市场销售的产品有项链、手链等珍珠饰品和动物造型的工艺品，品种繁多。该市场还有餐厅、酒吧、旅馆等附属设施。

● 松门水产批发市场

该市场位于温岭市松门镇，面向东海大渔场，背靠温黄平原。该市场建有10幢八角亭交易大厅，造型独特，风格别致。分鲜活、干货两个交易区，设摊位3000多个，被中国经济研究会评为"中国一流市场"。

● 东海商城

东海商城位于温岭市中心城区东南方向石桥头镇内的76省道林石线公路旁边，是一家拥有家用电器、高中档摩托车、服装鞋革、音像制品、保健用品、文化用品、化妆品、古玩收藏、珍珠玉器、石雕等旅游商品的综合性商城。该商城地理位置优越，是去往中国大陆千年曙光首照点——石塘的必经之路，已成为外地到温岭出差及旅游者的理想休闲购物场所。

娱乐

台州有不少的民间习俗和传统节庆，如果赶上节庆的时候来台州将会感受到热闹非凡的民间氛围。另外，台州还有喜闻乐见的民间艺术，让人能感受到纯正的台州风情。

● 宁溪二月二灯会

宁溪二月二灯会是宁溪民间的传统节日。全国各地闹花灯大都在正月十五元宵节，而宁溪的闹花灯却在二月初二，而且在形式内容上也独具一格，丰富多彩。二月二，家家户户贴春联、挂彩灯，还要赛锣鼓、迎灯、演戏、舞龙舞狮、迎神。灯会活动一般持续四夜，在初四夜进行大迎灯，因为初四是宁溪市日。迎灯需要两三个小时才能绕街一周，热闹非凡。

● 送大暑船

送大暑船是椒江一带的民间习俗。大暑船内设有神龛、香案，以备供奉。船内载有猪、羊、鸡、鱼、虾、米、酒等食品与水缸、缸灶、火刀、桌、椅、床、榻、枕头、棉被等船上生活用品，并备有刀、矛、枪、炮等自卫武器。

● 上盘花鼓

上盘花鼓是临海沿海一带民间喜闻乐见的歌舞形式。沿海一带的演唱艺人，先后受凤阳花鼓的影响，创作"上盘花鼓"，边唱边舞。早年上盘花鼓无丝弦伴奏，后来经艺人提炼加工，再加上民间习俗的熏陶，也逐渐配上了鼓板、二胡、笛子、三弦、木鱼、碰钟等民间乐器。上盘花鼓成为具有浓厚的临海地方色彩的民间舞蹈。

● 大石车灯

大石车灯起源于清代，已有100多年的历史，由于地理环境和民间习惯等因素，其较完整地保留着一套质朴、粗犷、高亢的车灯音乐。每逢春节、元宵节，车灯便活跃在古老的大石山乡，它们以朴实的方言、豪放的唱腔、整齐的队形、多变的画面串村走户，拨动着人们的心弦。大石车灯的音乐非常丰富，它拥有昆腔、乱弹、徽调等不同源流的声腔，调腔刚柔相兼，粗犷与细腻并蓄，善于表达各种人物喜怒哀乐的感情。

节日和重大活动

节日	举办地	时间
浙江油菜花节	仙居	3月中旬
中国江南长城节	临海	11月初
括苍山旅游节	括苍镇	4月底至5月初
中国天台山云锦杜鹃节	天台县	5月1开始到月底结束
中国杨梅节	仙居	6月初至月底
黄岩柑橘节	黄岩澄江柑橘观光园	11月中旬
路桥美食节	台州路桥国际会展中心(中国城)北侧水路	11月中旬

天台山赏云锦杜鹃

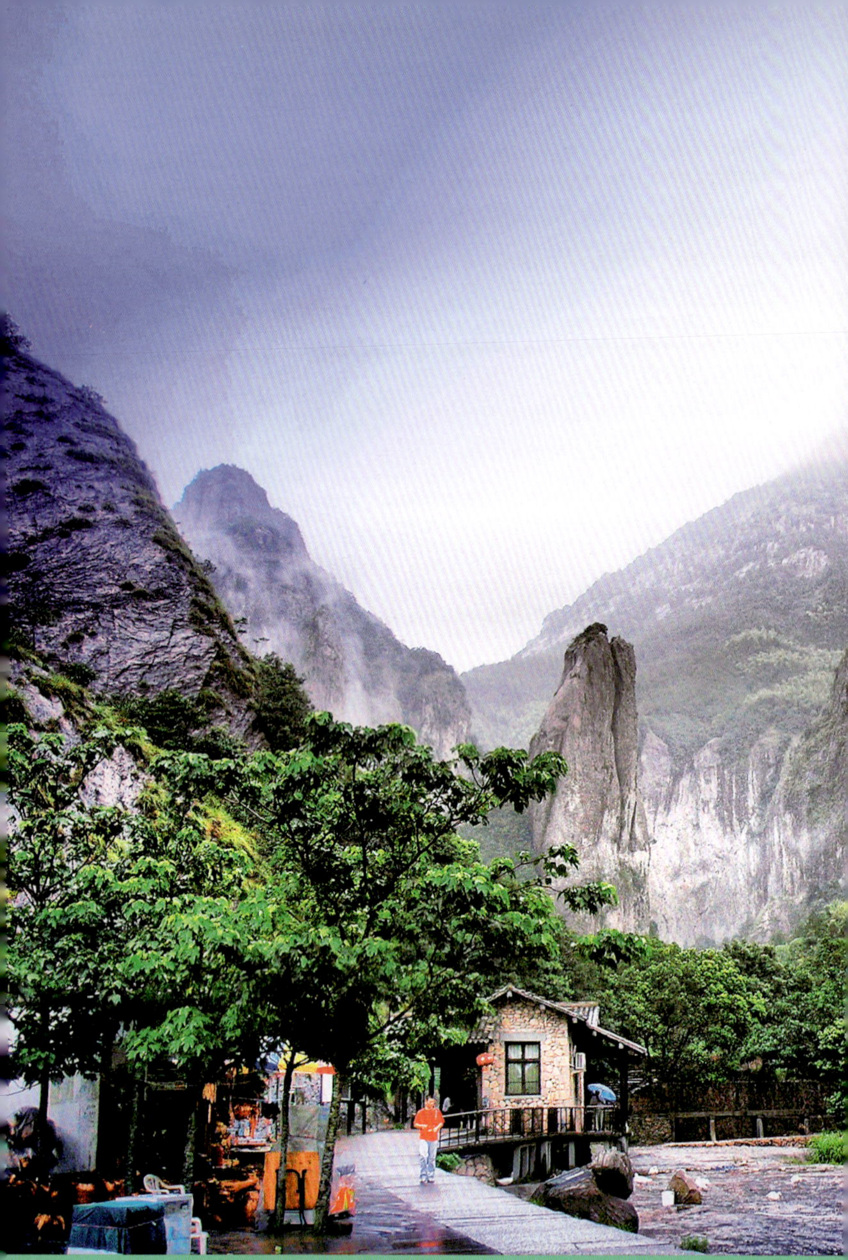

发现者旅行指南

温州

概览

亮点

雁荡山

通常指北雁荡山,是中国十大名山之一,素有"海上名山"之誉,史称东南第一山,尤以奇峰、巨石、幽谷、秀湖、飞瀑著称。

楠溪江

以水秀、岩奇、村古、瀑多、滩林美著称,被誉为"中国山水画摇篮",是我国国家级风景区当中唯一一个以田园山水风光见长的景区。

泰顺廊桥

以其巧妙优美的结构造型,被誉为"中国瑰宝"。姐妹桥(世上最美丽的廊桥)、薛宅桥、仙居桥、文兴桥、三条桥5座木拱廊桥最为著名。

必逛街道

五马街:温州旧城古街道之一。相传始于东晋,现为温州市标志性购物步行街。

纱帽河:温州著名的女人街,以经营女装为主,兼售女鞋、女式包、小饰品、鲜花、摄影、婚纱等行业为一体的女性消费市场。

朔门街:温州旧城中保留最为完整的一条老街。现有古玩字画店、书店、茶楼、咖啡馆、桌游、根雕、泥塑、韩服等百余家各具文化特色的商业店面。

线路

温州市区休闲一日游

早餐后前往温州鞋城,在这里懂技术的游客能观赏到高超的制鞋技术;追潮流的游客能收集到很多时尚元素;喜欢设计的游客还能学到许多色彩搭配、图案设计。随后前往江心屿小岛。

午后可以参加水上项目,比如游船、游泳、水上世界等。之后拜江心寺,登高览胜。傍晚,华灯初上,看小岛夜色。

温州经典一日游

第一天早餐后来到瑶溪景区。随后前往五马街,品小吃。午饭后去纱帽河,逛逛女人街。傍晚来到江心屿,欣赏夜色下流光溢彩、美丽动人的江心。夜宿附近宾馆。

温州海边风光

第二天早起从温州市区赴雁荡山景区,观奇峰怪石、古洞石室、飞瀑流泉。中午可品尝一下雁荡山农家菜,以及味道鲜美、风味独特的小吃,如香螺、雁荡烙饼等。

温州西郊二日游

第一天早餐后去桐溪风景区。中午在附近就餐。午后前往青云谷。夜宿附近宾馆。

第二天早餐后前往寨寮溪景区,岩洞外,山花烂漫;怪石边,瑶草喷香;石崖突兀,青苔润滑。午后返程。

为何去

温州历史悠久,人杰地灵,有"东瓯山水甲江南"之称。温州旅游资源极为丰富,有被誉为"海上名山、寰中绝胜"的雁荡山和号称"天下第一江"的楠溪江两个国家级风景名胜区;有以"东方夏威夷"著称的南麂山列岛和有"动植物王国"之称的乌岩岭自然保护区两个国家级自然保护区。温州还是中国数学家的摇篮、中国山水诗的发祥地、中国南戏的故乡、中国民营经济发展的先发地区与改革开放的前沿阵地。

美丽的温州

何时去

温州四季皆适合旅游。一年之中,1月份最冷,平均气温7.6℃;7月份最热,平均气温27℃;全年平均气温18℃。如果是7—9月前往温州,当地常伴有台风,最好注意天气变化情况,择日择时。

宁静的江心寺

雁荡山

区域解读

区号：0577
面积：12 110km²
人口：976.1万人

地理 GEOGRAPHY

区划

温州市位于浙江省东南沿海，其下辖4个区（鹿城区、龙湾区、瓯海区、洞头区）、3个市（龙港市、乐清市、瑞安市）、5个县（永嘉县、苍南县、平阳县、文成县、泰顺县）。

地形

温州大体地势西南高东北低，呈梯状倾斜。西南山区位于泰顺县境内的白云尖海拔1611米，为全市最高峰。东部平原地区，人工河道纵横交错。全市主要水系有瓯江、飞云江、鳌江，境内大小河流150余条。温州陆地海岸线长355千米，有岛屿436个。海岸线曲折，形成磐石等天然良港，并有众多浅海渔场。

气候

温州属亚热带季风气候，冷热适中、热量丰富，雨水充沛、空气湿润，季风显著，四季分明。冬季盛行从大陆吹来的偏北风，气温较低，雨水较少，湿度蒸发较小。夏季盛行从海洋吹来的偏南风，湿大雨多，气温较高。春季天气多变，时常阴雨连绵。秋季大气较稳定，常见"秋高气爽"天气。

历史 HISTORY

历史大事记

● **远古时期**

在温州境内已发现距今约4500年前的新石器时代晚期文化遗址100余处，出土有石犁、石镰、石斧、石锛、石刀、石凿、石镞、石网坠、石矛及纺轮等劳动工具。当时境内已有先民从事渔猎和耕作。

● **战国时期**

战国时，周显王三十六年（公元前333年），楚威王破越国，杀越王无疆。越部分族群迁至东瓯（今温州一带）定居，成为温州早期移民之一。

● **汉朝时期**

汉惠帝三年（公元前192年），惠帝刘盈立驺摇为东海王，都东瓯，世称"东瓯王"。

汉顺帝永和三年（138年），划分章安东瓯乡置永宁县，县始于瓯江北岸，是为温州建县之始。

南朝宋武帝永初三年（422年），著名山水诗人谢灵运贬谪永嘉，游历各县，留有大量题咏诗作，终成山水诗鼻祖。

● **唐宋元时期**

唐上元二年（675年），东瓯始有温州之

雁荡山

称。温州历史上以手工业发达著称，是青瓷发源地之一，造纸、造船、丝绸、绣品、漆器、鞋革等在历史上均有一定地位。

南宋时，温州是中国的对外贸易港口。为适应海外贸易发展的需要，宋廷在温州设立了市舶务，后又建立了专供海舶使用的码头及安置外商住宿的"来远驿"。

元至元十四年（1277年），温州成为全国当时七大著名市舶司之一。温州是南戏故乡，14世纪中叶元代著名剧作家温州人高明的《琵琶记》被译为多国文字，在全世界广为流传，有一定影响力。

● 近现代

改革开放以来，温州民营经济创造了众多的中国第一，形成了独具特色的温州模式，温州也成为中国最具活力的城市之一。

名单 温州历史名人

"永嘉四灵"徐照、徐玑、翁卷和赵师秀
南宋著名学者陈傅良
南宋哲学家、文学家叶适
明朝开国功臣刘基
元代画家、书法家黄公望
"浙东三杰"陈虬、宋恕、陈黻宸
著名朴学家孙诒让
南开大学数学系创始人姜立夫
现代著名文学评论家郑振铎
现代词学的开拓者夏承焘
当代著名数学家苏步青
中华人民共和国国旗图案设计者曾联松

文化 CULTURE

楠溪江的耕读文明

楠溪江位于温州市北部的永嘉县境内，东临雁荡，南距温州，西连仙都，北接仙居，被誉为"中国山水画摇篮"。楠溪江是我国国家级风景区中唯一一个以田园山水风光见长的景区。风景优美的楠溪江也不乏人文色彩，它是我国耕读文明的发源地之一。

"耕读"说的是在中国古代，一些知识分子以半耕半读为合理的生活方式，以"耕读传家"、耕读结合为价值取向，形成的一种特殊的"耕读文化"。这种文化早期作为文人的一种理想，是儒家"穷则独善其身"和道家"复得返自然"的结合，在中国传统的文化中有着很高的道德价值。

中国历史上，晋、宋两次人口向南大迁移使不少文化水平很高的仕宦迁居楠溪。他们在此建村落户，择地定居，逐渐繁衍开来。他们以"读可荣身，耕可致富"为生存和发展要旨，世代相袭。在当时，过耕读生活的知识分子主要有三类：一类是读过书的农庄主、较富裕的自耕农；另一类是隐士，有文化而不愿做官，或不能做官；剩下一类是政府官员，譬如贾思勰、徐光启等。

其实，真正意义上，士子们亲自躬耕还是不多的，他们只不过是寄情山水，在青山秀水间吟诗题赋、修身养性罢了。但不管怎么说，他们在村落规划与建筑中极力塑造出的一种文人们所特有的恬静淡雅的趣味、浪漫飘逸的风度和朴质无华的气质与情操，还是很有人文味道的。

到了宋代，由于科举制度的演进，耕读文化得以改造与加强。宋代扩大了科举录取名额，同时改善了考试方法，再加上雕版活字印刷盛行，尤其是北宋仁宗皇帝的几条科举政策，有力地推动了耕读文化的发展。楠溪江流域先后涌现出谢灵运、陶弘景等六朝高士，张九成、王十朋等重要文人，对后世有较大影响。

耕可致富，读可养性，我国独特的耕读文化借由此最终形成。耕读文化，这种多少带着点浪漫色彩的生存形态，为中华文明抹上了灵动的一笔。在工业化、城市化高度发展的今天，回头再去楠溪江寻找那些过去的耕读文明，是那么古朴凝重、儒雅恬淡。

敢为人先闯天下的温州商人

南宋时期，仅仅依靠农业无法生存的温州人开始把目标转向了手工业和小商业领域。从此，温州人创业经商的大幕正式拉开。

南宋时，中国东南沿海商业兴起，海外贸易蓬勃发展。随着商业经济的发展，温州也悄然发生着变化，手工业者、商人开始成为一种比较固定的职业，并且形成了一定形式的社会组织，开始成为一个社会阶层。当地许多读书人在仕途失败后，转而进入手工业、商业中谋求发展，并以自身较高的修养和学识推动其发展。这也是温州商人最早的萌芽状态。

温州人做生意，注重从小处着手。如纽扣、标签、标牌、商标、小饰品、小玩具等，这些外地人懒得做的"小玩意"，温州人都做，温州的小商品遍布全国。温州人走的是小商品、大市场的路，不断填补着中国小商品市场的空白。其中以乐清柳市镇的五金电器、永嘉桥头镇的纽扣、苍南金乡镇的小商品最为著名，也最为典型。以做小生意起家的温州人拥有了资本积累之后，开始把产品由小做大，不断扩大经营范围从纽扣到服装、鞋子，

梯田及在其中耕作的农民

提线木偶展览

从电子元件到成套电子设备，从日常用的小物品到高科技产业，而后又进军房地产、金融业，像滚雪球一样越做越大。于是，温州的城市荣誉榜上"城""都""乡""基地"等名称也随之越来越多。

在改革开放的大时代里，温州商人更是遍布中国乃至世界，而且越来越由行商推销变为坐商，由游击方式转向坐镇赚钱，形成了有市场的地方就有温州人，有温州人的地方就能开拓市场的新局面。

"活"在民间的泰顺提线木偶

提线木偶戏古称"悬丝傀儡"，又名线戏。在我国各类木偶戏中，提线木偶是唯一拥有自己剧种音乐"傀儡调"的木偶戏种。其声腔刚健质朴、粗犷高亢，至今仍保留着300多个曲牌的旋律曲调。泰顺提线木偶便是其中一个重要代表。

泰顺木偶戏源于宋代，盛于明清，主要以提线木偶为主，其主要特点是道具轻便简单，四五名艺人就可以组成一个戏班子，易于供养，便于流动演出。同时由于木偶戏的演出内容及语言通俗易懂，因此深得人民群众的喜爱。村民们给这种迷人的民间艺术起了一个富有乡土气息的名称，叫"柴头戏"。

木偶戏可分为前台后台，前台为提线演员的操纵表演，后台为音乐伴奏的演员表演。木偶戏艺人往往多才多艺，吹、拉、弹、唱样样精通。木偶戏的配音可由提线演员及后台演员根据角色配音，口白一律由提线演员口述，提线演员一般能讲五六种方言。

泰顺木偶戏的音乐唱腔主要以乱弹为主，兼唱昆剧、和调（京剧）等。木偶戏有神话戏、武打戏、文戏、审案戏，能上天、能入地、能变化是木偶戏的拿手特技，较人戏更为自由。泰顺木偶艺人在长期的舞台生涯中创造了许多特技，如木偶表演飞刀、弄花、划船、抬轿、点烟、喷火、斩头、剖腹、脱衣、变脸等，动作表演如真人，有的艺人双手提四个木偶翻筋斗混战而不缠线，实为绝活。

长期以来，泰顺木偶界也出现了一些木偶世家及木偶表演家，比较著名的周德家传木偶戏至今已有13代；黄宗衙家传木偶戏已有12代，出现了林守根、曾宣遇、吴毛宁、吴方醒、叶继蟾、林守、黄泰生、吴行瑶、黄宗衙等一批木偶表演家和林圣传、季桂芳、季桂月、林直南等一批木偶雕刻艺人。

如今，作为百姓喜闻乐见的民间艺术和文化娱乐项目，泰顺木偶演出遍及闽东、浙南一带农村集镇，并且出访过美国、日本等国。因此去泰顺这个古廊桥之乡，看过了古廊桥，可别忘了顺道去看看泰顺木偶表演。

景点推荐 雁荡山风景区 AAAAA

雁荡山是中国十大名山之一，素有"海上名山"之誉，世称东南第一山，因山顶有湖，芦苇茂密，结草为荡，南归秋雁多宿于此，故名雁荡。尤以奇峰、巨石、幽谷、秀湖、飞瀑著称。分为雁荡三绝（灵峰、灵岩、大龙湫）、三折瀑、雁湖、羊角洞、显胜门、仙桥8个景区，共计景点500多处，另有摩崖碑刻300余处，大为名山生色。

- 乐清市境内，主景区入口在雁荡镇
- 杭州、宁波、上海、南京、合肥、无锡、沈家门（舟山）等地有班车直达雁荡山
- 灵峰景区45元，灵岩景区50元，大龙湫景区50元，显胜门景区15元，雁湖景区15元，三折瀑景区20元，羊角洞景区20元
- www.zx.wzvds.com

玩家 攻略

1.看大龙湫瀑布要选择丰水季节，在五六月或八九月雨后天晴的日子。197米落差的大龙湫，好似一条巨龙从天而降，蔚为壮观。

提示：夏季前往山区游览最好带上驱蚊药品，当地蚊子的来势凶猛，出门、睡觉前最好多喷喷，防止被咬。

2.山区旅游，除了响头岭周边的景点有景区公交前往外，其他众多景区、景点交通不便，有些还需走较远山路，如果深度游，最好在当地包车，且需带足干粮，水等必需品。

3.雁荡山旅游以赏奇峰异石为主，景点多、分布散，且有些景点偏远交通不便，建议最好请个导游，讲解，指路一举两得。特别是观灵峰夜景时，可以从不同角度观看山峰，景点特色更逼真、形象。

4.吃：建议品尝雁荡山农家菜，味道鲜美，

价格也不是很贵。另外，雁荡山的生鲜也是其特色之一，还有风味独特的小吃，如香螺、雁荡烙饼等。雁荡山八大名菜有鸡末香鱼、蟠龙戏珠、雁荡石蛙、土豆野味煲、美丽黄鱼、蛤蜊豆腐汤、碧绿虾仁、清真海蟹。

5.住：景区内住宿相对较贵，但风景绝佳，绝对称得上是一种享受。不过住在离雁荡山不远的乐清市也是一种不错的选择，清远路上的宾馆条件相当不错，价钱也便宜。

6.购：雁荡山的特产有雁茗、香鱼、观音竹、金星草、山乐官，世称"雁荡五珍"。五珍中的雁茗，主要是指白云茶。香鱼，学名鲇鱼，有"淡水鱼之王"美誉。观音竹，茎小叶细，高约1米，为观赏植物之雅品。金星草为药用草本植物。山乐官为一种鸟，形似金雀，其鸣声高低婉转，回响山谷，如山中乐队，故得名。此外，还有诸如芝麻酥、花生酥、冬米糖、黑米酥等旅游食品，海鲜干货也可以买一些带回。

玩家 解说

雁荡山按地理位置的不同，可分为北、中、南、西（温州泽雅）、东（洞头半屏山）雁荡山，通常我们所说的雁荡山风景区主要是指北雁荡山。

链接

雁荡山世界地质公园

雁荡山世界地质公园以中生代火山地质地貌景观为主题，由乐清市雁荡山（主园区）、永嘉县楠溪江（西园区）和温岭市方山—长屿硐天（东园区）组成，面积近300平方千米。

雁荡山，形成于1.2亿年以前，被中外地质学家称为"天然博物馆"。雁荡山历经四期火山喷发，火山喷发造就了雁荡山雄奇壮丽的景观，其遗迹还将成为探索亚洲大陆边缘构造岩浆作用与深部地质的天然窗口，使雁荡山成为世界上独一无二的集山水美学、历史文化、自然科学于一身的华夏名山。

灵峰景区
"雁荡三绝"之首

灵峰是雁荡山的东大门，是雁荡山领略奇石的绝佳地点，为"雁荡三绝"之首，灵峰夜景被誉为绝景。沿鸣玉溪而上，山腋两壁，危峰乱叠，溪涧潺潺。日景耐看，夜景销魂。每当夜幕降临，诸峰剪出片片倩影，"雄鹰敛翅""犀牛望月""夫妻峰""相思女"等一一凸显，形神兼备，令人神思飞翔，浮想联翩。

▫ 果盒三景

鸣玉溪中的凝碧潭与跨越其上的果盒桥及果盒岩（连亭）合称为"果盒三景"。

凝碧潭：位于果盒岩与渡船岩之间，宽阔亩余，深10余米，潭水澄碧，清澈见底，似一块镶嵌在灵峰景区领口上的碧绿的翡翠，晶莹剔透，十分惹人喜爱。

果盒桥：横跨凝碧潭上，漫步桥上，仰观奇峰，俯视碧水，令人心旷神怡。

果盒岩：在凝碧潭畔，形状扁圆平整，中间有一条环痕，俨似果盒，又像磨盘，俗称"麦磨岩"。此岩生得蹊跷，有点儿神秘色彩，岩上有亭叫果盒亭。

▫ 观音洞

观音洞初名灵峰洞，又名罗汉洞，为雁荡山第一洞天。藏于合掌峰之中，朝东。洞高113米，深76米，宽14米，依岩构筑九层楼阁。

进入山门即见天王殿,殿内供奉护法神四大金刚。从山脚要经历403级逶迤石磴,才达顶层大殿。正殿中央,供奉观音菩萨坐像。旁立十八罗汉雕像,神态各异,骨相奇特,栩栩如生。岩壁上新增了三百应真,更显出一派佛门气象。

洞顶有泉水三束:名洗心、漱玉、石釜。三束泉水各有特色。

玩家 解说

早在唐代咸通年间(860—874年),高僧善孜独居洞中,日夜诵《法华经》,"驱妖除怪"。宋崇宁五年(1106年),当地人刘允升"搜剔沙石,至费二千金,厥洞始显",遂于洞内塑观音大士、十八罗汉,于岩上塑五百罗汉,因之改名为罗汉洞。元时,五百罗汉被人取走。清同治年间,改称为观音洞。

❑ 北斗洞

北斗洞原名伏虎洞,位于观音洞左侧,因洞口正对伏虎峰而得名。后因道家礼拜北斗元君,而改今名。

北斗洞口高大宽敞,洞内光线充足,冬暖夏凉。洞顶偏左,在赭黑色的岩石中嵌着一条虬曲的青色岩石,是一块挨一块连接着

的,好像龙腹部的鳞片,故称"青石卧龙"。洞内还有"金乌玉兔""倒挂青蛙"等诸景致。洞左下方有石髓泉,俗名"龙井"。泉水从石罅中渗出,晶莹清澈,水质甘洌,常年不枯。洞前奇峰环峙,举目可见双伏虎、美女梳妆、金童、玉女、金蝉脱壳诸景。

玩家 解说

清光绪初年,道人赵至贤始开此洞,在募建"凌霄殿"未落成时,至贤羽化。其徒蒋宗松继续奔走六七年,独立经营,洞府始初见规模。

凌霄殿有楼四层(含底层客厅、二层集贤阁、三层海会楼),殿前为大天井,天井前为八仙楼。八仙楼为三层建筑,楼前有小花园,环境清幽。因年久失修,殿宇衰败,后在八仙楼的旧址上改建3间正殿,正殿名为凌霄殿(由后殿之名移用而来),后殿改为大罗宝殿,并兴修了山门和围墙及山脚至洞口的石阶。现为雁荡山的一处著名道观。

□ 白云庵

白云庵现为雁荡规模最大的庵堂。位于倚天嶂下,始建于1935年。白云庵最有特色的佛教建筑是观音楼,内有千手观音像,造像艺术具有浓厚的地方民间艺术风格。庵内还珍藏有《大正经》一部。

灵岩景区
雁荡山的"明庭"

灵岩景区以灵岩古刹为中心，后有灿若云锦的屏霞嶂，左右天柱、展旗二崖对峙，壁立千仞。因"浑庞"而生肃穆，身处其中，顿觉万虑俱息。有天窗洞、龙鼻洞、小龙湫、玉女峰、双珠瀑等景。

◻ 灵岩寺

灵岩寺背依灵岩，寺以岩名，是雁荡十八古刹之一。该寺初建于宋太平兴国四年（979年）。因寺境山水灵秀，名闻京师，宋太宗特赐御书五十二卷。寺有殿宇、禅房百余间，号称"东南首刹"。四周群峰环列，雄壮浑庞；古木参天，环境幽绝。

◻ 龙鼻洞

龙鼻洞又名龙鼻龛。龙鼻洞深宽各约10米，高约100米。紫黑色的两壁顶端接合处，中嵌一条青铜色横石，鳞甲宛然，酷肖一条巨龙蜿蜒下绕；将至洞底，一爪踞地，好像是保护颌中之珠。过去，有水从鼻孔中滴下，贮于石盂中，传说此水可以明目。

◻ 天窗洞

天窗洞又名天聪洞，洞外有二孔如目，又一孔如口，故曰天聪。如目的二孔，一孔朝北，另一孔朝西北；如口的一孔，即洞口。洞深不可测，但光自底生，洞内通明。投石于洞内，声如嗟鸣瓮中。境界幽异，徐霞客誉之为"峰左第一奇"。

◻ 小龙湫

小龙湫又名小瀑布，是灵岩的主要景观之一。位于灵岩寺右侧后面的龙隐嶂底，悬崖环峙，岩腹有如珊瑚、玛瑙的颜色。瀑飞岩上，触石腾空如雾团结旋；而流转飞洒，水珠溅人。瀑水捣潭，因光作色，形态万千。

玩家 攻略

1. 潭水汇合成卧龙溪，游览的时候留心溪水，溪里偶尔会出现蝾螈，即娃娃鱼，很是可爱。

2. 小龙湫的石景和水景都很漂亮。在小龙湫左侧山上，有猴子捧仙桃一景；卧龙溪中有鸭子戏水等景致，都值得一看。此外，潭前那一块长方形的大石头很像一方砚台，砚台石旁边还靠着一块扁长形的小石条，样子像一块松烟墨。在这个景区里，有笔（卓笔峰）、有纸（卷图峰）、还有砚台、松墨，生得巧妙，要留意观赏。

大龙湫景区
大龙湫瀑布有"天下第一瀑"之誉

大龙湫景区以奇峰、巨嶂、飞瀑取胜。197米高的大龙湫瀑布有"天下第一瀑"之誉。大龙湫在空中，潭底幻成两条龙，腾飞翻卷，仪态万千，变化无穷。高耸天际的芙蓉峰，变化无穷的剪刀峰，雄伟如屏的连云峰，云雨漠漠的经行峡，谷幽潭深的筋竹涧，皆为胜境。

◻ 马鞍岭

马鞍岭又名石城岭，岭背呈"凹"字形，状如马鞍，是东内谷与西内谷的分界岭，也是从灵岩进入大龙湫的通道。登岭眺望，满目丹峰翠巘，极为壮观。

灵岩寺中的塔林

岭下开凿有一条长300多米的隧道，接通灵岩至大龙湫的道路。

☐ 剪刀峰

剪刀峰一峰耸立，上分为二，似两股略开口的蟹螯，看上去又像一把大剪刀。此峰从不同角度看变化极多，名称也多，古有植圭、卷旗、玉柱、一帆等名；今又有啄木鸟、孔雀等称呼。

玩家 解说

清人钱宾王说："千百峰影名不同，此峰变态更无穷。"确非夸大之辞。清人陈梦游在游大龙湫时，曾被这变幻莫测的峰形弄得莫名其妙，不识展旗峰原是剪刀峰的化身，发出"天柱、剪刀二峰何在"的疑问，后经僧人指点，才明白三峰说的只是一峰，换了地方观看便会三变其形，入则为剪刀，中立则视为天柱，尽处则状如展旗。

☐ 燕尾瀑

燕尾瀑又名飞泉，俗称开裆瀑。锦溪之水绕经西龙门触石分流而下，状如燕尾。瀑下有一潭，名叫霞映潭，潭水碧绿，达一亩余。潭中有巨石，形状像大铁锅，侧倚水底，隐然可见。每当晚霞照映时，潭面鲜丽可爱，潭因之得名。

因潭水下游的筋竹涧内有东龙潭，故又称此潭为西龙潭。潭旁建造有水泥平台，台上有遮阳伞，可供游人憩息。潭中有小船数只，在潭中划船，别有一番幽趣。

☐ 筋竹涧

筋竹涧全长约3千米，上连经行峡，下入清江。两岸峰峦险峻，岩石错落，树木茂密，水流清澈，鸟语花香，十分清幽。涧中有悬瀑飞泉，又有初月、峡门、葫芦、漱玉、下培、菊英、连环等18个潭，潭之间有浅滩、夹谷、陡崖。

小龙湫瀑布

玩家 解说

筋竹涧涧水经过陡峻的峡谷时，奔腾急湍，浪花翻飞。即使在今天，游人也极难穿涧而过，1000多年以前的永嘉太守谢灵运，望涧兴叹，只能"越岭"而"溪行"了。

三折瀑景区
"雁荡山第一胜景"

三折瀑景区位居"二灵"之间，内有奇峰巨嶂，深坑险谷，飞瀑怪洞，风景如画，是游人必经之地。三折瀑之幽奇，铁城嶂之雄伟，烈士墓之辉煌，为三折瀑景区中的"三绝"。

三折瀑由同一水瀑，三越重岩云崖，飞流直泻，而成为上、中、下三个姿态各异的飞瀑，其中尤以中折瀑为极致，有人甚至称它为"雁荡山第一胜景"。因瀑处高崖深谷，人迹罕至，徐霞客二过其门而未入，直到民国期间才渐为人们所知。

☐ 烈士墓

烈士墓背依伏牛峰，前临碧玉溪。墓门上有粟裕将军所书"雁荡烈士墓"金色大字。烈士墓是1953年中共乐清县委为纪念在抗日战争、解放战争中殉难的烈士而建的。陵墓依山层叠建筑，气势雄伟，庄严肃穆。墓下侧有"安息亭"，亭柱上有叶圣陶手书对联。墓右侧有"景仰亭"。

▢ 下折瀑

从烈士墓左侧抬级上行200米即到下折瀑。潭上有"下折瀑"3个大字。瀑朝南，高约50米，仰望天空，呈葫芦状，人称"葫芦天"。左侧有一个朝西洞穴，叫作"龙游洞"，洞深七八米，相传古时有游龙过此。

▢ 中折瀑

中折瀑瀑高120余米，瀑位朝东。飞瀑从半圆形洞顶凌空而下，纷纷扬扬地似万斛银珠洒入潭中，潭面发出阵阵动听的天籁之音，恰似一曲悦耳动听的美妙乐章。

沿潭筑有环形石路，绕到瀑后，透过珠帘水，远山隐约可见，别有一番风味。碰到山风回荡之时，万千水珠在半空中上下左右回旋飞舞，逗人喜爱。最为引人入胜的是，在晴日9时许，阳光透过岩隙映照飞瀑，形成七彩飞虹，绚丽多姿，令人叫绝。

▢ 上折瀑

上折瀑位于别有洞天的山谷之间，林木

壮观的三折瀑

葱茏，飞鸟成群。瀑布高100余米。瀑从剖瓮形洞顶泻入潭中，沙沙作响，卷起朵朵水花，颇为绮丽可人。

出上折瀑口，即可见到右面山脊上的"望海亭"。亭子石结构，长方形，简朴古雅。登上此亭，俯瞰缈缈的大海和连绵起伏的群山，不禁心旷神怡。

▢ 铁城嶂

铁城嶂因其"势若长城，色若铁黑"，故名铁城。雁荡山15嶂，以铁城嶂最为雄伟。

铁城嶂右面一嶂石理如缕缕游丝，因此称为游丝嶂。铁城、游丝两嶂相间时，天夺仅留一线，谓之"一线天"。抬头仰望，天空状如蛾眉初月，又名"初月天"，此谷就叫"初月谷"。

雁湖景区
雁荡山得名于此

雁荡山因雁湖而得名，徐霞客称之为"鸿雁之家"，登岗可观云海、日出奇观。烟雨飘散的梅雨潭，似绸带下垂的罗带瀑，瀑形幽奇的西大瀑和状物象形的含珠峰、石表峰、玉兔峰和奇险幽邃的梯云谷，皆为胜景。

玩家 攻略

走完东岭，不到半小时，就可在右手边看见两岩东西隔溪，相对如门，称为石门。进入门内，如行甬道之中。门上有玉兔峰诸景，峰北有路可上螺旋谷、靛厂、雁湖。

▢ 雁湖

雁湖又名平湖，从石门或石柱门北上约2小时可到。雁荡山，一般是岩多于土，唯雁湖泥涂数丈，深秋芦花映带，无异江渚，令人叹为奇观。"雁湖日出"和"雁湖云海"为雁湖的两大奇观。黎明时分，登岗顶石遥望，旭日从水天一色、茫无边际的东海冉冉升起，海面泛金流赤，绚丽多彩，蔚为大观。在烟笼雾锁的时刻，山下一望无际、白茫茫的云雾，随风升腾翻涌，似海浪滚滚，气壮山河。

◻ 东洞

东洞洞口丹崖翠壁，巍然挺立，人称"五色屏风"，亦叫"石天门"。在东北洞壁上方，有一笔直如柱、高40多米的华表峰。下面有一石梁横空，呈半圆形门，酷似古牌楼，上刻"东天门"，入内便是会文书院。

◻ 会文书院

原是北宋时陈经正、陈经邦兄弟读书之处，后来朱熹曾率弟子多人在此讲学。清光绪重建。晚清著名学者孙衣言为此题联："伊洛微言持敬始，永嘉前辈读书多。"至今尚存。

◻ 观音洞

观音洞高21米，宽45米，有古刹依洞而建，别具风格。四周峰峦叠翠，怪石嶙峋，有普陀峰、蝙蝠峰、卓笔峰等景点。右侧"一线天"由大悬崖凌空夹峙而成，高百余米，中间空隙仅一米，登160级石阶方可抵达绝顶。

◻ 西石梁大瀑

西石梁大瀑高仅次于大龙湫，为雁荡山第二大瀑布。在瀑前的一块巨石的西面刻有字大数尺、笔力劲挺、气势奔放的"西石梁大瀑"5个大字。

瀑布贴着峭壁从高约160米的高崖上飞湍直泻，在半腰处触石飞溅，小珠状若万斛玑闪烁，水声哗哗。瀑布直坠入一个圆形的深潭，叫上潭，又名大瀑潭。当瀑布直冲潭面时，除了发出震耳欲聋的大声外，还可见浪花翻滚沸腾的美景。

雁荡山

显胜门景区
向有"天下第一门"之称

显胜门景区以显胜门最负盛名，向有"天下第一门"之称。两壁陡立，直上云霄，中豁为门，气势峭拔雄伟。秀丽多姿的礳头溪和松坡溪两相映衬，形成无限风光。除"门""溪"之外，景区西首尚有一系列带"仙"字的景点，散水岩在雁山众瀑中独具风姿，南阁牌楼群是雁荡少有的人文景观。

◻ 南阁牌楼群

南阁牌楼群位于显胜门景区的入口处。牌楼群位于一条卵石铺成图案路面的直街上，共5座。高高的大红匾上，分别写着斗大的金字楷书："世进士""恩光""方伯""尚书""会魁"，显示着章氏几代人的功名和地位。南阁牌楼群是全国重点文物保护单位。

"世进士"牌楼，为章纶、章玄应、章朝风立于明嘉靖二十三年（1544年）；"恩光"牌楼，为章玄梅立于明正德年间（1506—1521年）；"方伯"牌楼，为章玄应立于明正德年间；"尚书"牌楼约建立于明弘治初年（1488年），"会魁"牌楼建于明正统四年

（1439年），都是为章纶而立的。

玩家 解说

　　章纶为明正统四年（1439年）进士，官授南京礼部主事。景泰升任礼部仪制郎中。死后追封为南京礼部尚书，赐谥"恭毅"。

　　这五座牌楼的结构和形制，都是木石结构的三山顶重檐六柱的形式，脊饰龙吻，高约8米。两根主柱是圆角方形的石柱，4根边柱是圆形木柱，柱子的基座用条石叠成。柱梁上的斗拱结构，颇具时代和地方的特色。牌楼群在清初曾经重修，但主体部分仍保留着明代的建筑风格。

□ 显胜门

　　显胜门又名显圣门。显胜门两壁陡立，高达200米，相隔仅咫尺，对峙如门，直上云霄，气势十分雄伟峭拔。沿着弯曲的石路走到门内，抬头仰望，壁顶复合，仅留一线，"非中午夜分，不见日月"。再进去数百步，则绝壁四合，森然环伺，脚下洞水潺潺，境极幽邃。

仙桥景区
王子晋骑鹤飞仙之地

　　仙桥景区位于雁荡山最北端，传说是仙人王子晋骑鹤飞临之地。此间许多景点都跟这位飞仙有关，包括仙桥、仙亭、仙人洞（北石梁洞）、吹箫峰、仙亭山、丹灶岩、石棋枰。100平方千米的景区内，山山水水间无不氤氲着清透的"仙"气。溪叫仙溪，湖叫龙湖，湖中有琼岛仙山，跳崖而死的贞女叫仙姑，她藏身过的石窟叫仙姑洞。

□ 仙桥

　　仙桥相传因王子晋吹箫其上而得名。站在龙虎门朝北仰望，便可见一座石桥横空，直薄云霄，空灵险绝。桥长38米，宽约7米，高10余米。登桥下瞰，脚下壁立万仞，行云流水，恍若"凭虚御空"，令人顿生飘飘欲仙之感。

链接

王子晋

　　王子晋，周灵王姬泄心的太子，姓姬名晋。一说他因直言敢谏，被周灵王取消了继承王位的资格，废为庶人后不知所踪。一说他遨游伊洛，道人浮丘公接他上嵩山，学道成仙，骑白鹤，吹笙箫，仙游三山五岳。他曾前往雁荡山的仙桥一带赏景修道。

□ 仙姑洞

　　仙姑洞位于龙湖的北面，因洞顶似穹窿，洞内幽深而明亮，故又称穹明洞。洞高约20米，宽约30米，深约40米，有东、南两个洞口。东洞口下临绝壁，南洞口也极险峻。

仙姑洞

雁荡山风景区　349

◎雁荡山羊角洞

仙姑洞素称东瓯胜地，山水清幽。洞内翠壁丹崖，别开化境，朱门红柱，画栋雕梁，一派琼楼仙阙的气象。洞外层峦叠嶂，峭壁万仞，恍若蓬莱。身临其境，不觉神清气爽，心胸为之顿开。

羊角洞景区
充满了道教和巫风气息

羊角洞景区以洞、嶂、坑取胜。山上洞府密集，有大小洞府8个，诡形怪状，各具特色。壁立千仞的万象峰和紫庭峰，气象阔大森严。二嶂之间的蛤蟆坑，奇景林立，美不胜收。景区包括羊角洞和双龙谷两地的风景。

▢ 羊角洞

羊角洞历来为道家养性修真之地。相传汉朝的紫阳人周义山和宋项诜曾先后在此洞得道飞升。至清代，此洞建设始具规模。洞内建玉蟾宫，因洞口右侧有一块巨大的蟾蜍石而得名。20世纪80年代末新建的3间大殿，内奉"三清"、杨老令公和杨大郎。大殿正中的岩壁上，凿有一个宽约6米，高约2米，深约1米的石窟，从右至左依壁雕凿了7尊神像：老子、元始天尊、灵宝天尊、杨老令公、杨老令婆、杨七郎和开山祖师陈体阳。造像坐式，略大于真人，仪态端庄，容相各异，颇见匠心，别具一格。

▢ 双龙谷

双龙谷离羊角洞约3千米。因谷中有白龙潭和乌龙潭，故称"双龙谷"。白龙潭，是一个椭圆形的深潭，潭水经九折之后，沿着下面的险峻突兀的狭谷峰岩而泻注成为瀑布。瀑布下面的那个碧澄澄、绿油油的瓮形潭，即乌龙潭。在双龙谷附近，还有双莲洞等许多优美的景观。

中雁荡山 AAAA
以峰、湖、瀑见长

◎ 乐清市白石街道
◎ 玉甑景区30元，西漈景区20元

中雁荡山原名白石山，以峰雄嶂险、飞瀑流泉、洞幽寺古、湖光山色、潭碧林翠著称。历代文人雅士慕名而来，留下大量珍贵的墨迹。分玉甑、三湖、西漈、东漈、凤凰山、刘公谷、杨八洞七大景区，景点300余处。

中雁荡最为著名的当属西漈和玉甑景区。西漈的地貌似北雁荡山，有二十一胜景。全山峰峦陡峭，洞谷深邃，溪碧泉清，景奇石怪，兼有雄奇和清幽之长。玉甑峰，海拔高500多米，峰下有玉虹洞，誉为"天下第二十一洞天"，洞内有玉屏禅寺，雕梁画栋，古意盎然。

玩家 攻略

1.中雁荡山民风淳朴，有传统的盛大集市"三月初十"，还有独特的自然条件，冬暖夏凉，林果海鲜四时丰饶。

2.景区主要设施有:玉甑索道、温州中雁索道宾馆、贝克大酒店、天一角山庄、东漈活水游泳池等。

玉甑景区

玉甑峰高耸云天,一峰独出,万峰伏首,是中雁荡山的图腾。山上有洞中套洞的玉虹洞,峰顶更有一个山水小世界。

玉甑峰: 以石质润白,莹洁如玉,形似甑而得名;又似道士冠,俗称道士岩;也称大狮岩、玉楼梯。岩体分上、下两截,下截大,周围十里,上截小,雨霁天青,横云盘绕,若甑炊餐。峰顶面积近2000平方米,有岩石清流界于中,分东、西二峰。峰顶水落于瑶池称屑玉泉。

玉虹洞: 位于玉甑峰山腰上截之下,洞口呈弧形环卷,如长虹跨于其间。洞深36米,高广40余米。洞内天然石壁分隔为东、西两石室,洞中尚有应天洞,曲折幽深,举目仰视,上有一线长达数十丈,微露天光。《大宋天宫宝藏》列为"天下第二十一洞天"。洞内外留有宋、明、清近代摩崖石刻8处,碑石7方。

西漈景区

西漈景区系一条2千米长的狭长山谷,东西绵亘达五里之长,令人目不暇接,堪称天然画屏。

岩石峭立对峙构成谷口,漈水由西向东,其中一段约长200米,底石呈鳞状,色黄平坦不陂,绝无沙土积石,名西龙街,水平流经街上,映日如绮。沿途风景以峰岩峻壁、古洞怪石著称,游人如入一条山水长廊。主要有石门、百丈瀑、玉屏峰、石门瀑等景点。

杨八洞景区

杨八洞又称盖竹洞,被尊为"天下第十九洞天"。作为道教圣地,杨八洞有一种浓厚的神话仙语氛围,8个洞府彼此套连,依次为宝光、观音、透天、透海、龙滚、八仙、混元、玉蟾。有些洞此进彼出,上下相通,是中雁独特景观;而满山谷的松风竹韵,更使这种氛围得到了强化。杨八洞还以岩石胜,其石拟人类物一一酷肖,充满民间的谐趣。

凤凰山景区

凤凰山属中雁荡山的外围景区。此处两山夹峙左右,群峦重叠,势若凤凰展翅,扑腾欲飞,身后的"凤凰蛋",奇趣盎然。境内林壑秀美,以峰岩为主的各种景点多达数十处,其中鹰嘴、板障、穿鼻三岩横空出世,气势磅礴,尤以穿鼻岩为最。此岩凌空拔起500余米,与玉甑峰遥相呼应,俗称"道士岩影"。山中有凤山道观,为中雁13座寺观之一。

雁荡山风光

景点推荐 楠溪江风景区 AAAAA

- 温州市永嘉县北部楠溪江流域
- 有乡村中巴往返于主要景点间

楠溪江的美,美在天然的和谐。那些看上去平常的古村落,都巧妙地与山水融合在一起,体现了"天人感应"的自然特色。全景区共分为大若岩、石桅岩、狮子岩、太平岩、岩坦溪、源头、四海山、珍溪等八大部分。

玩家 行程

线路1:陶公洞—十二峰—石门台—崖下库—狮子岩—龙瀑仙洞。

线路2:宋村苍坡—竹筏漂流—石桅岩。

线路3:百丈瀑—红十三军旧址—芙蓉村—丽水街—四海山森林公园。

太平岩景区
楠溪江入口景区

- 永嘉县沙头镇渔田村
- 乘瓯北到岩头的中巴到太平岩下车即可
- 10元

太平岩景区为楠溪江风景区的入口景区。景区入口处有我国已故的书法泰斗沙孟海先生题写的"渐入佳境"四个笔力遒劲的大字。太平岩一江绝壁，碧树成荫，奇峰林立，怪石峥嵘，造型别致的胡公殿掩映在浓荫处，于云雾缭绕中若隐若现，令人心驰神往。水美、岩奇、林秀及宗教文化浓郁。

景区主要景点有太平岩、梧田滩林、九丈滩林、圣湖宫、凤凰寨、鹤巢洞、雷山洞、虹岩禅寺、塘湾、陡门古村等。

玩家 攻略

1.该景区游玩可漂流、捞小鱼，景点有当地人建造的模拟海滩（实际上是鹅卵石滩），可租借橡皮艇、竹筏以及泳衣等。

2.该景区距县城上塘镇乘车仅需20分钟左右，游客吃住可选择县城的永嘉宾馆、钱塘世纪大酒店、戎城山庄等。

狮子岩景区
楠溪江景区的中心

- 永嘉县岩头镇
- 瓯北码头车站有到达狮子岩景区的客车

狮子岩景区是楠溪江景区的中心，以"水美""村古""林秀"著称。江水清澈，滩林众多，自然风光绝佳，人文景观丰富。沿江两岸，绿草如茵，大片的石滩和沙滩上生长着马尾松、枫杨、柳树等，时而茂密，时而稀疏，风韵独具，引人遐想。

景区内有几个古村尤其值得一看。古村都还保留着浓浓的古韵，不管是道路、墙体、堤岸都大量采用石砌，细看时在粗糙的表面下隐藏着精湛的工艺。

主要景点有狮子岩、龙瀑仙洞、苍坡

楠溪江水亭祠

水亭祠位于岩头村中央街南端，是明世宗嘉靖年间（1522-1566年）由金永朴主持修建。

水亭祠原是楠溪江流域规模最大的一座书院，1958年毁于风灾，现遗址犹存。

建筑灰墙黛瓦，典雅古朴，正门两侧的立柱上贴有楹联。

一面长形石板桥通向祠堂。

正堂前是一个大水池，池中央有亭，现尚存16平方米的石板基座。

村、岩头村、芙蓉村、红十三军军部旧址、溪南滩林、西岸滩林、丽水街等。

玩家 攻略

1.吃:在游览景区过程中,可以品尝当地特色美食,如鱼饼、豆腐干等。

2.游:体验楠溪江竹筏漂流可从小港竹筏码头至狮子岩竹筏码头,全长约6千米,凑够4人一条竹筏。

石桅岩景区
具有雄奇险秀等特点

- 永嘉县鹤盛乡境内
- 从瓯北每天有班车直达,或乘开往鹤盛的车,行车路经岩头镇,再包车进入景区
- 50元(含船费)

石桅岩景区内具有雄、奇、险、秀、幽、奥等特点。景区内峭壁危岩、奇峰险峡、急流深潭、沙滩草地,景色清幽迷人。

景区内有海拔306米的山峰,形似船桅,故名石桅岩。石桅岩擎天拔地,有"浙南天柱"之誉。区内还有一处龙湾潭森林公园,层林尽染,四季常青,奇峰异景,飞瀑碧潭,山石林立,重峦叠嶂,溪流纷争,富有生机和活力。此外,还有小三峡、水仙洞、麒麟峰、将军岩、公鸡岩、大象岩、水响岩等景点可以游玩。

珍溪景区
自然景观与文化底蕴丰富

- 永嘉县花坦乡境内
- 从温州出发,到瓯北坐公交班车至花坦乡即可

珍溪景区内自然景观丰富,文物古迹众多,文化底蕴深厚,奇峰、异石、飞瀑、幽洞,令人目不暇接。主要景点有莲花瀑、菠萝岩、雌雄岩、龙滚洞、仕女峰、天柱峰、花坦、廊下古村落、古建筑及古文化遗址等。

大若岩景区 AAAA
被道教称为"天下第十二洞天"

- 永嘉县大若岩镇
- 陶公洞10元,九漈石门台30元,崖下库50元,十二峰30元,埭头古村10元

大若岩景区是以宗教旅游和自然山水风光旅游为主的景区,被道教称为"天下第十二洞天",以飞瀑、奇峰、幽洞、秀水和神话传说见长。包括大若岩、崖下库、陶公洞、十二峰、登仙石、百丈瀑等景点。

玩家 解说

大若岩被道教称为"天下第十二洞天",南朝梁名士陶弘景曾隐居于此,故又称陶公洞。陶弘景多才多艺,对天文、历法、医药、地理、书法、琴棋都有研究,而且造诣颇深。此外,他还好道术、爱山水,被道教视为神仙。此洞古奥神秘,分上、下两层,内藏庙宇,供奉着陶弘景的塑像。

景点推荐

温州近郊景点

江心屿旅游区 AAAA
中国诗之岛

- 温州市鹿城区江滨路江心码头
- 乘6、28、29路等公交至江心码头,再坐船渡轮到江心屿。岛内可乘电瓶车环岛游览
- 30元

江心屿公园历来被称为"瓯江蓬莱",著名诗人谢灵运、李白、杜甫、孟浩然、韩愈、陆游、文天祥等都曾相继留迹江心屿。

东西双塔凌空,映衬江心寺。屿中有宋文信国公祠、浩然楼、谢公亭、澄鲜阁及博物馆等10景,素有"人间仙境"之誉。江心屿灯光秀,运用现代影射原理和多种手法,重点突出二塔一寺,达到了环境、艺术、气氛和格调的完美统一,使夜色中的江心更加流光溢彩、美丽动人。

链接
江心十景

罗浮雪影、春城烟雨、海淀朝霞、瓯江月色、孟楼潮韵、翠微残照、远浦归帆、沙汀渔火、塔院筠风、海眼泉香。

玩家 攻略

1.景区内有众多的娱乐休闲项目,包括游乐场和拓展园。游乐场内有碰碰车、自控飞机、激流勇进、儿童爬山车等项目;拓展园内除了有惊险索道、独木桥、峡谷飞越、动荡板桥等水上惊险项目以外，还有翻山越岭、知难而上、圆木吊桥、天罗地网等沙滩趣味项目。

2.吃：景区内可以吃到当地正宗的农家美味。望潮农家菜馆充满了浓郁的永嘉乡土风情，菜馆内每个菜式的主要原料均采集于民间山区等地，特色菜主要有农家豆腐干、永嘉田鱼、山鸡、农家一锅香、糖丝芋头、家常金粉面、本地鸡、野鸡蛋等。

江心寺

江心寺又名中川寺，初建于南宋绍兴七年（1137年），庙宇宏伟，造型优美。宋宁宗时品选天下禅宗丛林，列为十刹之一。现存江心寺为清乾隆五十四年（1789年）重建，为江心屿最大建筑群。寺分前、中、后三殿，东西有长廊贯通。前殿为天王殿，左右置钟楼，存有宋代古钟。中殿圆通殿为正殿，最为壮观。面阔五间，进深六间。明间两缝抬梁式，其余穿斗式，重檐歇山顶式。殿中供奉观世音菩萨坐像，两旁侍立善财、龙女。后殿为三圣殿，殿正中供弥勒、观音、大势至三圣立像，殿额与对联皆为弘一法师所书。

玩家解说

江心寺楹联匾额众多，天王殿有宋代朱熹所书"开天气象"，圆通殿上檐有乾隆皇帝御书"圆通殿"大匾，下檐为"江天福地"匾，殿内正中有浙闽总督伍拉纳所书"慈航普度"匾额等。

其中有一副著名的长联值得一看，即南宋温州籍状元王十朋题的"云朝朝朝朝朝朝朝散；潮长长长长长长长消"。

文天祥祠

文天祥祠又名文信国公祠，是崇祀南宋著名爱国诗人文天祥的纪念性建筑。祠堂始建于明成化十八年（1482年）。今祠为晚清建筑，三间二进，回廊式合院，碧瓦彤墙，铜钥朱扉，颇古朴。

祠正中新塑了文天祥彩色立体像。回廊四壁镶嵌《正气歌》《北归宿中川寺》《江心寺》《过零丁洋》等文天祥诗作。有张宗祥、沙孟海、王遽常、方介堪、启功、张伯驹、郭绍虞、夏晨煮、陆俨少、潘受、谭建丞等当代名家楹联碑刻。

链接
文天祥

文天祥（1236—1283），字宋瑞，吉州庐陵人，20岁时考中状元。南宋德祐二年（1276年），文天祥以右丞相兼枢密使出使元营谈判被扣，后在解送途中逃脱，辗转40日，历尽艰辛于四月八日到达温州。留居江心一月，在寺壁上挥笔题诗《北归宿中川寺》。

文天祥召集温、台、处三州豪杰之士，招募义兵，图谋抗元复国。后转战各地，兵败被俘，囚禁三年，留下"人生自古谁无死，留取丹心照汗青"之壮语，于元至元二十年（1283年）从容就义，年仅47岁。

浩然楼

浩然楼也称孟楼，明万历八年（1580年），由温州巡道吴自新、郡丞刘正亨建盖。原址在文信国公祠前，清乾隆三十八年（1773年）移建今址。楼名一说取自文天祥《正气歌》中"于人曰浩然，沛乎塞苍冥"句；又说为纪念到过江心屿的唐代著名诗人孟浩然。

建筑为3间重檐歇山顶木结构，抬阁式明楼。楼上中间悬有"江城如画"匾额，登楼远眺，是观赏江心景色之绝佳地。

链接
孟楼潮韵

"孟楼潮韵"为江心十景之一。于浩然楼上聆听瓯潮澎湃，水石相击，富有天籁妙趣。古人题云："潮音漱石根，琅琅小楼上，一笑顾老僧，何如渔山唱。"

浩然楼

宋井

宋井距今已有900余年的历史。井自山石高处下凿,直径1.7米、深10米,井壁上有二重环状石刻经文一千五百余字,并有"皇祐、宋元祐壬申七年二月初三日主持宗达立"等字样。井水至今清澈甘洌。

瑶溪风景区
有"瑶池仙境"的美誉

- 温州市龙湾区瑶溪镇
- 乘6、9路公交直达
- 免费

瑶溪本名瑶川,因溪而得名,张璁以其"溪石皆玉色",遂改名瑶溪。景区水体景观丰富多彩。碧溪幽谷,苍崖峡峪,孤峰峭壁,石柱叠岩,素有"桃源仙境"之盛誉。分金钟瀑、瑶溪泷、钟秀园、龙岗山、千佛塔等五大景区,还有国安寺、千佛塔、玄真观等古迹。

链接
瑶溪十景

幽谷金钟、水石同踪、铁壁潭影、梅林情深、山色湖光、鹭鸶闲云、烟雨朦胧、仙叠龙岗、千佛春秋、钟灵毓秀。

玩家 攻略

住:瑶溪大峡谷有小木屋和农家乐,游客可自由地选择农家住上一天,游客接待中心统一安排吃、住、行,经济实惠。游客既可在农家的菜园里自摘小菜,也可选高山土特产,选购高山土鸡野鸭等。另外,景区外有王朝大酒店,在此住宿可凭景区门票存根退还门票钱。

吃:景区的溪鱼是这里的特色,附近的农家乐餐馆都可以吃到。

仙岩风景区
以瀑潭景观享有盛誉

- 温州市瓯海区仙岩镇
- 温州市区乘47、96路公交车可到达
- 35元

仙岩素有"五潭二井之秀,九狮一象之奇"之誉。景区以瀑潭景观享有盛誉,自然山水景观为"天下第二十六洞天"。

景区由仙岩、天河、化成洞三部分构成,共59处景点。其中以"三潭一寺"最为著名,即梅雨潭、雷响潭、龙须潭和仙岩寺(圣寿禅寺)。

玩家 攻略

1.化成洞中有一棵金心古茶花,树高12米,径粗33厘米,经中、日两国植物专家考证,确认它已有1200余年,堪称世界山茶花大王。1981年5月,我国著名园艺学家汪亦萍先生在美国《山茶花》杂志上专门介绍了这株山茶花元老。

2.每年的农历七月初一、八月初一清晨可以在天河景区的百象尖(山名)上看到"日月并升"的奇特景象,如果赶在那个时候前来游玩,一定要观赏一番。

▢ 梅雨潭

梅雨潭是一个瀑布潭,潭上有梅雨亭。此亭正对瀑布,原为明代少师张孚敬所建,初名泽润亭,因为安坐其中可观赏瀑布的全貌,与梅雨潭的自然景色融为一体,故后人改称为"梅雨亭"。

亭下有洞通潭边,叫作"通元洞"。洞口有石穹门,旁边刻有"四时梅雨"4个丰满有力的大字。潭水很深,经石穹门下到潭边,水珠、雾气、绿水、悬崖,构成一幅奇妙壮观的图画。

梅雨潭瀑布

🏛 圣寿禅寺

圣寿禅寺俗称仙岩寺，创建于唐贞观年间(627—649年)。大中年初，慧通归一禅师来此创办禅寺。

现存建筑为清顺治十七年(1660年)和乾隆以后所建，坐北朝南。中轴线自南向北依次为天王殿、大雄宝殿、方丈楼、千佛殿。山门设在寺院前左侧，上悬朱熹书题"开天气象"匾额。寺内还藏有宋、元、明、清及民国碑刻。

泽雅风景区 AAAA
有"西雁荡"之誉

- 温州市瓯海区泽雅镇
- 乘10、12路公交到林岙车站换乘景区中巴可达
- 免费

泽雅风景区有"西雁荡"之誉，以群瀑、碧潭、幽峡、奇岩为特色，有七瀑涧、金坑峡、高山角等八大景区，有寂照寺、永宁桥、龙井寺、凌云寺、四连碓造纸作坊（素有"中国造纸术的活化石"之称，是整个泽雅的精华之所在）及"正月十三"挑灯节等。

玩家 攻略

景区内新开发了"农家乐"参与性休闲活动，有舂米、磨麦、做豆腐、捣年糕、贴春联、农家耕作、原始造纸、碧潭泛舟、溪边垂钓、浑水摸鱼、峭壁攀岩等10多个趣味盎然的项目，并设有"山乡器具博物馆"，是体味农家生活，领略民俗风情的胜境。

链接
"正月十三"挑灯节

挑灯节是泽雅周岙的一个古老民俗，被称为"周岙挑灯"。周岙是"纸山泽雅"一处山岙里的小村庄，每年的正月初一刚过，家家户户就开始扎制各式各样的花灯，有三角的、四方的、五星的、六棱的、八面的，也有鲤鱼灯、老鼠灯、五星灯、宫灯、亭子灯、宝塔灯。到了正月十三，挑灯闹节庆。村民用竹子扎制花灯，把花灯挂在竹枝头巡游，主要还是祈福来年"纸行"兴旺。

🏛 珠岩寺

珠岩寺又名寂照寺，因寺中有珠岩而闻名。寺院现存有刻于明代成化年间的石碑文、石水池，清光绪年间的铁钟，还有一套石器用具。

在大殿后山有观音阁紧依珠岩而筑。观音阁下从珠岩底层缝中沁有清泉一注，常年不绝，洪水期不增流，酷旱期不歇流，人称观音圣水。

玩家 解说

珠岩也称昆仑石，又称为观音念珠，故名珠岩，直径20余米，圆圆滚滚，竖立当空，珠中一缝，可容一人侧身攀登岩顶，顶上可容纳百余人。

🏛 凌云寺

凌云寺因在凌云山主峰山下，故名。其建筑风格与寂

照寺相似，为同期所建。明代嘉靖年间阁老张聪曾在寺中避暑读书。现寺边山间尚遗有"猫狸坟"等与传说有关的遗迹。凌云寺周围环境清幽，天时阴雨，云海弥漫，山风过处，松涛呼啸，特别是满山遍野的白、红、粉各色山茶，长开不衰。

□ 七瀑涧

七瀑涧以七瀑涧溪下庵至庙后段为中心，包括溪流两侧的山体，以七折瀑"一折高一折，一瀑胜一瀑"得名。景区由九龙瀑、鳄鱼潭、鹰栖峰、七寄树、摇摆岩等30多处景点组成，以群瀑、碧潭、幽峡、修竹、怪石著称。

温州乐园 AAAA
温州的迪士尼乐园

- 温州市瓯海区茶山街道霞岙村
- 乘59路公交车到温州乐园站下车即可到达

温州乐园融自然景观、主题文化、高科技游乐、参与性表演为一体。乐园依山傍水而建，融入美国迪士尼乐园、美国环球乐园和好莱坞等主题公园的设计理念。

乐园分为欧洲风情区、卡通区、美国西部区、恐龙谷探险区等景观主题区，在每个区内分布着各种高科技游乐项目四十多项。

□ 摩天轮

摩天轮属于惊险、刺激类项目，悬空的刺激，远眺的满足，缓缓地就会侵入你心田。同时它又是情侣约会的好去处，在这一方小天地中，温馨、浪漫却又不失独到的乐趣。

□ 时空穿梭机

时空穿梭机可以模拟出逼真的出现极速奔驰的场面，随着屏幕上的场景，机身会不停震动和摇摆，让你仿佛置身于那场风驰电掣的行驶中，体验那前所未有的激情。

□ 波浪飞椅

波浪飞椅是一种飞行塔类游乐项目。它的运行特征是带有滑道的立柱做公转运动，头部大转盘做反向、倾斜、摇摆式自转运动，并沿着滑道做上、下升降运动。由于公转、自转与上、下升降运动的组合，使得用环链悬挂在大转盘上的乘人座椅（游客），在离心力的作用下起伏飞旋。好似银燕在晴空中回旋、飞舞，此起彼伏，上下飘飞，给游客带来无尽的遐想。

温州乐园中的摩天轮

景点推荐

泰顺廊桥

廊桥以其巧妙优美的结构造型，被誉为"中国瑰宝"。泰顺被称为廊桥之乡，现存桥累计958座，其中，包括木拱廊桥、木平廊桥和石拱廊桥在内的明清廊桥30多座。有姐妹桥（北涧桥与溪东桥）、薛宅桥、仙居桥、文兴桥、三条桥等著名的木拱廊桥。

温州市泰顺县境内

玩家 攻略

1. 泰顺廊桥以其巧妙优美的结构造型，再现了《清明上河图》的虹桥形象，被誉为"中国瑰宝"。现有15座被列入全国重点文物保护单位。

2. 由于遍布于泰顺境内的廊桥众多，要想全部游下来，既费时又费力，建议选择有代表性的廊桥进行游览。

提示：在北涧桥头，有时会有当地退休人员自费办的廊桥文化展，值得参观。

3. 从泗溪镇到三魁镇的路上，途经雪溪村口，有一个很完整的町瀑，值得一游。

4. 吃：泰顺饮食多以辣椒为主。饭店里有当地特制的白酒，是用半熟的猕猴桃炮制而成，可消除疲劳，一般放在酒店的显眼处，还有一些当地人常吃的小点心，如婆饼、黄花糕，味道不错。

5. 住：泰顺的酒店多分布在景点附近，有宾馆、民宿、大酒店、度假村等。无论选择哪种类型的酒店，都可以方便地前往泰顺廊桥，欣赏古老而美丽的桥梁魅力。

图画。

玩家 攻略

1.由泰顺到泗溪，每天有班车前往。

2.夜幕降临时，廊桥的灯光秀也值得观赏。灯光在廊桥和水面上交织出五彩斑斓的美妙图案，为古老的桥梁建筑披上了现代华服，带给游人一场视觉盛宴，美不胜收。

洲岭乡廊桥
历史悠久、造型别致

三条桥

三条桥是泰顺历史最久远的木拱廊桥，以三条巨木跨河为桥而得名，为叠梁拱式木廊桥，有桥屋11间。最令人惊奇的是题在三条桥木栏板上的一首没有署名的诗——《点绛唇》，让人无限遐想。

毓文桥

毓文桥为三层楼阁式石拱木廊桥，造型特别优美。拱券为青石砌筑，呈半月状，横跨两山之中。有廊屋7间，屋面重檐悬山式，屋脊有葫芦顶，四翼角高翘，造型别致。

玩家 攻略

购：由三条桥左手小路前行，全程走石头路30分钟左右可到富加洋村。村里有当地的特产绿茶，物美价廉，非常不错。

玩家 解说

"廊桥"顾名思义，就是有屋檐的桥。历史上的泰顺，村落分散，交通偏僻。人们出外行走十几里都难以见到人烟。按照泰顺先祖们的"交通规划"，在相隔一定里程的大路（石砌路）边上，要建上一座供人歇脚的风雨亭。而桥上建造屋檐，不但可以保护木材建造的桥梁免受日照雨淋的侵袭，还可以起到风雨亭的作用。有的廊桥还有供人暂居的房间。

泗溪镇廊桥
雄壮美观、古色古香

溪东桥

溪东桥又称上桥，有"世上最美丽的廊桥"之称。它是泰顺造型最佳的木拱廊桥，横跨在东溪水之上。桥长41.7米、宽4.86米、高10.35米（水面至跨径顶部），单孔跨径25.7米，宫殿式、飞檐翘角，中央有主檐阁楼，极为雄壮美观。

北涧桥

北涧桥又称下桥，因横跨北溪而得名。造型上与溪东桥相似，也是木拱廊桥，有桥屋20间。由于其形似彩虹，故当地人又称之为彩虹桥。在桥上远望，可见两条溪水在桥边汇合。

溪水上有一条用石梁搭起的小石桥，每当溪水上涨时，石桥便会被淹没在溪水之中。另外，北涧桥桥头还有一条小店铺街，与廊桥、古樟树一起，构成了一幅古色古香的水乡

三条桥桥头题字

薛宅桥

三魁镇廊桥
古朴独特、景致盎然

□ 薛宅桥
薛宅桥又名锦溪桥，是泰顺县内桥面坡度最大的木拱廊桥，为灰色叠梁拱式，长51米，有桥屋15间，造型古朴独特，气势雄伟壮观。

□ 刘宅桥
刘宅桥现已荒废，但桥的豪华气派仍在。桥身由上、下两层组成，下层供人们过桥通行用，略显古旧的桥身，桥檐上却是龙飞凤舞；上层设有神龛供村民祭祀用，还有供采光用的木格子窗。上下的楼梯依旧完好。

□ 营岗店桥
营岗店桥俗称蜈蚣桥。此桥始建于清咸丰六年(1856年)，在结构上是演进了的虹桥式木拱桥。在世界桥梁史上，虹桥的结构形式是我国独创的。这类桥现存于浙江、福建等地。

玩家 攻略
1.薛宅桥最令人震撼的是桥边的大树，古树、古桥和潺潺的流水构成了一幅美丽的画卷，在此拍照留念，景致盎然。

2.看完刘宅桥后再顺便去一下无名峡谷。沿着刘宅桥往南走，过石桥，再沿溪流一直走就到了。峡谷不太深，不断往前走风景会越来越好。不过最好不要下到峡谷下面，比较危险。

仙稔乡廊桥
泰顺现存历史最长木拱桥

仙稔乡廊桥，创建于明景泰四年(1453年)，历经4次重建。现桥为清康熙十二年(1673年)重建，为平孔木拱廊桥。该桥凌空高架，结构精巧，有桥屋18间，为泰顺现存廊桥中历史最长、跨径最大的木拱桥。

玩家 攻略
去仙稔乡廊桥可在罗阳汽车站乘专门到仙稔乡廊桥的旅游专线。这一路路况比较一般，但景色不错，到上游可以看到水电站。

筱村镇廊桥
叠梁式木拱廊桥

筱村镇廊桥是泰顺现存廊桥中环境较好的一座，采用了左右不对称的结构，为叠梁式木拱廊桥。其特点是桥身倾斜，桥上有神龛。

玩家 攻略
问路的时候一定要多问几次，以免走冤枉路。

温州南部旅游区

九峰风景区
"红军路"风景线

- 温州市泰顺县,承天氡泉在雅阳镇
- 温州发往泰顺的长途班车,到雅阳镇后转乘乡村小巴或租三轮摩托走10千米即到

九峰风景区由"红军路"风景线(九峰乡)和峰文峡谷、彭溪秀涧、九里潭、泗水(浙南大温泉,以氡泉为核心)等景区组成。

第二次国内革命战争时期,刘英、粟裕领导的红军挺进师在九峰等地转战三年,留下众多的革命历史遗迹。如白柯湾闽浙边临时省委成立旧址、小南山浙南特委成立旧址、重建红十九师旧址、红军山洞医院、峰文峡大战遗址、伙爬岭大战旧址等,现形成了一条"红军路"风景线。

中共浙闽边临时省委成立旧址

中共浙闽边临时省委成立旧址位于仪阳峰半山腰上的白柯湾村。这里峰峦叠嶂,茂林修竹,山险谷深,大雾弥漫,景色迷人。

1935年11月7日,中国工农红军挺进师领导人刘英、粟裕和闽东红军独立领导人叶飞等在此召开联席会议,正式成立中共闽浙边临时省委,统一领导浙江闽东地区党的工作和武装斗争。现建有旧址纪念碑。

峰文峡大战旧址

1937年2月，红军挺进师利用峰文奇峰林立、山高谷深的地理环境和良好的群众基础与敌军周旋，一举击溃敌军3000多人的围剿，歼敌300多人。当年苏联红星报曾报道了该次战斗的情况。

红军山洞医院旧址

红军山洞医院旧址位于峰文乡双溪口村。1937年2月，刘英、粟裕领导的红军挺进师在峰文峡大战后撤离，将30多名重伤员交托当地党组织，分散隐蔽在红军沿线的十几个山洞中治疗。其中上洞和下洞为山洞医院主洞，洞内近20平方米，洞口较小，便于隐蔽，洞外是溪滩，两岸是陡峭的山岩。

张氏祖居

张氏祖居位于泗溪镇前坪村，是前坪张姓祖居，整体院落分建十座楼房，40多间，360根柱子，面积达5784平方米，于清嘉庆三年（1798年）竣工，历经三代而建成。规划宏大，雕梁画栋，工艺精致，富丽堂皇，雄伟壮观。其规模之大为浙南民居建筑所罕见。

承天氡泉

承天氡泉风景名胜区以高温氡泉、峡谷瀑布风光、畲族民俗风情为特色，具有氡泉疗养、风光亮丽、空气新鲜、环境优越、民俗民风沉厚等特点。

保护区内空气清新、气候宜人、环境优美、幽静。清晨白雾缭绕，中午风和日丽，有茂林修竹的幽深峡谷，有高山流水的飞瀑溪流，山路迂曲鸟语花香，茶园葱郁畲乡情浓。拥有神龟观瀑、宝林寺、五级瀑等山水人文景观。

玩家 解说

氡泉水神奇独特，是国内罕见的高热含氡矿泉，常年水温62℃，日出水量500余吨，具有医疗、美肤、健身之功效。尤对银屑病、风湿性关节炎、神经性皮炎、心血管疾病、糖尿病及妇科病有显著疗效。

乌岩岭自然保护区
被称为绿色生态博物馆

温州市泰顺县竹里乡

乌岩岭自然保护区是濒临东海最近的森林生态与野生动物保护类型的国家级自然保护区。乌岩岭属洞宫山脉，是国家一级保护动物黄腹角雉（保护价值等同于大熊猫）的唯一国家级自然保护区和保种基地。

乌岩岭自然保护区人烟稀少，几乎与外界隔绝，自古"巡方不至"，被称为绿色生态博物馆，主峰白云尖海拔1611米，为温州第一高峰，还有南麂岗、米筛潭、龙井潭等景。

链接

黄腹角雉

黄腹角雉，别名角鸡、吐绶鸟，是中国特产的一种鸟，主要分布于浙江，在福建、广东、湖南亦有分布，以蕨类植物的果实为食。

黄腹角雉全长50（雌）~65（雄）厘米。雄鸟上体栗褐色，满布具黑缘的淡黄色圆斑。头顶黑色，具黑色与栗红色羽冠。飞羽黑褐带棕黄斑。下体几乎为纯棕黄色，因腹部羽毛呈皮黄色，故名"黄腹角雉"。黄腹角雉身子粗笨，不善飞翔，喜欢潜伏，胆子很小，

张氏纪念堂

活动隐蔽,反应迟钝,故又被人称作"呆鸡"。

西湾风景区
海滨海岩型风景区

- 温州市平阳县西湾镇和鳌江镇
- 平阳县城乘鳌江的班车可达

西湾风景区湾多、滩广、洞幽、礁岩密布,最为突出的是海蚀海岸风光和溪水溪瀑。含扬屿山、二沙、西岙口、西湾、跳头5个景区。

西湾不仅有迷人的海蚀、海岸风光,还有丰富的人文景观、深厚的历史积淀。景区内至今仍完好地保存着12座烽火台,是温州地区保留至今最多之地。

玩家 攻略

西湾景区餐饮、住宿都不成问题,近几年已开办了众多特色海鲜美食大排档,可品尝到各类海鲜,价格适中。

南雁荡山 AAAA
三教九溪

- 温州市平阳县西部,东西洞景区入口在南雁镇南雁村
- 全票40元,索道全票120元

南雁荡山海拔多在500米以上,迂回曲折,北部以明王峰为主峰,海拔1077米。九溪汇流,中贯溪滩,山水相映。分东西洞、顺溪、东屿、畴溪和石城5个景区,有六十七峰、二十四洞、十三潭、八瀑、九石之胜。

南雁荡山

境内文物胜迹众多,民俗风情独特。就自然景观而言,溪滩、幽洞、奇峰、石堑、银瀑、岩岩可称为"南雁六胜";就人文景观而言,这里的儒教、佛教、道教汇集在东西洞一个景区里,可谓"三教荟萃"。因此,"三教九溪"是南雁荡山特色的主要概括。

玩家 解说

南雁荡山的开发始于唐代中期,盛于五代、两宋。唐宗室李皋任温州长史时,曾作《游南雁荡山》诗。《方胜览》载,五代时高僧愿齐"闻平阳明王峰顶有雁荡,天晴则钟梵相闻",遂"杖锡寻访,结茅其间"。

吴越王钱氏"因建普照道场,尽以平阳一乡之赋赡之"。北宋时建会文阁,后称会文书院,南宋理学家朱熹曾来此讲学,一时人文荟萃。

▢ 仙姑洞

仙姑洞又名西洞,位于西山之腰。从山顶俯望,西山和东山被一条碧溪所分,东山凌霄峰下的观音洞,形似雄狮,张牙舞爪,气势汹汹;而西洞却似雌狮,启口俯伏,悠然自得;东山的仙甄岩,玲珑剔透,恰似绣球,居于两洞中间,构成"双狮抢绣球"的图景。

▢ 云关

云关由两座悬岩夹峙而成,顶端有大石梁覆盖,形成天门,洞门高30多米、宽4米,其下形成比东南屏障更为高深的拱门。此景观开发于唐代,盛名于宋代。如遇山雨欲来,狂风满谷,云雾穿过关口,如海涛汹涌,更是奇观。

▢ 梅雨瀑

梅雨瀑又称雾瀑云潭。此瀑集施岭之水,瀑高30米、宽2~3米。瀑底有梅雨潭。瀑潭三面环山,朝东,每当清晨7时许,朝阳透进山谷,潭角便出现五彩虹霓。梅雨潭右边陡坡上有倒插花岩。上游施岩,传为唐代诗人施肩吾炼丹处。

顺溪古建筑群

有"浙南清中晚期民居博物馆"之美誉

📍 温州市平阳县顺溪镇

顺溪古建筑群属国家级重点风景名胜区南雁荡山腹地。古建筑群为大型合院式民居建筑。现保存基本完整的大型民居建筑共有10座，多建于清乾隆至嘉庆年间，粉墙黛瓦，沿溪而筑，布局恢宏，体量巨大，构建精巧，是浙南温州古代民居建筑体系的重要类型之一，素有"浙南清中晚期民居博物馆"的美誉。

陈迢岩、陈有相大屋建筑规模较大，布局颇具特色，为大开间、多院落、大天井的组合形式，并保留了一些早期建筑遗址。建筑木雕、石雕较为精美，具有较明显的地域特色。

玩家 解说

明隆庆年间(1567—1572年)，居住在昆阳附近大峃底的平阳凤凰山陈姓大族的一支，20世祖陈育球举家翻山越岭西行上百里，从鳌江下游平原来到四面环山的顺溪山坳定居下来。然而他的后裔们经过400多年的筚路蓝缕，使昔日山重水隔、近乎荒芜的山坳发展为鳌江上游的第一大镇。

南麂列岛风景区 AAAA

素有"碧海仙山""贝藻王国"之誉

📍 温州市平阳县南麂镇

🚌 去南麂列岛，需先到鳌江镇，温州牛山北路汽车站有到鳌江的快客。鳌江码头至南麂有班船

💰 门票100元

南麂列岛风景区是我国唯一的国家级海洋自然保护区(贝藻类)，有大沙岙、国胜岙、三盘尾、大擂山、竹屿等景区。风景区由南麂岛等52个岛屿组成，南麂为南麂列岛的主岛，外形似鹿，头朝西北，尾向东南，面积7平方千米，海岸线24.8千米，周围有龙嘴头等5个岬角和国姓岙、马祖岙、火焜岙3个海湾及港湾南麂港。岩石受海浪长期侵蚀冲击，形成海蚀崖、柱、穴、平台等景观，有大沙岙、国胜澳、三盘尾等景区，人称"碧海仙山"。

玩家 攻略

1.住：节假日和旺季，岛上住宿较紧张，上船前可通过鳌江第四码头代办南麂岛的住宿，预付订金，可在房价内扣除。岛上宾馆较多，房价淡旺季浮动较大(每年的6—9月为旺季，其中7、8月尤为热闹，其余时间为淡季)。旺季时岛上也有一些私人旅社，条件一般，但价格便宜，还可以贴近渔民生活。沙滩边还有很好的草地，极其适合宿营等活动的开展(可自带帐篷)。

温州郊县景点南麂列岛

2.吃：岛上的饮食以海鲜为主，价钱很便宜。一般选择海滩边和司令部附近的大排档，物美价廉，十分不错。晚上11点以后是吃夜宵的高峰，海滩上的烧烤热闹非凡。

在这里，你可以品尝到各种口味的海鲜大餐，如清蒸大黄鱼、红烧海蛎子、炒螃蟹等。此外，当地的海鲜粥、海鲜面等小吃也值得一试。除了海鲜，南麂岛还有一些具有地方特色的美食，如南麂岛烤鱼、南麂岛炒粉等，不妨尝试一下。

3.购：南麂岛的特产主要有海鲜干货、海藻制品、贝壳工艺品等。购买海鲜干货时，要注意查看产品的产地和保质期，以免买到劣质产品。

▢ 大沙岙

大沙岙海滩宽800米、长600米，水质、沙质皆属上乘，是全国罕见的贝壳沙质海滨大浴场。被专家誉为"国宝"的东海奇观天然壁画，气势恢宏，鬼斧神工。有虎屿、美龄居、蜡烛峰、白蛇礁等景。

玩家 攻略

1.大沙岙临海沙滩的沙子是纯净的铁板沙，沙质坚硬细腻，踩在上面不会有往下陷的感觉，踩了之后也没有明显的痕迹，十分特别。

2.大沙岙临海沙滩上有木屋和竹楼可供住宿，夜晚听着涛声入睡，十分惬意。夜晚的大排档有渔民售卖新鲜的海味，大多是贝类和鱼类，可以免费加工。

3.帐篷不要选择单层的休闲帐，海岛气候潮湿，帐篷的防水透气性能一定要好，还要尽量选择那种贴近地面、防风性能好的帐篷。晚上一定要打地钉，海岛上说不定什么时候会起风。

▢ 三盘尾

南麂山列岛的东南部按山丘高低层次分为头屿、二屿和三屿（又称小虎屿），似3个"绿盘"漂在海上，故有"三盘尾"之称。它是南麂山列岛的各个景点中观望海景的最佳之处，有天然草坪、望夫石、猴子拜观音、天然壁画、五指岩、风动岩等众多礁石景观。

玩家 攻略

1.三盘尾的景点主要分布在山上，建议沿山脊游览猴子拜观音、天然草坪、潮音洞、飞来石、风动岩等景点，回来时沿海边小路看大海、巨石、碉堡和渔村。

2.游览途中会经过几家渔民自己开的小店，那里可以买到一些色彩鲜艳的贝壳，是景区旅游商店里所没有的，不过价格也稍贵一些。此外还有当地人自做的虾干和鱿鱼丝，十分新鲜，价格也公道。

▢ 国姓岙

国姓岙岙口宽1000米、长1900米，它三面环山，是南麂列岛唯一良好的避风港，也是重要的军港，船只停靠在港里非常安全。

民族英雄郑成功曾驻营在岛上，操练水军，汇集各部，扬帆挥戈，渡海东征，最终赶走了荷兰殖民者，收复台湾。岛上仍保存有摩崖石刻、国姓庙等古迹，是一处爱国主义教育基地。

玩家 解说

斩断尾门为国姓山与龙头屿之间的一条水道，长、宽均100米左右，如同被仙人宝剑斩断一般。落潮时，行人可涉水而过；潮起时，船只可以航行。

据说，原先两个山屿是连在一起的，当年郑成功率部下被清兵围困在国姓岙内，岙口严密封锁，船只无法通行。郑成功一怒之下抽出宝剑向龙头屿尾部斩下去，顿时山崩地裂，出现了"斩断尾门"这条水道，于是战舰冲出了封锁，继续抗清。

▢ 竹屿景区

竹屿岛是南麂列岛的第二大岛。岛形像披着袈裟默坐参禅的老僧。岛上竹林成荫，附近有鸬鹚礁、立人礁、无毛南礁。

立人礁在竹屿南面50米的海中，为干出礁，一个危险圈里两个礁。海涛袭来卷起冲天巨浪，惊心动魄。岛屿上没有一株树，也没有一丛草，光秃秃的，因此又叫无毛山。岛南180米处有无毛南礁。该岛为我国临海线基点之一，平阳县人民政府于1985年10月在此立碑为志。

洞头风景区 AAAA
体验浙南沿海的渔家风情

- 温州市洞头区
- 温州望江东路客运码头有直达洞头的船，麻行码头也有去洞头的快艇
- 望海楼、仙叠岩、大沙岙、胜利岙、半屏山30元

洞头由103个岛屿组成，素有"百岛县"之称。海岛风光旖旎迷人，石奇、滩佳、礁美、洞幽、鱼丰、鸟多，是个融绝壁奇礁、海上运动、渔乡风情为一体的海滨旅游度假胜地，有半屏山、仙叠岩、大瞿岛、竹屿、大门岛、望海楼、海中湖、东沙八景区400多个景点。

玩家 攻略

1. 住：洞头住宿的地方很多，有中高档的酒店，也有较低档的小旅社，环境不错。

2. 吃：洞头的特色美食很多，岛上的小餐馆都能吃得到。推荐银河一品羹，又名一品双色羹，以鲜蛏和龙须菜加工而成。此菜是在渔村传统的蛏子羹基础上的新创造，外观奇特，双色对映，鲜味十足。海草龙虾面，以龙虾为主料，龙须菜为辅料加工而成。此菜有色泽分明，汤鲜面爽。金田墨鱼饼，此菜以墨鱼内囊中的精华特制而成，是传统渔家菜墨鱼饼的精加工，色泽金黄，口感松韧兼备，鲜香并具，别有风味。

■ 仙叠岩景区

仙叠岩景区由珍珠礁、仙叠岩、海滨浴场、南炮台山四大块组成，有60多个景点。景区内巨石险峻，礁岩怪异，沙滩平展，是赏石、听涛、戏水、沙滩运动的绝佳去处。

玩家 攻略

1. 仙叠岩顶部的日光岩有一个透天洞，每当晴天的晌午时分，日光透过此洞产生多彩的光柱，色彩缤纷，绚丽夺目。

2. 人称"东海庐山"的南炮台山是观海的最佳位置。

■ 半屏山景区

半屏山景区与洞头本岛隔港（洞头渔港）相望，西部有渔港、村庄、田园，而东部像被利斧劈削了一样，断崖峭壁，直立千仞，犹如一扇巨大的屏风雄峙海上，挡住狂风巨浪，护卫着洞头本岛。这一大片峭壁长1200米、高120米，壁上景观迭出，像巨幅浮雕画屏，依次展开的有四屏十八景，是目前为止国

内最长的海上天然岩雕长廊，被誉为"神州海上第一屏"。另有天然岩雕长廊、黑龙腾海、渔翁扬帆、龙虾岩、海上岩礁园等景观。

玩家 攻略

游览半屏景区，既可乘游船从海上观赏，也可上山后沿游步道下到悬崖底部的石滩游玩。

大瞿岛景区

大瞿岛上林木繁茂，奇石荟萃，被誉为"东海绿洲""海外桃源"。奇峰异石达70余处，有形若普陀磐陀石的"仙童击鼓"，有酷似嵊泗姐妹石的"老妪梳头"，有形同朱家尖仙人登天的"松鼠石梁"，几乎集沿海岛屿石景之大成。

大瞿岛景区由大瞿岛、双峰山、南摆屿、北摆屿等岛屿组成。景区以赏石、观鸟为主要特色，主要有石佛观海、大石滩、响雪亭、郑成功校场等4部分。

玩家 攻略

双峰山、南摆屿、北摆屿，位于大瞿岛东南，是各种候鸟聚集的岛屿。每逢农历四月至十月，海鸥、白鹭、海燕、白鹳、赤嘴鹭鸶等大批鸟类飞到这里繁衍生息，最多时达万只以上，群鸟振羽，鸣声婉转，十分壮观。

俯瞰洞头仙叠岩

海中湖景区

海中湖景区的四面分别有洞头岛、三盘岛、元觉岛、霓屿岛等诸岛屿环抱，形成一个内海，海面平静如湖，所以称之为"海中湖"。景区内建有三盘度假村、渔家休闲乐园及古渔村、洛迦山中普陀寺等，是体验民俗风情、度假休闲和海上运动的好去处。

东沙景区

东沙景区以军旅体验、人文景观游览和民俗风情感受为特色。景区所在的桐桥等渔村，是闻名全国的"军民联防模范连"和"洞头先锋女子民兵连"的诞生地，是小说《海岛女民兵》、电影《海霞》主要人物原型的所在地。

景区内有洞头解放最后一仗的战场，有保存较好的渔家村落等。主要游览地有洞头先锋女子民兵连纪念馆、胜利岙军事主题公园、双抱人岩、妈祖宫等。

望海楼景区

望海楼建在本岛最高处，由江西滕王阁重建的设计者陈星文主持设计。主楼2700平方米，楼层明三暗五，高35.4米，坐北朝南。楼的3层和5层设有观景廊，登楼远望，可看到洞头的概貌，南边是洞头渔港、半屏山，东边是新老城区，西面是7座跨海大桥，北面是大海与岛屿。

滨海—玉苍山风景区 AAAA

陆岸金沙，山巅石海，古窑村寨

- 温州市苍南县
- 温州牛山北路52号客运中心乘发往苍南县的班车，再转景区班车
- 渔寮40元，海口度假村20元，玉苍山50元

滨海—玉苍山风景区以陆岸金沙、山巅石海、古窑村寨等独具风韵的自然景观和人

文景观闻名遐迩，受人青睐。

风景区分为滨海、玉苍山两部分，由渔寮、炎亭、玉龙湖、玉苍山、莒溪5个景区和丁步头、蒲壮所城两个独立景点组成。其中，蒲壮所已被列为全国重点文物保护单位。

▫ 滨海景区

滨海景区岛屿密布，港湾众多。其中渔寮和炎亭金沙滩尤为罕见。渔寮沙滩长2000米、宽800米，是我国沿海大陆架上最大、最长的沙滩之一，水清、沙软、滩平、海阔，是理想的海滨浴场和沙滩运动场，素有"东方夏威夷"之称。

▫ 玉苍山景区

玉苍山部分以奇石、平湖、溪谷为风景特色，形成以山、石、溪、瀑、潭、湖、林、寺构成的绚丽多姿的自然山水画卷。

玉苍山：由"怪石、日出、云海"三大奇观构成，称为玉苍山"三绝"，其中尤以怪石为甚。这里无处不石、无石不美，各具神态，妙趣天成。仙人止步、石瀑岩、石海覆舟、望天龟、摇动岩、锦绣谷等108个景点，是大自然鬼斧神工的杰作。山腰有法云寺。

玉龙湖：有玉龙湖（有十二景）、碗窑古村寨（古民居、古窑、古庙）、三折飞瀑等风景。

▫ 蒲壮所城

蒲壮所城是中国古代著名的海防城堡建筑。蒲壮所城北面城墙依山而筑，无须设置城门，其余东、南、西三向城门依次为威远门、正阳门、挹仙门，各城门皆建有城楼，城门外各设有护城门。诸城楼、城门及护城门形制、规模相似，城门及护城门均用较规则的条石砌成拱券，两门朝向不一，与平面中轴线成90度直角，两门之间均设置瓮城，各

玉苍山

护城门外左、右两侧各筑敌台一座。

玩家 解说

蒲城原为沿浦湾一角，因潮汐涨落，泥沙淤积，渐成菖蒲、芦苇丛生的海滩。1500多年前，来此搭寮垦荒的先辈取蒲叶编织为门而得名"蒲门"。

唐宋以来这里素为戍守要地。明洪武十七年（1384年）为防倭寇，首任千户总驻守夏积在龙山脚下主持修建蒲城城墙，此地便改名为"蒲城"。明正统八年（1443年），雾城"壮士所"并入，合称"蒲壮所城"。

刘伯温故里景区 AAAAA
瀑雄、峰奇、湖秀、潭丽

📍 温州市文成县境内

💰 65元

刘伯温故里景区具有瀑雄、峰奇、湖秀、潭丽等特点。含峡谷景廊、百丈漈、天顶湖、刘基庙、飞云湖等景点。

玩家 攻略

景区内有文成山顶人家民宿、文成国际温泉大酒店等提供住宿。

百丈漈景区

百丈漈景区从佛山沿泗溪到天顶湖，纵深约2千米。一漈、二漈、三漈形成的瀑布群，一漈百丈高（207米），二漈百丈深，三漈百丈宽，有着奇险、雄伟、壮丽、幽深的特点。瀑布群峡谷两边，到处是奇岩怪石，险峰幽洞。有佛山、一帆峰等景。

飞云湖

飞云湖处于飞云江中上游，是飞云江与珊溪交汇形成的高峡平湖。湖面烟波浩渺，船帆竞渡，极为壮观。湖岸树木葱茏，秀竹绵绵；古村落散布其间，村民民风淳朴，极富民族特色。

有葫芦岛、七星岛、洞背洞、古村落等景观，具有湖秀、洞幽、峰雄、潭奇的特点，是水上旅游度假的好去处。

刘基庙

刘基庙现存完好的人文景观，主要有刘基故居、书院、刘基读书路、聪明泉、刘集墓（刘基高祖）、天葬坟、白鹤仙桥等。除此之外，景区内的自然景观也秀丽优美，有金龟山、宝剑山、七星落垟等。

玩家 解说

刘基，字伯温，封诚意伯，谥号文成，文成县名由此而来。他是明朝开国元勋，是中国历史上卓越的政治家、军事家、文学家，著有兵书《百战奇略》、散文集《郁离子》。刘基树开国勋业，兼传世之文章，后人尊称其为立德、立功、立言的千古人豪。

诚意伯庙

诚意伯庙建于明天顺三年（1459年），为国家级重点文物保护单位。庙分"王佐""帝师"两水坊，头门、仪门、正厅、追远祠四重，占地3000平方米。正厅有刘基及其子刘琏、刘璟坐像三尊，左廊有个900斤古铜钟。

盘谷古民居

钟山与亢五峰两山之间的峡谷，形若一只圆盘，故名盘谷。刘伯温孙建宅于此。盘谷现留有五座明代民居建筑物，有三进二合院，亦有单合院，均为重檐歇山造。盘谷村前，有一口清澈见底、夏凉冬暖的古井，为刘孙亲手所挖的"盘谷古井"。

诚意伯墓

诚意伯墓位于石圃山中支夏山之麓。九支小山脉延伸至此，俗名"九龙抢珠"，墓前有石碑一方，上刻"明敕开国太师刘文成公墓"。该墓现为国家级重点文物保护单位。墓前有田，形似墨砚；有小土丘，形似龙珠；左方有一品字山丘，形似笔架。

铜铃山国家森林公园 AAAA
号称"全国第一氧吧"

- 温州市文成县境内
- 市区新南站乘坐至文成珊溪的客车可达，或在文成老车站坐班车至景区
- 70元

铜铃山国家森林公园是融山水观光、森林探险、休闲度假、健身康复、科研教育等功能为一体的综合性森林公园。因公园内有一巨崖形似"铜铃"而得名。以"林茂、谷幽、穴奇、湖秀"为主要特色，其中"壶穴奇

百丈漈景区

观"最为著名，享有"华夏一绝"的美誉。

公园由铜铃山峡、小瑶池、铜铃寨、原始丛林、胜川桃溪五大景区组成，有高坝、斗潭、白郎漈、孝竹滩、灵崖、十二埠等景。

玩家 攻略

景区设有融住宿、餐饮、会议、娱乐为一体的铜铃山森林度假村和铜铃山庄，形成"食、住、行、游、购、娱"相配套的服务体系。

□ 铜铃山峡景区

铜铃山峡景区是公园核心景区，峡谷长3千米，宽处百余米，窄处2~3米，呈S形走势。谷内深涧密林，青山秀水，古朴纯野，佳景天成。尤其以万年激流旋冲而形成的"壶穴奇观"最为著名。

玩家 解说

在铜铃山峡那条由高而低的峡谷中，一个个宛如巨大石盆般的水潭排列而下，有的坐落在谷涧，有的镶嵌于谷壁，有的像酒坛，有的似浅井，有的浑圆光溜，有的穴连穴，潭穴蓄水，水清如碧玉。这股浆玉液般的瀑布由高而低，经上一个潭穴，流入下一个潭穴，奔腾冲泻，哗哗啦啦，十分有趣。

我国著名风景专家、北大教授谢凝高实地考察后把这种瀑布定位为"壶穴奇观，华夏一绝"。这处壶穴瀑布完全是大自然巧夺天工的杰作，由铜铃峡洪水急流经千万年旋转冲刷而成，峡谷左侧的岩壁上现建成一条由钢条焊接而成的栈道，如游龙般蜿蜒于悬崖峭壁间，方可便看壶穴。

□ 小瑶池景区

小瑶池景区内有一碧池，传说为王母娘娘浴池，故名"瑶池"。瑶池犹如一面明镜，蓝天、绿树、红花掩映，如入仙境。从瑶池徒步上山百余米，便到观日台。清晨，可观旭日从群山叠嶂间冉冉升起；傍晚，能见夕阳在密林深处缓缓西沉。

□ 铜铃寨景区

铜铃寨景区地势险要，三面悬崖峭壁，只有北向一条小路通往岩顶，顶有一巨石，即"铜铃蒂"。元末农民起义军首领吴成七在此设立分寨，寨址遗存有瓦、陶瓷器碎片等物。

山腰有石洞，相传为吴成七藏放金银珠宝的地方，故名"藏金洞"。景区内可欣赏瀑布、云雾、奇石等自然景观和古寨旧貌人文景观，其中白水漈瀑布最为壮观。

□ 原始丛林景区

原始丛林景区以森林生态为特色，境内林木遮天盖地，郁郁葱葱，构成乔、灌、藤、草自然结合的天然森林景观。景区内有保存完好的天然硬阔叶原始丛林15000多亩，观赏植物种类繁多，有观花类31种。

□ 胜川桃溪景区

胜川桃溪景区境内竹海茫茫，林涛阵阵，溪水洁净，源远流长。沿途可游览擎天柱、木鱼岩、金蟾岩、老虎山、水洞门、仙梯倒架、缸遥坦、龙井等自然胜景，欣赏古朴的小桥、流水、田园、农家等山村风光。

龙麒源 AAAA
山水风光优美、融合畲族民俗风情

温州文成县西坑畲族镇梧溪境内

75元

龙麒源景区是一处山水风光优美、融合畲族民俗风情的旅游胜地。景区气候温和，四季分明，冬无严寒，夏无酷暑，空气清新，凉风爽爽，是一处十分适宜休闲度假的好地方。

龙麒源景区境内层峦叠嶂，苍翠欲滴，尖峰错峙，峡谷幽深，溪水旋涡涟漪，千姿百态，绿潭串联，清澈见底；流水声同树上的鸟叫声，和鸣百啭。这些山泉和流水，都是穿山而来的活水，没有一点污染与杂质，甘甜可口。

龙麒源景区有景点30多处，其中尤以500米长的金壁滩令人为之倾倒。光秃秃的金黄色岩壁河床上，没有石头、沙子，任由千万年的流水冲刷成绿潭、壶穴，蔚为壮观，拍成照片，一片金碧辉煌，金壁滩名不虚传。

寨寮溪风景区 AAAA
清溪秀谷，潭瀑成串

- 温州市瑞安市龙湖东路
- 从温州新汽车南站乘往文成方向的长途汽车在龙湖镇下车，转车到高楼即达
- 花岩国家森林公园50元

寨寮溪风景区素有"云江明珠"之称。由寨寮溪、九珠潭、龙潭、花岩、漈门溪、回龙洞、银洞、腾烟瀑、甘漈等景区组成。

景区内溪流蜿蜒曲折，依山顺势，两岸群山逶迤，翠谷纵横，既有"小桥流水人家"的江南田园风光，又不乏浓郁的浙南山乡野趣，且尚保存有不少古刹、旧观、古村落及革命胜迹，实在是旅游观光、水上游乐、休闲度假、森林考察的好去处。主要景点有福泉禅寺、五子潭、冲天瀑、九珠潭、水帘洞、五云山、双龙瀑等。

玩家 攻略

游：福泉禅寺—五子潭—冲天瀑—九珠潭—龙潭—水帘洞—九瀑潭—五云山—悬河瀑—双龙瀑—腾烟瀑。

吃：寨寮溪地处瑞安西部山区，饮食以农家菜为主，您可以享受到各种各样的农家小菜，真正的绿色食品，如苦菜、马蹄笋、小河蟹、小河虾及各类野菜农菜等。

玉海楼
浙江四大藏书楼之一

- 瑞安市市区道院前街
- 新汽车南站乘往瑞安方向的长途汽车下车，换乘中巴至景区
- 免费

玉海楼是浙江四大藏书楼之一。此楼为清光绪十四年（1888年）由孙衣言和孙诒让父子建造，现包括百晋斋和孙诒让故居。建筑上集藏书楼功能、浙南优秀民居特点和私家园林风范于一身。

玉海楼坐北朝南，三面环河，前后两进，左右回廊，庭院清幽，花木扶疏。其藏书曾多以名家批校本、多瓯郡乡帮文献和孙氏父子手批校本的特点闻名于世。现藏书逾30 000册，珍善本约4000册。

玩家 解说

"玉海楼"因孙氏父子敬慕南宋学者王应麟著作宏富，故以其巨著《玉海》作为楼名，意为自家藏书亦如玉之珍贵，若海之浩瀚。玉海楼初建时，藏书八九万卷，大部分是清同治七年（1868年）后10余年间所购。中华人民共和国成立后，瑞安市人民政府将其辟为文物陈列馆，使其焕发了昔日风采。

链接

孙衣言

孙衣言（1814—1894），近代文化名家，字劭闻，号琴西，斋名逊学，瑞安人。孙衣言出自曾国藩门下，文近桐城，兼有永嘉学派之遗风，喜述乡先辈遗闻逸事；诗似宋人黄庭坚，篇体清峻，开清末浙派袁昶、沈曾植的先声。孙衣言特别注意有关温州地方文献的收集整理，撰《征访温州遗书约》，倡导南宋永嘉学派经制之学。至清光绪十二年（1886年），历经18年，写定《瓯海轶闻》，其中甲集21卷，题名"永嘉学术"，是研究温州学术思想史的重要资料。

寨寮溪

攻略资讯

- 交通
- 住宿
- 美食
- 购物
- 娱乐

温州高架桥

🚗 交通

飞机

温州龙湾机场为浙江省内第三个国际机场。机场位于市区东南24千米处，民航售票处位于民航路锦绣路口（王朝大酒店对面）。机场到温州市区有机场大巴，终点站民航售票处，中途停靠有数码城、上陡门、春晖路（划龙桥与春晖路交叉口）。

机场交通：可乘坐机场巴士到机场候机楼。

火车

温州市区现有温州火车站和温州火车南站，其他县区还有雁荡站、乐清站、永嘉站等主要火车站点。

温州火车站：是金温铁路的终点站，有始发至北京、上海、南京等地的列车。火车站位于温州大道附近。在市内乘91、B102等路公交可到达。

温州火车南站：是温州境内规模最大的火车站。南站现有开往北京、杭州、福州、上海等地的动车。温州南站位于温州市瓯海区潘桥镇，梧田南坛大道与疏感公路交叉口东北侧。乘坐21、91、161等路公交车可到。

汽车

温州高速公路网发达，现有通往丽水、金华的金丽温高速公路，通往宁波、台州方向的沈海高速甬台温高速段、诸永高速公路、温州绕城高速公路等。

主要提供温州至宁波、杭州、台州等省内高密度班车，也承担由温州东边出城至乐清及洞头各地的本地区班车分流。

温州汽车南站：位于温州市鹿城区温州大道。☎ 0577-86760497

新城站：位于温州市鹿城区新城大道219号。☎ 0577-27596639

市内交通

温州轨道交通共有2条线路开通运营，分别是温州轨道交通S1线、温州轨道交通S2线。1条线路在建，温州轨道交通S3线。轨道交通的建设提高了温州市民与游客出行效率，缩短了出行时间，缓解了高峰时段交通压力。

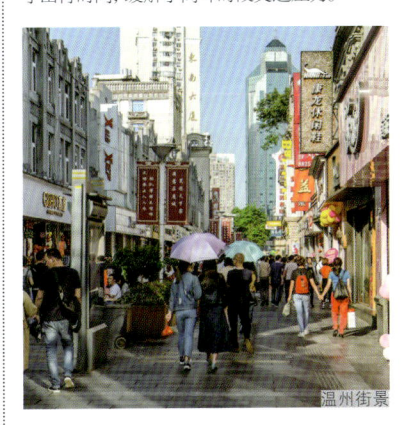

温州街景

🏠 住宿

温州经济十分发达，境内各种档次的酒店、宾馆应有尽有。高档酒店多集中在市区（鹿城区、瓯海区、龙湾区）繁华路段，各景点附近也有不少价格适中而又舒适的酒店、旅馆。

● 华侨饭店

华侨饭店东边是五马商圈，北走可去江心屿，往西是九山公园和景山公园，附近是松台山广场，闹中取静。酒店豪华气派，风格传统而不失典雅，附近更有KTV、步行街、保龄球馆等众多休闲娱乐场所。🏠 温州市信河街1号 ☎ 0577-88088888

● 温州东瓯大酒店

酒店近邻火车站300米，汽车南站200米，是温州交通最便利的酒店之一。酒店装饰高雅新颖，舒适宜人。酒店在火车站商业圈中，购物休闲十分便利。🏠 温州市温州大道东建大厦 ☎ 0577-88089988

● 云天楼米兰国际大酒店

酒店毗邻火车站、新南站，距温州机场车行仅20分钟，交通十分便利。酒店推出"枕头菜单"，配备多种不同功能的枕头可供选择，以提高顾客的睡眠质量。并拥有58个风格各异的餐饮包厢，独具欧式风情。

🏠 温州市南浦路天利嘉园A幢157 ☎ 0577-88018888

● 王朝大酒店

酒店装潢考究、设施齐全，可以在酒店内进行各种娱乐休闲活动。附近还有小吃街和购物街，满足饮食和购物的需求。🏠 温州市民航路2号 ☎ 0577-88378888

🍴 美食

温州菜又称"瓯菜"，以海鲜为主，菜品口味新鲜，淡而不薄，名菜有三丝敲鱼、锦绣鱼丝和爆墨鱼花，并称"瓯菜三绝"。温州的小吃有鱼丸、鱼圆、敲鱼，还有灯盏糕、双炊糕、楠溪江麦饼等糕点。温州的五马路，就像上海的南京路、北京的王府井一样汇集了各种美食。此外，人民路有美食娱乐街，江滨路有夜市。

● 灯盏糕

温州小吃首推灯盏糕。市区解放街（解放北路）和鼓楼街的交叉口，就是大名鼎鼎的扁头灯盏糕了。据说，清光绪年间温州有姓陈的兄弟二人，在市区东门陡门头路亭制卖一种形似灯盏的点心，独具风味，一时名声大噪，因此这种点心便被称为"灯盏糕"。灯盏糕味道鲜美，外皮酥松脆甜，肉馅则煞是爽口。

● 双炊糕

双炊糕是瑞安的特产。双炊糕细、软、韧、香、甜，其中一道工序，需要将糯米与铁砂一起炒制，这样做成的双炊糕才更香，糯米粉中加入白糖，经过两番炊制而成。市区五马街"五味和"百年老店有卖，都是带包装的。李大同牌子最有名气。现在牌子传到李大同第三代传人（老五房）李观成先生手中。

● 三丝敲鱼

三丝敲鱼是温州民间传统佳肴，相传已有百余年历史。直到今日，每到逢年过节、亲朋相聚，常以敲鱼款待客人。"三丝"指的是鸡脯丝、火腿丝、香菇丝。敲鱼、三丝加清汤烹制而成的"三丝敲鱼"，汤清味醇，鲜嫩爽滑，色泽调和，独具风味。

猪油糕

● 锦绣鱼丝

锦绣鱼丝是新创瓯菜,选用黑鱼脊背肉切成细丝,配红绿柿椒丝、黄蛋皮丝、棕色香菇丝等炒制而成。此菜色彩丰富似锦绣,鱼丝条不断、匀称,其味十分鲜美。

● 猪脏粉

这是一种用粗粉干,加上有猪血和猪肠子还有温州特有的雪菜制作而成。工艺看似简单,但是味道非常鲜美,是温州的特色小吃之一。

购物

温州有"服装之城""鞋业之都"之誉,工艺品有瓯绣、瓯塑、泰顺漆筷、乐清细纹刻纸等,土特产有瓯柑、瓯江凤尾鱼、乡巴佬鸡翅、香仁蛋、龙湾杨梅等。市内的人民路、五马街、蝉街、解放路及信河街共同构造出了市区环形商业繁华地区,集中了中百商城、金益三百年老店等众多购物场所。

● 瓯绣

瓯绣又称画帘,是六大名绣之一。用毛竹抽成丝后织成竹帘,再在上面绣制花鸟、山水、人物,故又称竹编。

● 乐清细纹刻纸

乐清细纹刻纸是乐清市当地流传的一项绝艺,源于乐清民间剪纸"龙船花",至今已有七百多年的历史。乐清细纹刻纸刀法精妙入微,挺拔有力,图案细如发丝,工而不腻,纤而不繁,表现力十分丰富。

● 瓯柑

瓯柑是珍果良药,它含有丰富的碳水化合物、蛋白质、脂肪、有机酸、多种维生素和矿物质。除鲜食外,瓯柑还可以制成蜜饯、果酒、果汁和罐头食品。瓯柑刚摘下时,略有苦味,稍酸。长期贮藏后,苦味尽消,柔软多汁,甜美爽口。其有清热生津、去痰止咳、润肺定喘、消炎解毒等功效。

娱乐

温州的休闲娱乐场所很多,多集中在市区繁华街段。茶馆、咖啡屋优雅、高贵,KTV、酒吧激情四射,让人玩得酣畅淋漓。

节日和重大活动

节日	举办地	时间
温州早茶节	温州市区	3月20日至22日
泰顺"三月三"畲乡风情节	泰顺	农历三月初三
伯温茶文化节	文成九龙山茶园	4月
乐清白石会市	乐清白石镇	农历三月初九开始,持续十天
瑞安油菜花节	桐浦乡	4月
瓯海茶山杨梅文化节	茶山街道	每年6月中旬杨梅开摘时
刘基祭祀活动观光节	南田镇刘基庙	农历六月十五日
苍南开渔节	苍南县舥艚镇斗门头码头	9月中旬期间
龙湾汤和节	龙湾宁村	农历七月十三至十七

名典咖啡语茶

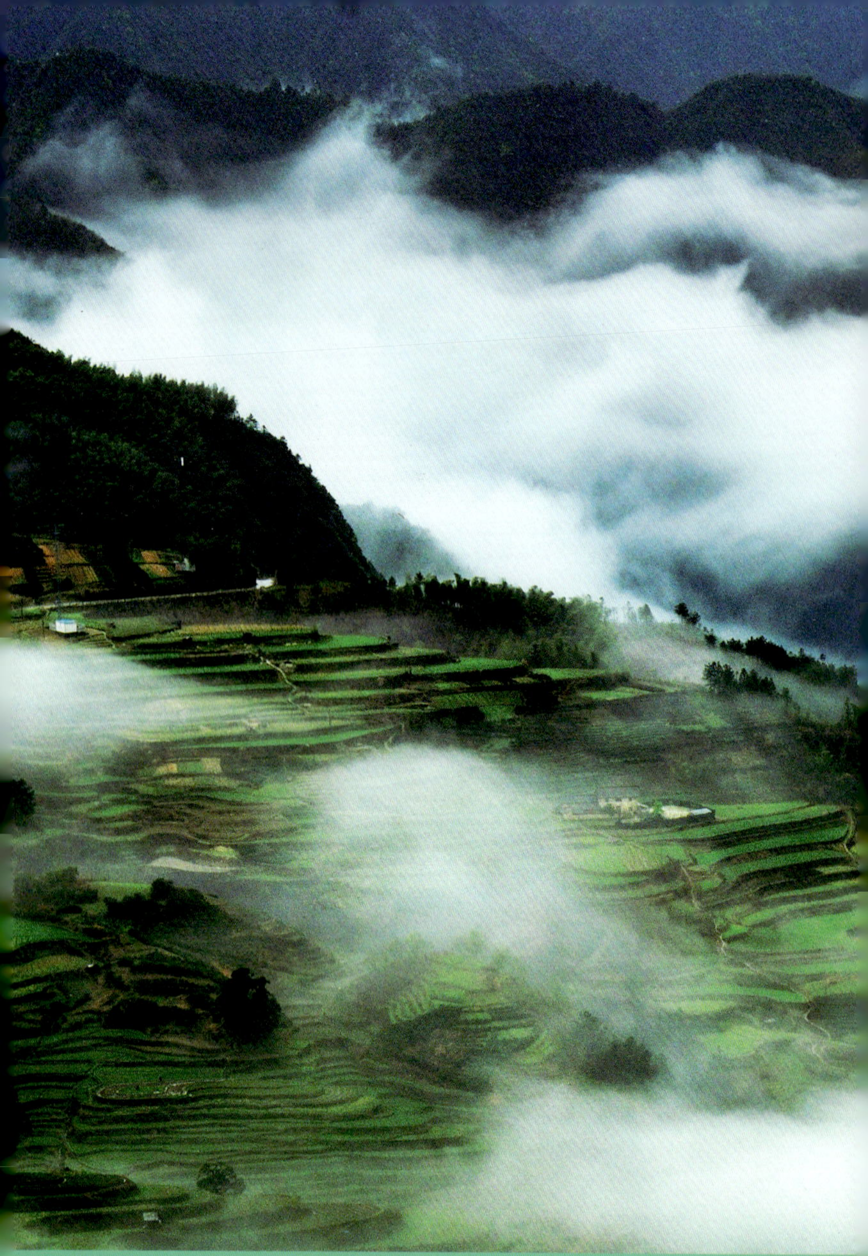

发现者 旅行指南

丽 水

概览

亮点

■ 南尖岩景区

国际摄影创作基地,有独特的天象景观、地貌景观、水体景观、生物景观等。

■ 遂昌金矿国家矿山公园

被誉为"江南第一金矿",古迹众多,还有工业黄金游项目。

■ 仙都风景区

是一处以峰岩奇绝、山水神秀为景观特色,融田园风光与人文史迹为一体,以观光、避暑休闲和开展科学文化活动为特色的国家级重点风景名胜区。

仙都石笋

■ 必逛街道

中山街:丽水最繁华的商业街区,街道上有大型的商场和超市,还有独具罗马风情的西餐厅。

民俗乐园美食街区:丽水最大的一个集民间工艺、风味美食于一身的饮食文化街区。不仅有美味的餐饮,还有各式游艺项目30余种。

线路

■ 丽水经典三日游

第一天:南明山—万象山—东西岩—仙都风景名胜区。

第二天:南尖岩—遂昌金矿国家矿山公园—箬寮原始林景区。

第三天:龙泉山—畲乡之窗—大漈景区。

■ 遂昌二日游

第一天:汤显祖纪念馆—长濂文化村—遂昌金矿国家矿山公园。

丽水万象山

第二天:遂昌金矿国家矿山公园—神龙谷景区—仙霞徐村—南尖岩景区—汤沐园。

为何去

丽水是一个清新秀丽的地方。素有"浙南林海""天然珍稀动植物园"之美誉。这里是瓯江、闽江等六大水系的发源地,其秀丽壮美之景冠于浙南。

畲族文化村中的畲族人表演舞蹈

何时去

丽水冬暖夏凉,气候四季宜人。龙泉山、凤阳山、百山祖、箬寮原始林区皆为避暑胜地,因此丽水最佳旅游时间是夏季。

瓯江帆影

此外,丽江的畲族风情独具一格,每年农历三月三,到双后岗畲族文化村、江南畲族风情文化村去过节,也是一个很好的选择。

仙都风景区

区域解读

区号：0578
面积：约1.73万km²
人口：252.8万人
主要少数民族：畲族

区划

丽水市辖1个区（莲都区）、1个县级市（龙泉市）、6个县（缙云县、青田县、遂昌县、云和县、庆元县、松阳县）、1个自治县（景宁畲族自治县）。

地理 GEOGRAPHY

地形

丽水市以中山、丘陵地貌为主，地势由西南向东北倾斜。境内西南部以中山为主，有低山、丘陵和山间谷地；东北部以低山为主，间有中山及河谷盆地，是个"九山半水半分田"的地区。

市域内山脉属武夷山系，海拔1500米以上的山峰有200多座，位于龙泉市境内的凤阳山黄茅尖海拔1929米，庆元县境内的百山祖海拔1856.7米，分别为浙江省第一、第二高峰。丽水市境内有瓯江、钱塘江、飞云江、灵江、闽江、交溪水系，与山脉走向平行。

气候

丽水属亚热带季风气候区，四季分明，温暖湿润，雨量充沛，无霜期长，具有明显的山地立体气候。

具体到各个季节，春季天气变化快，温度起伏大，多阴雨、寒潮；夏季初夏梅雨期，雨量集中，暴雨次数多，盛夏除偶有台风影响到局部雷阵雨外，以晴朗炎热天气为主；秋季多秋高气爽天气，雨量稀少；冬季西北季风盛行，寒冷干燥，多霜冻和大风天气。

历史 HISTORY

历史大事记

隋文帝开皇九年（589年），丽水得名处州。

唐大历元年（766年），畲族雷进裕一家5人从福建罗源迁青田县鹤溪村大赤寺（今景宁畲族自治县澄照乡大赤寺）居住，是为景宁境内最早的畲族居民。

唐末广明元年（880年），遂昌人卢约聚众起义占据处州府，自称刺史。为抵御唐王朝和其他封建势力的进攻，卢约建造了处州历史上最早的城墙。

五代十国时期，吴越（907—978年）龙泉县（今龙泉市）一带始建瓷窑，生产碗、盆、壶等日用青瓷，并享誉全国。

元末，明朝开国功臣青田人（今属温州文成县）刘基主持在丽水县城厦河门与大水门之间筑铁坝，用块石砌成，灌以铁汁，防御洪水入城。

云和梯田

明嘉靖年间（1522—1566年），浙江沿海一带倭寇横行，瓯江流域的青田、丽水等地也深受其害，青田知县李楷、县丞熊缨、处州分守参议曹金等先后积极率兵抗倭。

名单 丽水历史名人

南宋中期诗人叶绍翁

南宋著名女词人张玉娘

救国会"七君子"之一章乃器

国民党军事家、政治家陈诚

文化 CULTURE

浪漫三月，激情畲乡

对畲家人来说，每年的农历三月三这一天是一年中除春节以外最为隆重的节日。畲族"三月三"，又称"乌饭节"和"对歌节"。在这一天，要吃乌米饭。畲家人从山地里采来野生乌稔树的嫩叶，置于石臼中捣烂后用布包好放入锅中浸熬，然后捞出布包将糯米倒入乌黑的汤汁里烧煮成乌米饭。乌米饭是名副其实的"乌"，吃起来就连碗筷也被染成乌黑色，不过它的味道却好极了。

说到乌米饭，还有个故事。据说唐代畲族首领雷万兴在领导畲族人民反抗当时的封建统治阶级时，曾被朝廷军队围困在山上。当时将士们就靠吃山上一种叫乌枝的野果充饥渡过难关。第二年农历三月初三，他们冲出包围，取得了胜利。为纪念他们，畲族人把这天定为自己的节日，吃乌米饭表示纪念。

除了吃乌米饭，另一项重要的活动便是对歌。畲族人喜爱山歌，以歌会友，以歌传情。这些山歌都是畲族人在生产、生活中创作的口头文学。每年到了农历三月初三，畲乡就会举行歌会，进行对歌。对歌时男女分别三五成群，双方选定人选后即开始对歌，歌词大多为情歌，但由浅入深，涉及的内容广泛，在"谈情说爱"的一问一答中歌唱现实生活、历史传说等。由于畲族只有语言而无文字，畲族歌手往往是即兴编唱，曲调单一重复，但婉转悠扬，很耐听。传统对歌，往往从傍晚开始，直到天亮，也有昼夜连续歌唱的，规模壮观。

另外，"三月三"也是领略畲族民族服饰的好时机。节日里，畲族男女都要把最有民族特色的服装穿出来。畲族妇女的服装又称为"凤凰装"，衣服按绣红色花边的多寡分为"一红衣""二红衣""三红衣"。她们穿黑色短裙、短裤或长裤。穿短裙或短裤时，脚上打绑腿，畲族人称为"脚绑"。绑腿为黑色或白色，也有黑、白、红三色相配。

如今，"三月三"已经演变成一个展示畲族民俗风情的舞台。歌会上，有畲族特色产品展示、畲族手工艺品展示、畲族特色小吃品尝、畲族趣味农活体验等，热闹非凡。

龙泉青瓷，瓷中极品

2005年，在纽约佳士得拍卖会上，一件高13.3厘米的宋龙泉窑青瓷三足炉拍出84.3万元，一件直径14.5厘米的宋代龙泉窑青瓷笔洗以318.8万元成交。2006年香港苏富比春拍会成交的唯一一件高古瓷便是龙泉青瓷。2010年上海世博会龙泉青瓷大师张绍斌一家入选浙江展馆，成为展示浙江最具有代表性的6户典型家庭之一。一个个好消息使得龙泉青瓷愈发引人注目。

早在南朝，位于浙西山区的龙泉就已经开始了烧窑制瓷的历史。北宋早期，龙泉窑业已初具规模，大窑、金村、安福等地已发现当时窑址49处。金村窑址最下层为北宋早期产品，均为淡青色釉青瓷。胎壁薄而坚硬，质地细腻，呈淡淡的灰白色。北宋元祐七年（1092年），对龙泉至青田的水上交通进行了大规模的整治。这使得龙泉窑沿大溪从南区向东区延伸，为龙泉青瓷业进一步发展奠定了基础。

南宋时期，全国政治、经济中心南移，加之北方汝窑、定窑遭战争破坏和越窑、婺窑、瓯窑相继衰落，龙泉窑进入鼎盛阶段，窑场众多，遍布县境南区和东区沿溪一带。元代，龙泉青瓷生产规模继续扩大，产品品种增多，器型增大。从元大都遗址发现的元代龙泉青瓷上，有元代官府用的文字"八思巴文"，这说明当时龙泉已有部分官办或半官办窑场。明永乐至宣德年间，郑和七下西洋，海外贸易促进了青瓷生产。后来明王朝实行海禁政策，青瓷外销量锐减，大窑村、溪口村一带的瓷窑纷纷关闭，大白岸村至安仁口村一带瓷窑改烧民间通用青瓷，造型、烧制都不及以前精致。清初窑场所剩无几，烧制质量也较差，青瓷由此凋零。清末民初，国内外大批古董商来龙泉搜罗古青瓷，龙泉青瓷价格一路上扬，被人们视为珍品。

2009年9月30日，龙泉青瓷正式入选联

龙泉青瓷笔洗

青田石雕山水

合国教科文组织的《人类非物质文化遗产代表作名录》,这也是全世界第一个也是目前唯一一个入选的陶瓷类项目。

女娲遗石今犹在

青田石产于丽水青田县,以青色为基色主调,名品有灯光冻、鱼脑冻、酱油冻、风门青、不景冻、薄荷冻、田墨、田白等。相传远古时代,一块女娲用来补天剩下的五彩遗石,因自愧派不上用场,于是向娲皇请缨到下界。后来五彩遗石下凡的地方就是青田县,因此它也被称为青田石。

青田石的历史可上溯1700多年前,在浙江博物馆藏有六朝时墓葬用的青田石雕小猪四只,在浙江新昌十九号南齐墓中,也出土了南朝齐武帝永明元年(483年)的青田石雕小猪两只。

唐代高度发达的文化艺术促进了青田石雕技艺的提升,到五代吴越时期,青田石雕技艺已达到一定的水平,从制作简朴的实用品,发展到能雕刻写实、生动、精细的圆雕宗教艺术品了。南宋建都临安,浙江的手工业、商业十分繁荣,青田石雕生产有了较快的发展,但石雕产品仍以实用为主,多制为文房四宝雅具及图章。元代著名画家赵孟頫开始用青田灯光石做印,至明代,青田冻石很快风行印坛。乾隆八旬万寿节,大臣们就用青田石雕制作了一套(60枚)"宝典福书"印章作为寿礼(现存于北京故宫博物院)。从民国初年到抗战之前,青田石雕出现了一个繁盛时期,从业人员大量增加,产量很大,在国内的各通商大埠销售较多。1915年,在巴拿马太平洋博览会上,青田石雕获银质奖章。

目前,从事青田石雕创作、生产、经营的已有2万多人,产值达数亿元,作品远销50多个国家和地区,享誉海内外。2006年,青田石雕入选首批国家级非物质文化遗产代表性项目名录。

景点推荐

仙都风景区 AAAAA

仙都古称缙云山,相传是黄帝升天之地,仙人荟萃之都。仙都风景区集中了山、峰、岩、洞、湖、潭之景。境内有奇峰160座、异洞27个,分仙都、黄龙、岩门、大洋4个景区,有鼎湖峰、黄帝祠宇、芙蓉峡、倪翁洞等景点。

- 丽水市缙云县
- 110元(含景区交通)

玩家 攻略

游缙云仙都,最值得一看的是鼎湖峰。尤其是时间紧的话,在仙都景区可以只看一下鼎湖峰,也会不枉此行。

鼎湖峰
仙都风景区的核心

鼎湖峰景点是整个仙都风景区的核心。鼎湖峰,状如春笋,直刺云天,高170.8米,堪称"天下第一峰""天下第一笋"。峰巅苍

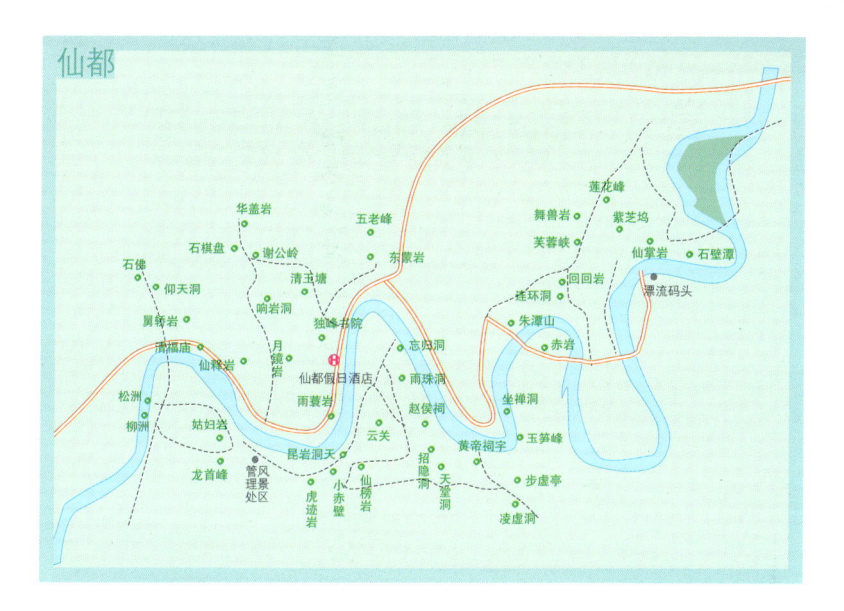

松翠柏间蓄水成池，四时不竭，相传这里是轩辕黄帝铸鼎炼丹，然后跨赤龙升天而去的地方。

芙蓉峡
风景优美的峡谷

芙蓉峡位于鼎湖峰沿好溪上行三四千米处，峡内有铁门峡、紫芝坞、螺丝岩等景点。

铁门峡： 铁门峡是芙蓉峡的精华所在，内狭外宽，直至好溪边的孔雀岩、仙掌岩之间。峡谷最狭处，中裂如门，仅容一人穿过，大有"一夫当关，万夫莫开"之势，故叫铁门峡。电影《阿诗玛》中，阿黑张弓射穿山崖的镜头就取于此。

紫芝坞： 紫芝坞是芙蓉峡的中心点，四周山崖高耸，呈黑色；中间低洼，长满草木，呈绿色。传说这里是神仙种芝田、尝紫芝的地方，故name紫芝坞。

螺丝岩： 从芙蓉峡口向紫芝坞内眺望，其中心，上有一巨石凌空而立，形似田螺，因此被称为螺丝岩。

倪翁洞
摩崖石刻集中的地方

倪翁洞，又名初阳谷，位于鼎湖峰初阳山上。相传老子的学生，越国大夫范蠡的老师计倪隐居于此。

洞中留有唐、宋、元、明、清、民国和现代文人摩崖石刻达60多处，是仙都风景区摩崖石刻最集中的地方。

黄帝祠宇
中国古代道教活动中心地之一

黄帝祠宇，原名缙云堂，始建于东晋成帝咸和年间，为中国古代道教活动中心地之一。黄帝祠宇坐东南朝西北，是我国南部祭祀、朝拜人文始祖轩辕黄帝的主要场所。这里还拥有到目前为止全国最大的轩辕黄帝史迹展览馆。

景点推荐

丽水城区景点

丽水西溪
明清古建构成的历史文化街区

📍 丽水市莲都区西溪乡

西溪位于丽水市莲都区西北部,村落中通京古道贯穿南北,明清时期的古建筑鳞次栉比。迄今遗存有清、民国时期的大量古民居、店铺货栈、禅院遗址、山门、古井等,从村口至村尾形成一条狭长的历史文化街区。

主要传统建筑有"南极星辉""与德为邻"等14处民居,另外还有高楼井、李氏宗祠、鹤山禅院、积善庵、文昌阁、观音桥、明觉寺等。

古堰画乡 AAAA
艺术之乡、浪漫之都、休闲胜地

📍 丽水市莲都区碧湖镇、大港头区

古堰画乡突出了瓯江山水和人文特色,有通济堰、古街古亭古埠头、青瓷古窑址、大大小小的古村落,还有丽水巴比松油画陈列馆、古堰画乡展览馆、在水一方写生创作基地等。如今,古堰已规划成为九龙湿地公园的一部分。

通济堰始建于南朝萧梁年间,是我国古代的大型水利工程之一,也是迄今为止所知世界上最早的拱坝,现为全国重点文物保护单位。

玩家 解说

堰坝原为木条结构,南宋时改为石坝,保持创建时拱坝原型特征至今。南宋处州(今丽水市)太守范成大主持整修通济堰,为使后世有章可循,订立《通济堰规》20条,沿用了数百年。通济堰的灌溉作用为历朝历代政府所重视而得到整修。

链接

丽水巴比松画派

丽水巴比松画派的称谓来源于法国巴比松画派。20世纪80年代末,丽水油画家群体受到法国巴比松画派的启迪,借鉴了法国巴比松画家的精神,以写实笔法画我家乡,崇尚自然。经过多年的实践,所创作的作品在省内外展览中取得了好成绩,产生了一定的影响,由此,外界称丽水油画群体为丽水巴比松。现在,丽水巴比松画派群体有100多人。

古堰画乡展览馆是古堰画乡创作基地的重要展示窗口。展览馆陈列了丽水巴比松画派40多位画家的90多幅油画创作作品。

东西岩 AAAA
民族风情浓郁的悬崖峡谷风光

- 丽水市莲都区老竹畲族镇
- 丽水老车站有开往东西岩的专线中巴
- 45元

东西岩以雄伟壮观的悬崖绝壁、峡谷风光、古洞石室星罗棋布和畲族风情为特色。景区内古树片片、花果飘香、风景秀丽。有玉甑岩、十字峡、清风峡、将军岩、卓笔峰、石梁飞虹、东岩(赤石楼)、西岩等景。

玩家 解说

东西岩脚的沙溪、道弄源、黄蓝三个畲族村保留和恢复了一些传统的畲族习俗。每年农历三月三、八月十五、九月九为畲家歌节,届时畲家男女老幼,身着传统服饰,载歌载舞,以示欢庆,颇富情趣。

❏ 东岩

东岩高60余米,四面陡峭,因岩壁呈红色,故又称赤石楼。上赤石楼顶的唯一途径需身傍峭壁,脚踏斜蹬,手攀穹隆,旋转于石缝之间,穿过二道"天门"方可到达。

岩顶宽广,身处其中,宛入仙境,松青竹翠,桃红李白,落英缤纷,可一览山川美景。岩顶原有定香院,现有八角亭,且有日、月池。传说二池一清一浊,现月池已毁,日池犹在,为人工凿成,长6米、宽4米、深2米,四季不涸。

❏ 卓笔峰

卓笔峰为古时东西岩十景之一,位于赤石楼之北,高数十米,犹如一支破土而出的竹笋,又似一杆摩天的巨笔。若在清风峡仰望,卓笔峰又似依偎着的母子俩,故人们又称它为母子峰。

古堰画乡

穿身洞

穿身洞为古时东西岩十景之一，在西岩半山腰，是穿过西岩"身躯"的一个大岩洞。它分内、外两洞，外洞长、宽各40米，高8米，有两个洞口，在此可俯瞰西岩全景；内洞长、宽各20米。内外洞之间，有一长6米的狭窄地带，高不盈米，令无数英雄竞折腰。

外洞口宽敞平坦，可容几百人，是游人聚会娱乐和野营夜宿的好地方。内洞口可容数十人，洞口下即千丈悬崖。

九龙国家湿地公园

丽水市莲都区

九龙国家湿地公园坐落于丽水市莲都区，地处碧湖平原东侧边缘地带，以潮土为主，受中亚热带季风气候区影响。该公园不仅是浙江省第二大江——瓯江的自然江段，更是八百里瓯江的瑰宝。江岸两侧分布着众多浅水河滩、泛洪湿地、水道等典型湿地，江心更有九片泛洪湿地。公园内生物资源丰富，包括多样化的野生动植物。

白云山
丽水八景之一

丽水市莲都区中山街北2号

坐落于丽水市北部的白云山，是城市的绿色屏障与市民休憩之所，独具魅力。因其常年云雾缭绕而名扬四海，古时为丽水八景之一。白云山森林公园幅员辽阔，林木茂密，森林覆盖率极高，堪称大自然的"森林氧吧"。公园之内，人文与自然景观交相辉映，如白云寺、丽阳坑峡谷等，奇山异洞、怪石幽林与人文古迹融为一体，共同构筑了一幅独特且迷人的画卷。无论是寻觅避暑胜地，或是欲尝试野营踏青，抑或欲举办书法摄影、文学美术等文化活动，白云山均是游客的理想之选。

白云山森林公园白云寺

遂昌旅游区

景点推荐

汤显祖纪念馆
再现明代著名戏曲家汤显祖的生平

- 丽水市遂昌县妙高镇北街四弄14号
- 免费

汤显祖纪念馆馆内陈列内容丰富,格调高雅,集中介绍了汤显祖的生平、在遂昌的政绩,以及汤显祖的艺术创作成就。纪念馆由前院、馆舍和后园3部分组成。

链接

汤显祖

汤显祖(1550—1616),江西临川人,曾任遂昌知县,明代著名的文学家、戏剧作家,他创作的《紫钗记》《还魂记》(《牡丹亭记》)《南柯记》《邯郸记》是明代传奇中的杰出作品,被统称为"临川四梦"。他的代表作《牡丹亭》几百年来享誉文坛,驰名海外,人称汤显祖是"东方的莎士比亚"。

南尖岩景区 AAAA
国际摄影创作基地

- 丽水市遂昌县王村口镇石笋头村
- 乘遂昌至石笋头的车,早、中、晚共三班,开往南尖岩景区所在的行政村
- 80元

南尖岩景区,有奇独的云海、日落、长虹、雪景、雾凇、冰挂等天象景观;有天柱峰、神坛峰、千丈岩、小石林、神龟探海等多处奇峰异石构成的地貌景观;有霞归瑶池、九级瀑布、龙门飞瀑等构成的水体景观;有

竹海、林海、针阔混交林、古松等构成的生物景观。

玩家 攻略

1.摄影：作为国际摄影创作基地，去南尖岩摄影成为必不可少的活动。南尖岩的梯田、云雾都是很好的拍摄题材，景致十分优美动人。

2.住：南尖岩山以青砖原木为外观，与景区相协调的装饰风格，娱乐设施齐全，景区附近还有不少的农家乐旅馆。

3.吃：在景区内还是以吃农家菜为主，慰酒、黄米果、汤公菜系列、焦滩鱼头、新路湾猪脚、黑鱼火锅、鹅肉都是这里的特色菜式。

4.购：遂昌的特产不少，有良渚黑陶、遂昌名茶、遂昌鸟笼、遂昌薯脯、遂昌石练菊花米等，可以挑几样自己喜欢的，买点留作纪念。

□ 天柱峰

天柱峰为一垂直节理断裂所形成的巨型象形山石，外形酷似初破土之竹笋，当地村民也习惯于称之为石笋头。

□ 千丈岩

千丈岩位于南尖岩天柱峰对面的一片巨大岩壁之上，海拔约1150米，倾角接近90度。岩壁光滑平整，呈灰褐色，少有植物生长。岩体上方为较大面积的中山平地，当地村民已将其辟为农田耕作。

千丈岩底部山坡有保护较好的百顷竹林，西面约200米为天柱峰景观，与云海等景观连成一片。

□ 九级瀑布

九级瀑布位于南尖岩景区中南部，是由大小9个悬瀑和跌水组成的瀑布群，全长1.5千米。九瀑各展奇姿，各具特色。

瀑布流经陡峭的崖巅腾冲跌落，直泻深潭，声如轰雷，震撼山谷，瀑花飞溅，激化为迷蒙烟雾，弥漫山谷，若逢斜阳映照，幻成彩虹横空，斑斓耀眼。

□ 瑶池胜境

瑶池景观原为火山口，现火山已成为死火山不再喷发，原火山口在自然的作用下形成低洼地，日久成水潭。

瑶池一半水域面积内长满水草和灌木，湖内植物每年秋冬落叶休眠，翌年春季又焕发新绿，年年复始。瑶池三面环山，植被以阔叶林和灌木为主，大部分为柳杉、马尾松等。

□ 南尖岩云海

南尖岩云海多发于清晨或雨后，每年出云日约占全年总天数的2/3，具有发生频率高、范围广、变化多等特点，是南尖岩的代表景观之一。每当云海出现，如锦似絮，有的缠绕峰顶，有的窜行于山涧，云海山峰如海中岛屿，时隐时现，忽近忽远。

南尖岩云海

玩家 解说

南尖岩景区内气候属亚热带季风类型，冬温夏凉，雨量充沛，年平均气温为10℃～14℃，春季多雾，日照时数长，水热条件良好。

由于海拔较高，山脚与山顶有明显的温度差

异，加上湿度大、水汽多，水汽升腾或雨后雾气未消，就会形成云海。

而每年的冬春季节，因为冷空气活动频繁，在雨雪天气后，也常常出现大面积的云海，同时在地形、气流的综合影响下，形成蔚为壮观的南尖岩云海。

□ **高山梯田**

梯田位于南尖岩石笋头下方，面积约280亩。梯田内以种植水稻为主，由当地人根据不同的地形、土质去修堤筑埂而形成。所处山体平均坡度30度，梯田循坡面布置连片，从山谷溪流中引水顺水沟盘山而下，在层层梯田中自流灌溉。

梯田的周围植被以香榧、竹林为主。竹海空气清新纯净，负氧离子含量较高。周围环境优美，山、水、梯田、村庄被和谐地融为一体，具有线条好、形状美、立体感强的特点。此处也是摄影爱好者常常眷顾之处。

神龙飞瀑 AAAA
瀑布状如一条白色游龙

丽水市遂昌县垵口乡徐村

80元

神龙飞瀑原名"三瀑"。因瀑布状如一条白色游龙，飞泻于神龙谷山涧，取名为神龙飞瀑。

神龙飞瀑的水源为发源于阳扒凹的溪流，流经约1000米的翠仙谷后遇山崖倾泻而下，落于东侧谷底，因随山势的变化阻挡，水流在向下过程中形成三级。

神龙飞瀑两侧山势险峻，一级与二级之间森林茂密，有乌桕、猴头杜鹃等十多种国家保护树种，野生动物有猕猴、黑鹿、野鹿和两栖动物石蛙等；二级与三级之间是崖岩，不利于植物生长，大多是蕨类植物和龙须草。同时瀑布整体形态依山势曲折变化，状如一条白色游龙，蜿蜒于山间。

神龙飞瀑

遂昌金矿国家矿山公园 AAAA
被誉为"江南第一金矿"

丽水市遂昌县云峰镇

116元

遂昌金矿被誉为"江南第一金矿"，是国家重点黄金生产企业。此处有古代开矿留下的黄岩坑古矿洞、永丰银场、太监府等遗址。这里还设有工业黄金游项目，游客可以在这里参观现代黄金生产线、进行古矿洞探险，还可以采金砂、抱金砖，圆自己一个"黄金梦"。

玩家 攻略

1. 娱：景区内娱乐设施众多，可玩真人CS，也可淘金、攀岩、探险，趣味无穷，夜晚有篝火晚会。

2. 住：遂昌金矿黄金大酒店拥有豪华客房和全套先进的会议服务设施。酒店主打养生理念，无论从酒店设施还是服务上，都能体会到在家的感觉，是休闲度假人士理想的养生场所。

3. 吃：可品尝矿山公园周边山野中的野菜、野果、野生溪鱼及其他野生植物，尽享纯天然的美味。

4.购:景区内同时也是浙江省规模最大的黄金卖场,里面黄金制品非常多,甚至有专门的金条出售,其他多为金制的工艺品、饰物等,当然,价格自然也是不菲,但是相对于其他地方还是会便宜一些。

玩家 解说

浙西南地区自春秋时期起就是我国重要的金属矿产地之一,铜、银、金采冶历史悠久。遂昌金矿是浙江西南部地区200余处古代开采银(金)矿产地、20 000余个古采硐最典型的代表,史称"永丰银场"。

□ 金池

金池是古人用来检验矿石含金品位高低的地方。此地曾发现有一种类似现代淘金斗的木盘,有的呈船形,有的呈元宝形,有的呈长条形,同时在井下还发现了石杵和石臼。这些其实就是一组古人鉴定岩石中含金品位高低的工具。

为了让游客亲身体验淘取真金的乐趣,金池里投放了高达99.9%的高纯度黄金颗粒。

玩家 解说

古人检验矿石含金品位高低的一种重要方法类似于我们现在的重砂分析法。当古人用肉眼无法鉴定矿石中金的含量多少时,则将矿石在石臼中捣碎,装入木采沙盘,然后在水中淘洗,且淘且汰,矿肉则沉于盘底,沉淀愈多,说明含金品位愈高。

□ 上元茶楼

上元茶楼在唐高宗上元年间时还是一间简陋的茅草屋,现今的上元茶楼是重新修建的。就是在这个不起眼的茅草屋里却诞生了一个非常经典的商业运行模式,那就是久传不衰的"草鞋换粥"的故事。

□ 唐代宋代金窟

唐代宋代金窟是目前国内发现的开采规模最大、遗迹保存最完好的,开挖于上千年前神秘的金银矿古矿洞,其开采年代最早可以追溯到唐代初期。

金窟里气象万千,硐中有硐,硐硐相连,犹如扑朔迷离的地下迷宫。据说"唐代金窟"生产的是上等的黄金,当时的达官贵人、名绅巨贾都竞相争购。

千佛山 AAAA
被誉为"江南小九寨"

◎ 丽水市遂昌县石练镇
🚌 在遂昌县城汽车客运站乘坐千佛山景区的班车直达景区 ￥ 70元

遂昌千佛山风景区是融森林旅游、商

遂昌金矿国家矿山公园

遂昌旅游区

千佛山

务休闲、游山乐水为一体的休闲度假胜地,景区以迷人的水域风光和原始阔叶林景观称奇。林茂繁密的峡谷内有溪流穿行其中,形成了迷人的瀑、池、湖、潭、涧等景观,有"江南小九寨"之美誉。千佛山景区四季风光宜人,生态环境优越,是动植物的天堂。

玩家 攻略

1.千佛山有取自自家茶园的千佛山禅茶,可买一些回家细细品味。

2.景区内的千佛山健康酒店,拥有60余间禅意客服房,设施齐全,可满足住宿需求。

3.景区内的美食很丰富,有特色土菜类,如自制客家豆腐、群英荟萃农家乐(猪血、豆腐、萝卜、炒肉)、猪尾巴黄豆;有精品素斋类,如罗汉面、素包、嫩菱烩虾片、素鱼条、鱼刺、千菇豆腐、咕噜肉(咕咾肉)等;还有机保健类,如滋补土番鸭、红烧石斑鱼、有机鱼火锅、老虎鱼火锅、天麻炖松茸等。

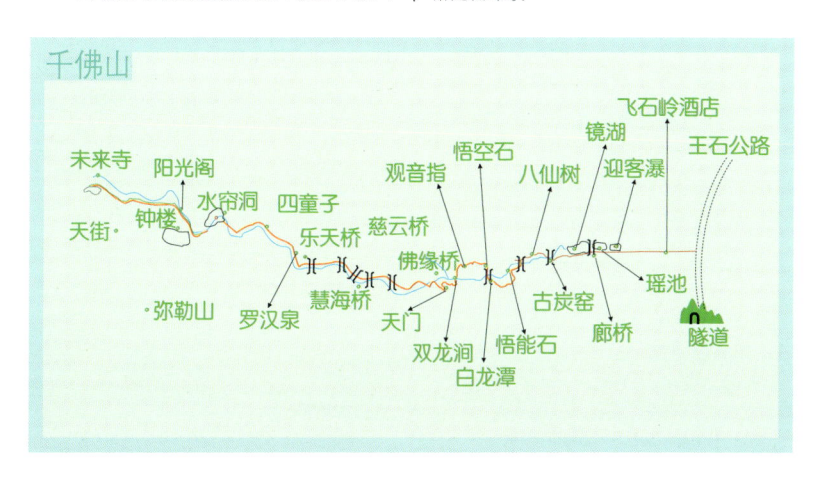

千佛山

未来寺 阳光阁 观音指 悟空石 镜湖 飞石岭酒店
天街 钟楼 水帘洞 四童子 八仙树 迎客瀑 王石公路
乐天桥 慈云桥
佛缘桥
弥勒山 罗汉泉 慧海桥 天门 古炭窑 瑶池
双龙洞 悟能石 廊桥 隧道
白龙潭

景点推荐 丽水南部旅游区

石门洞森林公园 AAAA
飞瀑景观令人叹为观止

- 丽水市青田县高市乡
- 杭州东站汽车站出发至丽水汽车站再换乘中巴到石门停车场下,渡过瓯江即到
- 50元

石门洞森林公园是一处具有清、幽、灵、古、奇、险、野、趣之特色的洞天仙境。由华东三瀑(石门飞瀑、大龙湫、石梁)之首的石门飞瀑、太子胜景、仙桃、师姑湖4景区组成,有令人叹为观止的数级特色各异的飞瀑,有百余处石门洞摩崖碑刻。

链接

石门洞摩崖碑刻

石门洞摩崖碑刻历史悠久,内容丰富多彩,有着较高的文化艺术价值。这里有南朝以来谢灵运、阮元、沈括、郭沫若等历史文人墨客留下的摩崖碑刻117处。镌刻在洞口旁两峰高达十余米的悬崖题刻,字径最大的有一米多,横贯绝壁,气势雄伟壮观。碑刻精工细作,巧夺天工。

清真禅寺
巨烛如林,堪称江南一绝

- 丽水市青田县阜山乡

清真禅寺始建于宋末元初,气势雄伟。寺内放生池中红鲤千尾,两侧钟楼、鼓楼矗立,楼中悬挂铜钟、巨鼓,主殿供奉的是唐代三朝元老,曾辅佐肃宗、代宗、德宗三君的人称"白衣丞相"的李泌。寺内巨烛如林,最重的一对达1200千克,可燃烧1年,堪称江南一绝。

链接

清真禅寺庙会

清真禅寺庙会是人们为纪念观音生辰(农历二月

十九)而自发组织的佛事活动,延续至今,已有近800年的历史。

每年农历二月初一至二月十九,各地的善男信女纷纷赶来,多达数万人,热闹非凡。摊店鳞次栉比,百货纷呈。每年庙会收到的缘银达30多万元,其中以献千斤烛和二月十九唱词的场面最为壮观。

千斤烛是长明灯,一对蜡烛,长明365天,实乃中华一绝。庙会期间,善男信女以"廿四拜"(逢初一、十五祭拜,一年廿四次)的仪式向观音大士敬献长明烛(千斤烛)各一对,用彩车、乐队护送运来,择时举行燃烛仪式。

中国青田石雕文化旅游区 AAAA
中国著名的石雕文化主题博物馆

- 丽水市青田县千степ路
- 客运中心有直达青田的班车
- 20元

中国青田石雕文化旅游区由青田石雕博物馆、中国石雕城、千丝岩石文化公园等景点构成。青田石是青田县的名贵彩石,与寿山石、昌化石、巴林石并称为中国四大名石。青田石质地温润、脆软相宜、色彩斑斓、花纹奇特,是中国传统工艺艺术品青田石雕的理想石料,也是篆刻艺术最早采用、应用最广泛的最佳印材,被誉为印石之祖。青田石雕艺人因材施艺,在作品中融入质朴隽永的情感,雕工之精、美、细,号称天下第一,是中国工艺美术领域中的一朵奇葩。

玩家 解说

青田石雕是以青田石作为材料雕制而成的艺术品。其以秀美的造型,精湛的技艺博得人们的喜爱,被喻为"在石头上绣花",令人叹为观止。

箬寮原始林景区 AAAA
山险、岩怪、树奇

- 丽水市松阳县安民乡李坑村,距松阳县城50千米
- 丽水汽车站乘车到箬寮入口下车
- 70元

箬寮原始林景区主峰上有擎天巨石,广布的猴头杜鹃堪称"天下奇观"。有石人矾、小熊望松、三十六灶、大基背瀑布等景。1935年,刘英、粟裕率红军挺进师在此创建的浙西南游击根据地,现今仍保留着10多处革命遗址。

玩家 攻略

景区宾馆、小木屋、停车场一应俱全,包括箬寮山庄、涉外旅游饭店等。原野休闲山庄位于箬寮原始林区的路边,餐饮部可同时接待30余人就餐,还有十几个标准房,卫生设施齐全。

延庆寺塔
宋代奇塔

- 丽水市松阳县西屏镇塔寺下村

延庆寺塔于北宋咸平二年(999年)动工兴建,五年(1002年)后建成。相传塔藏舍利。塔高38.32米,楼阁式砖木结构,六面七级,中空,可登塔顶,是江南诸塔中保存最完整的北宋原物。

青瓷小镇 AAAA
现代青瓷大师的摇篮

- 丽水龙泉市上垟镇
- 60元

世界青瓷在中国,中国青瓷在龙泉。作为现代青瓷发祥地,上垟已经成为青瓷文化的象征,是名副其实的青瓷小镇。

上垟,距龙泉市区30千米,是龙泉最有名的青瓷古镇。上垟镇上家家户户都是以青

箬寮原始林中的溪水

延庆寺塔

整座塔共有八层出檐，每层六条戗脊，每个檐角上悬有金属风铎。

塔最上端为卷草图案的铁质塔刹相轮，曲线流畅，古朴秀雅。

塔身阁檐匾上的"延庆寺塔"为著名书法家沙孟海先生所书。

塔高38.32米，楼阁式砖木结构，六面七级，中空，可登塔顶。

塔壁朱画飞天，图案精美，虽年头久远，但依稀可以辨认。

宝塔所坐落的塔院，一条鹅卵石大道可直达塔底，两边树木葱郁，鲜花怒放。

瓷为主业，人人会制作青瓷，所以被称为中国青瓷小镇。

永和桥
浙江省保存最完好的廊屋桥

- 龙泉市安仁镇
- 乘龙泉往丽水方向的车到安仁镇下车即可达
- 5元

永和桥位于镇中心，横跨安仁溪上，是浙江省至今保存最完好的廊屋桥。桥总长125.7米，5墩4孔，石木结构。全桥有桥屋42间，中有桥阁，两端各有木构桥堡一座，斗拱层叠，飞檐四起。桥内设栏杆木凳，供行人歇息。

玩家 攻略

1.吃：这里的安仁鱼头非常有名。原料取自紧水滩水库里长成的肥头大鱼，鲜美的鱼肉搭配浓郁高汤，值得一试。

2.游：选择一个阳光明媚的日子前去游览，可以更好地欣赏到永和桥美景。

龙泉山旅游区 AAAA
观云海、看日出、赏佛光好去处

- 龙泉市兰巨乡
- 龙泉有直达班车开往景区
- 158元

龙泉山位于凤阳山·百山祖国家级自然保护区内，其主峰黄茅尖海拔1929米，为江浙第一高峰。目前已开放龙泉大峡谷、荒野山庄、绝壁奇松、七星潭、黄茅尖、瓯江源等六大景区。景区内奇松异石、深潭飞瀑、云顶佛光及上千米高的自然天成的龙泉大佛，无不给人以震撼。

玩家 攻略

1.吃：景区地处大山区，饮食以咸、辛、辣、烫等山区特色口味为主，尤以山珍野菜、绿色食品为特色，宾馆和住宿点都可品尝。

2.住：绿野山庄宾馆是融客房、会议、餐饮、娱乐、购物为一体的按四星级标准建设的游客集散中心，拥有豪华间，商务间、休闲标准间，青年旅馆50余套，各类旅游服务设施齐全。

如龙桥
工艺精湛的木拱廊桥

- 丽水市庆元县举水乡月山村南侧，横跨举溪

如龙桥呈南北走向，因如龙桥态势与后山山脊的古松林依稀相连，桥似龙首下倾，故名。

如龙桥修建于明天启五年（1625年），其结构复杂、工艺精湛、功能完备，是迄今

发现的有明确纪年、年代最早的木拱廊桥之一。现为全国重点文物保护单位。

> **链接**
>
> **庆元木拱廊桥**
>
> 庆元古桥有4座古廊桥：菇城镇的咏归桥，五大堡乡的淤桥、兰溪桥，竹口镇的后坑桥，均为大跨度伸臂木拱桥，历史悠久，结构独特，造型优美。
>
> 庆元木拱廊桥不但具有全国数量最多、历史最悠久、历史沿革最连贯性的特点，而且全国现存寿命最长、拱跨度最大、长度最长的木拱廊桥均在庆元境内。

百山祖自然保护区 AAAA
素称"三江之源"

- 丽水市庆元县百山祖镇
- 在庆元县城乘坐到万里林场的班车，在万里林场搭拖拉机或徒步上山到新林区，再由新林区上山顶
- 65元

百山祖国家级自然保护区是瓯江、闽江、福安江发源地，故称"三江之源"。景区内还有百瀑峡（丽水十大峡谷之一）、西洋殿（为祭奠香菇鼻祖吴三公而建，是"香菇之源"的象征）、兰溪桥等景。

玩家 攻略

1. 百山祖主峰突兀高耸，群峦簇拥，故有"百山之祖"的美誉。景区内时常云雾缭绕，瞬息万变，更为有趣的是清晨观日出，一轮红日冉冉东升，蔚为壮观，堪称一绝。

2. 住：景区周边的庆元国际大酒店、庆元香溢大酒店等食宿方便。

畲乡之窗 AAAA
有"浙南芙蓉镇"的美称

- 丽水市景宁自治县大均乡大均村
- 乘开往英川方向的中巴前往
- 免费

大均古村始建于唐末五代初期，1000多年来始终是瓯江支流小溪流域的水陆交通枢纽，商贸经济较繁荣。在建筑上形成具有明清风格的古朴的前店后院式山区商贸古街风貌和石板街面，有"小溪明珠""景宁最高学府""浙南芙蓉镇"之美称。

大均畲乡之窗景区以畲族风情为载体，融自然山水、人文古迹为一体，有畲族婚俗、浮伞仙漂等项目，其中的大均观音阁漂流项目惊险刺激。

玩家 攻略

1. 彩带是畲族传统的手工艺品，也是畲族少女送给心上人的定情信物。两米多长的彩带上，织有漂亮的花鸟禽兽和文字图案。每年七月初七有彩带比赛。

2. 畲族有本民族的语言，善歌，以歌代言，以歌为乐；畲族服饰、工艺品、饮食、居住、婚嫁风俗、宗教图腾等均有鲜明的民族特色。

3. 吃：在这里可以品尝到地道的畲家菜肴，如香喷喷的糯米饭、鲜美的鱼干等，这些美味佳肴都会令人印象深刻。

双后岗畲族文化村
处处洋溢着畲族文化风情

- 丽水市景宁自治县鹤溪镇南2千米
- 县城鹤溪门诊部乘农用三轮车前往
- 25元

畲乡情韵独特绚丽，主要体现在现存的畲族村落之中，现存典型村落有双后岗、东弄等多处。双后岗畲族村的居民都是畲族人，这里景色绮丽归真，随处可见丰富多彩的畲乡风情。有风趣热闹的赛歌，引人入胜的歌俗，古朴的舞蹈，喜乐祥和的畲族婚嫁，自成一格的畲族年节，古老鲜艳的畲族服饰，引以为豪的畲乡名茶和民间工艺品，等等。

大均畲乡之窗

> 链接

畲族婚嫁

畲族婚嫁：嫁男和做两头家是畲族婚姻的特色。男到女方落户，和嫁女一样，女方出给男家一定财礼。男到女家要改成女家一样的姓，嫁来的男子在家庭和村坊不受歧视。做两头家即夫妻双方家庭都参加生产，赡养两家父母，所生子女再分出继承两边家庭。畲族婚礼的另一个特点是，新娘夜行嫁，卯时进夫家门。行嫁时有牛在前头踏路，意为新娘一切都要新的（牛踏过的路为新路）。

云中大漈景区 AAAA
被称为"三透天"

- 丽水市景宁自治县大漈乡
- 从景宁到大漈（大际）每天都有班车来往

大漈景区四周有陡峻的山岭，景区内以"雪花漈"（高崖飞瀑）为代表的"大漈十景"是大漈风景的主体。千年柳杉王和千宙猴头杜鹃等景观省内罕见，是绝佳的避暑胜地。佛道合一的宗教建筑时思寺（白象山上）是大漈古建筑群中的主体建筑，心经钟楼悬有千斤心经钟，其声可传15千米。时思寺现已被列为全国重点文物保护单位。

云和梯田 AAAAA
山水家园、童话世界

- 丽水云和县崇头镇
- 在云和县城的云和客运站乘坐去往张家地的中巴，在云和梯田下即可

云和梯田被称为"中国最美梯田"，同时也是华东地区最大的梯田群，具有体量大、震撼力强、四季景观独特等特点。景区内拥有梯田、云海、山村、竹海、溪流、瀑布、雾凇等自然景观，是摄影爱好者的天堂。

整个梯田景区面积巨大，分为白银谷和九曲云环两大游览区域。过了售票点后不久有两条公路，左转为白银谷，往右是九曲云环。

□ 九曲云环

九曲云环比较小，有"日出云海"和"天籁云和"两个观景台。其中"日出云海"适合看日出，有不错的云海景观。

□ 白银谷

白银谷以前是银矿，除了梯田还有些当年采矿留下的遗迹。最高处的七星墩（海拔约1100米）则有云和梯田最壮观开阔的景象，天气晴好的时候会有不少人在这里守候日出。

□ 根坑石寨

根坑石寨里有一些黄色的石头砌的老房子，零星几家杂货店，并没有太多商业意味。一进村有一口老泉井，是当年开采银矿留下的，村口小河上一座银官桥，也是当年采矿时修建的。

> 玩家 攻略

游玩云和梯田，通常在下午到九曲云环，然后前往白银谷，在景区内七星墩（梅竹村）附近的民宿留宿一晚，方便第二天一早看日出，因为这里没有太多灯光，晚上的星空也很是好看，附近的稻草屋民宿、临溪民宿、田间野筑民宿等都可供选择。

云和湖仙宫 AAAA
梦幻仙宫，渔人天堂

- 丽水市云和县紧水滩镇

云和湖仙宫是一处利用发电站的水资源和紫檀湖光山色开发建设而成，集运动、休闲、观光、度假于一身的旅游景区。这里一年四季皆有美景，是休闲养生之福地，春天百花绽放如仙宫仙子，夏天绿水青山如绿谷中的翡翠，秋天色彩缤纷若七彩画卷，冬天轻雾弥漫若天上仙境。

攻略资讯

- 交通
- 住宿
- 美食
- 购物
- 娱乐

古堰画乡

🚖 交通

火车

金温铁路经过丽水市,所有列车都经停缙云、丽水和青田站。

丽水火车站:位于市区的水东路,紧邻330国道线,现有开往杭州、温州、金华等地的列车班次。乘坐2、K2等路公交车可到。

汽车

330国道与金温铁路相伴而行,途经缙云、丽水(莲都区)、青田3区县。客运站主要有两个,分为老车站(西站)与新车站(东站)。

丽水客运东站:位于丽水市丽青路399号 ☎ 0578-2051883

丽水高铁汽车站:位于丽水高铁站旅客出口右侧20米处 ☎ 0578-2051883

🏠 住宿

丽水的星级宾馆多集中在市区(莲都区),其他各个县区的酒店宾馆多位于景区附近,对于旅游来讲十分方便。

● 丽水华侨君澜大饭店

酒店为五星级,是集餐饮、客房、康乐于一身的商务型酒店。361间景观客房通透明亮,高档餐厅装修典雅;另有8间不同规格的大小会议室和多功能宴会厅,大堂商场、游泳池、健身房、KTV、桑拿等配套设施一应俱全。

✉ 丽水市莲都区丽阳街651号 ☎ 0578-3033333

● 丽水香溢紫荆花大酒店

酒店为三星级酒店,客房以现代风格为主,装修豪华,虽身处闹市,屋内却感觉不到街市的喧嚣。酒店附近的休闲购物场所很多,交通便利。✉ 丽水市丽阳街438号 ☎ 400-995-8377

丽水华侨君澜大饭店

美食

丽水的菜肴是浙东沿海一带具有宁帮风味特色的美食。烹饪讲究鲜、嫩、软、滑，保持原汁原味，有蒸、烤、炖、泡、炒等多种方法。特色美食有山丸粉、咸菜火锅、金栗炖金鸡等。

美食小吃

● 屏南金栗炖金鸡

金栗又名锥栗、珍珠栗，果实如板栗，为刺苞，苞内有坚果一粒，底圆而上尖，其形如锥。主产地在龙泉屏南镇金林村，故名金栗。其营养丰富，素有"高山紫珍珠"之美誉。用金林村之金栗和高山雄鸡或山鸡为主料，辅以段木干菇及有关佐料烹制而成的金栗炖金鸡是当地人喜爱的补虚之品。它甜而不腻，清爽利口，味、香、色俱佳。

● 黄米果

黄米果是用高山某些乔木烧成灰，沥取其汁，浸上等粳米至米色橙黄，冲净蒸熟，置石臼中捣成团，然后分切小块，趁热将其揉压成扁圆或长条形即成。其黄中透绿，色泽晶莹，清香宜人，柔嫩可口。

● 缙云土面

缙云土面也称爽面，是浙江丽水市缙云县的一种汉族传统美食。烧制时可拌、可炒、可烧汤。因其细长、柔韧、滑软而成为缙云民间节庆和待客的传统佳肴。与缙云烧饼、红烧溪鱼合称为缙云三大美食。

美食去处

● 新戴记

该店以家常菜为主，人气很旺。环境幽雅、装修讲究，适合朋友聚餐、家庭聚会等。这里最出名的菜色是椒盐螺蛳，量大、味美、价廉，值得一试。

金栗炖金鸡

缙云土面

黄米果

梅菜扣肉

椒盐螺蛳

● 彪将军

彪将军是以面食为主的餐厅，是丽水的老字号快餐店，在丽水有多家分店。这家餐厅的饮食性价比很高，除了面食以外，还有干烧毛芋、蛋黄南瓜、炸香芋等特色菜，值得品尝。

购物

主要特产有处州白莲、庆元香菇、云和长裙竹荪、云和雪梨、缙云黄花菜等。工艺品有龙泉宝剑、龙泉青瓷、青田石雕等。

云和雪梨

青田石雕白菜

● 处州白莲

处州白莲是丽水市传统地方特产，产于丽水市富岭一带，古时即享有盛名。处州白莲粒圆色白，甘醇不腻，具有独特的药理作用，是莲中的珍品。

● 云和雪梨

云和雪梨被誉为"梨中之王"。它皮薄汁多、肉质松脆、个大核小、酸甜适中、清凉可口，适于储运，是浙江省12种传统名果之一。

● 青田石雕

青田石雕始于南朝，发源地在青田县三口镇。青田石雕以其秀美的造型和精湛的工艺，享有"在石头上绣花"的美誉。青田石雕的上品"封门青"被列为"中国印石三宝"之一。

节日和重大活动

节日	时间	地点
景宁畲乡风情旅游节	农历三月三	东西岩
青田石雕文化旅游节	9至10月	中国石雕城
祭祀黄帝典礼	每年清明节和重阳节	黄帝祠宇

畲乡盛会

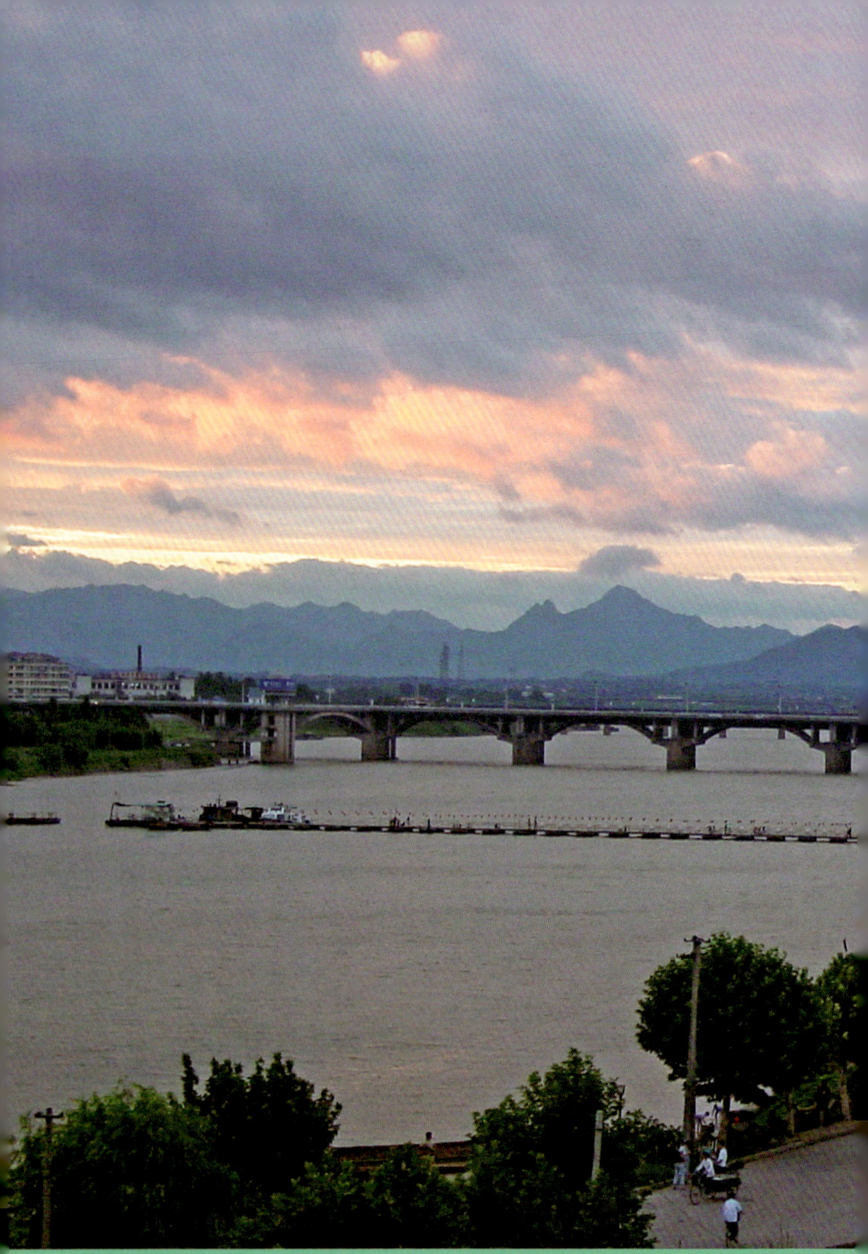

发现者
旅行指南

金华

概览

亮点

- **双龙洞景区**

  被人们誉为"水石奇观",是一处以山岳森林为背景,以地下悬河、岩溶奇观、赤松祖庭为特色的风景区。

- **诸葛八卦村**

  是全国诸葛亮后裔最大的聚居地,村落以钟池为核心,按九宫八卦设计布局。专家学者们称其为"江南传统古村落、古民居典范"。

- **中国国际商贸城**

  主要由国际商贸城、篁园市场、宾王市场三个批发市场组成,被联合国、世界银行等机构誉为全球最大的专业市场。

- **必逛街道**

  八一南街:金华市区的南北交通要道,也是一处以家电数码为特色的商业街区。

  西市街:金华地区最繁华的街道,是金华市商业活动最集中的地方。

线路

- **横店经典一日游**

  上午早餐后前往横店影视城,抵达后游览广州街香港街景区。午饭后,参观青怡竹炭生活馆、秦王宫。之后参观明清宫苑景区,置身于古色古香的建筑中体验穿越的感觉。

- **金华探秘二日游**

  第一天抵达兰溪后,游览全国最大的诸葛亮后裔居住地——诸葛八卦村;中餐后游览龙游石窟,夜宿金华。

  第二天早餐后游览金华山溶洞群——双龙风景区,知香堂土特产超市。下午返程结束愉快的行程。

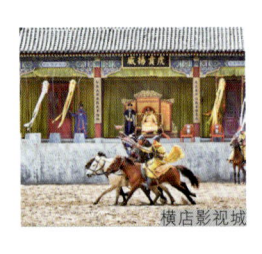

- **金华休闲二日游**

  第一天抵达武义后游览历史文化名村——郭洞古生态村,南极仙翁故里——寿仙谷;中餐后享受江南华清池浴——唐风露天温泉,夜宿金华。

  第二天早餐后游览清代王府——金华古子城,游览金华山溶洞群——双龙风景区;中餐后返程,结束愉快的行程。

? 为何去

金华是一座人文荟萃、教育鼎盛的历史文化名城；是山川秀丽、环境幽雅的旅游胜地；是一个生态环境良好、整洁亮绿、文明有序、居住舒适的现代化山水园林城市。

浙江金华

金华目前拥有双龙洞、方岩、六洞山、仙华山、三都屏岩等6个省级风景区，还有闻名影坛的中国横店影视城、神秘莫测的诸葛八卦村等一批富有特色的景点。不仅如此，金华火腿的美味更是诱人。

何时去

到金华的最佳旅游时间是春、秋两季，特别是金秋十月。金华很多重大的节日都集中在十月举行，如中国义乌国际小商品博览会、中国兰花节、金华国际黄大仙旅游节等，还有著名的方岩庙会从九月中旬一直持续到十月重阳之时。

金华风光

与此同时，春季油菜花开，遍地金黄，此时到诸葛八卦村等古村落中去，真是美不胜收。

双龙大桥

区域解读

区号：0579
面积：10 942km²
人口：716.3万人

地理 GEOGRAPHY

区划

金华市下辖2个区（婺城区、金东区）、4个县级市（兰溪市、义乌市、东阳市、永康市）、3个县（武义县、浦江县、磐安县）。

地形

金华地处金衢盆地东段，为浙中丘陵盆地地区，地势南北高、中部低。金华市南北为仙霞岭和会稽山、龙门山，多山地和丘陵。东面义乌江与南武义江在通济桥上游汇合，名为金华江（婺江）。金华沿金华江两岸分布。金华主要水路曲贯东西，东阳江、金华江与兰溪首尾相接，顺流下富春江而汇入钱塘江。

气候

金华市为亚热带季风气候，四季分明，年温适中，有明显的干、湿季节。春季气温回升快，但气温变化不定，春末夏初雨水集中；夏季长而炎热，且雨热同步上升，常有干旱；秋季凉爽，空气湿润，时间短；冬季晴冷干燥。

历史 HISTORY

历史大事记

东汉建武三十年（公元54年），汉光武帝刘秀封太孙刘辉为"义阳王"，号"乌伤郡王"。乌伤即为今义乌孝顺一带。三国吴宝鼎元年（266年），置郡名东阳，以郡在瀫水（衢江）之东、长山之阳得名。金华设立郡府建置自此开始。

北宋时期，金华婺城为全国四大造船基地之一、全国四大印书中心之一。南宋迁都临安后，金华成为南宋的"陪都"之一。当时的金华工商业繁荣，经济发达，宋代女词人李清照赞誉金华"水通南国三千里，气压江城十四州"。

1939年2月22日，台湾义勇队在金华市区酒坊巷18号（现台湾义勇队纪念馆所在地）成立，到1942年5月因金华沦陷而南撤到福建龙岩，这支队伍在金华活动了3年多，是中国大陆唯一由台胞独立建立的抗战组织。

名单 金华历史名人

初唐诗人骆宾王

北宋名臣胡则

宋抗金名将宗泽

金元名医朱丹溪

明"开国文臣之首"宋濂

兰江渔船

著名国画大师黄宾虹
"一代报人"邵飘萍
文艺理论家冯雪峰
现代著名史学家吴晗
著名摄影家郎静山
中国现代诗代表诗人艾青
著名物理学家严济慈

文化 CULTURE

闻名天下的金华火腿

金华最有名气的非金华火腿莫属。据考证，金华民间腌制火腿，始于唐代。唐开元年间（713—741年），药学家陈藏器撰写的《本草拾遗》中记载道："火腿，产金华者佳。"算一算，距今已有1200余年历史了。相传，宋代义乌籍抗金名将宗泽，曾把家乡"腌腿"献给朝廷，康王赵构见其肉色鲜红似火，赞不绝口，赐名"火腿"，又称"贡腿"。因火腿集中产于金华一带，俗称"金华火腿"。后辈为了纪念宗泽，把他奉为火腿业的祖师爷。至20世纪30年代，义乌人在杭州开设"同顺昌腿行"和"太阳公火腿店"，堂前仍悬挂着宗泽画像，显示正宗，誉满杭城。

金华火腿的形成，是金华人民勤劳与智慧的结晶。驰名中外的金华火腿，早在清朝就已远销日本和东南亚各国，并在1915年巴拿马国际商品博览会上荣获商品质量特别奖。从20世纪30年代开始，金华火腿又进而畅销英国和美洲等地。1936年，著名作家鲁迅还曾接受文艺评论家金华人冯雪峰的建议，选了两只上好的金华火腿历经艰辛、辗转反侧，由中共地下交通站秘密送到了当时中共中央所在地陕西保安，送到了毛主席手里，一时间传为佳话。金华火腿到底好在哪里呢？金华火腿的原料均来源于金华出产的

金华火腿

"两头乌"猪。这种猪因其头颈部和臀尾部毛为黑色，其余各处为白色故而得名。它原产于东阳的画水、湖溪，义乌的义亭，金华的孝顺、澧浦、曹宅等地。"两头乌"皮薄骨细，肉质鲜美，肉间脂肪含量高，其后腿是腌制火腿的最佳原料。猪后腿经过上盐、整形、翻腿、洗晒、风干等程序，香味浓烈，并且便于贮存和携带，所以备受欢迎。金华火腿具有俏丽的外形，独特的芳香，悦人的风味，以色、香、味、形"四绝"而著称于世，为中国腌肉制品的精华，在国际上亦享有盛誉。

亦真亦假的浦江抬阁

在浦江或者金华一些大型活动上经常会欣赏到一项独具特色的表演——浦江抬阁。"抬阁"，就是在木制四方形小阁里两三个人扮演戏曲故事中的人物，由别人抬着游行的一种表演形式。"抬阁"是集历史故事、神话传奇于一身，融绘画、戏曲、彩扎、纸塑、杂技等艺术为一体的民间传统游艺项目，是中原地区民间社火活动的重要组成部分。历经传承的中原"抬阁"被誉为"华夏一奇"。

浦江迎会始于宋代正统年间，盛行于浦江黄宅、前吴、通化（今属兰溪）等地。浦江迎会又分"人会""纸会""人纸合会"。在特制的桌上设置铁架，铁架为扮演者的衣饰器物所遮掩，每张会桌挑选漂亮活泼的男女儿童扮成传统戏剧中的某一场面如"三请梨花""铁弓缘""三打白骨精"等，每桌有八个大汉扛扛，十几桌一齐出动。每当县里有重大庆祝活动，或在元宵节和农历八月十三黄宅物资交流会时，都举行盛大的迎会活动。1988年10月杭州举行"火腿文化节"、1996年5月上海老城隍庙会时，都应邀去献艺。

"抬阁"演出时，均有锣鼓和秧歌队引导。铿锵的锣鼓、欢快的秧歌簇拥着庞大的"抬阁"，场面十分壮观。"抬阁"小演员衣裙飘拂，不断变换造型，看上去既像演戏，又似杂技，很有意思。另外，站会的小演员有的是真人，有的是纸人，难辨真人与纸人，令观众叹为观止。这是其他民间艺术形式所无法比拟的。

南戏活化石——婺剧

2011年6月10日，浙江省义乌婺剧团在上海逸夫舞台上演大型现代婺剧《鸡毛飞上天》，这也是作为国家级非物质文化遗产的婺剧首次走进上海。

业内有种说法：中国戏曲的一半在浙江，浙江戏曲的一半在婺剧。其在中国戏曲发展史中的重要作用可见一斑。婺剧，因金华古称婺州而得名，为浙江省地方戏曲剧种之一。婺剧以金华地区为中心，流行于金华、丽水、临海、建德、衢州、淳安及江西东北部的玉山、上饶、贵溪、鄱阳、景德镇等地，是高腔、昆腔、乱弹、徽戏、滩簧、时调六种声

浦江抬阁

婺剧

腔的合班。它博采众长，自成一家，被誉为"徽戏的正宗""京戏的祖宗""南戏的活化石"。

明清以来，金华一带是盐、丝入赣和漆、瓷入浙的商业贸易地区，加之物产丰饶，故历来是各种戏曲争胜斗奇之地。清同治、光绪年间，婺剧班社达四十余班。1935年后，婺剧开始有女演员，曾先后办了民生、文化、民乐等女子科班，各"三合班""乱弹班"也都通过随团收徒等方式，培养了不少出色的女演员。

早期婺剧班社主要在四乡集市、庙会演出，20世纪30年代初，才开始进城，以金华城隍庙、西华寺等为演出场地，后逐渐经常在长乐、北山、金城、群众等戏院演出。在农村，早期的业余班社，有的称为"太子班"。这些组织初期以坐唱自娱为主，每逢迎神赛会，则敲锣打鼓沿街挨村游动演唱，后来发展为化装上台演出。抗战期间，很多出色的婺剧演员死于战乱，婺剧也因此一蹶不振。直到中华人民共和国成立后，随着婺剧改进会、浙江婺剧实验剧团等剧团的成立，婺剧才重新出现在舞台上。2007年6月8日，浙江省婺剧团获得文化部颁布的首届文化遗产奖。2008年，婺剧入选国家级非物质文化遗产代表性项目名录。

婺剧的表演夸张、生动、形象、强烈，讲究武戏文做、文戏武做，所谓"武戏慢慢来，文戏踩破台"。由于过去服装原无水袖，表演多在手指、手腕上下功夫，亮相、功架近似敦煌壁画的人物姿态，别具一格。婺剧角色行当分老生、老外、小生、大小花面（净）、花旦、杂等共15行。名演员有江和义、周越先、周越桂、王金龙、郑兰香、吴光煜等。

婺剧的传统剧目十分丰富，较有影响的剧目有《黄金印》《孙膑与庞涓》《三请梨花》《断桥》《西施泪》和现代戏《桃子风波》等。

景点推荐

金华城区景点

中国茶花文化园
茶花文化主题公园

- 金华市婺城区金帆街
- 乘坐b4、56路公交车可到

  中国茶花文化园是一个以茶花文化为主题，融山水、园林、花卉、建筑、展览等为一体的游览胜地。全园分花佛鼎、松子山、花鹤翎、雪塔山及水上活动区5个景区，有茶花物种2万多株，从茶花仙子到茶花浮雕、木雕、壁雕，"茶花"的影子无处不在。

九峰山—大佛寺景区
山林古刹清幽静谧

- 金华市金东区曹宅镇
- 乘游7路公交可达

  九峰山—大佛寺景区由九峰山、大佛寺等景区组成，有大小景点100余处。九峰山景区丹霞地貌典型，区内奇峰密集，峡谷曲折迷离，极富野趣。

☐ 大佛寺

  大佛寺景区以建于1500多年前的古刹

大佛寺著称，区内岩高林深，环境清幽，还有大片樟树林，甚为奇异。寺院依千层丹崖而筑，有五百罗汉堂、玉佛殿、江南一龙等建筑，还有鸳鸯林、金华碑林、锣鼓洞等景。

五百罗汉堂占地830平方米，寺宇金碧辉煌、气势雄伟，五百罗汉全用青田石雕成，雕刻工艺精致，面容千姿百态，栩栩如生。

玉佛殿在罗汉堂后面的山坡上，这里供奉着一尊高1.25米的缅甸玉佛，罗汉堂和玉佛殿在同一轴线上，从而连成三进式仿古建筑群殿宇。

九峰山

九峰山，古称妇人岩，又称龙邱山、芙蓉山。叠嶂连冈，奇峰挺九，故名九峰。九峰山风景区又称九峰桃源，有点将台、九峰禅寺、达摩像、仙人桥、古栈道、龙潭烟雨、白花蝶谷等80多处景点。

八咏楼
金华城沧桑变迁的历史见证人
- 金华市婺城区飘萍路
- 乘15、28路公交在八咏楼站下车
- 免费

八咏楼原名玄畅楼，后改名元畅楼。八咏楼坐北朝南，面临婺江。楼高数丈，耸立于石砌台基上，有石阶百余。历代名士留下众多诗文。

现存建筑共四进，第一进为主体建筑，重檐楼阁，歇山屋顶，翼角起翘，石砌台基。屋顶有4个龙头鱼身的雕像，据说是龙王爷的儿子蚩吻。

由于八咏楼是木结构，雕九太子用以镇火，同时象征吉祥。

玩家 解说

南朝齐建武元年（494年），东阳郡太守、著名史学家和文学家沈约建造了八咏楼。八咏楼曾经两易其名，两度被毁，多次重建整修。初名玄畅楼，后因避皇帝讳改为元畅楼，唐代李白等文人根据沈约的《登元畅楼》及《八咏》诗，把它更名为八咏楼。

现存八咏楼为清嘉庆年间（1796—1820年）重建，1984年大修。

琅峰山
素以岩山俊秀、清溪逐流而著称
- 金华市婺城区琅琊镇

琅峰山景区素以岩山俊秀、清溪逐流而著称。巨岩峭壁间镶嵌着数百个奇形怪洞，还建有白沙古庙、观音阁、真武大帝庙、乐寿亭等。琅峰山不仅风景秀丽，还是浙西南革命根据地之一，粟裕等领导的部队曾在这里战斗过。

琅峰阁

琅峰阁是一座挑梁翘顶宫殿式建筑，紧靠白沙溪，扼守灌田数万亩的第二堰口。阁内陈列着"白沙水利碑记""白沙三十六堰解说"。阁前古诗、台石碑上刻着称颂白沙秀水和汉代卢文台创建三十六堰业绩的古代名人诗篇。

八咏楼檐角

■ 白沙亭

白沙亭立于双扇门下。亭内竖立着"白沙堰"石碑。碑文记载着白沙堰的历史。白沙溪三十六堰首创于东汉建武三年（27年），至今已有近2000年历史，是浙江省建造最早、规模最大的水利工程之一。

■ 双扇门

双扇门又称琅峰绝壁，是一座高宽各数十丈的巨型石门。门间有一条宽不到1米，如同巨斧劈开的深缝，从山顶直至山脚。石门上宽下窄，凌空笔竖，前临深渊，背靠奇峰，峥嵘深锁，惊险异常。

双龙洞景区 AAAA
"双龙卧舟"堪称世界一绝

- 金华市婺城区罗店镇
- 市区乘Y3、Y5路公交直接到双龙洞
- 80元

双龙洞因洞口两个惟妙惟肖的龙头而得名，因堪称世界一绝的"双龙卧舟"而闻名。该洞属岩溶景观，以洞中有洞、卧船入洞为特色。还有金华观、冰壶洞、桃源洞、二仙洞（双龙古堡）等景点。

双龙洞分内、外两洞，外洞高大明亮，洞高66余米，长、深各33余米，面积1200多平方米。洞内陈放着一排排石桌、石椅，可容千人品茶避暑。

玩家 攻略

1. 双龙洞已与冰壶洞打通，从双龙洞穿越一条百米长的"地下长廊"，即到达冰壶洞，从售票处到主景点双龙洞，冰壶洞步行仅需10分钟，如到朝真洞（出冰壶洞由东转西而上约1000米即达）、仙瀑洞（朝真洞东侧，距离黄大仙祖宫200多米的山谷中）或黄大仙祖宫需乘车。

线路推荐：双龙洞—冰壶洞—桃源洞—朝真洞—仙瀑洞—鹿女湖—黄大仙祖宫。

2. 吃：景区附近的饭店很多，多是经营金华当地的特色菜。

3. 进入双龙洞须仰躺在小船上，把头、手、腿放平。口袋中的物品如手机、钥匙等物须保管好。

■ 冰壶洞

冰壶洞洞口朝天，口小、肚大、身长，内有飞瀑，进洞如入壶中，故名。冰壶洞海拔580米，洞深120米左右，洞口垂直而下，深奥莫测。洞口石碑上刻一代文豪郭沫若游冰壶洞后赋诗。

从洞底登至洞口有石阶260余级。一进冰壶洞，就能见到一挂高达20多米的瀑布，从洞顶右侧石隙中飞喷而出，其势雄伟无比。

■ 金华观

金华观坐落在双龙洞南侧,民间称黄大仙观,相传为黄大仙登真羽化之地。最早建于晋代。唐初诗人陈子昂来此寻觅仙踪道迹,留下《春日登金华观》一诗。1060年,以洞天福地重建,并有"天下名山"匾额一方悬挂其上,因而闻名。

■ 二仙洞

二仙洞,又名双龙古堡,洞口海拔高373米,与双龙洞同为双龙溶洞群中最低一层溶洞。二仙洞发育在距今2.8亿年前二叠纪的石灰岩地层中,为一座地下河溶蚀、侵蚀型多层溶洞系统。

二仙洞由三层溶洞、二层地下河及5条廊道、5座大厅等组成,岩洞瑰丽无比,让人叹为观止。石花、石笋、石钟乳、石幔、瀑布等景观令人目不暇接,特别是洞内天然形成的大峡谷及由生物藻类形成的晶莹剔透的石花,在全国溶洞景观中都属罕见。

■ 桃源洞

桃源洞位于双龙洞西北约200米处,入口处的石壁上镌刻着"桃源洞"3个苍劲有力的大字,为我国著名书法家姜东舒的手笔。相传黄初平在金华山得道成仙,洞中泉瀑系来自黄大仙登真所在的小桃源,古人称"隔世桃源",故名桃源洞。

洞中开辟了梦仙厅、丹光厅、赤松厅三个石厅和两个耳洞。洞体迂回曲折,有上、中、下三宫,面积3000平方米,游道400余米。洞中石笋悬空,石乳晶莹,重重叠叠,姿态万千。

■ 黄大仙景区

黄大仙景区为道教第三十六洞天所在地,以洞奇、石怪、山清水秀及黄大仙文化为特色,气势恢宏,实为"江南道宫之冠"。有

双龙洞

黄大仙祖宫、朝真洞、仙瀑洞、鹿田湖、鹿田书院、徐公庙、斗鸡岩等景致。

玩家 解说

黄大仙名初平,晋成帝咸和三年(328年)八月十三出生于金华丹溪,因在赤松山修炼成仙,故又号赤松子。

黄大仙不仅在家乡造福黎民,而且仙游各地"普济劝善,助人为乐",海内外侨胞视其为中国道教在南海的最高尊神。历代传颂黄大仙"驱邪扶正,除暴安良"。

尖峰山景区
俯瞰金华城的最佳点之一
金华市婺城区罗店镇

尖峰山景区以尖峰山为中心,是以水清林幽、乡土文化为特色,以民俗观光、休闲度假为主要功能的城郊型森林公园。尖峰山又称芙蓉峰,屹立于金华城北,海拔427米,是登临俯瞰金华城市的最佳点之一。尖峰山山清水秀,景色宜人,自古为金华人的一种精神象征,有"金华人三日不见尖峰山要落泪"的说法。

景点推荐

横店影视城 AAAAA

横店影视城是目前国内拍摄场景最多、配套设施最全、历史跨度最大的影视拍摄基地,被美国权威专业杂志《好莱坞报道》称为"中国好莱坞"。主要景点有秦王宫、清明上河图、明清宫苑、广州街、香港街、江南水乡、大智禅寺、屏岩洞府、梦幻谷等。

东阳市横店镇万盛街42号

上海、南京、杭州等周边城市都有班车直达东阳或横店。东阳至横店的班车随到随发,打的也十分方便

有多种联票可选

www.hengdianworld.com

玩家 攻略

1.景区内有定时的演出,主要为《梦幻太极》《暴雨洪山》《清宫秘戏》《怒海争风》《大话飞鸿》《英雄比剑》等多个项目,演出互动性强,运用各种高科技手段,观众如身临其境。表演分布在各个景点内,不可能每个都看到,需要安排好自己的行程。

2.住:景区周边有不少高档酒店,也有一些小旅馆,环境比较一般。横店国际会议中心的贵宾楼是横店最好的酒店,几乎所有当红的影星和导演到横店拍戏,都会下榻贵宾楼。其他推荐:星河大酒店、旅游大厦、影星酒店。

3.横店镇街头有不少当地的小吃店,偶尔还

能遇到明星。还有湾餐厅、忆庙街、重庆川菜馆等当地知名餐厅。

秦王宫
再现秦汉风情
❂ 190元

秦王宫景区是1997年为拍摄历史巨片《荆轲刺秦王》而建，也是巨片《英雄》《功夫之王》的拍摄地。景区内有雄伟壮观的各类宫殿27座，长2289米、高18米的城墙与王宫大殿交相辉映。主要景点有城门、西偏殿、秦王宫、东偏殿、角楼、中宫门、华阳台、广场、东西长廊等。

主宫"四海归一殿"高达44.8米，纵深达600米，淋漓尽致地表现出秦始皇并吞六国、一统天下的磅礴气势。长120米的"秦汉街"，充分展示了秦汉时期的街肆风貌。

链接
秦王宫景区演艺节目

1.《梦回秦汉》。演出中可以亲眼见到秦始皇，与汉武帝面对面"交流"，还能体验到与剧中人捉迷藏的游戏，甚至有许多瞬间变幻的梦幻感觉，带来无尽的遐想。

演出时间：9：00、14：00、16：15。

演出地点：秦王宫景区西望楼。

2.《英雄比剑》。古琴声顺着棋馆青黑的屋檐流淌，英雄在空中上下翻飞，状如舞蹈，然而却是一场生死角逐。

演出时间：11：00、13：00、16：00（以景区现场公告为准）。

演出地点：秦王宫东偏殿。

玩家 解说

宫门分前宫门和后宫门，在王宫的边缘还筑有箭楼，城的四面也建有角楼。宫殿的99级大台阶之下，是宽广无比的广场，可容纳近万人。在宫殿的西部，是燕国的华阳台，为燕国的宫殿，它所体现的建筑风格则是燕文化的一种展示，与秦王宫所洋溢出来的秦文化大不相同。

在这里，拍摄完成了《荆轲刺秦王》《英雄》《无极》《寻秦记》《风云》《汉武大帝》《贞观长歌》《功夫之王》《木乃伊3》等近百部影视大片。

清明上河图景区
再现北宋风情
❂ 180元

清明上河图景区以北宋著名画家张择端的巨作《清明上河图》为蓝本，取其神韵，结合北宋时期的社会背景、民俗、民风及宋时的古建特色，按影视拍摄的需要建造而成的。

景区有宋代古建120多幢，大小街衢15条，桥梁6座，码头9个，牌坊16座及不计其数的石狮、石礅、石马、石碑，更有亭台楼阁、轩廊水榭装点其中，再现了千年前北宋东京汴河漕运的繁华景象及市井生活、民俗风情，是北宋京都的缩影。

玩家 解说

清明上河图景区是横店影视城拍摄影视剧最多的景区。截至2008年底，清明上河图景区共拍摄影视剧500余部，其中有《小李飞刀》《大宋提刑官》《傻王闯天下》《宝莲灯》《少年杨家将》《龙虎门》《功夫之王》等观众喜闻乐见的影视大片，著名影视明星成龙、李连杰、唐国强、谢霆锋、何润东等都曾在此拍摄。

链接

清明上河图景区演艺节目

1.《游龙戏凤》

《游龙戏凤》是一台全息环幕电影真人秀。在360度全方位环绕式大厅表演区域内，通过全息投影、透视幕、声美特效和真人表演，再现了北宋王朝从歌舞升平到社会变乱，最终宋徽宗被金人所掳的历史，主要描述了这段历史背景下宋徽宗与李师师之间的凄美爱情故事。

演出时间：11：30、15：30。

2.《大型古彩戏法情景剧——汴梁一梦》

集魔术、杂技、声美、灯光、特效于一身，由来自河北省吴桥杂技团的专业演员现场演出。

演出时间：10：00、14：00（以景区现场公告为准）。

演出地点：清明上河图景区开封府剧场。

广州街·香港街
粤港的历史沉淀

￥ 180元

广州街影视拍摄基地建于1996年8月，是为配合谢晋导演拍摄历史巨片《鸦片战争》而兴建的，是横店影视城的发祥地。广州街古街道纵横交错，珠江穿城而过，还原再现了一个19世纪的广州街市风情。

香港街影视拍摄基地的30余座象征英国殖民统治的欧式建筑，构成了作为香港政治、经济、文化中心的"维多利亚城"。

玩家 解说

至今已有数百部影片在这里制作完成，包括《鸦片战争》《潜伏》《归航》《雍正王朝》《小李飞刀》《百年沉浮》等。

链接

广州街·香港街景区演艺节目

1.《怒海争风》

一场警察与海盗的海上恶战，逼真壮观的超大场景与影视特技表演，让观众仿佛亲临硝烟弥漫的海上，体验惊心动魄的激战时刻。

演出时间：16：00。

演出地点：维多利亚港。

2.《大话飞鸿》

渔家姑娘正出嫁，遭遇武装海盗劫色，黄飞鸿飞檐走壁，引爆机关重重，新娘变身十三姨，跑乎苏火箭炮气倒自己……一场眼花缭乱、笑料百出的混战。

演出时间：15：00。

演出地点：粤海剧场。

明清宫苑
北京故宫的再现

￥ 180元

明清宫苑是一座集影视拍摄、旅游观光、节庆典礼等功能于一体的特大景区，始建于1998年11月。它是以"北京故宫"为模板1:1复制，参照了明清时期宫廷建筑手法。

景区以影视城特有的营造方式，仿效了唐、宋、元等时期的礼制，又融入了民国时期的建筑风格，荟萃了紫禁城宫殿、皇家园林、王府衙门、城阙庙宇、胡同民宅等各种古建筑精华，再现了元、明、清等不同历史时期燕京的官府居民、街市店铺和宫廷风貌。现拥有棋盘街、大明门、承天门广场、望楼、千步廊、文武台、御道、华表、金水河、玉带

明清宫苑

桥、承天门等许多历史观观。

玩家 解说

景区自建成开放以来，共拍摄了《朱元璋》《大明天子》《满城尽带黄金甲》《鹿鼎记》等百余部影视大片，到处都弥漫着明星大腕拍戏时留下的痕迹。每月定期举行的《明星见面会》，深受中外游客的欢迎。

链接

明清宫苑景区演艺节目

1.《清宫秘戏》

清宫掌故，揭秘电影魔术。以《延禧攻略》里的几个景点片段为背景，融合影视拍摄中的绿幕抠像技术，演绎一段流传于清宫的传奇故事，让观众亲身感受电影魔术的神奇魅力。

演出时间：9:00、13:00、16:00。

演出地点：明清宫苑湖广会馆。

2.《八旗马战：马背上的"战争"，再现清代皇家威仪》

现场精彩演绎当年康熙帝镇压三藩时惊心动魄的一幕。精彩马术特技、非凡皇家风范及超震撼的影视元素带来超凡的惊险刺激！

演出时间：11:00（演出时间若有调整，以景区现场公告为准）。

演出地点：演武场。

梦幻谷
体验世界地理奇观
🛈 295元

梦幻谷景区是以体验影视文化和全球地理风光、世界自然现象为主题的大型夜间影视体验主题公园。景区包括梦文化村、国际星街、江南水乡三大区域，公园内有众多有惊无险的游乐项目和激情四溢的游乐活动。还可在此尽情体验"快乐夜横店"的无穷魅力。梦幻谷景区以"灾难性震撼"体验和"纵横博彩"参与游乐为主题，依托影视和高科技的表现手法，依托影视表现手法，营造浓郁的梦幻氛围，是横店影视城彻底告别静态观赏性旅游的重要标志。

▫ 国际星街

国际星街由原"横店老街"改建而成。

横店影视城

它综合了时尚、活力、创新、欢乐四大诉求，区域内有数十家明星商品店和具有异国风情的特色小吃。

▫ 江南水乡

"江南水乡"集江浙水乡之精华，小桥、流水、人家；酒肆、戏园、茶楼；小吃铺、跨街楼，小井台、老祠堂；河湾傍街巷，民宅通埠头；精练的场景，流动的人群，生动地展示了清末民初江南水乡的民生百态和万种风情。

链接

梦幻谷景区演艺节目

1.《暴雨山洪》

一个融声、光、电、影视特技、舞蹈艺术为一体，集古老、原始、神秘、宗教、自然、休闲、文化于一身的大型实景式"灾难性"演艺项目。怪异神秘的求雨仪式，暴雨如注、山洪如暴的灾难场景，重建家园后踏歌起舞的戏水狂欢，使观众身在其中，又仿佛在梦幻中。

演出时间：19:00（加演时以景区发放的座位票时间为准）。

演出地点：凤凰山广场。

2.《梦幻太极》

以"太极"为元素，着力表现《易经》中的"和"文化，阐释人与自然、人与万物之间的或相斥或相融的关系，具象地演绎了"和则两利，斥则两残""和生万物"的和谐理念。全剧充分运用多媒体、激光、LED、烟具、音响、灯具等道具，让观众在惊喜欢乐的氛围中领略中国博大精深的易经文化。

演出时间：20:00（加演时以景区发放的座位票时间为准）。

演出地点：梦幻谷景区梦幻太极舞台。

屏岩洞府
素有"江南第一洞天"之美誉

¥98元

屏岩洞府为道家修行之福地，素有"江南第一洞天"之美誉。屏岩洞府景点众多，有听雨轩、东天门、西天门、芙蓉门、禹亭等，还拥有目前浙江省内最长的观光索道，全长为1310米，上、下两站的水平高差为253米。缆车里可以饱览广袤的林海及整个横店的秀丽风光。

景区内常年云雾缭绕，恍若人间仙境。景区以神仙居为养生场所开发出以道家养生菜、养生酒、养生茶为主的养生观光体验项目。

玩家 解说

屏岩洞府，是横店影视城的枪战片影视拍摄基地。屏岩洞府以奇峰异洞、奇山怪石著称。远远看去，山峰仿佛一道无法逾越的天然屏障。

横店红色旅游城 AAAA
以弘扬革命传统为主题

横店红色旅游城是横店继影视城后，新建的一座以弘扬革命传统为主题，集教育、旅游、休闲于一身的红色旅游城。旅游城由横店红军长征博览城、中国革命战争博览城、中国近(现)代名人故居观赏园、邵飘萍烈士纪念馆等组成。

屏岩洞府

玩家 行程

横店影视城各景区和横店红色旅游城各景区均有旅游公交连接。横店红色旅游城各景区景点间，配备有红色旅游专线汽车接送旅游者。

横店华夏文化园
展示中华民族五千年优秀文化成果

¥90元

横店华夏文化园被称为百年文化精品工程，集独特性、历史性、知识性、艺术性、游乐性于一身，是国内外独一无二的华夏文化主题公园，享有"畅游一日，纵观亿年"之美誉。

园内共分为十大景区，分别为门楼景区、文化广场景区、历史长廊景区、四大佛山景区、三教塔景区、鱼乐苑景区、塔林景区、植物园景区、民族街景区、瑶台胜景。

玩家 解说

在这里，拍摄的影视剧有：《夺标》《仙剑奇侠传3》《新版射雕英雄传》《吴承恩与西游记》《汉宫》《大唐女将樊梨花》《聊斋》、新版《西游记》《倾城雪》《胭脂扣》等数十部影视作品。

链接

演艺节目《神往华夏》

华夏文化园经典招牌演艺秀《神往华夏》是一场视觉盛宴，一部大型的神话史诗。神秘的远古场景，荡气回肠的悲欢离合、气势磅礴的战争史诗和歌舞升平的盛世景象，"盘古开天、女娲造人、嫦娥奔月、后羿射日、黄帝战蚩尤"等上古神话中的经典故事在这里一一演绎。

演出时间：周一至周五9:00、15:00，周六9:00、10:30、13:30、15:00，周日9:00、10:30、15:00。

演出地点：神往华夏剧场2楼。

横店明清民居博览城 AAAA
古色古香的古民居

¥95元

横店明清民居博览城于2008年建成开放，由浙、皖、赣各地拆迁的明、清、民国时期的民居及仿建古建组成，被命名为"中国文物保护基金会示范基地"和"中国古民居保护基地"。这里是集古建保护、剧组拍摄、影视体验、节目演艺于一体的综合性影视文化旅游景区，由七侠镇影视主题街、盗墓奇幻体验馆、秦淮河影视主题区、圆明新园展馆、秦淮八艳秀场等几大区域组成。

秦淮河景区：以明清时期南京十里秦淮为蓝本，再现了以夫子庙为中心的繁华古都风貌，集中再现了夫子庙、江南贡院、八艳坊、桃叶渡等建筑，区内微缩复原的圆明新园展馆、"中华一绝"的福建土楼、高科技4D动感影院逐渐成为旅游热点，景区里还安排了中国曲艺、影视片段、民俗节目供游客观赏和参与。

明清民居博览城的马头墙

明清民居博览城

玩家 解说

在这里拍摄的影视剧有《功夫之王》《小李飞刀》《少年英雄方世玉》《狄仁杰之通天帝国》《投名状》《新射雕英雄传》《兰陵王》《龙凤店》《赏金猎人》《钻石豪门》《如意》《再见艳阳天》《谁知女人心》《秦香莲》《芸娘》《顺娘》《农民代表》《咏春》等数百部影视作品。

圆明新园 AAAA
重现北京圆明园奇景

● 春苑180元、夏苑180元

圆明新园按照原北京圆明园1:1比例新建，是一处集古典中西建筑、奇花异草、古玩珍宝、文化科技于一身的特色奇观。主要由新圆明园（春苑）、新长春园（夏苑）、新绮春园（秋苑）、新畅春园（冬苑）4个板块组成。其中春苑已于2015年5月正式开园。

迎春园：以迎春花为主题，主要建筑有大宫门、六部朝房、军机处、九卿朝房。园内栽有罗汉松、五针松等常绿乔木，树下根据不同季节配以各色鲜花，是一个集南方园林之秀美和北方园林之大气于一身的风景园林。

李园：以桃李满天下为主题，分阿哥所和南北岛，主要建筑有中天景物、后天不老等。花开时节，李花和各色鲜花布满整个园区。

杨树园：以象征希望和活力的杨树为主题，有山高水长楼、绿草坪、蒙古包等，在这里可以欣赏民族表演、品尝风味小吃，感受异域风情。

桃花园：是一处模仿陶渊明《桃花源记》风光和意境的园中园，以桃花为主题，园内有缩春轩、桃源洞、桃花坞等建筑。阳春三月，缤纷绽放的桃花林呈现一派恬静优美的"世外桃源"风光。

玩家 解说

园内分设100个园区，每个园区种植着寓意相通的花草树木4000多种，包围着皇家建筑、洋式建筑、官家建筑、商家建筑和民间建筑，所以又称"万花园"。

景点推荐

大红岩风景区 AAAA

大红岩风景区以山青、林秀、泉甘、岩险、峰奇、洞多、谷幽、湖静取胜。景区由大红岩、刘秀垒、清风寨、俞源、寿仙谷、龙潭、石鹅岩、郭洞等八个景区组成。其中，大红岩、刘秀垒和清风寨等景区内分布着大小不一、千姿百态的丹霞洞穴，堪称天然的丹霞洞穴博物馆。

尤其是丹霞洞穴十分丰富，随处可寻。

景区主要由大红岩、望夫岩、盘龙岩、天堂岭等50余个景点组成，其中以大红岩最为壮观，大红岩高300余米，抬头仰望时，岩壁上镶嵌着众多天然象形物，配之岩壁赭红的底色，宛如一幅巨大的古画，特别是当夕阳西下的余光洒在岩壁上时，更使得红岩熠熠生辉。

大红岩
丹霞地貌，怪石嶙峋

- 金华市武义县白姆乡、俞源乡和王宅镇交界处
- 在武义县汽车西站乘坐白姆、麻阳、后树的班车可达景区 52元

大红岩景区有近10平方千米的典型丹霞地貌，区内丘陵峰石连绵，奇岩怪石罗列，

刘秀垒
有"十里画廊"之美称

- 金华市武义县境内
- 乘坐武义501路可到达
- 15元

刘秀垒景区有"十里画廊"之美称。这

是一条绵延5千米的丹霞胜境，两旁秀石林立，奇峰突兀，相传东汉光武帝刘秀曾避难于此，故名刘秀垄。

刘秀垄中奇岩林立，翠竹茵茵，田园秀丽，主要有鲸鱼岩、卧狮岩、大象岩、怀秀坪、清风廊、双岩洞、空中走廊、玉印峡、和尚岩、刘秀洞、刘秀湖、百丈瀑等景点。在双岩洞景点，四组奇石依次林立，形似开门迎宾。峡口有古牌楼，楼下有夫妻岩、水帘洞和大法庵旧址。

俞源古村
中国唯一的太极星象村
- 金华市武义县俞源乡
- 可乘金温线火车在武义站下，从武义到俞源搭车约需40分钟
- 40元

俞源村又称太极星象村，由明朝开国功勋刘基按天体星象排列设计建造。村内保存有巨大的田野太极图和依黄道十二宫、天罡引二十八宿、北斗七星原理规划的村庄布局，有七星塘、七星井、俞氏宗祠等景点。俞源村古建筑群已被列为全国重点保护文物单位。

玩家 攻略

1.在村内自由走动时，由于道路错综复杂，千万不要钻小胡同，否则很容易迷失方向。

2.太极图形在村内是看不出来的，要到村后的山顶观看才可。

3.洞主庙位于村尾，沿着村溪往上游走，洞主庙为村中圣地，可许愿。

4.购：俞源特产天然白花油为茶油中的精品，有降血压、降血脂、防治心脑血管疾病的功能。

郭洞古生态村
被誉为"江南第一风水村"
- 金华市武义县熟溪街道郭洞村
- 30元

郭洞村被誉为"江南第一风水村"，由相连的郭上村和郭下村两部分组成。村内有新屋里（古民居的代表）、海麟院、何氏祠堂、鳌峰塔、凭虚阁、古寨墙、回龙桥等景点。

玩家 攻略

1.郭洞人做活了"竹"文章，竹茶杯、竹笔筒、竹烟缸等数十种工艺品琳琅满目。这里的居民还有将葫芦当作容器的习俗，葫芦的外面用极细的篾线编织，相当讲究。

2.吃：这里出产宣莲（中国三大名莲之一），有机茶、猕猴桃、胡柚等特产；土鸡煲、竹筒饭、土菜、红烧老豆腐等美食更是远近闻名，不可不尝。

3.郭洞和俞源为两个方向，必先回城再坐车。俞源和刘秀垄、清风寨是一条路线，可顺路浏览。

俞源村俯瞰

石鹅岩
怪石嶙峋、古刹深幽

- 金华市武义县武阳镇桃溪滩村
- 武义县汽车站换乘6路公交可到景区 40元

石鹅岩以其山似展翅欲飞的天鹅而得名。区内奇峰秀水，怪石嶙峋，景象特异，以奇岩、秀湖、名寺和红军革命史迹而著称。慈航洞府洞中有古刹3间，为浙中南禅林古刹的代表。

石鹅岩西侧，有一座长逾百尺的石梁，俗称神仙桥。桥高30多米，宽10多米，横空跨越于两山之间。桥面平坦，人在上面行走如履平地，被誉为"吴越第一梁"。

玩家 攻略

景区内有石鹅洞，洞底面积2500多平方米，天雨时，洞背巨大的飞瀑凌空泻下，遮蔽整个洞口，瀑布泻入洞前水潭，潭中植有莲藕，分外雅致迷人。洞中为木石结构的慈航洞府尼姑庵，据考证始建于唐代天祐年间。洞中有一小石臼，传说曾每日自涌一日白米，足够洞中尼姑吃穿用，后来老尼太贪心，让人把石臼凿大些，结果石臼再也不涌出米来了。

寿仙谷
南极仙翁的故里

- 金华市武义县王宅镇石井里村 25元

寿仙谷相传为南极寿翁故里，是从大莱口村到桃花庄（现名石井里）崖险溪急的峡谷。峡谷里有醉仙岩、绝壁天书、天梯、赐珠园、寿星堂等景致。

景区内最为迷人的是九天瀑布，落差120米，上瀑如烟似雾，下瀑如珠似雨，如一道白练蜿蜒于绿谷之中，令人痴醉。

清水湾沁温泉 AAAA
中国温泉休闲养生胜地

- 金华市武义县温泉南路1689号
- 108元

清水湾沁温泉是集温泉、客房、餐饮、会议、SPA养生、健身休闲、娱乐等服务功能于一身的大型综合性旅游度假项目。温泉是目前中国纯温泉用地最大的温泉，具备良好的自然资源优势，水量丰富，常年水温为42.6℃~44℃，pH值为7~8，富含氟、锂、锶、锌、碘、氡、偏硅酸、偏硼酸等，属大型的医疗热矿泉，氟含量达到医疗价值浓度，称为"氟泉"。

常泡沁温泉对神经系统、心血管系统及骨关节运动系统疾病具有显著的辅助疗效，还具有消除疲劳、祛病强身、美容养颜、抵抗衰老等保健作用。

清水湾沁温泉度假山庄

景点推荐

兰溪旅游区

诸葛八卦村 AAAA
全国诸葛亮后裔最大聚居地

📍 兰溪市诸葛镇诸葛村
💰 90元

诸葛八卦村是全国诸葛亮后裔最大的聚居地,是以钟池为核心,按九宫八卦设计布局的。八条小巷向外辐射,形成内八卦,更为神奇的是村外8座小山环抱整个村落,形成天然的外八卦。村中的200余座明清民居古建筑布局奇巧,现在保存完好的有丞相祠堂(诸葛氏族的宗祠,每年都举行盛大的祭祀活动)、大公堂、大经堂、寿春堂、农坊馆等。

诸葛八卦村是目前全国保护得最好、群体最大、形制最齐、文化内涵很深厚的一个古村落,专家学者们称其为"江南传统古村落、古民居典范",现为全国重点文物保护单位。

玩家 攻略

1.购:由诸葛亮发明的孔明锁随处可买,在出景区的大道上有家孔明锁作坊,各类锁一应俱全,可砍价。

2.吃:诸葛八卦村有很多富有特色的菜品和小吃,如七擒孟获、气熬周瑜、八卦煎饼、周瑜打黄盖、火烧赤壁、空城计等,玄村遗风饭庄、古街饭店、八卦游乐餐厅、泰和饭店等都是吃美食的好去处。

3.住:诸葛八卦村内的民宿较多,其中,澹明轩民宿是一家不错的选择,有餐厅、公共会客厅、私家花园、咖啡吧等设施,环境优美宁静,可

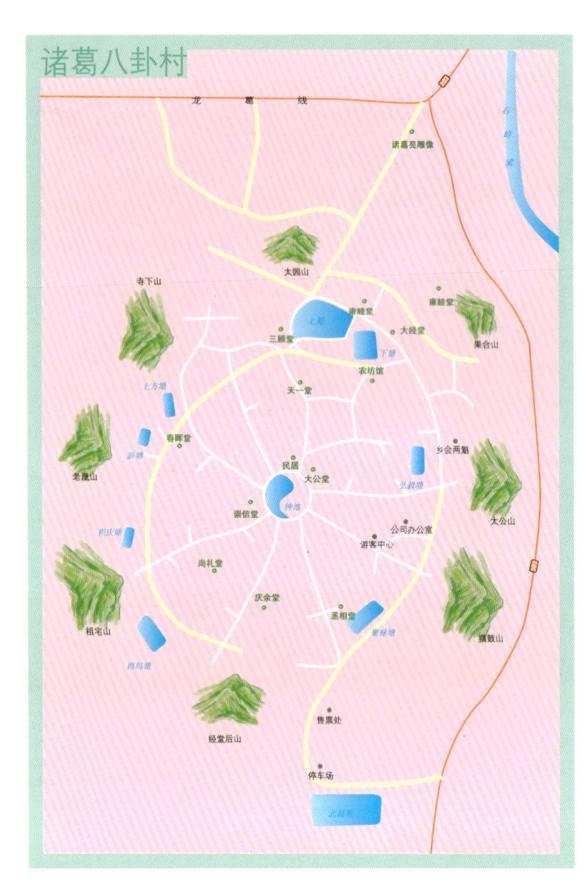

祭冬，这是诸葛村最隆重、最高层次的仪式，主祭人须是60岁以上的长辈。祭冬这天，祠堂还要大摆宴席，凡60岁以上的老人才能赴宴，80岁以上高寿的一人一桌，70岁以上的四人一桌，其余是八人一桌，吃不完还可以带走。这天，凡族中老少各发馒头两个。丞相祠堂的祭祀和大公堂四月十四、八月二十八的祭祖同样隆重。

钟池

钟池位于诸葛八卦村的中心，在大公堂正前面，它的边上是一块与它逆对称面积的陆地，村民用以晒场之用。空地和钟池正呈阴阳太极图形。

陆地靠北和钟池靠南各有一口水井，正是太极中的鱼眼。钟池和空地四周全是房屋，形成了一个闭合的空间，沿塘是一圈路，塘的北岸西头是大公堂的院门，东、西各有一个小花园，美人蕉的片片绿叶和红红的石榴花衬托着大公堂的影子不时倒映在钟池中。钟池的南岸是一个陡坡，顺着陡坡而建的几幢大房子从北岸望去一幢比一幢高，加上前面贴水一溜小平房，轮廓线大起大落，景象峭拔而优美。

大公堂

大公堂建于元代中叶，是江南唯一的诸葛亮纪念堂，奉祀诸葛亮的神主和画像，举行诸葛亮的春秋二祭。

大公堂建筑面积为700多平方米，是全村在外观上最为华丽、最为醒目的建筑。大

充分体验当地生活。

丞相祠堂

丞相祠堂是高隆诸葛氏的宗祠，它始建于明代万历年间（1573—1620年），坐西朝东，平面按回字形布局，由门庭、中庭、庑廊、钟鼓楼和享堂组成。中央三间为正门，檐柱间设置栏杆，金柱间设板门，每间四扇，外间设抱鼓石，左右是精致的磨砖影壁，正门开在围墙以内，从围墙左右开门出入。丞相祠堂的门屋、寝室、两庑尺度规模疏密得体，装饰简朴，线条明快而精致。

链接

祭冬

每年冬至节，在丞相祠堂举行的祭祖仪式称为

公堂后进为村中议事之所，如村中有什么大事，族长就在此召集各首事议事。每年的农历四月十四和八月二十八都要在大公堂举行隆重的祭祖仪式，至今不辍。

天一堂

天一堂创建于清同治年间，距今已有100多年，创始人诸葛棠斋是诸葛亮47代后裔，为当时浙江药业界的佼佼者。由于历史的变迁，天一堂大部分建筑已毁，但"天一堂"的后花园仍保存完好。

六洞山风景区 AAAA
"地下长河"被誉为海内一绝

兰溪市灵洞乡洞源村
80元

六洞山风景区因有涌雪、紫霞、白云、呵呵、漏斗、无底6洞而得名。被誉为海内一绝的地下长河长2500米，分涌雪洞、时间隧道、玉露洞3段，被誉为"全国洞府泉流航游之冠"。景区内还有绮霞园、栖真寺等景。

诸葛村大公堂

大公堂坐北朝南，建筑细部雕刻精美，堪称杰作。

门庭飞阁重檐，高约10米，上悬一块横匾"敕旌尚义之门"。

建筑用材讲究，明间金柱腹部圆周2米以上，为典型的"肥梁胖柱"式建筑。

顶层有明英宗于正统四年（1439年）所赐盘龙圣旨立匾一方。

正门两旁有两方抱鼓石。

门两旁分书斗大的"忠""武"二字。

> 玩家 行程

游人进洞，可分水、旱两路循环游览。水路即在地下长河中泛舟游览，长800米。旱道长1200米，或与长河平行，或于洞中穿插迂回，全程约2小时。

提示：穿洞为一路向上攀爬的过程，颇耗体力。等爬到洞口出来，即到了山顶，然后步行下山回到入口处。

芥子园
为纪念李渔而建

- 兰溪市北隅
- 乘兰溪319等路公交可到

芥子园是仿古园林建筑，为纪念李渔而建，袭用李渔生前在江宁孝侯台旁创建的庭园名。芥子园建有亭台楼阁，筑有小桥鱼池，植有名贵花木。此园虽小，但精心设计，巧妙安排，使之小中见大，曲中见幽，古中见雅。

中国《红楼梦》研究学会会长冯其庸有诗云："顾曲精微数笠翁，名园小筑亦神工。只今移向兰溪去，好听秋江一角风。"

> 链接

李渔

李渔（1610—1680），字笠翁，兰溪人。清初著名的戏剧理论家、戏剧家和小说家。他的戏剧创作被近代曲学大师吴梅誉为"清代第一"，他在拟话本小说创作方面，与冯梦龙、凌濛初并驾齐驱。

芝堰古村落
被称为"江南小丽江"

- 兰溪市芝堰乡芝堰村
- 兰溪汽车西站有芝堰旅游专线直达　免费

芝堰古村落距今已有800多年历史，全村拥有衍德堂、孝思堂、济美堂等古建筑近百座，且元、明、清、民国等四个朝代的各种建筑集于一村，堪称"典型的中国古民居博物馆"，被誉为"四朝建筑瑰宝村"。此外，古村还拥有仙石、奇峰、神船、神缸等四处自然景观。

> 玩家 攻略

芝堰村内设有英才饭店等多家饭店，并开设了一些富有特色的农家饭菜，推荐芝堰土鸡煲、咸菜肉、冷水茭白炒肉丝、芝堰蕨菜、芝堰水米糕、芝堰豆腐脑等。

六洞山地下长河

金华北部旅游区

景点推荐

中国国际商贸城
全球最大的专业市场

- 义乌市稠州路
- 乘义务B支413等路公交可达

国际商贸城是义乌建设国际性商贸城市的标志性建筑,购物旅游已成为这里甚至是浙江旅游的知名品牌。义乌小商品城汇聚了40余万种小商品,有经营商位5.8万个,被联合国、世界银行等机构誉为全球最大的专业市场。小商品城主要由国际商贸城、篁园市场、宾王市场3个批发市场组成,其中,篁园市场建成最早,有"义乌老市场"之称;宾王市场以批发日常用品、杂货见长;国际商贸城则更偏向于现代化。

玩家 攻略

1. 在3、9、10月来这里,能充分领略义乌国际小商品博览会的盛况。

提示:国际商贸城是集购物、旅游于一身的特大型商品市场,进场时应阅读游览导购图,确认目前所在位置,以免迷失方向。

2. 国际商贸城内交通方便,汽车可达各楼层,并设有多个地面停车场和屋顶停车场,且开通环线观光旅游车。

3. 购:宾王市场有大量的物品是10件起卖的,大部分价格比市场上便宜一半多。

提示:大部分商铺可能只针对批发,不零售。

4. 与国际商贸城仅百米之隔有稠州公园,公园设有儿童游乐、名人纪念、歌舞娱乐和娴静小憩四个部分。

佛堂古镇
有"义乌精品在佛堂"之誉

- 义乌市佛堂镇
- 乘义乌318、义乌396等路公交可到佛堂镇

佛堂古镇有"小兰溪"的美誉。佛堂古镇历经千年,因佛而生,因水而商,因商而盛,因盛而名。佛堂镇内至今尚完好保存着古街弄、古民居群体,以及精湛的砖雕木刻,还有许多地名仍保留着当时的痕迹,如盐埠头、新码头、小江滩、浮桥头等。

镇中还有古色古香的老街、培德堂、双林寺("天下第二,江浙之冠,在震旦国中,称庄严第一")、渡磬寺等古建筑、彩塑。

玩家 攻略

佛堂镇民俗风情浓厚,相传达摩祖师渡磬登岸那天,正是农历十月初十。为纪念祖师,在每年这一天举行一次庙会,中华人民共和国成立后,人们利用"十月十庙会"开展商贸,直至今日。

三都—屏岩风景区
峰秀岩奇、谷幽潭深

- 东阳市吴宁镇
- 在东阳东站乘坐到横店的中巴可达

三都—屏岩风景名胜区由三都胜境、屏岩洞府、兰亭和灌顶寺4个景区组成,以峰秀岩奇、谷幽潭深为特色,有洞堂坞、洞府琼楼、千佛塔、神话长廊等众多景点。

▢ 三都胜境

三都胜境俗称"龙头涧",景区内巍崖屏峙,怪石峥嵘,深洞遍布,奇险无比,加上野果满山,鸟语花香,更显清幽之韵味。悬崖、曲径、石林、飞瀑、双乳峰、云遮雾罩、天梯、斜栏、栈道,时隐时现。景区内有紫竹幽林、龙王庙、青云洞、天门、百步峻、升天亭、腾龙阁、栈道、腾龙湖、五公桥、五公庙、小天门、天梯、龙床、龙峡、天然巨龙等景点。

▢ 屏岩洞府

屏岩洞府素有"江南第一洞天"之称,为道家修行之福地。沿着陡壁建有三清殿及众多道家祠观。峭壁、幽洞、红叶、悬空建筑是景区的四大特色。

屏岩洞府是攀春登秋、避夏赏冬的著名旅游处所,也是横店影视城的枪战片拍摄基地。景区内的主要风景点有"听雨轩""十八曲""东天门""西天门""钟鼓楼""乌龟岩""洞中宾馆""徽幽洞""老虎洞""羊角洞""莲花池""六十六步""百步竣""芙蓉池""望禹亭"等等。

卢宅
"北有故宫,南有卢宅"

- 东阳市吴宁镇东郊
- 东阳乘1路、2路、3路公交可到
- 50元

卢宅是江南久负盛名的明清古建筑群,被国内外专家誉为"具有国际水平的文化遗产"。建筑群以肃雍堂为核心,有柱史第等6组建筑。肃雍堂的厅堂宅第严谨规整、左右对称,是古建筑的杰出代表。宅内还有一盏著名的大堂灯,已载入吉尼斯世界纪录。

卢宅牌坊下面威武的石狮

东阳中国木雕城 AAAA
木制工艺品和木雕家具集散地

- 东阳市世贸大道168号
- 乘36路、东阳66路等公交可到

东阳中国木雕城坐落于"中国木雕之都"——浙江东阳,由东阳市人民政府全额投资兴建。东阳中国木雕城自2009年11月转型升级以来,市场交易繁荣,发展势头强劲,一跃成为国内最大的木制工艺品和木雕(红木)家具批发市场。中国工艺美术学会木雕艺术专业委员会、浙江省木雕红木家具产品质量检验中心、东阳木雕地理证明商标使用办公室等行业权威机构均常驻市场办公。

东阳中国木雕城汇集了包括全国"四大名雕"在内的上千家知名厂家,产品涵盖木雕、根雕、木雕(红木)家具、仿古门窗、竹编竹雕、木竹工艺旅游纪念品及木竹工艺礼品等数万种优势产品。销售网络辐射全国各省、自治区、直辖市的二级批发市场及日本、韩国、东南亚等国家和地区。

玩家 解说

东阳木雕约始于唐而盛于明清,自宋代起已具有较高的工艺水平。现存宋代建隆二年(961年)所雕的善财童子和观音菩萨像造型古雅端庄,足以说明东阳木雕当时的水平与风格。

当明代盛行雕版印刷术后,东阳逐渐发展成为明代木雕工艺的著名产地。主要制作罗汉、佛像及宫殿、寺庙、园林、住宅等建筑装饰。至清代乾隆年间,东阳木雕已闻名全国,当时有400余名能工巧匠进京修缮宫殿,有的艺人被觅选进宫雕制宫灯及龙床、龙椅、案几等。后来又发展到在民间雕刻花床、箱柜等家具用品。

辛亥革命以后,东阳木雕逐渐商品化,木雕艺人制作的工艺品及箱柜家具被商人买去远销美国、南洋等地,形成东阳木雕产品的兴盛期。中华人民共和国成立以后,党和政府把流散在各地的木雕艺人组织起来,成立了合作社。1954年又成立了东阳木雕厂,木雕产品远销欧美、东南亚等80多个国家和地区。

东阳中国木雕城及门前的菊花

东阳花园村 AAAA
浙江农村现代化的榜样

- 东阳市南马镇花园村

东阳花园村先后荣获全国文明村、中国村干部培训基地、全国新农村建设A级学习考察点等多项荣誉,被上级领导誉为"浙江农村现代化的榜样""浙江第一村"。

花园村有大型粮油商贸城、购物广场、农产品大厅等。旅游观光区的中华百村图、吉祥湖畔、音乐喷泉等十大景点和生态农业园区、佛教文化园、老年公寓,以及饮食、建材、工艺品等各具特色的商业街已基本形成,东阳花园村已成为现代名村旅游、农民休闲度假的好去处。

玩家 解说

花园村已有600多年的历史,中华人民共和国成立前是一个有名的穷山村。1978年,花园村年人均收入仅为87元。在村党委书记邵钦祥的带领下,经过三十年的创业拼搏,花园村已成为经济发达、村民富裕、乡风文明、村容整洁、管理民主、生态良好的全面小康建设示范村。

花园村党委书记邵钦祥是高级经济师,东阳市人大常委委员,先后荣获"全国当代优秀改革家""中国乡镇企业十大新闻人物""浙江省十大时代先锋""全国优秀基层干部十大新闻人物""浙江省劳动模范""省奔小康带头人""省新农村建设优秀带头人金牛奖"等荣誉称号。

仙华山风景区 AAAA
有"第一仙峰"之称

- 金华市浦江县北郊
- 火车站、县城和景区之间均有中巴车往返
- 60元

仙华山又名仙姑山,景区以"奇、险、旷、幽"而著称,明代刘伯温有诗赞云:"仙华杰出最怪异,望之如云浮太空。"故有"第一仙峰"的美誉。

仙华山分四个景区:北为石峰林立、怪石纷呈的仙华峰林景区,南有梅坞香雪景区,东为千岁宝掌和尚修行之地——宝掌幽谷景区,西有山环水抱的仙湖碧水景区;并有二十四奇峰、十四怪石异洞等120景。

神丽峡
横店影城外景基地

- 金华市浦江县南郊潘宅村
- 40元

神丽峡属于典型的自然峡谷景观,已成为横店影视城拍摄外景的一个影视基地。景区南部群山峻峭、林深水秀、鸟多、兽多、坪多、石奇、瀑美、自然环境清幽,生态环境保护完整;北部祠堂庙宇、明清建筑别致、考究。有香炉烟云、朱云瀑布、石笋冷泉、仙人长眠、猪头山、陈爷爷担石、百步幽谷、流星崖观鹰等20余处山景,以及敦睦堂、尚书门第、余氏宗祠、洪氏宗祠、黄氏宗祠、桐青殿等八处清朝建筑。

尤其值得一提的是,景区内仍保留着长达3千米的古驿道,古驿道中途仍保留有1座古驿站"十里亭"。自古以来,民间流传有"徽州老得宝""陈爷爷担石""山娘长眠""葛山殿藏宝""炉峰殿和尚""猪头山点灯"等美丽的传说。

玩家攻略

1. 景区配套设施齐全,有水上餐厅,卡拉OK包厢、桑拿、会议室、连体休闲木屋等娱乐设施,以及大型停车场、土特产市场等。

2. 葡萄成熟时,景区会举办葡萄节,可免费品尝葡萄。

仙华山登高村明代古建筑

景点推荐：金华南部旅游区

台山寺
浙中佛教圣地
- 金华市武义县云华乡

台山寺景区因千年古刹台山寺而得名，台山寺始建于北宋乾德年间（963—968年），距今已有1050余年历史，有"浙中佛教圣地"的美誉。

景区内还有黄金坞、静妙湖、千年茶树王等景致。

玩家攻略

寺内可接待住宿，食堂伙食供给也不错，可以满足客人喜食土鸡和野味的习性。另外农家便饭也是美味可口。

厚吴古村
有完整的古建筑群
- 永康市前仓镇后吴村
- 永康东站直通厚吴村的班车很多

厚吴古村至今保留着永康最大、最完整的古建筑群，其中吴氏宗祠极具观赏性，还有司马第、衍庆堂、屏山精舍、仪庭公祠、九头铁树等景致。

村中另有古驿道、池塘、水渠、水井、桥梁、唬童塔等公共建筑，最著名的是古时厚吴村"家居八景"之一的"槐井醴泉"，这口八角古井据说与村同龄，井圈上刻有"醴泉井"三字。

玩家攻略

厚吴古村每年都有丰富多彩的庙会、灯节，还有婺剧、十八蝴蝶、十八罗汉、十八蚌精、长旗阵、大刀舞、大头娃娃等民俗表演和刺绣、编织、打铁等传统手艺。此外，从2001年起每年的农历九月九，古村还隆重举行农民艺术节，村民们用传统的方式欢庆丰收，歌颂太平。

方岩风景区 AAAA
以雄奇峻险著称
- 永康市象珠镇
- 市区很多中巴车直达
- 65元

方岩山风景区是观赏丹霞地貌、朝观古

金华经典徒步穿越线路

如今,越来越多的户外运动爱好者选择徒步探险旅行,进行穿越之旅。下面推荐几条经典户外徒步穿越线路:

● 北山穿越

这是金华驴友穿越最多的一条线路,现在也经常作为驴友第一次出行的练兵线路,该线路全程约30千米,沿途有双龙风景区、金华山的主峰——大盘山,一路清潭、瀑布,景色十分优美。适合初涉户外运动的人。

穿越线路:从市区坐公交车到双龙景区或仙瀑洞,沿发电站落水管往上(此段体力消耗较大)到达电视台发射站,再沿公路徒步至武平殿(途中经过主峰大盘山,可选择登顶),在武平殿扎营。第二天沿村后的小路(路旁有小溪,水极清)穿越至兰溪马涧镇溪源村,穿越完成后从马涧坐车至兰溪回金华。

● 浙中大峡谷穿越

浙中大峡谷(夹溪风景区)位于磐安县东北,是金华、台州、绍兴三地市的交界处,为市级风景名胜区。因河床曲折狭窄,水势湍急,形成了无数如幻飞瀑、险涡和深潭。尤以十八涡景区最为奇特,在数千米河床中有18处跌瀑和旋涡,美不胜收。

穿越线路:从金华南站乘车至磐安后,转车到尖山镇至夹溪景区,沿峡谷欣赏十八涡美景,至三曲里后翻山至一脚踏三府之地鞍顶山,在火山湖畔扎营,次日早上可看朝耀金华大地的第一缕阳光,随后下山至里否返回。

● 浦江马岭穿越

马岭风景区位于浦江县西北部壶源江流域朱宅源头,浦江、建德、桐庐三县(市)交界处的崇山峻岭中。景区面积10平方千米,景点38处。该景区奇峰怪石,争胜巧工,古木参天,奇藤铺峦,植被甚丰,秀、奇、幽、野兼具,是一处自然景观极佳的风景名胜区,对户外运动爱好者具有一定的吸引力。

穿越线路:从金华坐班车到浦江县城区,到北站乘坐浦江至朱宅的班车到马岭脚村,下车后沿公路徒步至山冈上,随你往行攀登至神女峰,游览结束后继续往里走则有穿针石笋、神龟问天、龙磨石岗等景点。选择地势平坦的地方扎营,第二天沿山路而下,坐车返回。

● 义乌华溪森林公园穿越

华溪公园为省级森林公园,位于义乌市东部廿三里镇。森林公园处于中亚热带常绿阔叶林北部地带,是典型的常绿阔叶林分布区。内有千樟林、百步峭、花仙谷、武岩山等景区景点,公园内森林繁茂,环境优美,人文古迹众多,骆宾王墓也在其中。

穿越线路:徒步路程约40千米。乘车至义乌廿三里镇,从里兆村开始徒步上山,翻越四个山头沿落水道下山至一废弃村庄扎营(行进七八个小时)。次日从村庄逆溪而上,至山顶后沿山脊下山(行程约五个小时)。

● 永康九泻十八滩穿越

九泻十八滩地处东阳、永康交界,因为山内有9个瀑布和18个滩头而得名。山是野山,岭是莽岭,水是绿水,风景秀丽,是徒步、涉溪、降瀑的好去处。

穿越线路:徒步路程10千米左右。乘车至东永二线永康长川村下车,向右横过马路沿溪上山,有40米两处瀑布可以溪降,当晚在上产村或太平水库扎营。次日返回。

● 东阳东白山—诸暨斯宅千柱屋穿越

东白山位于东阳与诸暨市的交界处,是当地的最高峰,地处会稽山脉南端,主峰太白峰高1194.7米。从山脚小村庄沿小径蜿蜒而上,一路层林叠翠,古藤虬结,石桥、香榧古木,令人陶醉。尤其是东白山日出蔚为壮观,于10月份上山观看最佳。

穿越线路:徒步路程30千米。到东阳后乘班车至西恒村,沿山间小路上山。约三小时后到达东白山脚,小憩后向山顶的仙姑殿进发……1小时左右登顶扎营,次日原路下山或至诸暨龙明灯扎坐车返回。

● 武义龙潭穿越

龙潭位于武义西南部,距县城15千米,潭深、谷幽、峰奇、岩险。溪瀑湖潭是整个风景名胜区的重点观。龙潭因高山苍郁而显峡谷之深邃,溪涧清冽更见潭水之幽静,加上林木葱郁,鸟鸣蝉噪,飞瀑沥沥,给人以与世隔绝之感。

穿越线路:徒步路程约20千米。乘车至金华安地,转车至琴坛村后溯溪至龙潭水库,在水库大坝扎营,可游玩景区各景点或乘舟戏水。选择轻松游次日可沿水库至瀛头村乘车返回。选择刺激游次日沿水渠下山到武义麻阳乘车返回。

圣先贤的著名旅游胜地。风景区以雄奇峻险著称,有方岩山、南岩、石鼓寮(影视基地)、五峰、刘英烈士陵园、五指岩等八大景区,有罗汉古洞、飞桥、天门、天街、千人坑、广慈寺等景点。

▫ 南岩景区

以胡公文化城为中心,集胡公文化、民俗风情表演、观光、休闲于一身,有胡公头像、胡公诗廊、胡公圆梦塔、金刚经照壁等景点。

▫ 石鼓寮景区

是一个山清水秀、石怪峰奇、极具田园风光的天然石雕博物馆。有德清寺、鸳鸯瀑、金鼓洞、玄中寺等景点。《天龙八部》《汉武大帝》《大汉天子》等剧在此拍摄,被业内人士誉为可与横店影视城媲美的又一"东方好莱坞"。

▫ 五峰景区

有鸡鸣峰、瀑布峰、固厚峰等寿山五峰,山下有五峰书院(含丽泽祠、学易斋)。

▫ 灵岩景区

山麓有灵岩湖,山上有竹林寺。灵岩洞中有福善禅寺。灵岩有10大景致。

▫ 五指岩风景区

主峰壁立如削,古有灵山八景。有密浦、桃岩、指峰三景区及九泄泻滩、石牛山等景致。

花溪风景区
赏亿年火山奇观

- 金华市磐安县安文镇
- 在杭州汽车东站乘车到磐安,再换乘开往花溪的公交或打的至景区门口下
- 65元

花溪风景区以"赏亿年火山奇观,涉千米平板长溪"为特色。溯花溪而上,可赏廊桥遗风、小村炊烟、斤丝潭、千米平板长溪、花溪幽胜、双瀑争潭、紫藤王等奇观异景。穿越林海,登上大盘山,又可探寻掩藏在树丛中的古庙、火山湖及四江之源。

斤丝潭

在花溪村的北侧，一条瀑布从高10米的断崖上泻入潭中，飞珠溅玉。传说此潭深可悬丝一斤而得名，其水终年不涸。

最为奇特的是有时无雨而突然涨水，有时潭水又会突然翻滚，其因未知。潭水碧绿，盛暑时人到潭旁伸手入潭，顿觉寒气逼人。此地有孙悟空棒打妖怪，在溪中蹬出无底洞等传说。

济阳桥横跨花溪

济阳桥是位于石下村村口的一座长18米、宽6米的清代廊桥。这是一座木结构的廊屋，可以遮风避雨。廊桥中心还设有一供台，上供奉桥神，以保佑百姓太平、祥和、少灾难。2001年对破旧的廊屋按原样进行了修复，现廊桥雄风悠悠、特色独具。

百杖潭 AAAA
浙江省第一批"生态旅游区"

- 金华市磐安县仁川镇石下村
- 50元

百杖潭景区为浙江省第一批"生态旅游区"。这里以山险、石奇、水清、洞幽、溪曲而闻名。"秀瀑孕深潭，绝峰育奇石，龙溪十八渡，石上四重天"，是其景观的真实写照。

主要景点有被称为"华东第一瀑"的百杖三叠瀑和仙风洞、大炮石、石笋、一线天、石猴望月、十八渡、滴水岩等。

其中百杖潭三叠瀑堪称江南一绝，瀑布由三叠瀑布构成，瀑布总高度72米。三瀑相连，层层叠叠组成别具一格的瀑布体。百杖潭瀑布以崖险、瀑高、潭深、水清、溪曲闻名遐迩。瀑布所在处地势极为险峻，上下三瀑相连，谷中水声轰鸣，水雾弥漫，背日而站，但见彩虹横空，似进入人间仙境。

玩家 解说

景区所在的仁川镇是革命老区，是县域内著名的红色旅游胜地和廉政文化教育基地。仁川镇早在1928年4月就成立了地下党组织。1929年12月，在卢湛的领导下，成立了浙西工农革命军的一个支队，多次组织革命。1935年10月，红军挺进师一纵队在司令员王屏的率领下，由缙云进入这一带开展革命活动。镇域内建有浙江省磐安县仁川镇革命烈士陵园(红挺一纵烈士陵园)。

十八涡 AAAA
浙中大峡谷

- 金华市磐安县尖山镇
- 在磐安车站乘坐去往尖山镇的班车即可到达
- 65元

磐安十八涡景区又叫夹溪风景区、浙中大峡谷，是浙江省级风景名胜区，大峡谷的形成是由于远古的造山运动，后来在流水的长期冲刷下造就了如今这美丽的奇观。景区内近千米长的河床陡然下跌，水流随着险势跌落入潭，掀起轩然大波，呼啸着穿过山崖，钻过峡谷，打造了十八个接连不断的险涡和深潭，十分壮观。

十八涡景区山峰起伏，怪石嶙峋，瀑潭精美，景观具有雄、奇、险、秀、幽、古之特色。经过风和雨的洗礼，这里正以更清丽的姿态迎接游客的到来。

百杖潭的流水

攻略资讯

- 交通
- 住宿
- 美食
- 购物
- 娱乐

兰江

🚗 交通

飞机

金华义乌机场距离金华市区50千米，离义乌市区10千米左右，是浙江中西部地区最大的航空港，有飞往上海、北京、广州、海口、南昌、汕头、武汉、厦门、福州等地的班机。

机场交通：机场位于金华市义乌市民航路201号，可在市区乘义乌公交102等路前往。

火车

金华是华东地区重要的交通枢纽，途经沪昆铁路、金千铁路、金台铁路、金温铁路、沪昆高速铁路。

金华站：位于金华市婺城区后丰路300号。普通铁路、快速铁路、高速铁路均可在此乘坐。市区内可乘B3、B4、27、305、游3、11、809等路公交车前往。

金华南站：位于金华市金东区金瓯路东段，是金温铁路、金温货线上的铁路车站。可乘轨道交通金义东线金义段或24、B2等路公交车前往。

汽车

金华公路北通杭州、上海，西连衢州，东接宁波、台州港口，南达温州港。沪昆高速公路、甬金高速公路、长深高速公路、台金高速公路、诸永高速公路等8条高速公路贯穿金华。

金华汽车西站：位于金华市环城西路2289号 ☎ 0579-83215881

义乌国际商贸城客运中心：位于义乌市诚信大道365号 ☎ 0579-89056035

横店客运中心：位于东阳市横店迎宾大道111号 ☎ 0579-89325650

🏠 住宿

金华的景区分散在各个县、市内，包括武义、东阳、义乌、兰溪、永康等。无论是在金华市区，还是各个景区内，住宿服务业都十分发达。无论是白领商务之旅，还是背包族的自助游，都能找到适合自己的满意归宿。

金华的酒店以中低档为主，目前最高的为四星级。在各村镇景点，如郭洞、俞源、诸葛八卦村等，都有少量旅馆可住。横店影视城拥有10多家各档次宾馆酒店，也有百十来

义乌机场候机楼

元的小饭店可供选择。

● 金华金城国际酒店

酒店附近是兰溪街,地理位置优越,出行交通便利。酒店整体是欧式风格,夜晚可以尽览金华美景。🚇 婺城区环城南路西段1219号 📞 0579-82088888

● 金华其他住宿

名称	位置	电话
金华蝶来原素酒店	新狮街道玉泉东路29号	0579-82600000
金华浙师大国际交流中心	迎宾大道688号	0579-83205588

美食

金华美食以火腿最为有名。风味小吃当数金华夜煲,此外还有金华酥饼、金华肉粽、金华汤包等。

品尝金华美食的主要去处有金华夜市大排档(人民广场附近)、百年老店清和园、世傅美食厅、兰溪古商城饮食一条街等。一般来说,在景区望湖度假村、鹿田山庄、双龙工疗及市区国贸宾馆、金华宾馆、国际大酒店等规模较大、档次较高的宾馆饭店都能尝到正宗的"金华菜"。

● 金华火腿

金华火腿是金华市最负盛名的传统名产,其皮色黄亮、形似琵琶、肉色红润、香气浓郁、营养丰富、鲜美可口,素以色、香、味、形"四绝"闻名于世,在国际上享有盛誉。

金华肉粽

● 火踵神仙鸭

将肥嫩鸭与正宗金华火腿踵儿放在土砂锅内,加调料用微火焖炖而成。火踵红艳浓香,鸭肉鲜嫩油润、汤汁浮白似奶,为清和园等老字号当家名菜之一。食之开胃生津、滋阴补虚、治病后虚弱。

金华汤包

● 金华汤包

金华汤包历史悠久,素有"金华第一点"的美誉,也是我国南方小吃汤包中的佼佼者。金华汤包以猪肉皮汁加老母鸡汁制成的皮冻和鲜肉笋丁做馅,并在笼底垫以青松蒸制,故馅特鲜、汁特多,清香宜人,深得广大食客喜爱。

兰溪汤圆

● 兰溪鸡子粿

兰溪鸡子粿也叫鸡蛋饼,金华各地均有小店制作出售。一只猪油、瘦肉和葱馅的油煎饼中灌入一颗打碎调味的鸡蛋,熟后各馅结成整体,入口醇香鲜美,深受食客们喜爱。城镇居民则多作为夜宵点心食用。以兰溪老屠鸡子粿店的比较正宗。

● 金华酥饼

金华酥饼是浙江省金华著名点心,其馅心用干菜为主料,故又名干菜酥饼。相传为唐将程咬金微时所创,至今该行业中仍奉程咬金为祖师。它色泽金黄、香脆可口、遇湿消融、香味浓郁,有"闻香下马"之说。

● 江南煲庄

全部店铺都以"煲"待客,外饰统一用大红灯笼,酒水配送有专人负责,是以物流形式来做专业化的"煲"庄。人均30元左右。酸菜黑鱼锅、骨头锅等都很好吃。胴骨煲40元一煲。强烈推荐水晶饺,相当有嚼劲。

购物

金华特色市场繁多,土特产有金华火腿、酥饼、花茶、藕粉及佛手等,工艺品有东阳木雕、浦江麦秆、草编等。

在金华义乌,有一个全国最大的小商品批发市场。去金华旅游,不妨去义乌中国国际商贸城逛逛,说不定可以买到一些价廉物美的东西。

● 金华藕粉

金华藕粉是金华的风味食品,始于清代后期,用白花藕加工而成,质地优良,不糊口,可代乳代饭,老少皆宜。

● 东阳木雕

东阳有"木雕之乡"之称。东阳木雕,是以平面浮雕为主的雕刻艺术。其多层次浮雕、散点透视构图、保留平面的装饰,形成了自己鲜明的特色。又因色泽清淡,保留原木天然纹理色泽,格调高雅,又称"白木雕"(示以木材的天然色泽,不同于彩绘)。东阳木雕自唐至今已有千余年的历史,是中华民族最优秀的民间工艺之一,被誉为"国之瑰宝"。

娱乐

金华市区娱乐场所主要集中在江南(宾虹路一带)、江北(人民广场一带)两大商业中心周边。逛金华夜市,是游人的一大快事。在著名的金华外滩,有绵延数千米的休闲茶座,是消夜人的绝好去处。金龙湾公园则有深受青少年欢迎的吉尼斯电视挑战赛。

东阳木雕

节日和重大活动

节日	举办地	时间
金华斗牛大奖赛	金华斗牛场	农历九月初九重阳节
中国兰花节	兰溪	9月下旬10月初
青田石雕文化旅游节	中国石雕城	9至10月
金华国际黄大仙旅游节	金华山黄大仙祖宫、兰溪黄大仙故里	10月
中国义乌国际小商品博览会	义乌梅湖国际会展中心	10月末
方岩庙会	方岩	10月末

金华酥饼

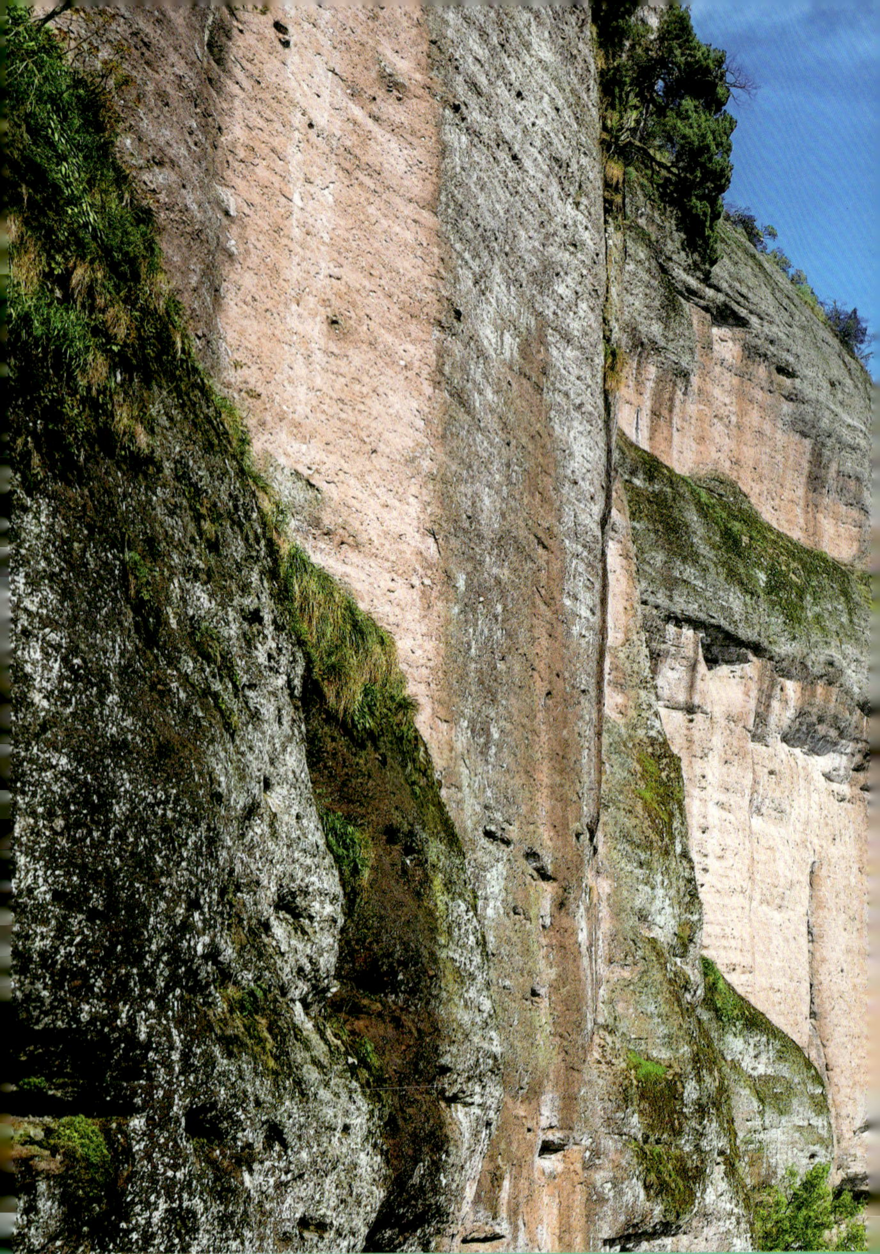

衢州

发现者 旅行指南

概览

亮点

- **江郎山**

  江郎山丹霞地貌景观，以雄奇的"三爿石"著称于世，有"雄奇冠天下，秀丽甲东南"之誉。

  江郎山三石峰

- **龙游石窟**

  俗称无底塘，有24个洞窟。集人文、艺术、文化、工程技术于一身，是世界地下空间开发利用的一大奇观。

- **廿八都古镇**

  自古为兵家必争之地，素有"枫溪锁钥"之称，更有"方言之国""百家姓镇"之称，以精湛的木雕艺术和丰富的彩绘为特色。

- **必逛街道**

  坊门街：衢州历史上一条著名的商业街，南始大南门，北接天宁寺，东临衢州三怪之一出没的蛟池，西通小西门和修文书院。街道古色古香，有复建的牌坊两座。

线路

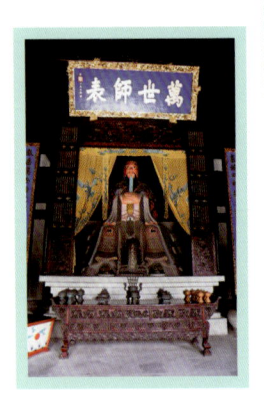

- **衢州古城一日游**

  早餐后前往孔氏南宗家庙—府山公园—神农殿—周宣灵王庙—水亭门—天妃宫—衢州三怪—大南门古城墙。

- **廿八都—江郎山二日游**

  第一天早餐后前往廿八都古镇，在这里感受"方言王国，百姓古镇"的魅力，探寻至今遗留的许多不解之谜。夜宿古镇内。

  廿八都的层层竹林

  第二天早餐后前往江郎山，跟随霞客游踪，登神州丹霞第一奇峰。午饭后前往毛主席的祖居地，江南毛氏的发祥地清漾毛氏文化村参观。

为何去

衢州历史悠久,古迹众多,地貌多姿,山川秀美。有被誉为"南孔圣地"的孔氏南宗家庙;有世称"围棋仙地"、道家福地的烂柯山;有被公认为"丹霞峰神州第一,一线天全国之最"的江郎山;有地貌奇特、在五亿年前奥陶纪形成的三衢石林;有碧波万顷、风光秀丽的九龙湖;有云雾缭绕的钱江源国家森林公园;有物种丰富、古木参天的古田山自然保护区;有以峡谷奇峰、涧泻飞瀑见著的紫微山国家森林公园;有被誉为"千古之谜、文化瑰宝"的龙游石窟。

孔氏南宗家庙

何时去

衢州四季分明,冬夏季时间长,春秋时间短,日照充足,降水丰沛。夏冬季多暴雨、大暴雨、寒潮、冰雹、雷雨大风等灾害天气。因此到衢州游玩最好在春季或秋季末。

衢江明果禅寺大雄宝殿

廿八都古镇俯瞰

区域解读

区号：0570
面积：8844km²
人口：229.7万人

地理 GEOGRAPHY

区划

衢州市位于浙江省西部，钱塘江上游，其下辖2个区（柯城区、衢江区）、1个县级市（江山市）、3个县（常山县、龙游县、开化县）。

地形

衢州市总体地势特征为南北高、中部低，西部高、东部低，中部为浙江省最大的内陆盆地——金衢盆地的西半部，自西向东逐渐拓宽。衢州北部为千里岗山脉，西部为怀玉山脉，南部为市内最大的山脉——仙霞岭山脉，其中位于江山市境内的大龙岗，海拔1500米，为全市最高峰。另外，衢州境内山地分布辽阔，且大部分被林地覆盖，是个生态之城。

气候

衢州市属亚热带季风气候区，具有"春早秋短、夏冬长、温适、光足、旱涝明显"的特征。全年风向沿江平原地区为东北风和东北偏东风，山区地形复杂，风向较乱，浙江沿海一带的台风较难深入境内，对境内影响较小。

历史 HISTORY

历史大事记

● **唐朝以前**

据衢州辖区内柯城区、衢江区、龙游、江山等地出土的石斧、石刀、石矛等证明，远在约6000年前的新石器时代，衢州大地上就有人类繁衍生息。

春秋时期，姑蔑族从山东泗水地区辗转南迁，一部分先后迁居浙西衢州。姑蔑南迁及其定居衢州的历史表明，衢州地区早在春秋时期就已融入了华夏族之列。

东汉初平三年（192年），因战事所需，衢州开始建城，距今已有1800多年的历史。

● **唐朝以后**

唐武德四年（621年），设须江县（今江山市）。同年，因境内有三衢山而称衢州，并有"八方通衢"之意，"衢州"此名一直沿用至今。

北宋（960—1126年）167年间，衢州仅文科进士就达250人，远高于苏州、杭州、绍兴等地，堪称"文献之邦"。

南宋初年，金兵南侵。建炎二年（1128年），孔子第48代裔孙、衍圣公孔端友率领部分孔氏族人南渡，宋高宗赐家衢州，衢州成为南方新的儒学圣地。

狭长的九龙湖

南宋时期，衢州拥有全国知名书院柯山书院、包山书院，人文荟萃，文风之盛一直影响到元代。

明时，受明廷海禁政策影响，以及闽、浙、赣三省交界处仙霞古道的开通，衢州作为军事重镇和交通枢纽的地位日益凸显。

清代，衢州优越的地理位置，使得从杭州经衢州至江西玉山或福建浦城的驿道，成为明清时期内陆交通最繁盛的商路，同时期的龙游商帮也被誉为中国古代十大商帮之一。

名单 衢州历史名人

西晋大将陈弘
南朝儒士徐伯珍
宋"铁面御史"赵抃
宋末词人毛滂
抗金名将徐徽言
明代针灸学家杨继洲
近代书画家余绍宋
"中国的盖世太保"戴笠
外交家徐以新

文化 CULTURE

南孔圣地，儒风浩荡

伟大的教育家孔子是万世师表，他首创私学，打破学在官府的局面，有力地推动了民间教育。他主张有教无类，倡导因材施教。他还主张仁爱，伟大的儒家思想的源头活水滋养了中华民族。

在我国有两处孔家圣地，除了孔圣人的故里山东曲阜之外，另一处便在浙江衢州。南宋建炎二年（1128年），孔子第48代裔孙、衍圣公孔端友奉孔子夫妇楷木像随宋高宗率领部分孔氏族人南渡后，宋高宗赐居衢州，后仿曲阜规制重建家庙于衢城菱湖，衢州遂成南孔圣地。孔氏家族遂分为南、北两宗，南宗嫡裔至此扎根于衢州，繁衍生息近900年。

孔氏南迁之后，儒家文化在浙西南地区得以广泛传播，在强化区域国家认同、改变社会风貌、增强社会凝聚力等方面发挥了积极作用。孔氏南宗文化对衢州、对闽浙赣皖乃至整个江南的思想文化、道德伦理、民情风俗及政治经济诸多方面都产生了深远的影响，其主要表现在促进学术中心南移、促进文学艺术发展、推进教育发展等几个方面。

南孔儒学是浙江文化的源头活水之一。几百年来，浙江文化思想史上大儒辈出，学派林立，涌现了南宋永嘉学派、永康学派、明代阳明学派、清代浙东学派、浙西经学等多个有浙江特色的学派与学说体系。这些学派所倡导的"义利双行"的价值观、"知行合一"的认识论、求真务实的理性精神、以民为本的经世关怀,在中国儒学史上大放光彩,影响深远。

近900年来,孔氏大宗南渡后为衢州的教育发展作出了很大贡献。今天的衢州,柯城区尼山小学、常山县新昌中心小学、衢州二中等学校均是全市儒学经典推广普及示范点。另外,由衢州市关心下一代工作委员会、少先队衢州市工作委员会联合主办,由孔管会孔府论语普及社承办,将小学一年级新生入学的第二周周五定为"学子开蒙日",在这一天,学校组织部分学校新生到孔庙参加衢州市小学新生开蒙仪式,充分利用这一有利的人文资源,在学童心中开启学习之门、仁爱之门。

衢州莹白瓷,洁白胜羊脂

衢州莹白瓷是近年来衢州市研制生产的一种具有独特风格的高档细瓷。它以瓷质细腻、釉面柔和、透亮皎洁、似象牙又似羊脂白玉而扬名海内外,被誉为瓷中珍品。

衢州莹白瓷是1980年衢州瓷厂在浙江美院、浙江轻工业厅指导下,利用本省高岭石、瓷石、石英和长石为主要原料试制而成。衢州莹白瓷采用本地外黄、大川丰富的稀土原料,配以专家的瓷土,经过原料粉碎、制浆、压榨,放入炼泥机中进行"真空炼泥",形成半成品原料。"土饼"被输送到半成品车间,经过手工精心雕琢,制成坯体成品。随后送到窑炉烧成莹白瓷成品。加工工艺配方讲究、雕刻细致、窑温严格,更由于莹白瓷制作不易,出品合格率仅为10%~15%,"物以稀为贵",所以制成的瓷器十分珍贵,在市面上价格也相对较高,具有很高的艺术价值和收藏价值。

衢州莹白瓷产品,饰以极具民族特色的浮雕、刻花工艺,产品无论置于阳光下、灯光中,通体都能呈现高贵的象牙白色泽。我国著名陶瓷工艺美术家、原中国美术学院院长邓白先生欣然将其命名为"中国莹白瓷"。

莹白瓷在造型手法上力求巧雅、秀丽,给人以清新、神化之美感。产品共约170多个品种,有富含中华民族特色和时代气息的酒具、茶具、咖啡具、餐具、台灯等实用瓷;也有造型优美、形象生动的各类仕女、观音、达摩、动物、花瓶、熏炉等陈设瓷。如今的莹白瓷被北京故宫博物院、钓鱼台国宾馆收藏,并作为珍品赠送外国贵宾。

"薄如锦、洁如玉、滑如脂、明如莹"的莹白瓷先后在美国的路易斯·安娜世界博览会、瑞士的巴塞尔国际博览会及日本东京的亚太地区博览会上,引起了不小的轰动。如今产品畅销国内各大中城市,并远销美国、日本、英国、新加坡等国家和地区。

衢州莹白瓷茶具

开化根雕

根雕佛国，浙西开化

开化根雕的历史可上溯到唐武德四年（621年），杜伏威奉旨降伏徽州汪华，打通了浙西通往安徽的必经之路——开化古驿道，开化成为浙、皖、赣三省经济文化交流的中间站；南宋建都临安后，当地的木材和土特产沿钱江源头马金溪运往钱塘江，临近的徽商也经此往杭州经商，故形成一个以木材经销和水路运输为主的大商埠。于是，根雕艺术也应运而生。

清光绪《开化县志》中对根雕的描写是有关开化根雕最早的文字记录。

真正将开化根雕发扬光大，并使之成为继东阳木雕、青田石雕、黄杨木雕之后的浙江第四雕的则是徐氏根雕传人，浙江根艺美术学会会长，中国民间一级工艺美术家徐谷青。徐谷青艺名"醉根"，出生在浙江省开化县白石尖脚的梅岭村，曾祖父徐元祥，曾师从宋国光，学雕花，做木匠，并做根雕工艺品，如今在开化县林山乡一带的一些老房子里还可以看到徐家的雕花手艺。徐谷青自幼耳濡目染，爱好雕刻，喜欢绘画，在当地颇有名气，故于1988年受聘于开化县园林管理所，从事根雕、盆景园艺制作，其间赴沪杭等地拜师学艺，1991年徐谷青创办开化根雕厂，并将其艺名"醉根"注册为作品商标，推陈出新，广授技艺，丰富了根艺的题材品种，并不断开拓根艺的发展空间。

1994年，经过400多个日夜的巧思妙雕，一尊高4米、重6吨的未来佛在徐谷青的手中诞生，这也是世界第一尊根雕大佛。著名作家冰心题写"根雕大佛"4字相赠。不久，以中国传统文化为主题的40余件长寿系列大型根雕精品又相继问世。同年，开化建造了"中国根艺美术博览园"，博览园不仅是集根雕文化、佛教文化、道教文化为一体的特色文化休闲胜地和钱江源旅游的风景区，更是开化根雕的传承、发展基地。目前开化根雕已成为开化县的一张"金名片"，成为钱江源头的一种特色文化产业。

2001年9月，开化县被中国根艺美术学会、中国经济林协会授予"中国根雕艺术之乡"。2010年9月，首届中国（开化）根雕艺术节在开化举行。

衢州城区景点

孔氏南宗家庙
全国仅存的两个孔氏家庙之一

- 衢州市柯城区新桥街
- 乘7、27、8路公交车可到达
- 10元

孔氏南宗家庙是全国仅存的两个孔氏家庙之一,由孔庙、孔府两部分组成。庙内古木参天,殿宇宏伟,思鲁阁前的"先圣遗像"碑,据传为唐吴道子所绘,极为珍贵。另有子贡手摹孔子夫妇楷木像、吴道子画孔子佩剑像等珍贵文物。

孔子楷木像

孔氏家庙思鲁阁正殿前神龛内安放的孔子夫妇楷木像,是孔府最珍贵的祖传瑰宝,历代王朝都视之为国宝,在南宗孔庙历经整整27代,保存了860多年。

这对楷木像高不满2尺,孔子长袍大袖,手捧朝笏;夫人长裙垂地,形象生动。相传这对楷木像为孔子的孙圣不思雕刻,也有说是孔子的弟子子贡所刻。

思鲁阁

在孔庙建立思鲁阁,这在全国也是绝无仅有的。"思鲁"是告诉南宗孔氏子孙不忘故之意,是南宗孔氏子孙为表达他们思念山东曲阜和家人而精心设计建造的。

"思鲁阁"是一座古色古香的二层楼房,现辟为孔氏家庙陈列室。阁内除存放着孔子夫妇楷木像外,阁下竖有目前南孔最有

南宗孔庙大成殿

- 第一层屋檐下挂有"生民来有"一方大匾额,为清代雍正皇帝亲笔。
- 大成殿是一座重檐歇山顶明代建筑,殿阁雄伟,气势不凡。
- 双重飞檐中立有一块匾额,上书"大成殿"三字,蓝底金字,分外耀眼。
- 殿内正中是孔子坐像,两旁侍立着其子伯鱼及孙子思像。
- 七级台阶,两旁是栏板石柱,上覆古朴雅致的石雕。
- 殿内共有木质圆柱12根,其中最大的圆柱周长1.8米。
- 一方三足鼎立的古朴香炉正对殿门。

价值的"镇庙之宝"——先圣遗像碑。这座碑由孔子第48代裔孙孔端友随驾南渡时从曲阜带来,并为孔端友刻为石碑。碑的正面刻有"先圣遗像",系唐代著名画家吴道子的名作,碑的背面是"诏建衢州孔氏家庙"示意图。

周宣灵王庙
全国罕见的"孝庙"

城西下营街18号

周宣灵王庙俗称孝子庙,现存建筑有门厅、正殿、两厢、后殿。门厅五间,厅内后槽原设戏台,现存藻井装饰,其额枋上雕人物故事及凤鸟,技法精湛。两厢为三间楼房,正殿亦五间,用材粗大。明间无檐柱,用大额枋,跨度为12.70米,内设天花板。后殿面阔五间。

玩家 解说

周宣灵王庙供奉的并不是周朝的王或者帝,而是一个普普通通的人,这个人叫周雄(宋人),

是一个至孝之人。母亲病倒后,他多次到庙中祈福,后来母亲病死,他在返乡途中哭死在舟中。他的同学衍圣公孔文远深受其感动,为他立庙祭祀,这就是周宣灵王庙的前身。元代的当政者,为了树立孝子典型,特封周雄为王。

烂柯山
围棋发源地

衢州市柯城区石室乡

乘18路公交可到 20元

烂柯山又名石室山,是围棋发源地。山上黛峰翠嶂,景极幽邃。除了青霞洞、日迟亭、一线天、雁塔等四景外,还有石梁、柯山石桥寺、仙人棋、集仙观,总称"柯山八景"。

青霞洞: 高10多米,洞内开阔平坦,可容数百人。桥前石室的两壁上刻有明代郡守杨子臣书写的"烂柯仙洞"四个字,笔锋苍劲、字迹清晰。旁边石壁上刻有"天生石梁"四个字。此外,还有"人造地设""青霞第八洞天""碧汉长虹""千里云山一经通,天门高敞五云中"

等多条摩崖石刻。

石梁： 即为"青霞景华洞天"的天生桥，从远处望去，犹如一座雄伟壮观的"桥拱"，横卧于山顶之上。桥体东西横向、闭于中空。桥洞高约13米、跨度约40米、宽约30米，是浙江目前最大的一座天生桥。在石梁上有一道缝隙，长约20米、高约1米，人称"一线天"，中间仅容1人匍匐前进。

白云山
儒、释、道三教圣地

- 衢州市柯城区以西
- 乘坐501、502路公交车可到

白云山位于衢州古城之西，由白云山、大岗、衢门山三座山峰组成。是儒、释、道三教圣地，距今已有2000多年历史，现存有白云书院、白云山寺、东岳殿、八角殿、龙头殿、明石牌坊、普同塔、接待寺、平溪堂、懒归阁等古迹。

白云山寺后有碑"汉张良修身处"及勒石古迹。抗战期间，浙江省第八中学（衢州一中）迁于此，当时大作家金庸亦在此就读。白云山西峰南麓新建有八角"橘海亭"，山下葱葱竹海、花翠映目，奇山美景汇聚于此。

玩家 解说

清康熙年间，邑城信女王多福在此修庵堂，形成了白云山上院和下院寺庙。每年农历三月廿六至廿八为白云山庙会，四方村民朝山拜佛、赐福、求平安，万人云集，盛况空前。

春天桃花盛开的九龙湖

九龙湖风景区 AAAA
冬暖夏凉的人工湖

- 衢州市城南16千米处
- 衢州乘102路公交车到巨化滨五区站下车，从巨化滨五区站转乘535路在横路路口站下车即可

九龙湖风景区是乌溪江国家湿地公园的组成部分，因其依傍九龙山而得名。九龙湖为黄坛口大坝截断滔滔乌溪江形成的人工湖，湖区内冬暖夏凉，气候宜人，被誉为最佳避暑胜地。主要景点有九龙湖水上乐园、黄坛口水电站、鹤头湾、湘思绿岛、叠石奇观、节理石柱（地质奇观）、九龙戏珠等。

九龙湖水上乐园以黄坛口水库人工湖为依托，配以现代化的水上游乐设施，主要项目有水上射击、天然游泳场等。

玩家 解说

黄坛口水电站被称为"浙江第一颗夜明珠"，是中华人民共和国成立以来第一座中型水电站，而且是中国第一个自主开发的水电站，有"水利工程师摇篮"的美誉。大坝全长150米，高40米。

太真洞风景区
被古人誉为"第一洞天"

- 衢州市衢江区上方镇
- 乘坐公交707路可到达

太真洞风景区被古人誉为"第一洞天"。洞内洞厅宏大壮观，石奇水秀，洞中有洞，三十六洞天，集水、瀑、气、风于一洞。共有3个洞群。主洞太真洞又名"太君洞"，是一个岩溶喀斯特洞穴，海拔265米。洞中有洞，有7宫2厅1台，景点百余个，因"太真三绝"而扬名。还有白塔洞、金鸡洞、两头洞和音响洞等。

玩家 解说

相传，道家祖师太上老君在此炼丹修道，在《朝天大忏》上记载有"浙江衢州有太真，太上老君传道处"，唐杨玉环曾在此听经论道，后被唐明皇封为"太真妃子"（杨太真），所以此洞被称为"太真洞"。其内景致神奇，如梦若幻，妙不可言，所以叫作"太真梦境"。

2004年3月，中央电视台和武汉电视台在此拍摄《大唐代宗》电影。现仍保留着当时拍电影的场景供游客观赏。

天脊龙门 AAAA
堪称集"龙文化"之大成

- 衢州市衢江区坑口乡龙门村
- 在火车站乘坐公交776路可达 65元

天脊龙门原名龙门峡谷，是紫微山国家森林公园的重要组成部分。天脊龙门景区以峡谷、奇峰、绝壁、飞瀑见著，景区内高峰林立、峡谷纵横，其中海拔千米以上的山峰有54座。有龙门石笋、龙潭飞瀑、赤松行宫等景，堪称集"龙文化"之大成。

玩家 攻略

紫微山景区最有特色的是竹筒饭，这里的野味也很多：野生鱼、土鸡、野兔肉……让人回味无穷。当地的杨梅酒也是餐桌上不可不试的佳酿。

桃源七里风景区 AAAA
衢州首个AAAA级乡村休闲旅游景区

- 衢州市柯城区西北部七里乡
- 衢州市区乘7路公交到衢州交警支队柯城大队站下，乘坐502路公交直达七里
- 免费

桃源七里旅游景区集休闲娱乐、避暑养生于一体，是浙江省最大的乡村休闲旅游景区之一。景区由峡谷漂流区、七里寻古区、生态体验区、耕读文化区、竹海观光区、蔬果采摘区等区块组成，香溪漂流、三仙圣地、耕读传家、三叠龙潭、森林氧吧、竹海绿道、石尖问顶、蔬果长廊等30余个景点遍布其中。

景区凉爽宜人的气候，郁郁葱葱的植被，白墙黑瓦的农舍和潺潺不断的流水，凸显着"小气候、原生态、农家屋、高山菜"的景区特色。

景区致力于提升丰富的旅游资源品质，竹海雄峰、香溪奇石的自然景观与白墙黛瓦、古道人家的人文景观在这里完美融合，为游客提供融休闲、健康、生态为一体的全新生活娱乐方式，让游客充分感受回归乡村田园的理想境界。

七里排·香溪漂流

七里香溪峡谷漂流为"浙西生态第一漂"，整条漂流河道于瀑布、深潭、巨石、密林、清流中蜿蜒2.5千米，首尾落差100多米，水道虽狭急却清浅，让游客在有惊无险的刺激中尽享大自然的魅力，感受纵情山水、放飞心灵的惬意。

杨坞·森林氧吧

杨坞·森林氧吧由红军烈士墓、杨花瀑布和杨坞农家民居群等景点组成，景区内流

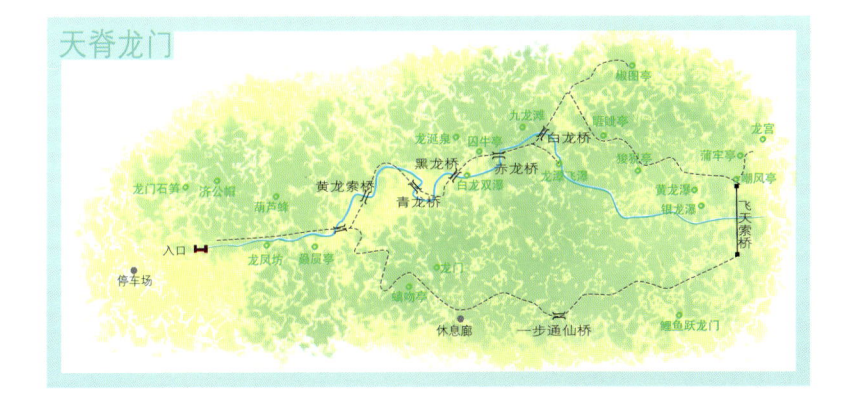

水人家，诗情画意，古木参天，郁郁葱葱。位于密林深处的杨花瀑布，其负离子值最高超过每立方厘米8万个，极具保健功能，素有"森林氧吧"之称。

▢ 七里·三仙圣地

七里·三仙圣地由三仙桥、七里古道、亲水台和观瀑亭等景点组成。相传有三位神仙下凡济世，为七里山民的淳朴善良所感动，主动为其开路造桥，因此得名三仙桥。七里古道是"衢徽古道"的重要路段，全程皆为山路，以石材铺就，留存至今。

▢ 黄土岭·三叠龙潭

黄土岭·三叠龙潭景区内有龙潭瀑布、观瀑桥、龙角石、香溪廊桥等多处景点。来到黄土岭，憩于农家，看溪水潺潺；漫行古道，见竹径幽幽，山里人家的风味油然而生。

▢ 新店·竹海绿道

新店·竹海绿道全长1.7千米，共有罗家新村、新店、大头三个出入口。整条游步道贯穿无垠竹海，置身其内，看到的是翠竹绵延、浩如烟海的竹林景致；放眼远眺，可以欣赏到金衢日出、竹海拖云的瑰丽天象；细观脚下，还可以发现竹笋破土、杜鹃遍野的山野情趣。

药王山悬空的瀑布

▢ 上村·蔬果长廊

上村·蔬果长廊是桃源七里景区的特色产业景点。蔬果长廊提供高山蔬菜采摘游，让游客充分感受蔬菜采摘的乐趣和返璞归真的温馨，同时，点缀在长廊之上的奇蔬异果更是让人爱不释手。来到蔬果长廊，一定会满载而归。

药王山 AAAA
浙西绿肺、天然氧吧

◎ 衢州市衢江区南部黄坛口乡黄泥岭村
◎ 市区坐1路到巨化大转盘，再坐药王山专线车直达
¥ 65元

药王山景区是紫微山国家森林公园的主景区之一。景区内蕴含着丰富的旅游资源，其品位之高、资源之丰富、游览面积之大在江南独树一帜，是得天独厚的集山水观光与休闲度假于一身的风景旅游胜地。

药王山景区面积为15平方千米，分神农沟、马尾瀑、石林荟萃三大景区。景区内各景点交错有序，千峰竞秀、竹木葱茏、鸟语花香，充分体现出雄、奇、险、灵、秀、美、幽的天然特色。

药王山景区内自然生态系统保护极佳，植被覆盖率为95%以上，称得上是"浙西绿肺""天然氧吧"。这里是浙西最大的动植物资源库之一，生长着各种植物千余种，其中珍稀植物有木莲、红豆杉、白豆杉等；各种名贵药材500余种，七叶一枝花、九死还魂草、黄连、半夏、丹参、金银花等应有尽有；森林里还栖息着金钱豹、猴面鹰、相思鸟、穿山甲等100多种珍禽异兽。

玩家 攻略

到药王山千万不要错过一种美食，那就是——竹筒饭，把洗净的糯米调好调料，放好肉，放在竹筒里，然后放在炭火里煨上半晌，煨熟之后又香又好吃，真是让人回味无穷。

景点推荐

龙游旅游区

龙游石窟 AAAA
世界地下空间开发利用的一大奇观

- 衢州市龙游县小南海镇
- 龙游火车站乘1、2路公交直达　85元

龙游石窟俗称无底塘,集人文、艺术、文化、工程技术于一身,是世界地下空间开发利用的一大奇观。这是一处人工地下石窟群,规模宏大,气势磅礴,有24个洞窟。关于它的断代、成因众说纷纭,因此吸引了大批国内外专家前来考察论证。

玩家 解说

龙游石窟现已开发5座,号称"五大谜窟"。一号谜窟是5个谜窟中最小的一个,只有一根擎柱。洞窟进口不远处有一幅鱼、马、鸟三种动物雕刻图,这是已开发的5个谜窟中唯一的图像雕刻。

二号谜窟比一号谜窟大3倍,有4根立柱。三号谜窟较之二号谜窟要大,但高低相差悬殊,窟顶呈45度斜面从南延伸到北壁,地面几乎也呈45度斜坡伸到北端,给人以深邃阴森的感觉,该谜窟有3根擎柱,呈"一"字形,南北向排列。

四号谜窟是工程最大的一个谜窟,窟内3根擎柱呈三角形分列,矩形方池在窟底中部,矩形方池可能因窟规模大,也相应比前几窟大多倍。

五号谜窟规模较小,该谜窟进口处有大量的土石未排出,梯道也埋在土石堆下,游客可从窟底一人工开凿的横门由四号窟进入。

龙游民居苑 AAAA
古建筑集萃之地

- 衢州市龙游县溪口镇鸡鸣山下
- 龙游县乘3路公交直达民居苑　45元起

龙游民居苑是国内第二家将县境内不

同时期不同建筑特色、有文物和观光价值的宗祠和民居集中异地保护的民居苑。现有龚氏民居、余氏民居、滋树堂、聚星堂、高冈起凤厅、巫氏厅、劳氏民居、灵山花厅、翊秀亭、邵氏小厅和汪氏民居等34幢古建筑。另开辟"浙江民居馆",展示浙江古代民居文化和建筑装饰艺术;开辟"浙江戏剧馆",陈列浙江古代戏剧历史演变及名伶史料。

玩家 解说

鸡鸣山是城郊的一处风水宝地,历史积淀丰厚,古文化遗址众多,出土了大量新石器时代到商周时期的文物。山中建有鸡鸣塔。

据载,北宋嘉祐末年(1063年)吕大防在此设书院讲学,一天闻棘丛中有鸡鸣声,循声而寻却发现了一堆白银,大防把这些白银都交给了官府。此事传为佳话,此山也就被称作鸡鸣山了。

三门源古村
写在砖雕上的戏剧史
衢州市龙游县石佛乡

三门源古村是个古老的小山村,保持了清代中晚期江南民居典型风格,以村东的叶氏民居建筑群尤为精致,艺术砖雕是叶氏建筑群的精华。村边有白佛岩瀑布(有"江南第一瀑"的美称)、点易洞、石船山等景致。

玩家 解说

叶氏民居建筑群是清道光二十六年(1846年)村人叶鹤天中恩贡后兴建,原有主体建筑五幢,现存三座,门额题字分别为"芝兰入座""荆花永茂""环堵生春",伴有庭院、花园、池塘等。叶氏建筑群布局严谨,造型精致,气势宏大,组合巧妙。厅内的楹柱、栋梁粗壮,梁架结构独特。

湖镇舍利塔
浙江少见的宋代形制宝塔
衢州市龙游县湖镇

湖镇舍利塔位于舍利塔院中,建于北宋嘉祐三年(1058年),为楼阁式实心砖塔,6面7层,高31.5米,须弥座高1.6米,每层每面有倚柱和佛龛。佛龛呈壶门状,内置玉佛,倚柱间用栏额相连。顶部塔刹保存完整,上有铜质葫芦,有6根铁索相连,全塔造型精致,在浙江省宋塔中极为少见。

龙游县农家乐

龙游县自然景观丰富独特,在此基础上也形成了独具规模的农家乐旅游项目。在青山绿水中,一享农家风情,也别有一番情趣。

●晓溪村

晓溪村地处"大竹海森林公园"主景区,是国家生态公益林保护区,为浙江省休闲观光农业优秀线路,浙江省美丽乡村100强,也是农家乐的特色村。

休闲项目: 登山、挖笋、采幽兰、棋牌、会务、浙江大竹海飙车、踩水车、种菜等。

特产: 笋干、土鸡、土菜、庙下米酒、竹工艺品、野猪肚等。

周边景点: 火山湿地绿春湖、华岗故居、芝坑口红豆杉群、山水龙井毛连里、龙游石窟。

●石岩背村

石岩背村紧靠龙游石窟,地处钱江源头的衢江北岸,是游览石窟后休闲娱乐的好去处。

休闲项目: 棋牌、会务、划船、游泳、垂钓、采橘子等。

特产: 清水鱼、土鸡、米酒。

周边景点: 龙游民居苑、孔府家庙等。

●合坑源村

合坑源村地处浙江大竹海中心地带,山高谷深,年平均气温在14℃,是休闲避暑的好去处。村内遍布着百年以上树龄的红豆杉、龙柏、桂花、香樟等古树千余株。

休闲项目: 登山、挖笋、采幽兰、棋牌、会务、看社戏等。

特产: 笋干、土鸡、土菜、方山茶。

周边景点: 龙游石窟。

衢州西部旅游区

景点推荐

廿八都古镇 AAAAA
方言之国、百家姓镇

- 江山市廿八都镇
- 江山老火车站（城北广场）乘201路可到景点
- 80元

廿八都地居仙霞岭高山深谷之中，地势险要，自古为兵家必争之地，素有"枫溪锁钥"之称，学者称其为"一个遗落在大山里的梦"。

廿八都是在"驿站"基础上形成的集镇，镇内有9种方言和140余种姓氏，古建筑风貌依旧，以精湛的木雕艺术和丰富的彩绘最具特色。有文昌阁、枫溪老街、水安桥等景。

玩家 攻略

1. 吃：廿八都菜兼融合了浙菜的清爽嫩脆、闽菜的滋味清鲜、赣菜的咸鲜香辣。廿八都铜锣糕是古镇廿八都的传统糕点，已有千年历史，在浙闽赣地区被称为"糕中之神"。廿八都水质好，再加上优质的大豆和传统的工艺做出的豆腐更是香嫩可口，耐人寻味。另有著名的"八大碗"，这些美食在镇上的农家乐旅馆中都能吃到。

2. 娱：廿八都每逢正月都有舞龙表演，一般以七节、十三节的纸龙（青龙）为主。廿八都龙一直舞进农家、店铺里，以求避邪祛瘟。另外还有木偶戏、唱山歌、舞龙灯、踩高跷、划旱船、滑石块等民间文艺。

玩家 解说

廿八都曾是浙、闽、赣三省交界处最繁华的商埠。鼎盛时期，商行店铺、饭馆客栈布满大街。日行肩夫，夜宿客商，每天南来北往，熙熙攘攘，富足热闹了数百年之久。

廿八都是"方言王国"和名副其实的"百姓古镇"。廿八都1万余人口中至少有146个姓氏，仅镇上的3600多人口中现在就有141个姓氏。来自天南海北的人聚居在此，自然带来各地方言，保

廿八都自然风光

留至今的主要有浙南、赣西、闽北闽南、徽州的9种不同方言,一个方圆不过十数里的小山谷中竟然有这么多种方言,确实算得上"方言王国"。

不过,虽然这里的人南腔北调,但却有自己统一的语言——廿八都官话。廿八都人很为自己的"官话"骄傲,绝不肯被难懂的江山话同化。

■ 戴笠故居

戴笠故居为国民党军统头目戴笠于1943年亲自审定设计图纸建造。故居外表看是一座粉墙黛瓦、木结构的普通民宅,实为一座前二层后三屋的建筑,最下层设有一个小暗室。屋里有一明一暗两条楼梯,明梯在前,暗梯在后,呈螺旋状,仅容一人侧身而过,且设在壁柜、布幔之后,不易察觉。楼上房间窗多、门多,间间相通,好似九连环一般。

玩家 解说

戴笠,字雨农,国民党特务处军统副局长,以残酷无情著称,号称"蒋介石的佩剑""中国的盖世太保""中国最神秘人物"。戴笠这个人疑虑很重,害怕有人暗杀,连住在自己老家也不能睡个囫囵觉。

故居内机关重重,可藏暗器,设伏兵,也便于逃命。其中暗梯的设计有两个妙处:一是节省许多空间;二是逃跑时不易受到追兵枪弹伤害。

■ 珠坡桥

珠坡桥为枫溪十景之一"珠坡樵唱"。廿八都人善唱山歌,珠坡岭正位于砍柴人即将到家的路上,山坡平缓。樵夫一路下坡,心中欢畅,不免哼上几句,于是"一人唱歌,众人和"。久而久之,珠坡桥便成为樵夫的赛歌桥。

■ 北堡门

北堡门是廿八都古镇的四大门之一。廿八都旧时为军事重镇,特设有东升门、大南门、西园门、北堡门四大门,北堡门是进入古镇的北入口。

在古时候,迎面而来的商旅走卒,文人墨客经仙霞岭过仙霞关纷纷穿北堡门进古镇,为古镇带来生机。

■ 姜遇鸿旧宅

姜遇鸿旧宅是廿八都规模最大的民居建筑,于清宣统年间建造完成。旧宅占地3200多平方米,光天井就有36个,3幢楼屋和大街上的店屋连绵相接。由于姜遇鸿经商往来于各城市之间,接触外商,受西洋建筑影响,所以其建筑具有欧洲风格,形成中西合璧的建筑风格,欧式窗户很是典型。

■ 三品游击衙门

三品游击衙门原为浙闽枫岭营总府,现为廿八都军事历史展馆。当地人称为武官衙

衢州西部旅游区 455

门,民族英雄郑成功曾经驻守在这里。

这所百年衙门分为主院、东跨院,以及西面的班房和库房。主院左、右两边是攻城撞车和云梯,设5个展馆。第一个展馆为节节驻军,步步设防,展示仙霞古道上的十道关口。第二个展馆是驻兵文化。第三个展馆,展示的是廿八都的军事历史。第四个展馆为廿八都炮台遗址。第五个展馆是名人文化展。

文昌阁

文昌阁建于清光绪十四年(1888年),主建筑有三进四天井,外墙是砖牌坊式建筑。文昌宫集建筑、绘画、雕刻等造型艺术于一身,现存有451幅彩画,其中71幅人物典故、380幅山水花鸟,是由兰溪著名画师吴兰亭带了十几个弟子耗时1年完成的。前庭栽有两棵桂花树,取其"富贵逼人""蟾宫折桂"之意,其中一棵与文昌阁同龄。

清漾村 AAAA
浙江省级历史文化村

江山市石门镇南部 50元

清漾村是浙江省级历史文化村。清漾又叫青龙头,其北、东、南三面环山,林山葱郁的山岭蜿蜒起伏,曲折盘旋,犹如一条青龙,西侧农田万顷,村庄则如一颗明珠,整个地理环境形成一幅游龙戏珠之美景。东侧有古老的清漾塔,一条"文"字形的文川溪从村中穿过,魁梧的千年老樟树屹立在村头。

清漾村是个贵而不富的"进士村",据史料考证,毛泽东韶山家谱中所记"毛氏祖居三衢"中的"三衢",便是指这个历史上共出过6个尚书、80个进士的清漾村。据说在江山市的所有人口中,毛姓占了将近十分之一,而距离江山市区20余千米的石门镇清漾古村则是江山毛氏的发祥地,甚至还是整个江南的毛氏祖居地。

廿八都文昌阁

阁内现存壁画多幅,遍布于藻井、壁板及梁、枋、檩等处。

阁内古木参天,重檐飞挑,蔚为壮观。

横坊下悬有"文昌殿"三字匾额。

红色的隔扇门。

正中供奉着文昌星的塑像。

两方红色粗柱上挂有楹联。

玩家 解说

　　毛氏之姓，源自周文王第十子毛伯，以封地为姓。在长江以北繁衍52世后，东晋州陵侯毛宝孙毛璩，因军功被封为归乡公，食邑信安（今衢州），其后人尊毛宝为江南毛氏一世祖。毛宝八世孙毛元琼于梁武帝大同年间（535—545）由衢州迁居清漾（今江山市石门镇清漾村）。清漾人毛让于公元962年迁居江西吉水（今江西吉安）龙城，成为江西吉水毛氏始祖。元朝末年，吉水仙茶乡人毛太华赴云南从军，明朝初年因军功从云南来到湖南定居，为韶山毛氏始祖。

浮盖山 AAAA
似盖之浮动

- 江山市廿八都镇南
- 江山老火车站乘201路在廿八都镇下车后，然后可以包车到山脚下　¥45元

　　"浮盖"即"浮盖堆石洞群"，浮盖山为闽、浙两省界山，为武夷仙霞山余脉，其石质银灰粗放，有别于江郎山岩石体系，属熔结凝灰岩，景区内形态各异的顽石星罗棋布，峰顶由巨石累叠而成，下者如盘，上者如盖，有"集大地之顽石于一身"之誉，又"似盖之浮动"，因而得名。

玩家 解说

　　浮盖山有四怪：云怪、石怪、洞怪、泉怪。何谓云怪？俯身处，漫无边际的云海，让人如临于大洋之滨，波起云涌，浪花飞溅，惊涛拍岸，怎曰石怪？抬眼望，巨石垒叠，层累棋布，穿簇窈窕，乱中有序，错落有致，置身其间，宛如进入一个博大深远的奇石博物馆。如何洞怪？君不见众多洞府，千姿百态，奇而古，高而峻，洞洞相连，上下贯通，似一座座迷宫。泉怪怎解？侧耳听，洞内泉水只闻其声不见其影，旱季不枯，雨季不溢，冬天不冻，夏天不烫。

炼石三叠

　　炼石三叠为直立向上垒叠的15米高的三块石头，在当地又被称为三生石，分别代表了前世、今生、来世，有些人把今生放在最下面，希望今生脚踏实地；有些人把今生放在中间，希望今生承上启下；也有些人把今生放在最上面，希望今生享尽荣华富贵。据说走近它，摸一摸，把心愿悄悄地对它诉说，它就会帮你实现。

莲花洞

　　莲花洞的外形并不像莲花，但在幽暗的光线下，它的石室形如一朵含苞待放的莲花，相传是送子观音在洞中修炼时不慎将莲花宝座跌落于此。古时候，红枣、花生、桂圆、莲子寓意着早生贵子，所以当地的新婚夫妇都会来此沾点仙气，希望来年也能喜得贵子。

叠石寺

　　在长寿谷四周是星罗棋布的怪石，谷底有一古刹，当地人称叠石寺。寺庙面对白象、海豚二石，且因寺后有三块巨石垒叠而得名。叠石寺中供奉的是送子观音与观音，所以又叫观音庙，每年端午节上山朝拜的善男信女络绎不绝。

江郎山 AAAAA
有"雄奇冠天下，秀丽甲东南"之誉

- 江山市江郎乡泉井村
- 江山市区可乘坐202公交车直达
- ¥105元

　　江郎山素有"雄奇冠天下，秀丽甲东南"之誉。江郎山为我国典型的丹霞地貌景观，海拔824米。3座石峰呈川字形排列，分别称郎峰、亚峰、灵峰。江郎山以雄奇的"三片石"著称于世。拥有中国丹霞第一奇峰、

浮盖山上的石柱

全国一线天之最、天然造化的伟人峰、惊险陡峻的郎峰天游（被誉为浙江最佳景点）和千年古刹开明禅寺、千年学府江郎书院、全国最大的毛泽东手书体"江山如此多娇"摩崖石刻等景点近百处。

玩家 攻略

1. 在开明禅寺旁边上山道路旁的大石头上刻着一幅江郎山游览示意图，对游览景区有一定帮助。

2. 每走一步几乎都是在悬崖上，虽说栏杆绝对安全，但那种刺激的感觉特别过瘾，尤其是下山时，有一两处要倒着爬才能下来。

3. 景区周边酒店宾馆众多，有江山国际大酒店、江山冠城大酒店、江山欧菲商务酒店、江山拉芳舍商务酒店等。红烧全鹅是景区的特色美食，在附近的酒店都能吃到的。

□ 开明禅寺

开明禅寺始建于北宋天禧二年（1018年），屡建屡毁，现在的开明禅寺于1990年重新修建。"开明禅寺"4字是全国政协副主席、中国佛教协会会长赵朴初的手迹；两旁墙上的"南无阿弥陀佛"为弘一大师遗墨。

□ 会仙岩

会仙岩状如朱唇微启，岩洞深10米、长40米，相传入洞神仙常常在此下棋憩息，洞中有棋盘石、石龟、石鹰。洞顶由大如银盘、小如米粒的褐色鹅卵石和沙砾岩组成，证明了这里在亿万年前曾是海洋。

□ 一线天

一线天高312米、长298米，最宽处4米、最窄处3.5米，被华东56位地质专家勘定为"全国一线天之最"。在不同的角度，可以看到不同景致的"一线天"，有时是阿拉伯数字的"1"，有时是中文的"一"，有时是半个圆；在不同的季节会出现"银龙出海""冰凌倒挂""天降垂帘"等不同景观。

□ 郎峰

郎峰平均坡度88度，历来无人可上，让无数游客浮想联翩。峰间遍布着奇花异草、名木古树，到处弥漫着沁人心脾的香气，登临远眺，倍感"江山如画"。

郎峰天梯有南、北两条，总石阶7000级。这条登山的石道可是当地石匠一锤一锤凿出来的，拾级而上，凭栏眺望，只觉得大好河山，秀色可餐。

仙霞森林公园
森林景观与历史传说相结合

📍 江山市保安乡

🚌 江山新汽车站乘坐江山—保安的中巴车

仙霞森林公园依托东南的仙霞岭山脉，北有冲天大将军黄巢开辟的仙霞古道，南有令徐霞客神往的浮盖山，东有堪称"浙江版纳"的原始次生林，森林旅游资源极其丰富。

仙霞森林公园分为仙霞关景区（黄巢起义遗址、以逃亡秘道闻名的戴笠故居）、龙井坑景区、浮盖山景区（有枫岭古关和浮盖堆石洞群）三部分。

◻ **仙霞古道**

仙霞古道指从江山穿越仙霞群山至福建建州长约250千米的交通要道。公元875年，黄巢起义爆发，黄巢率部从江山仙霞岭披荆斩棘，凿山开道，辟通仙霞天险，直趋建州。这条黄巢开辟的盘亘在仙霞山脉的山道，即为被后世称著的仙霞古道。

仙霞古道作为由浙入闽的唯一陆上官道，其重要性不言而喻。

古道上现今仍保留有营门、营址和义军开凿的水井等遗物。在仙霞古道终点的福建浦城，有仙阳八面山黄巢寨遗址。该遗址有一寨、二寨，现尚存一寨的寨门，两寨间有开阔地可供操练人马。这两处营寨，是黄巢开辟仙霞古道的大本营。

◻ **浮盖堆石洞群**

浮盖堆石洞群是古代地壳运动形成的原始生态景观，因山巅有巨石为盖，若浮若动，故名。

常山国家地质公园
以中国第一枚"金钉子"为特色

📍 衢州市常山县天马镇

常山国家地质公园占地46平方千米，是以中国第一枚"金钉子"为特色，融碧水青山、山林野趣、人文积淀为一体，以生态旅游、科普旅游（地质古生物化石特色旅游）、科考探险、休闲度假为主题的国家级地质公园。园内分金钉子（核心园）、三衢山、青石、常山港4个园区，金钉子园区有地质博物馆等景。

玩家 解说

全球标准剖面俗称为金钉子剖面，黄泥塘剖面是我国的第一枚金钉子。

大约19世纪时，美国东西部铁路大动脉接轨，为了纪念这个事件，在接轨处钉了一枚用金子打造的铁路道钉，简称"GSSP"，而在地质上的全球界线层型剖面点的简称也是"GSSP"，所以通俗称其为"金钉子"剖面。

金钉子景区的主要景观是古生代标准地层。其中，黄泥塘剖面是奥陶纪中期（4.6亿年前）的一段全球标准地层，世界各地要确认这一时间间隔的地层都要跟黄泥塘剖面相对比。

三衢石林风景区 AAAA
世界上最大的象形石动物园

📍 衢州市常山县宋畈乡　💴 60元

三衢石林风景区景观类型多样，各种动物造型惟妙惟肖，是世界上最大的象形石动物园。分三衢山、小古山、大古山三大景区，有50多个景点景观。

东面三衢山是衢州母亲山，景观典雅精致，主要景点有赵公岩等；中部的小古山，景观以奇、险、美为主要特色，其景点有猴子观海、读书江南；西面的大古山，景观曲折幽深，气势宏伟，其中的三衢长廊、紫藤峡谷、仙人洞等被中外游客称为"江南一绝"。

仙霞古道

衢州西部旅游区 459

根宫佛国文化旅游区 AAAAA
奇根异木的璀璨文化

- 衢州市开化县根博路1号　乘坐公交103路可到达　120元　www.qzzg.com

根宫佛国文化旅游区是世界上唯一的根文化主题旅游区，它巧妙地以根雕艺术、盆景艺术、赏石文化与园林古建为载体，融华夏上下五千年璀璨的文化于奇根异木，构建了一幅恬静优雅、天人合一的画卷。

旅游区内有福门祥光、云湖禅心、集趣斋、天工博物馆、根雕佛国、醉根宝塔、历史文化长河等近三十个景点，陈列有世界上最大的根艺释迦牟尼佛造像和680米长的巨型根雕五百罗汉阵，是一处可寻根探源的旅游胜地。

玩家 解说

景区内的五百罗汉阵是世界之最、华夏一绝，是徐谷青大师经过十余年的精心准备雕刻而成的，是根雕艺术和佛教文化的珠联璧合，是世界上最大的一套根雕五百罗汉造像。

玩家 攻略

景区内的根雕艺术耀眼夺目，游客在参观游览的过程中，静静观赏就好，切勿与根雕塑像有"亲密接触"，防止将其损坏。

钱江源森林公园
钱塘江的发源地

- 衢州市开化县齐溪镇
- 衢州市区乘坐前往开化县的长途车，随后转乘前往钱江源景区的旅游车即可
- 莲花塘景区（又称钱江源公园）60元；水湖、枫楼景区共50元（含船票）

钱江源森林公园是一个以青山、秀水、茂林、美瀑为主的自然风光旅游胜地。景区以开化林场齐溪分场为主体，山河相间，谷狭坡陡，有水湖、枫楼、卓马坑、莲花塘4个景区。

玩家 攻略

1. 水湖、枫楼两个景区只卖联票，可先坐船游玩水湖，下船后走一小段路后，搭乘免费电

钱江源森林公园

动车，到枫楼景区里面。

2. 伞老峰与莲花峰，是浙、皖、赣三省交界的地方。登上伞老峰，可领略一脚踏三省，饱览浙、赣、皖秀丽群山之胜景。

3. 莲花塘风景秀丽，湖水清澈见底，周围环绕着青山绿树，是个放松心情的好地方。大峡谷则更具挑战性，需要穿过险峻的地形才能到达目的地，非常刺激。

4. 整个园区游览为2~3小时，游客可合理安排自己的行程。

霞山古民居
由古栈道连接的明清民居

- 衢州市开化县霞山乡霞山村

霞山古民居是由一条5千米的唐代古栈道，串联着的361幢明清古民居。有青云庙、槐里堂、爱敬堂、古钟楼等一大批古建筑，白墙黑瓦、砖雕、木雕工艺精湛，花格窗棂浮雕玲珑剔透，鬼斧神工，令人叹绝。古街老巷阡陌纵横，外人进村如入迷宫。

玩家 解说

1300多年前，霞山的祖先因避战乱迁于此地，学习徽商艰苦创业、勤俭持家，利用钱江源头地理和资源优势，采伐、运销木材，在家乡河畔开店，经营南北杂货、肉醛酒肆，经过几代人的繁衍生息，逐渐形成一个拥有4000余人，古街老巷阡陌纵横的大村落。

这里文化底蕴丰厚，曾遭受过黄巢起义和太平天国的战火，留下有明朝大学士商辂和刑部主事方豪的足迹，还有古老神秘的传说和诸如舞龙灯、板灯、高跷竹马等民间民俗。

攻略资讯

- 交通
- 住宿
- 美食
- 购物
- 娱乐

天脊龙门

🚗 交通

飞机

衢州机场位于市区东郊，距市中心3千米。有飞往厦门、安庆、武汉、广州、北京的航班。

机场交通：乘坐8、22、26路公交车可到。

火车

浙赣铁路横贯衢州市境，境内现有龙游站、衢州站、江山站三个主要站点。

衢州站：位于浙江省衢州市柯城区平安西路，可乘公交27、102等路前往。

江山站：位于衢州市江山市站前大道，可乘公交江山308路前往。

汽车

杭金衢高速公路与320国道纵贯衢州全市。境内主要高速公路有杭金衢高速、黄衢南高速、杭新景高速、龙丽温高速等。城区建有长途汽车站、汽车南站等汽车站。

衢州客运枢纽长途站：位于衢州市柯城区平安西路与启程路交叉路口西南约150米，可乘坐4路公交车前往。☎ 0570-33038188

🏠 住宿

衢州酒店、宾馆等旅游服务业发展迅速。市区集中了衢州的大部分三四星级以上的酒店，人均消费在200~500元。来此旅游可以考虑经济实惠的中低档次旅馆，多集中在火车站附近的上街一带。

● 冠发君悦大酒店

该店是衢州地区第一家按照五星级标准设计筹建的融住宿、餐饮、娱乐、商务、购物为一体的高端精品型商务酒店。拥有216间客房，分设无烟楼层、温馨楼层、绿色楼层及独立行政楼层。娱乐设施齐全，富豪娱乐会所拥有豪华演艺厅及各类KTV包厢。✉ 衢州市柯城西区九华北大道185号 ☎ 0510-8099999

衢州住宿

● 衢州友好饭店

衢州友好饭店位于市区最繁华的上下街，交通便捷。酒店以客房为主，另配有西餐厅、健身房、棋牌室、茶室、美容美发中心等休闲场所。房内有双层隔音玻璃，保证安静的休息环境，房内设施处处匠心独具，如家般温馨。 衢州市上街127号 0570-3051888

● 更多住宿推荐

名称	位置	电话
衢州饭店	三衢路189号	0570-3081818
衢州东方大酒店	上街96号	0570-3059088

美食

衢州菜肴风味独特，烹调讲究鲜嫩软滑。特色菜有不老神鸡、徐记猪脚、三头一掌、烂柯山鱼、小烧饼等。尤其是不老神鸡，选用的是本地土鸡，不用酱油、味精等调料，全部采用中草药调味而成。最神奇的就是这种鸡不仅没有药味，而且奇香无比、酥嫩可口。

● 三头一掌

衢州三头一掌分别是兔头、鸭头、鱼头和鸭掌，都是衢州的风味食品。其中以兔头最具代表，其肉质细腻、疏松，高蛋白、低脂肪、低胆固醇，有利于身心健康。

● 烂柯山鱼

"山中方一日，世上已千年"，围棋发源地烂柯山下，有一个石室鱼庄，是吃鱼的好去处，那里有汪刺鱼、石斑鱼、老虎鱼、太阳鱼等，做法别具匠心。

● 药王山药膳

药王山药膳以绿色为主，有仙菇养颜羹、药王如意鸡、神农三宝鸭、千金小龙鱼、韭菜胡桃、栗子腰花、蜂蜜雪梨、清螺香粥、猪脚绣花针等。

购物

特产有开化龙顶茶、常山胡柚、一品红、衢橘、双桥粉干等。工艺品有开化根雕、衢州白瓷、龙游宣纸等。衢州的坊门街位于老城区南部，是当地繁华的购物街区，古色古香，可以到此处逛逛。

● 开化根雕

开化根雕是历史悠久的工艺品，最早可追溯到唐武德年间。种类繁多，作品选材讲究，造型优美，雕刻精细，趣味性浓，充分展现了大自然所赋予的美感，具有较高的观赏和收藏价值。

● 双桥粉干

双桥粉干始于明朝，选用优质大米，以取自深山的泉水浸泡，以独特的传统工艺精制而成。玉白细腻、久煮不断，口感软滑清香，百食不厌，属衢州名优特产。

节日和重大活动

节日	举办地	时间
衢州旅游文化节	孔庙、江郎山、烂柯山	10月
衢州国际孔子文化节	衢州孔庙	9月，每两年举办一次
常山胡柚文化节	常山	11月中旬

纪念孔子诞辰活动

景点索引

A

阿德哥休闲渔庄	287
阿育王寺	244
安昌古镇	209
安吉竹博园	149

B

八咏楼	411
白堤·断桥残雪	74
白水涧	110
白塔山群岛	185
白云山	388
白云山	448
百间楼	143
百山祖自然保护区	397
百丈飞瀑风景区	214
百杖潭	434
宝陀讲寺景区	281
保国寺	237
北山景区	82
碧云花海·十里水乡风景区	185
滨海—玉苍山风景区	368

C

财神湾	175
藏龙百瀑景区	151
常山国家地质公园	458
超山	106
陈武帝故宅	157
赤城山	307
崇仁古镇	214
穿岩十九峰	214
慈城古镇	242

D

达利丝绸世界生态园	213
大陈岛海上森林公园	314
大慈岩	120
大佛寺	212
大红岩	420
大龙湫景区	344
大鹿岛景区	324
大明山	114
大青山海岛生态公园	286
大若岩景区	353
大通学堂	204
大香林兜率天景区	209
岱山岛	292
丹山赤水风景区	249
淡竹景区	311
鼎湖峰	384
定海古城	288
东方文化园	98
东湖景区	186
东极岛	292
东钱湖风景区	245
东天目山	113
东西岩	387
东阳花园村	429
东阳中国木雕城	429
东洋桥	179

F

洞头风景区	367
斗岩风景区	200
独松关	153
杜白二湖	254
法雨寺景区	278
范蠡湖	179
梵音洞景区	280
方山—长屿硐天风景区	323
方岩风景区	431
飞英公园	146
逢源双桥	175
凤凰山景区	89
佛顶山景区	280
佛堂古镇	428
芙蓉谷	150
芙蓉峡	385
浮盖山	456
富春江小三峡	121

G

根宫佛国文化旅游区	459
龚自珍纪念馆	97
孤山·平湖秋月	72
菇城景区	146
古堰画乡	386
顾渚山	157
观音文化苑	285
鹳山	119
广州街·香港街	416
郭洞古生态村	421

国华珠算博物馆	321	黄贤海上长城森林公园		孔氏南宗家庙	446
国清寺	307		255	会稽山	206
		黄杨尖	289	括苍山景区	319

H

海宁市博物馆	183	## J		兰亭风景区	210
海宁中国皮革城	182	嘉兴博物馆	179	烂柯山	447
海天一洲	252	尖峰山景区	413	琅峰山	411
海洋世界	240	鉴湖—柯岩风景区	207	廊棚	171
寒明岩	308	江北天主教堂	237	礼耕堂	172
寒山湖	308	江郎山	456	立志书院	176
杭州乐园	98	江南百床馆	176	丽水西溪	386
杭州湾国家湿地公园		江南民间艺术馆	258	良渚博物院	105
	253	江南木雕陈列馆	176	梁祝文化公园	239
杭州野生动物世界	120	江南天池	153	林家铺子	176
河姆渡	250	江心屿旅游区	354	灵峰景区	341
横店红色旅游城	418	解放一江山岛烈士陵园		灵峰山	154
横店华夏文化园	418		312	灵山洞	105
横店明清民居博览城		芥子园	426	灵岩景区	344
	418	金钉子远古世界	155	灵隐景区	87
吼山风景区	205	金泉农庄	316	刘伯温故里景区	369
厚吴古村	431	锦绣黄岩	314	刘秀垄	420
湖镇舍利塔	452	景星岩景区	311	柳溪江风景区	115
湖中三岛	76	径山	108	六洞山风景区	425
湖州含山旅游区	147	九峰风景区	362	六横镇	293
湖州太湖旅游度假区		九峰山—大佛寺景区		龙门古镇	119
	145		410	龙麒源	371
虎跑龙井景区	93	九峰山旅游区	248	龙泉山旅游区	396
护国随粮王庙	172	九龙国家湿地公园	388	龙潭坑	325
花岙岛	257	九龙湖风景区	247	龙王山	151
花溪风景区	433	九龙湖风景区	448	龙游民居苑	451
划岩山	316	九龙山森林公园	186	龙游石窟	451
华顶景区	309			卢宅	428
华东国际珠宝城	215	## K		鲁迅故里	201
黄帝祠宇	385	柯桥古纤道	208	陆坟银杏	173
黄酒小镇	206	柯桥古镇	208		

洛迦山景区	282	蟠滩古镇	311	三台山·三台云水	75
		普济寺景区	275	三折瀑景区	345
M		曝书亭	180	山沟沟风景区	109
茅盾故居	176			烧香港	172
茅湾里窑址	104	**Q**		绍兴东湖风景区	205
梅花洲	181	绮园	185	畲乡之窗	397
梦幻谷	417	千岛湖风景区	125	蛇蟠岛	321
明清宫苑	416	千佛山	392	深澳村	123
明清民居木雕陈列馆		前童古镇	258	神丽峡	430
	173	钱江景区	91	神龙川	114
鸣鹤—上林湖风景区		钱江源森林公园	459	神龙飞瀑	391
	253	钱王陵	110	神仙居景区	310
莫干山	157	乔波冰雪世界	209	沈家门渔港	289
		秦王宫	415	沈钧儒纪念馆	180
N		青瓷小镇	395	沈园	203
南北湖风景区	184	青山湖	111	嵊泗列岛	293
南湖风景区	177	清风庙	214	狮子岩景区	352
南麂列岛风景区	365	清河坊	96	十八涡	434
南尖岩景区	389	清凉峰	118	十里古银杏长廊	156
南沙景区	284	清明上河图景区	415	石鹅岩	422
南天门景区	273	清水湾沁温泉	422	石梁景区	307
南雁荡山	364	清漾村	455	石门洞森林公园	394
倪翁洞	385	清真禅寺	394	石皮弄	171
廿八都古镇	453	秋瑾故居	204	石浦渔港古城	255
宁波博物馆	239			石塘	326
宁波服装博物馆	239	**R**		石桅岩景区	353
宁波庆安会馆	241	如龙桥	396	石长城	118
宁海森林温泉景区	257	箬寮原始林景区	395	世界名柚园	326
牛头山度假区	320			寿仙谷	422
农民画陈列馆	180	**S**		双后岗畲族文化村	397
		三都—屏岩风景区	428	双魁巷	179
P		三魁镇廊桥	361	双龙洞景区	412
平阳寺	211	三门源古村	452	双溪竹海漂流景区	108
屏岩洞府	418	三衢石林风景区	458	顺溪古建筑群	365
				四明山森林公园	251

泗溪镇廊桥	360	铜铃山国家森林公园		西兴古镇	99
松兰山度假区	256		370	西园	173
松门滨海风景区	322			溪口景区	230
松岩山	314			霞山古民居	459
宋城	105			下渚湖	158

W

送子来风桥	171	王国维故居	184	仙华山风景区	430
苏堤·苏堤春晓	74	王阳明墓	210	仙桥景区	348
遂昌金矿国家矿山公园		望吴楼	180	仙稔乡廊桥	361
	391	温州乐园	358	仙山湖	156
		沃洲湖	213	仙霞森林公园	457
		卧龙桥	171	仙岩风景区	356

T

台山寺	431	乌石塘	284	显胜门景区	347
台州府城	317	乌岩岭自然保护区	363	岘山	147
台州海洋世界	313	吴昌硕故居和纪念馆		湘湖	99
台州市民广场	313		153	湘家荡旅游度假区	179
太平岩景区	351	吴山景区	84	象山影视城	256
太真洞风景区	448	五磊寺	252	萧山美女坝	104
汤显祖纪念馆	389	五龙潭风景区	244	小河直街历史文化街区
塘栖古镇	107	五泄风景区	198		97
桃花岛	290	五云山景区	92	小莲庄·嘉业堂	143
桃源七里风景区	449	五峙山鸟岛	289	筱村镇廊桥	361
桃渚风景区	319	午潮山	105	新叶古村	123
滕头生态旅游示范区		伍山石窟	258	秀水县学明伦堂	181
	234			徐志摩故居	183
天宫庄园	240			薛宅	173
天河生态风景区	257			雪窦山景区	232

X

天脊龙门	449	西湖北线景区	77
天目溪风景区	124	西湖东北线景区	77

Y

天童寺	246	西湖东南线景区	78	雅戈尔达蓬山旅游
天下玉苑	250	西湖南线景区	79	度假区	252
天一阁博物院	237	西施故里旅游区	199	雅戈尔动物园	246
天一广场	241	西塘黄酒陈列馆	173	延庆寺塔	395
铁佛寺	147	西天景区	277	盐官观潮胜地公园	182
亭下湖	234	西天目山	112	雁湖景区	346
艇湖山	215	西湾风景区	364	羊角洞景区	349
		西溪湿地	101		

杨公堤·杨堤景行	74	寨寮溪风景区	372	中国大竹海	149
洋沙山	248	张石铭故居	144	中国国际商贸城	427
瑶溪风景区	356	张宗祥故居	184	中国青田石雕文化	
药王山	450	章太炎故居	109	旅游区	395
永安溪	311	招宝山风景区	246	中国扬子鳄村风景区	
永和桥	396	昭明太子读书处	176		156
俞源古村	421	赵孟𫖯墓	158	中国渔村景区	256
玉海楼	372	浙北大峡谷	152	中南百草原	148
玉环漩门湾观光农业园		浙西大龙湾	117	中雁荡山	349
	325	浙西大峡谷	116	种福堂	172
圆明新园	419	浙西天池	117	周恩来纪念馆	203
院桥镇	315	珍溪景区	353	周宣灵王庙	447
月湖	235	之江国家旅游度假区		洲岭乡廊桥	360
云和湖仙宫	398		100	诸葛八卦村	423
云和梯田	398	芝堰古村落	426	竺可桢故居	211
云中大漈景区	398	植物园景区	86	紫竹林景区	274
		指南山	118		
		中国茶花文化园	410		

Z

泽雅风景区	357	中国大运河杭州段	102	

我们的理念

做发现者，才能走得更远。发现秀美景色、探寻历史痕迹、体验文化脉络、寻找地理起源等深层次的旅行知识，是我们不停脚步的动力。我们不仅是在做一本旅行指南，能为旅途中的行者编写一部内容丰富、态度严谨、值得边走边读的行囊书，是我们永恒不变的追求。

《发现者旅行指南》编辑部

总 策 划	丁海秀
执行策划	李荣强
项目统筹	周国宝　龚道军
内容编辑	刘　挺　王叶青　方明杨
	刘秀红　丁天丰　张文齐
	商子微　张亚飞　苏雪莹
	沈　皓　魏建飞　张灵燕
	许晨晨　杨康健　张　鑫
	刘晓璐　刘慧慧　王春雪
	刘智勇　李荣强　刘雁琪
	陈昱霖　贾　宁
美术总监	左小文
美术编辑	侯心如　王春晓
图片编辑	朱盼盼　马志鹏
插图绘制	尚祖山　李秋红
排　　版	闫　旭　田雪子
	北京旅教文化传播有限公司
图片提供	微图网　汇图网　图虫创意
	中国图库网　全景网
	锐景创意　集成图像
	站酷海洛　shutterstock
	fotoe　dreamstime
	孙西国　马林宏　徐　行
	高应胜　薛　冬
	西部老马　钱多多

出炉过程

在编辑部成员的共同努力下，这套旅行指南终得以付梓。其间，我们亲历景点，翻遍资料，只为确保撰写的内容准确有效；我们实地考察，联系景区，只求绘得一幅精美的景区图；我们花尽心思，几易版式，只为呈现出前所未有的阅读体验。如今，这套精心打造的旅行指南，能放到您的行囊或书架，我们深感荣幸。我们期待与您一起走向远方，重新发现旅行的价值。

联系我们

我们的成长需要您的支持。您对本书的每一条意见我们都会珍视。同时也欢迎您与我们一起分享旅游体验，稿件一旦被采用，您将会获取相应稿酬。您可以将意见和稿件投递到我们的邮箱（975179855@qq.com）。

总 策 划　丁海秀
责任编辑　李荣强

图书在版编目（CIP）数据

浙江 /《发现者旅行指南》编辑部编. —— 3版. —— 北京：旅游教育出版社，2025.1
（发现者旅行指南）
ISBN 978-7-5637-4669-9

Ⅰ．①浙⋯ Ⅱ．①发⋯ Ⅲ．①旅游指南－浙江 Ⅳ．①K928.955

中国国家版本馆CIP数据核字(2024)第029328号

浙　江（第3版）

《发现者旅行指南》编辑部 / 编

出版单位	旅游教育出版社
地　　址	北京市朝阳区定福庄南里1号
邮　　编	100024
发行电话	（010）65778403　65728372　65767462（传真）
本社网址	www.tepcb.com
E-mail	tepfx@163.com
印刷单位	文畅阁印刷有限公司
经销单位	新华书店
开　　本	889毫米×1070毫米　1/32
印　　张	14.625
字　　数	551千字
版　　次	2025年1月第3版
印　　次	2025年1月第1次印刷
定　　价	79.80元

图书如有装订差错，请与发行部联系

特别提醒

本书信息在出版前已经认真核实过。但由于现实发展太快，旅游信息随时可能发生变化，我们无法承诺保证本书信息的准确性和完整性，并只能在法律规定范围内承担责任。如因此给读者带来不便，我们深表遗憾。